CAHEE

中国水利教育协会
水利部人才资源开发中心

编

究与创新

2016—2021 年水利职工教育
理论研究优秀作品选集

长江出版社

图书在版编目（CIP）数据

研究与创新：2016—2021年水利职工教育理论研究优秀作品选集 /
中国水利教育协会，水利部人才资源开发中心编.
—武汉：长江出版社，2023.5
ISBN 978-7-5492-8848-9

Ⅰ．①研… Ⅱ．①中… ②水… Ⅲ．①水利系统－职工教育－文集 Ⅳ．① G726-53

中国国家版本馆 CIP 数据核字 (2023) 第 069119 号

研究与创新：2016—2021 年水利职工教育理论研究优秀作品选集
YANJIUYUCHUANGXIN：2016—2021NIANSHUILIZHIGONGJIAOYULILUNYANJIUYOUXIUZUOPINXUANJI
中国水利教育协会 水利部人才资源开发中心 编

责任编辑：张艳艳 向丽晖
出版发行：长江出版社
地　　址：武汉市江岸区解放大道 1863 号
邮　　编：430010
网　　址：http://www.cjpress.com.cn
电　　话：027-82926557（总编室）
　　　　　027-82926806（市场营销部）
经　　销：各地新华书店
印　　刷：武汉市首壹印务有限公司
规　　格：787mm×1092mm
开　　本：16
印　　张：25.5
字　　数：509 千字
版　　次：2023 年 5 月第 1 版
印　　次：2023 年 6 月第 1 次
书　　号：ISBN 978-7-5492-8848-9
定　　价：45.00 元

编 委 会

前　言

人才是第一资源。党的二十大报告强调指出："培养造就大批德才兼备的高素质人才，是国家和民族长远发展大计"。党的十八大以来，在以习近平同志为核心的党中央坚强领导下，我国水利事业发展取得历史性成就、发生历史性变革。水利部党组认真贯彻落实习近平总书记关于新时代人才工作重要论述精神，聚焦水利事业发展需要，坚持人才优先发展战略，坚持目标导向、问题导向，加强水利人才工作顶层设计，深入实施人才发展创新行动，不断完善人才发展体制机制，统筹推进各类人才队伍建设，水利人才工作取得扎实成效，为水利改革发展提供了坚强保障。

中国水利教育协会坚持以习近平新时代中国特色社会主义思想为指导，全面贯彻"节水优先、空间均衡、系统治理、两手发力"治水思路和党的教育方针，坚持为水利事业发展服务，为广大会员和水利工作者服务，促进水利人才发展，为推进新阶段水利高质量发展提供坚强的人才支撑与智力保障。在中国水利教育协会的指导下，水利职工教育理论研究成果遴选活动参与面越来越广、影响力逐年扩大，发掘出了一批又一批研究视野广阔、研究选题深刻、研究内容实际、对策措施创新的优秀成果。这些成果较好地反映了各单位在人才队伍建设方面的新举措，展示了新时期人事干部的新风采，在新时代人才工作中必将为行业主管部门和有关单位提供更好的决策咨询服务，更好地发挥参谋助手作用。

为了展现近年来水利职工教育培训和人事人才工作的研究成果，不断引领水利职工教育和人事人才理论研究工作向纵深推进，更好地总结党的十八大以来水利人事人才工作的新成果、新经验、新思路，现编辑出版《研究与创新——2016—2021年水利职工教育理论研究优秀作品选集》。

本书重点收录了2016—2017年、2018—2019年、2020—2021年三届水利职工理论研究成果遴选活动的一等奖作品共63篇，包含专业技术人才队伍建设成效、人才队伍培养状况和效果、高技能人才及其创新团队选拔培养经验、以赛促学等高技能人才培养模式、水利职工教育培训方式创新、干部职工在线学习和网络培训研究、水利人事人才工作信息化建设等内容。限于篇幅，编者将部分文章进行了节选或压缩，适当减少了作品中的图表。希望借助编著此选集，搭建水利人事人才工作者互相学习交流的平台，拓展读者思路，提高理论研究水平，更好地推动水利职工教育培训和人事人才工作。

水利事业激励水利人才，水利人才成就水利事业。我们将深入学习贯彻党的二十大精神，充分调动水利职工参与教育理论研究的积极性、创造性，提升水利人事人才工作者的理论研究水平，汇聚强大合力，发挥理论对实践的指导作用，推动理论研究成果转化为实际工作成效，持续引领人才队伍建设向纵深推进，为推动新阶段水利高质量发展提供坚实人才保障。

编委会

2022年10月

CONTENTS

目录

2016—2017年 一等奖

汉江集团人才梯队建设研究报告
………………… 陈家华　周　勇　姜晓灵　宋　强　王盈盈　杨廷惠（2）

关于海委近年来新录用公务员队伍状况的调研报告
………………… 郭胜利　范美玉　詹良民　杨利斌　董艳萍（15）

合理利用新媒体　创新职工素质教育
………………… 王郁夫　孔　政　边园园　毛　娜　姬雅榕（26）

创新型水利科技人才分类多元评价指标体系初探……………… 尤建青　蒲　立（33）

浅谈"互联网＋"下的水利干部教育培训………………………… 陈俊妮（39）

沂沭泗局职工教育培训现状调研报告………………… 曾　平　井市委（44）

首席技师如何在高技能人才队伍建设中发挥积极的作用………………… 潘　刚（52）

以"江苏省水利系统技师工作室"为平台着力锻造水利"大国工匠"
………………… 杨兴丽　华　骏　张　敏（55）

浅析水利行业技能人才队伍建设………………………… 刘林楠（62）

大数据视野下水利人才队伍的创新与变革……………………… 王倩倩（65）

以培强技　以赛促培
　——博远置业公司职工教育培训的创新与实践
………………… 王森林　万春久　杨宪斌　邓玉玲（70）

新时期赣州水文职工教育培训的实践与探索………………… 曾金凤（74）

1

创新教育培训方式　提高职工综合素能

　　——湖南水文2016—2017年职工教育培训简述 ··唐丰华　刘海涛　徐笑笑（84）

服务水电开发全球化战略，开展国际化人才培训的实践与思考

　　···吴爱华　季　莉（89）

西部民族地区水利人才队伍建设探微

　　——以四川省甘孜州为例·····················刘　锐　王　宾　刘　悦（94）

发挥水利职业教育优势　服务湖北水利发展研究

　　·············谢永亮　易进蓉　胡敏辉　陈吉琴　唐岳灏（101）

下企业对于提升高职教师实践能力的探索·············庾祖明　余　毅（108）

基于首都水务新形势下的校企合作水专业人才培养模式研究···········刘　星（113）

2018—2019年　一等奖

长江科学院创新团队建设经验、思考及建议·············房润南　高志扬（120）

让人才干事有舞台　发展有空间　事业能出彩·················周刚炎（124）

以工资决定机制改革为抓手助推汉江集团高质量发展

　　·····························陈家华　姚文娟　王　珲（127）

河南黄河青年经营管理人才队伍培养研究·····················陈肖雅（130）

浅谈基层水利职工"担当"精神的培养·······················赵新新（134）

浅谈如何通过创新解决当前基层职工教育培训中的问题

　　···陈　鹏（137）

试析人力资源管理中绩效考核的具体运用·····················常素霞（141）

水利基层职工教育培训模式创新探究···········姚丽　程珊珊　李晓辉（144）

加强基层治黄职工教育探究·····················刘　娜　司　倩（148）

职工培训与企业的发展

　　——浅谈职工培训中的问题及解析·····················周好礼（152）

搭建"育才"平台　创新"用才"机制

　　——三门峡发电公司以劳模（职工）创新工作室促进职工全员培训的思考与探索

…………………………………………………………………………… 闫丽娟（156）

立德树人视域下的水利科研院研究生培养思考…………………… 蒲　立（162）

聊城黄河河务局"985""211"重点高校校园招聘情况调研报告

…………………………………………………………………………… 刁丽丽（166）

海委基层人才队伍情况调研报告

　　——以漳卫南运河德州河务局为例……………………………… 李　超（173）

基层水利人才队伍建设亟待巩固和加强

　　——湖北"十四五"水利人才队伍建设规划调研报告

……………………… 庹祖明　钟汉华　张　博　桂剑萍　余　毅（179）

水规总院人事工作典型案例：构建"四位一体"的"阶梯式"人才培养体系

……………………… 朱振晓　袁碧霖　黄　文　顾沁扬　陆丹婷（185）

耕耘四十载　累累硕果现

　　——记沂沭泗局技能人才队伍建设40周年

……………………… 郑雪峰　高庆茹　彭春年　马晓东　井市委（190）

为科学调度决策夯实人才根基

　　——江西水文实施人才培养战略综述……………… 蒋卫华　万　菁（198）

水利部小浪底水利枢纽管理中心所属公司专业技术等级制度案例分析

……………………… 李　杰　杨晶亮　梁梦洋　任晓博　陈永旗（201）

协同打造"五个平台"培育未来"水利工匠"

　　——长江工程职业技术学院创新推进全国水利行业首席技师工作室建设典型案例

……………………… 黄世涛　汤能见　汪卫东　张　涛　李　凯（205）

人才强院，以创新驱动高质量发展

…………………………………………… 蔡　倩　杨泽亚　郑雁林（208）

2020—2021年 一等奖

水利水电规划设计总院人才队伍建设研究报告

·················· 朱振晓 袁碧霖 王学敏 顾沁扬 陆丹婷（214）

加强教育管理监督 打造忠诚干净担当的高素质专业化水文年轻干部队伍

······ 蒋 纯 侯 春 梁绮云 欧阳骏 王 静 冯传勇 苏晓玉 袁雄燕（225）

甘肃省水利厅关于加强专业技术人才队伍建设促进科技创新工作的调研报告

·················· 朱泓霖 曹希英 许 军 颉文伟 吴有麟（231）

打造"三大人才工程"推动人才拔尖领跑

　　——基于江都水利枢纽高层次人才培养的实践与探索

·················· 夏 炎 许 媛 商梦月（237）

试析基于岗位胜任力的员工培训·················· 刘朝锋 马红丽（243）

"十四五"期间流域机构人才队伍建设对策分析

·················· 刘 园 赵云鹏 郭佳宜 田宝平（250）

"整合式案例教学模式"在高职水利类专业教学改革中的实践研究

·················· 郭丽朋 朱 强 侯林峰 段凯敏 汪繁荣 潘永胆 李秋玉（254）

校企协同育人视角下高职院校水利类专业群"七个共同"建设的研究与实践

·················· 廖明菊 李小莲 张宪明 赖永明 赵 静 余金凤 覃曼丽（262）

四川水利职工心理压力现状分析·················· 马 岚 陈万霞 巩清林（273）

基于CBE模式的水文职工教育培训研究与实践

·················· 成 立 李 薇 李 帆（278）

汉江集团公司专业技术人员评价体系研究

·················· 周 勇 郑 飞 王盈盈 赵跃程 汪 洋（287）

职工岗位满意度调研分析报告

·················· 王 欢 李志男 李培根 杨鸿飞 李 楠（298）

创新电厂发电人员培训模式研究

…………… 郭林鑫　李　康　那志松　黄冉冉　王　露　梅　娟（315）

水利科研人才队伍建设的思考与实践

………… 冯　雪　房润南　徐海涛　郭文康　向　前　杨　婉　左　甜（319）

社会多元主体参与下浙江水利行业公共实训基地开展高技能人才培养的研究

………………………… 朱兆平　赵　凌　洪　梅　杨玉泉（324）

职业技能等级认定政策与相关制度研究报告

………………………… 刘新洲　余奇礼　张　彤　王郁夫　黎冬萍（335）

科研成果转化教学案例，践行水利创新实践育人

——以长江大保护驻点研究课题为例………… 王健健　王　洁　于志国（352）

新时代水利职工教育创新路径研究……………………… 王　珊　孙博娇（357）

多措并举打造富有特色的职业培训新模式………… 吴伟民　张美新　赖锡珠（363）

岗位复合型水利技术人才的"三核五融六进阶式"培养模式的探索与实践

………………………… 赖永明　余金凤　刘志枫（371）

基层水管单位人才队伍建设调查报告

——以濮阳黄河河务局渠村分洪闸管理处和张庄闸管理处两单位为调查对象

………………………… 段慧如　王利娟　吴海英　张晓楠（378）

基层水管单位首席技师工作室人才培养模式初探………… 杨　杰　贾金成（382）

网络教学平台在培训工作中的应用

——以"黄河干部网络学院"使用情况为例

………… 李国力　苏增玉　樊　迪　王艳军　李智广　高晓慧（386）

浅谈水利单位与专业院校联合培养人才的创新机制

——以河海大学联合培养基地为例………… 迟凯歌　祖　蕾　张　敏（392）

2016—2017 年　　一等奖

汉江集团人才梯队建设调研报告

陈家华　周　勇　姜晓灵　宋　强　王盈盈　杨廷惠

一、序言

习近平总书记在十九大报告中提出："人才是实现民族振兴、赢得国际竞争主动的战略资源"。国与国之间的竞争归根到底是人才的竞争。建设一支高素质的人才队伍是企业核心竞争力的重要体现，亦是国有企业人力资源管理面临的重要课题。

"十二五"期间，汉江集团坚持实施"人才强企"战略，持续深化"三项制度"改革，不断完善人才管理体制机制，总体上适应了集团发展对人力资源管理提出的要求。集团所属各单位结合各自特点，以人才队伍建设为抓手，积极推进内部改革，提升了企业运营管理能力。五年来，集团人力资源管理工作取得了显著成效，人才管理的体制和机制不断完善，人才管理的水平和效能得到提升，人才培养的手段和方法实现创新，人才工作的环境和氛围持续优化，但集团人才队伍管理还存在不足，面临诸多困难和挑战。

随着世界经济格局的变化和中国经济进入新常态，人才管理呈现出新的时代特点和变化趋势，为满足特定的功能定位和持续的市场竞争需要，集团需要结合自身特点创建配置科学、结构合理的人才梯队，通过前瞻性地设计和实施人才培养方案，为各类人才的成长指明新方向、规划新通道，努力实现人人成才、人尽其才的良好局面。

二、汉江集团人才盘点

（一）人才数量分析

1. 人员总量

截至 2017 年 10 月 1 日，集团员工 10275 人，其中：有固定期限劳动合同的员工 3631 人，无固定期限劳动合同的员工 6644 人。与 2012 年相比（见表 1、表 2），党建人才、经营管理人才、专业技术人才数量有所增长，技能人才数量更趋精干。

2. 在岗职工

集团在岗员工 7356 人，包括：集团职工 3666 人，各单位自聘员工 3690 人。从员工类别和岗位分布看，集团职工与各单位自聘员工比例大致为 1:1，集团职工多集中在党建、经营管理和专业技术岗位，自聘员工主要集中在技能岗位。人才的岗位分布体现了各单位的人才配置需求和用人导向，也反映出集团化的人力资源管理应更多强化岗位管理、淡化身份管理。见图1。

表1　集团人员总量分布表（2017年）

类型	总数	占比	集团职工			自聘员工
			小计	在岗	不在岗	在岗
集团人力资源总量	10275	100.00%	6581	3666	2915	3694
其中：党建人才	162	1.58%	148	134	14	14
经营管理人才	1618	15.75%	1059	894	165	559
专业技术人才	1655	16.11%	1163	643	520	492
技能人才	6840	66.57%	4211	1995	2216	2629

表2　集团人员总量分布表（2012年）

类型	总数	占比	集团职工			自聘员工
			小计	在岗	不在岗	在岗
集团人力资源总量	11046	100.00%	7801	4838	2963	3245
其中：党建人才	129	1.17%	125	119	6	4
经营管理人才	1354	12.26%	1120	1100	20	234
专业技术人才	1494	13.53%	1354	669	685	140
技能人才	8069	73.05%	5202	2950	2252	2867

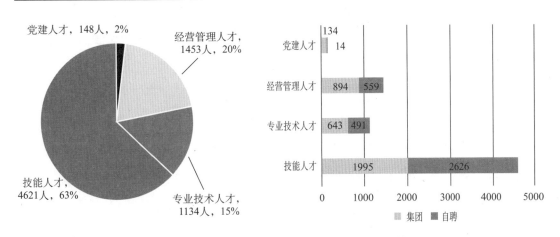

图1　集团在岗员工及结构分布图

3. 全员劳动生产率

自2012年以来，受宏观经济下行压力影响，集团经济指标在2013、2014年一直处于低位徘徊。为完成"保供水"的政治任务，集团自 2015 年起主动调整水电机组出力、压减工业产能，全员劳动生产率有所下降。在满足特定的功能定位下，为实现企业持续、健康发展，集团积极应对多重外部压力，外抓市场、内抓管理，进一步为企业发展瘦身健体，集团各项经济指标和劳动生产率自 2016 年起逐步回升。

4. 数量动态变化趋势

（1）集团职工

过去五年（2013—2017 年），集团职工已退休 1199 人，年均 240 人；未来 10 年（2018—2027 年），预测集团每年退休人数超 300 人，集团职工进入退休高峰期。

（2）自聘员工

未来 10 年（2018—2027 年），自聘员工年均退休人数约 180 人。自聘员工自然减员后，各单位一般会采用市场化聘用的方式予以补充。自聘员工的自然减员对集团人才队伍总量影响较小。

（二）人才质量分析

1. 年龄结构

集团人才队伍平均年龄 42.4 岁。40—50 岁年龄段人才数量占总数的 49.67%；35 岁以下职工占总数的 11.82%，主要以自聘员工为主。

自聘员工各年龄分布相对均衡，自聘职工中 35 岁以下占自聘员工总数的 21.14%，为集团年轻职工的主体，见图 2。

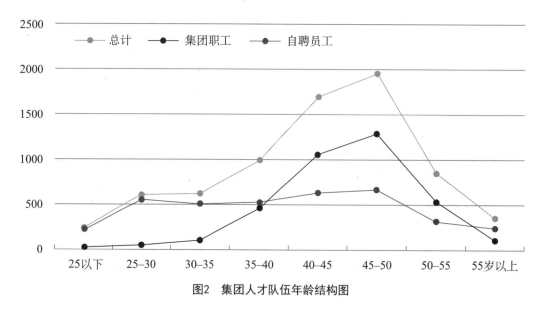

图2 集团人才队伍年龄结构图

2. 学历结构

集团本科及以上学历 1596 人，占人才队伍总量的 22%，大专学历 1615 人，占比

30%，高于水利部在《"十三五"水利人才队伍发展规划》中提出的"到十三五末期，水利人才中专及以上学历层次比例达到75%"的规划指标。见图3。

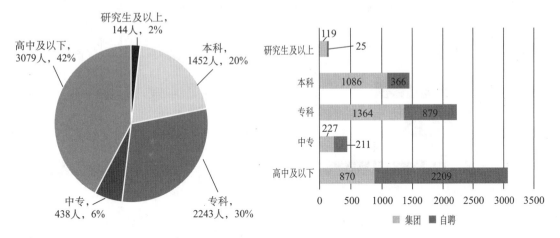

图3 集团人才队伍学历结构图

3. 能级结构

（1）党建人才和经营管理人才

集团各层级党建人才、经营管理人才层级结构见图4。

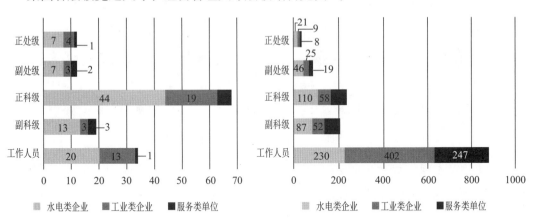

图4 集团党建人才、经营管理人才层级结构图

（2）专业技术人才

集团专业技术人才中具有中级以上职称的人员430人，占专业技术人员总量的37.9%。见图5。

《国家中长期人才发展规划纲要（2010 - 2020年）》（以下称"国家人才规划纲要"）提出，到2020年，专业技术人才队伍中高级、中级、初级专业技术人才比例为10：40：50，目前集团的比例为11：27：62，集团的中级专业技术人才不足。

（3）技能人才

集团技能人才中具有高级工以上技能等级的有 2015 人[①]，占技能人才总量的 43.6%；初级工以下 2386 人，占 51.6%，基本为各单位自聘人员。见图 6。

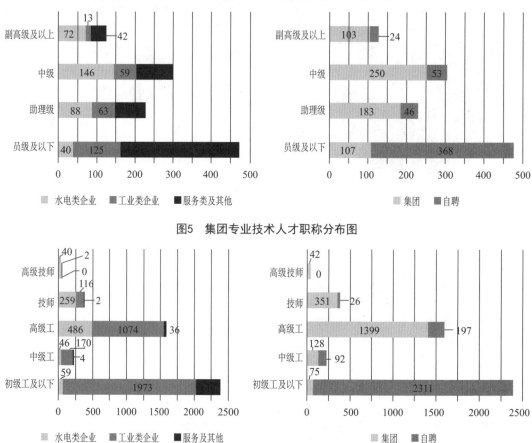

图5　集团专业技术人才职称分布图

图6　技能人才等级分布图

《国家人才规划纲要》提出：到 2020 年，高技能人才占技能劳动者的比例达到 28%。目前集团公司的比例为 43.6%。

三、集团人才管理体系及存在的问题分析

（一）人才管理体制缺乏横向的协同效应

目前，集团人才管理工作主要是自上而下的直线职能制管理体系。在实际运行中，存在：领导推动工作多，规章制度保障少；各单位反映问题多，实际推动解决少；着眼当前多，规划未来少的现象。究其原因，集团尚未完全形成全面覆盖、健全成熟、运行有效的人才

[①]《国家中长期人才发展规划纲要（2010-2020）》中将具有高级工以上技能等级的人才称为"高技能人才"。

工作管理体系，各单位仍依赖集团、上级推动人才工作多，人才管理体制横向协同机制不足。

（二）人才规划控制有待加强

集团"十三五"规划对人力资源规划提出了总体要求，但涉及具体产业分类上的人才规划相对不足。调研反映，各单位结合自身发展定位虽然提出了人才"量"的规划，但对于人才"质"的需求普遍较为模糊。由于历史原因，集团存在总量富余但核心人才短缺的结构性矛盾。人才引进渠道单一，人才引进规划不足，人才培养滞后于集团战略发展，对人才的需求预测还停留在对编制定员的静态控制上。

（三）岗位任职资格管理等基础工作有待夯实

按照"人岗匹配"原则，任职资格管理是岗位管理的重要前提和基础。目前，集团对中层领导人员已经建立任职资格体系，对任职的基本条件和资格条件作出具体规定，但对于拟任人选的关键技能、经验、个性、动机等综合素质能力缺乏全面、系统的研究，缺少行之有效的评价标准，在具体的人才选拔中多依靠资格条件框选和主观经验判断，人才选拔的科学性不足，制约了人才选拔工作的精细化、标准化。

（四）绩效评价体系不够健全、薪酬激励性不足

集团的绩效评价主要是对各单位的经营业绩和工作目标完成情况进行考核，各单位也对集团指标进行了分解和下挂，但指标分解的末端通常为部门和车间、班组，仍属于组织绩效的考核评价类型。从各单位情况看，建立个人绩效考核制度的单位较少，由于缺乏规范、量化的员工绩效评价标准，组织绩效与员工个人绩效之间的分解和量化关系难以得到充分体现，薪酬激励的针对性和公平性有待加强。

（五）人才培养的经费投入不足

根据规定，"一般企业按照职工工资总额的 1.5% 足额提取教育培训经费，从业人员技术要求高、培训任务重、经济效益较好的企业，可按 2.5% 提取，列入成本开支"。总体上看，集团投入职业教育培训经费基本保障了职教工作的正常开展，但受效益影响，部分单位职教经费提取比例波动较大。

四、加强人才梯队建设的总体思路

（一）做好人才需求规划

一是建立人才需求规划机制。围绕集团"十三五"规划要求，参照水电、工业、服务业等行业劳动定员标准规范，分类研究各企业的机构设置与"三定"控制标准，渐进实施各类岗位胜任素质模型构建，从"量"和"质"两个方面起建立科学、规范的人才需求规划制度。

二是统筹内外部人才资源配置策略。加强内部人才资源的培养和开发，使其素质能力不断适应企业发展要求，避免因内部人才质量不高而陷入"水多和面、面多和水"的人才招聘怪圈。同时做好关键岗位的人才梯队配置，适度超前地引进和培养青年接班人才，满足持续发展需要。

三是及时研究影响人才需求规划的就业与退休政策。

（二）创新招聘引才机制

以"规范招聘程序、提升招聘质量"为目标，借助武汉人才密集的区位优势，利用市场化招聘提高人力资源配置效能。总体思路是"一控一提两优化"：

一是控制人才引进数量。原则上按照集团每年自然减员数量的一定比例，作为当年集团人才引进数量的上限进行控制。对机关部门、代管中心严格控编，不满编、不超编。对水电类企业，强化"三定"工作的指导和监督；对工业类企业和服务类企业，强化工资总额管理，赋予其用工自主权，保障生产经营的刚性人才需求。

二是提高人才引进质量。对经营管理、技术型人才，以学历层次、院校类别、专业成绩作为衡量的重要标准；对技能型人才，以院校类别、专业成绩、从业经验、技能等级作为衡量的重要标准；对特殊岗位确需的应届高职高专毕业生，原则上要求持有"双证"（学历证和技能等级证），突出技能人才的实用性特点。

三是优化人才配置方式。优先用好存量人力资源，实现集团内部人力资源的有序流动与合理配置，对需要储备培养的人才进行外部招聘。

四是优化人才梯队结构。坚持分层分类原则，抓好中层领导人员梯队、基层管理人员梯队、核心专业技术人才梯队建设，通过人才引进优化基层管理与核心专业技术人员的年龄、学历结构。

（三）改进多元聚才方法

一是强化内部接班人才的培养储备。充分认识集团人力资源合理配置的重要性，站在满足集团战略发展需要、激发人才队伍活力的高度开展人力资源队伍建设。从进一步完善考核体系、优化考核指标着手，对身处不同行业和岗位的单位和职工采取更加灵活的差异化考核，体现考核机制的公平性和合理性。

二是重视外部高层次人才的柔性使用。按照不求所有、但求所在、力求所用的原则，进一步完善社会化人才资源的柔性引进政策，为招才引智创造良好政策环境。探索建立高层次人才的孵化机制，鼓励以技术转让、技术入股、担任顾问等途径为企业创新发展服务。完善一般性技能岗位劳务外包机制，通过短期聘用、兼职、劳务派遣与分包等柔性用人方式解决转型期阶段性人才供求矛盾，加强与相关机构的合作，最大限度地提高人力资源投入产出比。

（四）改革选拔用才制度

建立干部与人才的协同效应，发展职工多渠道的职业发展通道，引导员工职业生涯发展的途径和方向，使员工有更多的发展空间，逐步改变目前的职业晋升"独木桥"现象。

一是抓干部、严管理。完善干部选拔任用工作，坚持党管干部、党管人才原则，推行干部能力素质测评，建立健全企业各类管理人员公开招聘、竞争上岗等制度，拓宽选人用人视野和渠道。建立分级分类的企业员工市场化公开招聘制度，完善干部年度考核评价机制，建设高素质、专业化干部队伍。

二是引人才、促成长。设计并出台更加积极、更加开放、更加有效的人才政策。实施与企业发展相适应的职业晋升通道模型，为岗位管理的相关制度设计提供依据。健全职业晋升通道管理，以识人的慧眼、爱才的诚意、用才的胆识、容才的雅量，聚才的良方，不断改善和优化集团的人才管理。

三是定标准、选贤才。按照"岗位精干高效、岗级对应清晰、科学合理评价、明确岗位条件、搭建发展平台"的原则，在集团板块和核心专业领域中，设置四个级别的岗位，分别建立选才标准。从人员学历、经历、技术水平等方面确定选拔标准，通过量化评选建立起专业技术水平由低到高的专业技术人才梯队，确立科学化、制度化、常态化的人才选聘管理机制，逐步建立起一支由技术专家、技术带头人、青年技术骨干组成的"专家人才梯队"。

（五）丰富培训育才形式

一是做好培训资源的整合与开发。挖掘内部资源、整合外部资源，增强培训深度和广度。通过组织课件评比、内部课程开发等方式深入挖掘集团公司现有知识宝藏，逐步将集团公司多年来特有的隐性知识（知识／经验）逐渐向显性知识（纸质／电子）转化，对挖掘出的内部知识进行合理利用和分享，不断增强培训的深度。充分利用网络培训资源，继续在集团公司大范围内开展网络培训和微课学习，降低培训成本，不断扩大培训广度。

二是加大集团培训管理和内训师队伍建设。提高培训管理工作人员的工作能力和综合素质，组织工作人员进行系统的针对性培训；加大集团公司内部师资的开发，逐步建立集团公司内部专兼职培训师队伍，通过传帮带等内培方式带动素质提升；从注重培训师的选拔、培养、管理与激励，完善内部培训师队伍建设。

三是加强技能人才培养平台建设。打造一支具有鲜明企业特色与绝活技巧的"一流职业素养、一流业务技能、一流岗位业绩"标杆人才队伍。通过区分核心岗位和辅助岗位，建立分层分类的技能人才岗位管理体系。全面推进技师、高级技师评价制度改革，畅通高技能人才成长通道。全面推动建立技师、高级技师企业自主评价制度，畅通技能人才成长通道，贯彻落实国家和集团公司有关高技能人才与专业技术人才职业发展贯通的有关规定，拓展技能人才的职业发展空间。

（六）完善待遇留才方式

一是健全评价体系。进一步规范和提高所属单位的绩效管理水平，建立健全所属单位的绩效评价标准和考核体系、加强对其绩效考核的指导，注重组织绩效和员工个人绩效全方位持续改进，逐步建立起"工作有标准、管理全覆盖、考核无盲区、奖惩有依据"的全员绩效管理体系。

二是调整薪酬分配。逐步开展"以岗定薪"薪酬分配改革，留住专业、拔尖、紧缺核心人才，加强技术、技能带头人激励机制建设，开展专业技术、技能带头人选拔，提高核心人才薪酬待遇。

三是实施弹性福利。在法定福利之下，鼓励各所属单位在了解员工需求的基础上创新福利项目；把补充养老保险、补充医保、大病互助等商业保险作为提升员工归属感、吸引人才的补充方式。

（七）优化人才成长环境

一是进一步创新选人用人机制，激发人才活力，优化人才成长环境。立足企业发展实际，坚持不拘一格选人用人，注重基层锻炼、立足实干选人。积极探索建立容错纠错机制，给敢于创新改革者撑腰鼓劲，为愿干事、敢干事、能干成事的干部创造良好发展环境。

二是加强制度建设。在研究工作时，同步考虑人力资源的承载能力与配置方式；在部署任务时，同步落实人力资源工作的保证措施；在推进实施时，同步推进人才队伍建设，形成尊重知识、鼓励创新、有利于各类优秀人才脱颖而出和充分发挥作用的政策环境。加强企业文化建设，强化以文化人、精神激励的作用，形成鼓励人才干事业、支持人才干成事业、帮助人才干好事业的工作环境。

三是加强核心人才库建设。建立人才储备制度，合理地从企业外部和企业内部予以引进、培养和储备人才，并适时按期对已聘人员进行评估和管理，及时做好人才岗位和职务的调整，变静态管理为动态管控，及时更新完善入库人员信息，深入了解掌握入库人员业绩情况。本着"有利于人才个个成长，有利于作用发挥，有利于人才有序衔接"的指导思想，不断拓宽用人选人视野，积极建立起一个科学系统、实际有效的核心人才库。

四是加强人才宣传工作。以集团报刊、网站、各单位项目简报、墙报等为载体，结合阶段性人才工作重点展开宣传。鼓励各级人力资源部门及时发现典型人才、宣传模范事迹，形成创业光荣、创新可贵、创造无价的舆论环境。

五、改进人才梯队建设的具体措施

（一）强化人才规划和编制管理

以集团"十三五"战略规划为基本，落实推进战略规划的人才规划，各单位落实单位战略规划为着力点，推进本单位的人才规划需求。制定集团人员编制管理规定，完善各单位人员编制管理，建立起适应企业发展的岗位职务体系。

（二）规范人才引进管理

一是在人才引进方面依据有关规定，严格程序，规范操作。在充分尊重各单位用人自主权的基础上，规范人才招聘（引进）管理。建立健全各级招聘管理组织机构和工作流程，形成集团总部与各单位分工明确的招聘管理体系。进一步完善市场化选拔为主的竞争性人才择用机制。初级岗位人才主要以社会化公开招聘方式选拔，以引进和补充紧缺专业人才为重点，通过与市场专业人才机构和重点高校合作，及时了解和掌握人才供给信息，提前锚定优秀的高潜质人才。

二是以适应业务转型、产业升级和精益化管理需要为出发点，以提高专业技术水平和创新能力为目标，重点培养发电运行、水利工程管理、工程建设与咨询、工业企业生产管理、现代服务业品质管理等专业领域掌握关键技术、具有丰富实践经验的专业技术人才。

（三）创立和谐共建的劳动关系机制

坚持以人为本、依法构建、共建共享、改革创新的工作原则，加强协调劳动关系体制、机制和能力建设，构建和谐劳动关系，依法规范企业各类用工管理，建立健全以合同管理为核心、以岗位管理为基础的市场化用工制度，真正形成企业各类管理人员能上能下、员工能进能出的合理流动机制。集团企业劳动用工更加规范，职工工资合理增长，劳动条件不断改善，职工安全健康切实保障，社会保险全面覆盖，人文关怀日益加强，有效预防和化解劳动关系矛盾，建立更加规范有序、公正合理、互利共赢、和谐稳定的劳动关系。

（四）建立多渠道的员工选拔晋升机制

在现有的职业晋升体系上，建立多渠道的员工选拔晋升体系，特别是针对目前仅依靠职称和技能等级评定的专业技术人才和技能人才。

一是划分职位序列。结合企业的组织形式、规模和职位数量，建立起研发与技术合并为技术序列，生产与质量管理合并为生产序列，销售、市场、公关和广告合并为营销序列等。

二是构建各职位序列里各岗位的任职资格管理体系。是建立多渠道晋升机制的基础，也是职位管理与人力资源管理最重要的基础性工作。

三是设计晋升通道及晋升标准。考虑直线晋升、斜向晋升还是横向拓展，都需要建立起相应的标准。四是设计人员评价机制与评价流程。

（五）建立健全绩效评价标准和考核体系

通过构建符合所属单位行业特点的不同通道、不同类别、不同层次优秀人才的标杆模型，定义绩效评价标准，形成完善的评价指标体系；建立和实施过程评估与定期考核相结合的考核评价机制；结合各岗位的胜任素质特征，对不同层次后备人才进行分类考核评价；

建立绩效考核结果与薪酬分配挂钩机制；健全绩效沟通和反馈机制。

（六）开展"以岗定薪"薪酬分配改革

根据"以岗定薪、按绩取酬、岗变薪变、动态调整"的原则，逐步推进集团范围内薪酬体系的规范与改革。调整优化企业内部分配结构，使关键岗位、一线艰苦岗位、高素质紧缺人才的薪酬水平适当提高上去，劳动力市场供应充裕的通用岗位、辅助岗位工资水平适当降下来，逐步做到各类人才薪酬水平向市场价靠拢，且具有一定吸引力。

完善与薪酬管理配套的福利分配机制。除按照国家劳动法律法规必须购买的强制性福利外，指导所属企业根据自身效益情况参加集团公司统一建立的补充养老保险、补充医保保险、大病商业保险。所属单位也可以结合行业特点和经营实际，在了解员工需求的基础上增加新型的福利项目。

（七）加强技能带头人激励机制建设

对开展专业技术、技能带头人选拔。结合"专家库"建设工作，在基层企业各专业主要的技术管理岗位设置专业带头人，相应提高带头人薪酬待遇，从而拓宽专业技术人员、专业技能人员晋升通道，激励员工学业务、钻技术。

（八）全面落实高技能人才基地建设各项任务

健全和完善企业培养、选拔、使用、激励高技能人才的工作体系，培养高技能人才和拔尖技术工人，形成有利于高技能人才成长和发挥作用的制度环境，充分发挥高技能人才培养基地的引领示范、辐射带动作用，为实现集团公司的战略目标提供坚实的人才资源保证，为水利事业发展储备大量人才。

力争用 3～5 年左右时间，利用高技能人才培养、考核评价、岗位使用、竞赛选拔、技术交流、表彰奖励、合理流动等方法，进一步更新观念，完善政策，创新机制，结合水电企业特点和南水北调契机，加快培养一大批结构合理、素质优良的技术技能型、复合技能型和知识技能型高技能人才，以汉江集团鉴定站为依托，不断增强鉴定培训基地的实训性和生命力。

（九）推广技能人才企业自主评价机制

2017 年 9 月 12 日，人力资源和社会保障部公布了《国家职业资格目录》，国家按照规定的条件和程序将职业资格纳入国家职业资格目录，实行清单式管理，为汉江集团自主开展企业技能人才评价工作创造了一个良好的契机。

在集团公司历次的人才队伍调研中，不少企业反映，有些经政府部门、行业协会考评取得职业资格证书的技能人才，实际水平与生产岗位要求不相适应。而企业想要重用的人才，有些却因为学历、年龄、工作年限等因素，无法取得证书，不能获得相应的报酬，在一定程度上影响了工作的积极性。企业高技能人才评价很好地解决了这样一个问题，我们可以以国家职业资格标准为基础，根据生产实际和特点，编制从初级工到技师各等级的技能鉴定标准。对于清单范围内和范围外的集团所涉工种，可同步采用"业绩评价、理论考试、实操考核、论文答辩"等办法实施考核评价，从而建立起以职业能力考核和工作业绩评定为重点，同时注重职业道德评价和技术标准考核的考评模式，使其更加贴近生产需要、岗位要求，具有更强的适用性、合理性和可操作性。对于评价结果，可从集团层面下发文件对企业内的技能人才的技能等级进行认定。

对做出突出贡献的高技能人才可破格晋升为技师、高级技师，并在各重点板块建立技能大师工作室，充分调动优秀技能人才的工作热情和积极性，以此打破沿用了几十年的职业资格证书制度，改变"一考定终生，一证定终生"的固有模式，拓宽高技能人才的成长渠道。

（十）规范和加强执业资格证书管理

进一步规范汉江集团公司执业资格证书管理制度，鼓励员工参加各级各类执业资格考试，合理体现员工价值，增强汉江集团公司的人才储备，对于取得职业资格人员，加大奖励力度并提高相应待遇；实施关键技术岗位职业资格准入控制体系，不断适应市场化、专业化趋势对人才素质的更高要求。

（十一）保障经费投入、规范培训管理

一是保障人才培养经费的投入。对分公司可适当提高职教经费提取比例至1.5%，或者下放职教经费提取的权力，保证其职教经费的合理使用。对于以内训为主的单位，加大对中高层管理人员和专业技术人员等核心岗位员工培训的投入。在集团层面，探索建立"培训年度基金"。

二是立足需求、讲求实效、适度超前，做好培训需求调查分析。把培训需求的提炼与集团公司的战略目标、重点工作、岗位要求相结合，注重在职称评聘、技能评审、职业资格取证、职务晋升、轮岗交流等人才成长的关键节点上把握培训时机、提炼培训需求，最大限度调动各方培训积极性，带动员工整体素质和工作绩效的提升，进而带动集团公司整体业绩的提升。

三是统筹规划短期培训与长期培养，分级分类组织实施。以集团公司"十三五"战略为目标，以此次人才梯队调研为基础，对集团公司人才培养计划进行统筹规划，统筹兼顾集团公司的短期专题培训和长期人才培养规划。针对工作中暴露出的个人及群体知识、技能的不足，方向性的开设短期专题培训课程，聚焦一个或一类业务问题，把问题分析透彻，彻底解决；针对集团战略达成的关键所在，以核心人员的长期发展和能力素质的提升为目标，有重点地开展长期培养工作。抓住不同人才队伍特点，按照人才管理权限分级分类开展培训。重点做好技能人才培训，通过开展技能竞赛、导师带徒、高技能人才评价、评优

评先等活动，提升技能人才整体素质。

四是逐步建立多层次的培训效果评价体系。分别做好反应层、学习层、行为层和结果层评估，通过对员工的培训进行内化考核，检查通过培训员工是否有行为的改变或是否提高了工作绩效。鉴于结果层评估操作起来周期长，难度大，成本较高，建议集团目前培训评估的努力方向应该是做实反应层和学习层评估，积极开展行为层评估，待条件成熟，再适时开展结果层评估。

六、结语

企业核心竞争力的强弱取决于高水平人才拥有量的多少，高质优化的人力资本已成为企业发展的核心动力，严格高效的人力资源制度成为企业发展的重要保证。

为此，人力资源部按照集团工作部署，在广泛调研的基础上，把握新时期企业人才工作的基本规律，重点分析了集团人才队伍的现状及特点，提炼了人才工作中存在的主要问题和原因，提出了加强人才队伍建设的对策措施。

由于认知和经验的局限性，尽管课题组对集团人才梯队建设情况进行了充分的分析和论证，但不可避免存在错误和疏漏，恳请领导、专家给予批评指正。

（作者单位：汉江水利水电（集团）有限责任公司）

关于海委近年来新录用公务员队伍状况的
调研报告

郭胜利　范美玉　詹良民　杨利斌　董艳萍

自 2005 年实施公务员公开考录以来，一大批年纪轻、学历高、素质好的优秀人才通过国家公务员考试进入海委各级机关，有力地充实了海委公务员队伍，有效改善了海委干部队伍结构，为海河水利改革发展事业注入了源源不断的新鲜血液。党的十八大以来，海河水利改革发展各项事业向纵深推进，海委干部队伍建设呈现出一些新变化、新特点，对新录用公务员队伍建设提出了新任务、新要求。为深入了解海委近年来新录用公务员队伍状况，进一步加强和改进新录用公务员队伍建设，海委人事处组织开展了海委 2012 年以来新录用公务员队伍状况调研，有关情况报告如下。

一、调研的组织实施情况

为统筹做好调研工作，确保调研结果真实、准确，充分发挥此次调研的决策参谋作用，人事处精心制定调研实施方案，及时成立调研领导小组，由主要负责人担任组长，分管负责人担任副组长，组织干部科负责调研工作的具体实施。调研集中在 2017 年 4—5 月进行，于 12 月底完成，历经筹划准备、组织实施、数据分析、报告撰写四个阶段，综合运用问卷调查、个别访谈、交流座谈、统计分析等方式、方法，多渠道、全方位搜集基础资料，既考虑了对海委 2012—2017 年新录用公务员全覆盖，又广泛征求了有关部门（单位）负责人的意见建议，同时积极参与水利部人事司组织的水利系统近年来新录用公务员队伍状况调研，力求全面摸清海委 2012—2017 年新录用公务员队伍状况，及时总结经验、梳理问题，对进一步加强和改进海委新录用公务员队伍建设提出切实可行的对策建议。

据统计，调研期间，海委各级人事部门发放并收回《新录用公务员情况调查问卷》166 份，问卷有效率 100%，其中面向 2012 年以来新录用公务员的问卷 97 份，面向部门（单位）负责人的问卷 69 份；有针对性地走访了 18 个部门（单位）的负责人，形成访谈记录 18 份；组织填写《新录用公务员情况统计表》，对海委 2012 年以来新录用公务员 127 人的基本情况进行了详细的数据统计。

二、海委近年来新录用公务员队伍现状

（一）新录用公务员队伍结构状况

截至2017年7月，海委在职职工总数为3209人，其中，公务员784人，占24.43%；事业人员1968人，占61.33%；企业人员457人，占14.24%。自2012年以来，海委各级机关共招录公务员127人，占公务员总数的16.20%，其中海委机关31人，占新录用公务员总数的24.41%；水保局和直属各管理局96人，占75.59%。详见表1、图1。

表1　海委各级机关2012年以来招录公务员人数

单位	总数	2012年	2013年	2014年	2015年	2016年	2017年
海委机关	31	5	11	2	3	5	5
水保局	5	0	0	2	0	2	1
漳卫南局	60	9	16	7	12	7	9
海河下游局	26	4	4	3	7	6	2
漳河上游局	5	1	1	0	1	1	1
合计	127	19	32	14	23	21	18

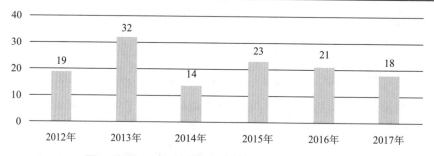

图1　海委2012年以来各年度招录公务员人数

1.年龄结构

海委近年来新录用公务员以应届毕业生为主，入职时平均年龄为24.1岁，最小19岁，最大27岁，具有较强的可塑性。海委机关因近年来大多数招考职位要求硕士研究生及以上学历，新录用公务员年龄平均25.4岁。

2.性别结构

海委近年来新录用公务员中女性多于男性，海委机关这一趋势更加明显。此次调研显示，海委2012年以来新录用公务员中，男性54人，占42.52%；女性73人，占57.48%。男女比例为4:6，详见图2。海委机关2012年以来新录用公务员中，男性12人，占38.71%；女性19人，占61.29%。男女比例为4:6。海委机关2016年新录用公务员男女比例为1:4,2017年新录用的5名公务员全部为女性。详见图3。

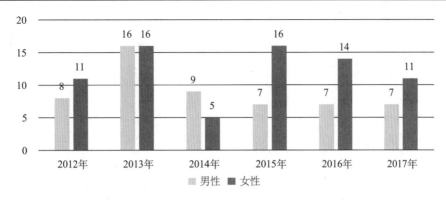

图2　海委2012年以来各年度招录公务员性别结构

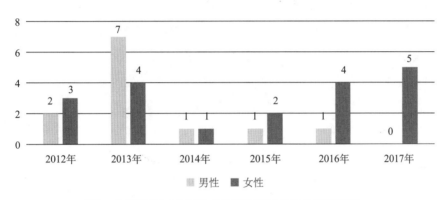

图3　海委机关2012年以来各年度招录公务员性别结构

3. 政治面貌

海委近年来新录用公务员整体政治素质较好，新录用公务员中政治面貌为中共党员的70人，占55.12%；共青团员及群众57人，占44.88%。其中，海委机关新录用公务员政治面貌为中共党员的28人，占90.32%；共青团员及群众3人，占9.68%。

4. 学历和院校层次

海委近年来新录用公务员整体上学历和院校层次较高，海委机关近年来新录用公务员高学历和重点院校毕业生比例相对更高。新录用公务员中博士研究生2人，占1.57%；硕士研究生54人，占42.52%；大学本科71人，占55.91%，详见图4。其中，海委机关新录用公务员除1人本科毕业外，均具有硕士研究生及以上学历（含2名博士）。从毕业院校看，新录用公务员中毕业于985或211院校的35人，占27.56%；其他院校92人，占72.44%。其中，海委机关毕业于211重点院校（含985院校）的21人，占67.74%；其他院校10人，占32.26%。

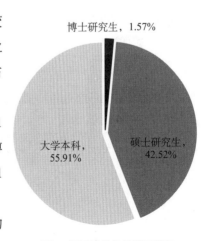

图4　新录用公务员学历情况

5. 专业结构

因水利行业的工作性质决定，海委近年来新录用公务员大多具备水利相关专业背景，主要从事业务管理工作，财经类、管理类、中文类、法学类专业毕业生也占一定的比例，多集中于综合管理岗位。从所学专业看，新录用公务员中水利及相关专业83人，占65.35%；财经类20人，管理类8人，中文类5人，法学类4人，其他专业7人。

6. 来源情况

海委近年来绝大多数新录用公务员录用前身份为应届毕业生，户籍地以海河流域为主，呈现出就近择业的趋势。具体来说，应届生126人，占99.21%；非应届毕业生仅1人，为服务期满考核合格的大学生村官。新录用公务员籍贯为河北的43人，山东41人，天津8人，河南8人，辽宁7人，以上5省市合计107人，占84.25%；其他省区市20人。

（二）新录用公务员能力素质与发挥作用情况分析

通过面向海委各部门（单位）领导的访谈和问卷调查，发现新录用公务员整体素质较高，对改善公务员队伍结构、提高公务员整体素质产生了明显的效果，在工作中发挥了明显的作用。进一步调研发现，新录用公务员因性别、毕业院校层次、学历水平、基层工作经历等不同，在能力素质方面存在一定的差异。

1. 新录用公务员能力素质评价

部门（单位）领导在访谈中对新录用公务员的能力素质给予了充分的肯定，认为新录用公务员整体上政治素质好、理论知识扎实、态度积极主动、勤勉虚心好学、工作上手快，能够满足事业发展需要。在新录用公务员整体素质评价方面，42.03%的调查对象认为整体素质非常好，53.62%认为比较好，4.35%认为一般。在新录用公务员能力素质具体评价方面，调查对象对新录用公务员的学习能力（68.12%）、工作主动性（42.03%）和政治觉悟（36.23%）最为肯定，认为新录用的公务员最应该提高吃苦耐劳能力（34.78%）、创新能力（31.88%）和计划组织协调能力（28.99%），详见图5、图6。

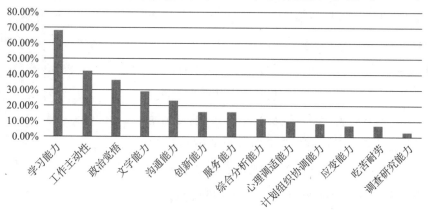

图5　新录用公务员突出的能力素质评价

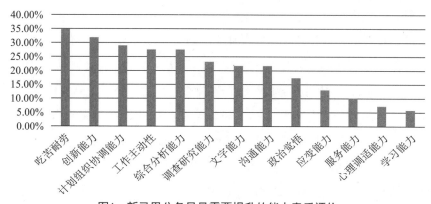

图6　新录用公务员最需要提升的能力素质评价

2. 新录用公务员发挥作用情况

部门（单位）领导认为新录用公务员院校层次、学历层次和所学专业与岗位匹配度较高，进一步优化了干部队伍学历和专业结构，且新录用公务员整体素质好、工作上手快，能迅速成长起来，很多新录用公务员已经能够独当一面，在各自岗位上发挥越来越重要的作用。在新录用公务员改善公务员队伍结构，提高公务员整体水平效果方面，34.78%的调查对象认为效果非常明显，57.97%认为比较明显，4.35%认为一般，2.90%认为不明显。在新录用公务员发挥工作作用方面，34.78%调查对象认为作用非常明显，60.87%认为比较明显，2.90%认为一般。

3. 新录用公务员中男性和女性能力素质比较评价

在公务员招录是否需要关注性别问题上，76.81%的部门（单位）领导选择男性优先，部门（单位）领导总体认为，新录用公务员中男性与女性相比，在承担急难险重工作（73.91%）、吃苦耐劳（62.32%）、工作适应性（66.67%）、心理调适（59.42%）、工作投入程度（55.07%）能力方面相对更强，而在其他能力方面则没有明显的区别。

4. 新录用公务员中重点院校和非重点院校毕业生能力素质比较评价

在公务员招录是否应当关注重点院校毕业生问题上，55.07%的部门（单位）领导持无所谓态度，23.19%认为不需要关注，21.74%认为重点院校毕业生优先。部门（单位）领导总体认为，新录用公务员中，重点院校毕业生与非重点院校毕业生相比，在专业知识（56.52）和学习能力（47.83%）方面相对更强，而在其他能力方面则没有明显的区别。

5. 新录用公务员中学历层次较高和学历层次较低人员能力素质比较评价

在公务员招录学历要求上，65.22%的部门（单位）领导选择大学本科，24.64%选择硕士研究生，10.14%选择大学专科，无人选择博士研究生。部门（单位）领导总体认为，新录用公务员中，学历层次较高的人员与学历层次较低的人员相比，在学习能力（57.97%）、文字能力（47.83%）和综合分析能力（44.93%）方面相对更强，而在其他能力方面则没有明显的区别。

6. 新录用公务员中有基层工作经历人员和应届生能力素质比较评价

在公务员招录是否应具有 2 年以上基层工作经历问题上，56.52% 的部门（单位）领导持无所谓态度，34.78% 持肯定态度，8.70% 持否定态度。部门（单位）领导总体认为，新录用公务员中，有基层工作经历人员与应届毕业生相比，在沟通能力（50.72%）和工作主动性（42.03%）方面相对更强，而在其他能力方面则没有明显的区别。

（三）新录用公务员工作状态与发展动力分析

通过面向新录用公务员的问卷调查，发现海委近年来新录用公务员在报考时兼顾公务员职业的稳定性和自身职业理想追求，他们总体上对海河水利事业有较强的认同感，工作状态积极向上，注重个人发展，工作压力一般，希望进一步增强工作挑战性，期待进一步提高工资福利水平。

1. 在报考公务员的原因方面

新录用公务员考虑的前三个原因分别是工作和收入稳定（68.04%）、向社会公众服务（47.42%）、家庭期望（39.18%），也有不少考虑了实现人生追求与政治抱负（25.77%）、对公务员工作感兴趣（17.53%）、公务员有比较好的社会地位（16.49%）、公务员福利和保障好（14.43%）、当前经济不景气择业难（10.31%）等因素，详见图 7。

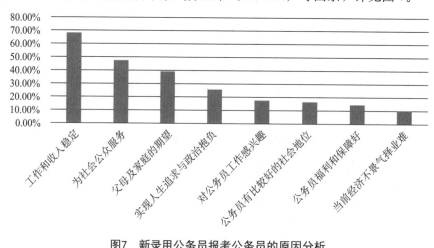

图7 新录用公务员报考公务员的原因分析

2. 在工作状态和成就感方面

大部分新录用公务员抱有积极的态度，具有一定的工作成就感，工作状态良好。具体来说，2.06% 的新录用公务员对目前的工作非常有成就感，54.64% 有一些成就感，30.93% 认为可能有成就感，12.37% 完全没有成就感。48.45% 的新录用公务员认为目前的工作很合适并且有信心和能力做好，27.84% 认为目前的工作不理想但能够做好，22.68% 认为喜欢目前的工作但自身能力有所欠缺，仅 1.03% 认为目前工作不太适合希望换一个岗位。

3. 在压力状况方面

新录用公务员面临的压力一般，压力的主要来源是社会因素，其次是工作本身的原因。具体来说，6.19%的新录用公务员认为压力极大，20.62%认为压力很大，65.97%认为压力一般，7.22%认为没有压力。进一步分析，发现新录用公务员目前面临的压力主要来自于住房压力（50.52%）、收入偏低（40.21%）、工作难度和挑战性（30.93%），其他压力包括职业发展看不到希望（26.80%）、工作量较大且要求较高（24.74%）、自身能力不足（18.56%）、子女上学（14.43%）、择偶压力（12.37%）、人际关系紧张（3.09%）等方面，详见图8。

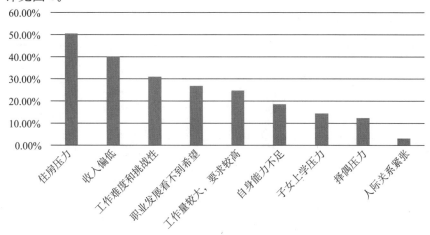

图8 新录用公务员压力来源

4. 在职业发展的影响因素方面

存在明显的性别差异，新录用男性公务员认为工作挑战性不够和自身能力不足是影响职业发展的主要原因，女性公务员则认为家庭因素是影响自身职业发展的最主要因素。从男性公务员的角度看，30.77%选择了工作挑战性不够这一因素，23.08%选择了自身能力不足，20.51%选择了干好干坏一个样，17.95%选择了结婚生子（女）后家庭负担过重，放松职业要求，7.69%选择了其他原因，详见图9。从女性公务员的角度看，43.10%选择了结婚生子（女）后家庭负担过重，放松职业要求这一因素，22.41%认为领导没有充分压担子，未能提供更多的锻炼机会，6.90%选择了性别歧视，15.52%选择了其他原因，12.07%认为工作岗位不适合女性，详见图10。

5. 在成长激励因素方面

新录用公务员首先考虑的是物质激励因素，其次是职业发展激励因素。在职业发展激励因素方面，新录用公务员最看重和谐的工作氛围，其次是交流锻炼的机会。具体来说，新录用公务员认为提高工资水平(68.04%)、改善福利(46.39%)、拓宽晋升通道(35.05%)、

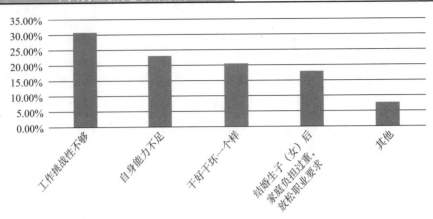

图9 新录用男性公务员职业发展的影响因素自评

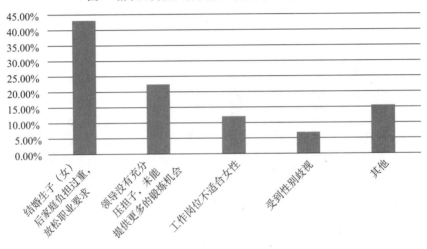

图10 新录用女性公务员职业发展的影响因素自评

给予更多培训机会（35.05%）最能够提高工作积极性和创造性，详见图11。而单位氛围和谐（63.92%）、多岗位交流（48.45%）、跟班学习或挂职锻炼（43.30%）等因素最有利于个人成长。

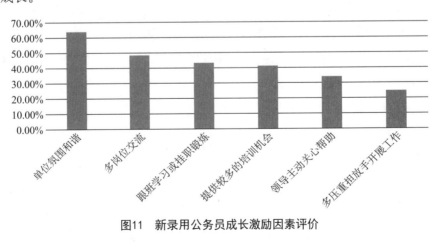

图11 新录用公务员成长激励因素评价

三、近几年新录用公务员队伍建设存在的问题

（一）公务员考录科学性有待进一步提高

据问卷调查，在评价当前公务员考录工作存在的不足时，56.52% 的部门（单位）负责人认为面试方式不能全面考查考生真实水平，28.99% 认为报名条件设置不合理。在访谈过程中，部门（单位）负责人进一步表示，公务员招考职位条件设置过分强调应届毕业生身份、高学历要求和专业等因素，未充分考虑部门（单位）的实际情况和用人需求，一定程度上存在选用脱节、人岗不适的情形；在公务员面试、考察方面，结构化面试充分保证了考试的过程公平，但难以全面反映考生的能力素质，且容易受到社会面试培训机构的影响（46.39% 的新录用公务员在问卷调查中表示参加过公务员面试培训），传统的谈话、查阅档案、实地走访等考察工作也在一定程度上流于形式。

（二）新录用公务员性别比例失衡

根据水利部人事司调研和海委 2016 年度人事统计，截至 2016 年底，水利系统公务员队伍性别比例为男性占 72.44%，女性占 27.56%；海委公务员队伍性别比例为男性占 65.83%，女性占 34.17%。两者均与水利行业长期形成的男女比例 7:3 相近。而 2012 年以来海委新录用公务员总体男女比例为 4:6，海委机关新录用公务员男女性别比例失衡的情况更为明显；访谈过程中，女多男少的性别失衡现象也是各部门（单位）负责人集中反映的问题之一；问卷调查也表明，男性相比女性在承担急难险重工作等方面有一定的优势，女性公务员倾向于对家庭倾注更多的时间精力，而近八成部门（单位）负责人认为公务员招录应当考虑男性优先。从实际情况看，与其他行业相比，水利行业承担急难险重的工作相对较多，且海委大部分基层公务员岗位工作环境比较艰苦，为促进海河水利事业长远发展，需采取有效措施合理控制新录用公务员性别比例。

（三）机关新录用公务员基层工作经历普遍不足

党的十九大报告强调，要注重在基层一线和困难艰苦的地方培养锻炼年轻干部，源源不断选拔使用经过实践考验的优秀年轻干部，新一届海委党组近期研究出台《关于进一步加强海委干部队伍建设的意见》，更加突出了注重基层的选人用人导向。而根据数据统计，海委机关 2012 年以来新录用公务员全部为应届毕业生，由于机关层级原因，普遍缺乏基层工作经历。在访谈过程中，部门（单位）负责人反映，新录用公务员中"从家门到校门，毕业后进机关门"的"三门"干部较多，缺乏社会实践和磨炼，对基层情况了解不够，亟须采取有效措施予以应对。

（四）业务部门新录用公务员专业能力有所欠缺

问卷调查显示，部门（单位）负责人把创新能力排在了新录用公务员最需要提升的能

力的第二位，而在业务部门（单位）负责人看来，创新能力更是排在了新录用公务员最需要提升的能力的第一位。访谈过程中，业务部门（单位）负责人也表示新录用公务员大多数为应届毕业生，一线业务工作经历匮乏，工作作风不够扎实，理论与实际有所脱节，高层次技术人才偏少，业务能力不够强，长此以往，势必会降低机关的业务管理水平。

（五）新录用公务员队伍稳定性有待进一步增强

问卷调查中，19.58%的新录用公务员表示若再一次择业，会换个行业当公务员或不再当公务员。在访谈中，部门（单位）负责人表示，近年来新录用公务员大部分为80后、90后，集体观念逐渐淡化，自我意识更强，再加上收入、住房等压力的影响，职业荣誉感和单位归属感有所降低，离职现象增加。统计数据显示，2012年以来，海委新录用公务员共有11人离职或放弃录用，占8.66%，其中海委机关2人，二级机关2人，三级机关7人。从离职原因看，考录到上级机关或调出5人，放弃录用或辞职，到企事业单位工作或继续求学深造6人。

四、加强和改进新录用公务员队伍建设的意见和建议

（一）改进公务员考试录用工作，进一步增强识人选人科学性和精准度

一是积极争取政策支持，改进公务员招考职位条件设置。对承担急难险重工作任务较多，以及男女性别比例严重失衡的部门（单位），在招录职位条件设置时，根据实际情况，适当考虑性别和基层工作经历要求；针对基层单位存在"招人难""留人难"问题，适当放宽学历、年龄等条件，允许设置一定数量的职位面向当地户籍人员招录，并进一步明确5年最低服务期限。二是进一步加强面试考官培养，定期组织面试考官知识更新培训，促使公务员面试考官培训从资格培训向专业化培训转变，不断提高面试考官精准识人选人能力。三是改进公务员录用考察方式、方法，在录用考察时引入差额考察机制，增加心理测评和专业能力测试环节，进一步提高拟录用人选的职位匹配度。

（二）完善公务员队伍进人方式，进一步优化公务员队伍结构。

一是在编制允许的范围内，加大基层公务员招录力度，进一步充实基层公务员队伍，有效满足基层单位用人需求。二是借鉴选调生招录的有关做法，改进机关业务部门公务员招录、培养方式，在公务员招录职位条件设置时，规定机关业务部门招录的公务员在入职的前2年，服从组织安排到企事业单位接受业务培养锻炼，经考核合格后再到机关正式任职，以有效缓解业务部门新录用公务员专业能力不足的问题。三是继续完善军队转业干部能力素质考核、评价方式，继续做好军队转业干部接收工作，进一步拓宽公务员队伍进人渠道。

（三）加大新录用公务员交流培养力度，进一步增强公务员队伍生机活力

按照党的十九大报告提出的建设高素质专业化干部队伍要求，深入贯彻落实《关于进

一步加强海委干部队伍建设的意见》，实施机关新录用公务员基层锻炼计划，明确规定机关新录用公务员在入职后 5 年内完成 2 年基层锻炼，积极选派新录用公务员参加干部双向交流、援藏、援疆、水利扶贫、驻村帮扶、博士服务团，鼓励机关新录用公务员到条件艰苦、环境复杂的基层单位接受磨炼、提升本领，支持基层新录用公务员到上级部门交流学习、开阔视野，为青年公务员成长成才、干事创业搭建广阔的舞台。

（四）完善新录用公务员服务保障机制，进一步维护公务员队伍和谐稳定

进一步抓实新录用公务员岗前培训，定期举办青年干部培训班和新录用公务员知识更新培训班，不断提升新录用公务员业务水平和履职能力，引导新录用公务员紧密结合海河水利事业做好职业长远规划。进一步改进和加强海委经济工作，注重开源节流，继续推进实施公务员职务与职级并行制度，拓展公务员晋升空间，合理提高公务员工资福利水平，充分调动各级公务员干事创业的积极性和主动性。充分发挥工会、共青团、妇联等群团组织的桥梁和纽带作用，主动关心、服务新录用公务员工作和生活，努力营造温暖和谐、昂扬向上的成长环境，不断提高新录用公务员的归属感和凝聚力。

（作者单位：水利部海河水利委员会人事处）

合理利用新媒体　创新职工素质教育

王郁夫　孔　政　边园园　毛　娜　姬雅榕

随着"互联网＋"时代的到来，以互联网、智能手机为代表的新媒体得到迅速发展和普及，成为人们获取资讯、抒发情感、记录生活、交流信息的重要工具，对人们的工作、生活和学习产生了重大的影响，也进一步促使了思想政治工作"因事而化、因时而进、因势而新"。习近平总书记在 2016 年全国高校思想政治工作会议上指出，"要运用新媒体新技术使工作活起来，推动思想政治工作传统优势同信息技术高度融合，增强时代感和吸引力。"事实上，不仅高校思想政治工作要加强新媒体新技术的运用，机关、企事业单位要开展好青年职工思想政治工作更离不开新媒体的助力。

党的十八大以来，以习近平同志为核心的党中央高度重视新时期的思想政治工作中新媒体的建设、运用和管理，发表了一系列重要讲话，明确指出"现在，媒体格局、舆论生态、受众对象、传播技术都在发生深刻变化，特别是互联网正在媒体领域催发一场前所未有的变革""互联网已经成为今天意识形态斗争的主战场""政治工作过不了网络关就过不了时代关，要研究把握信息网络时代政治工作的特点和规律，提高政治工作信息化、法治化、科学化水平"等等。我们思想政治教育工作者应把握时机、与时俱进，充分利用新媒体覆盖面广、传播迅捷、参与程度高等独特优势，创新思想政治工作方式方法，切实提高广大职工的思想水平、政治觉悟、道德品质和文化素养。为此，课题组设计了关于新媒体在思想政治工作中的应用调查问卷，通过调查问卷，我们详细了解和分析职工对新媒体的使用情况以及新媒体环境下的行为方式，并结合长江委思想政治工作的特点，对合理使用新媒体开展思想政治工作提出行之有效的建议。

一、新媒体在思想政治工作中的应用调查问卷分析

（一）总体情况

本次问卷调查通过网络进行，调研对象可通过电脑、微信等方式作答，对象覆盖全委，回收有效问卷 100 余份。参与调查人员中，中青年职工（45 岁及以下）约占 85%。

（二）职工新媒体的使用情况

1. 新媒体成为职工获取信息的重要渠道

在对获取信息的媒体渠道进行排序时，以网络和手机为代表的新媒体成为最主要的两

大渠道，远超过报纸、广播电视等传统媒体。新媒体在职工获取信息的过程中发挥了巨大的作用，成为职工了解外界的重要渠道。根据数据统计，其排序结果为：

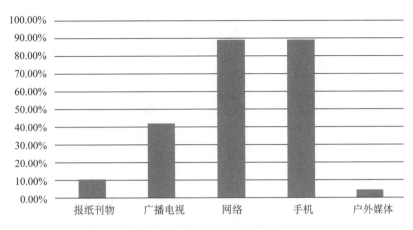

图1 职工信息获取渠道排序

2. 新媒体成为职工的重要日常工具

调查问卷统计结果显示，绝大多数职工每天上网的时间超过 1 小时，有 23.17% 的职工达到 3 小时及以上，属于新媒体的重度用户。

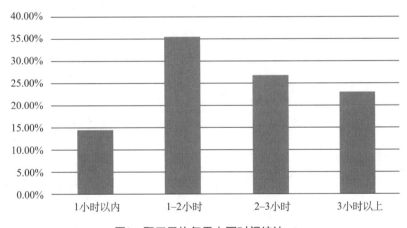

图2 职工平均每天上网时间统计

3. 获取信息的需求成为职工使用新媒体的主要动力

在对使用新媒体的主要目的进行排序时发现，获取信息是职工使用新媒体的首要目的，其次是与外界的沟通、交流，新媒体日益代替传统媒体，已经成为信息传播和人与人之间交流沟通的主要媒介。

（三）新媒体对职工的影响

1. 新媒体对职工工作、学习的影响

一方面、新媒体极大地扩展了职工信息获取的渠道，尤其是新媒体的信息共享功能可

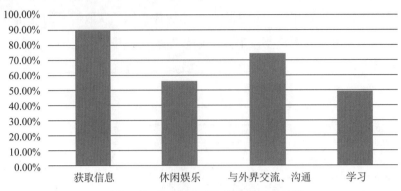

图3 职工使用新媒体的主要目的统计

以帮助职工了解专业领域最前沿的知识，有助于专业知识的更新和积累。同时，新媒体还能开阔职工的视野，拓展职工的知识面，学习专业领域以外的其他知识，对职工综合素质的提高具有重要作用。调查数据显示，92.68%的职工表示新媒体增加了其知识的积累；64.63%的职工认为新媒体能够帮助他们提高学习效率；认为新媒体对提高自主学习能力和创新能力有积极作用的职工也分别占到了65.85%和67.07%（见表1）。

表1 新媒体对职工工作、学习的影响数据统计

题目　　　选项	增加或提高	无影响	降低或减少
知识的积累	92.68%	6.1%	1.22%
学习效率	64.63%	24.39%	10.98%
自主学习能力	65.85%	23.17%	10.98%
创新能力	67.07%	26.83%	6.1%

2. 新媒体对职工思想的影响

新媒体时效性强的特点有助于职工随时了解国内外的重大时政新闻和社会新闻，但是新媒体在追求速度的同时，对信息来源的真实性缺乏有效、科学的验证，导致现行网络环境中存在大量背景不明的信息，这就需要新媒体使用者提高是非辨别能力，可喜的是，调查显示，78.05%的职工通过新媒体提高了是非辨别能力。并且，多元化的信息接收渠道，让职工看待问题的角度更加全面，讨论问题和发表见解更加便捷，这也提高了职工对社会和所在单位事务参与度，个人的满足感和对社会、对他人的信任程度也随之提升。问卷调查结果显示，超过70%的调查对象认为，通过新媒体获取知识与信息，绝大部分职工政治素养和道德修养也得到提高（见表2）。

二、运用新媒体开展思想政治工作的利弊分析

新媒体在思想政治工作中的广泛运用，使思想政治工作的组织领导、运行机制和工作

表2　新媒体对职工思想的影响数据统计

题目＼选项	增加或提高	无影响	降低或减少
是非辨别能力	78.05%	18.29%	3.66%
政治素养	73.17%	25.61%	1.22%
道德修养	70.73%	26.83%	2.44%
对社会的信任程度	54.88%	34.15%	10.98%
对他人的信任程度	46.34%	40.24%	13.41%
自我满足感	45.12%	48.78%	6.1%
精神空虚感	26.83%	43.9%	29.27%

方式都发生了明显的变化，对此项工作的开展产生了深远的影响。

（一）新媒体对思想政治工作的积极影响

1. 新媒体的运用拓展了思想政治工作的载体

新媒体出现之前，各级党组织主要通过会议文件、谈心谈话、座谈交流、集中学习、主题活动等形式开展思想政治工作，载体比较单一。在新媒体环境下，论坛、微博、微信、社交网站、即时通信工具等极大地丰富了思想政治工作的手段，借助新媒体，思想政治工作突破了时间和空间的限制，使像会议室这种原本狭小的现实空间，变成开放的、虚拟的网络空间，职工不必在规定时间去规定的地点，而是通过网络就可以在任何时间、任何地点参与到思想政治工作中来，接受思想教育，形成了全方位、广覆盖的工作态势，大大增强了思想政治工作的生机和活力。

2. 新媒体的运用增强了思想政治工作的互动性

新媒体有助于打破传统教育方式"我说你听"单向理论灌输，忽视受教育者的主体地位、忽视隐性教育、现代新方法元素的缺失等不足，促使教育主体和教育客体的互动模式由单向灌输转为双向互动，教育模式由封闭走向开放、由单一走向多元。思想政治工作运用新兴媒体的双向互动功能，发动广大干部群众参与到本单位的改革发展大局中来，并积极听取干部群众的意见建议，做到因势利导、潜移默化、润物无声，在交流沟通中达到了教育引导的目的，既增强了思想政治工作的感染力，也调动了干部群众的积极性、主动性。

3. 新媒体的运用提高了思想政治工作的实效性

一方面新媒体为思想政治工作者搜集教育资源提供了很大便利，节余更多的时间用于理论研究和教学实践上、探索更有效的工作方法，提高工作效率。另一方面，新媒体信息交流的匿名性、开放性使相互交流更加开诚布公和畅所欲言，思想政治工作者可以充分运用新兴媒体提供的信息，把握职工的思想动态，及时地展开个性化的、有针对性的思想政治工作，从而有助于提高思想政治工作的实效性。

（二）新媒体对思想政治工作的消极影响

1. 新媒体使思想政治工作的导向性受到挑战

新媒体没有传播者和接受者的界限，数以亿计的网民不仅是信息的获取者、传播者，还是舆论的生成者、采集者。"人人即媒体"导致信息来源多元化、零散化、分散化，使互联网上健康和不健康的、正确和错误的、积极和消极的内容并存。各种思潮的激荡，造成人们信息选择和价值取向的多样性，这对我们宣扬社会主义意识形态造成了不容忽视的冲击。问卷调查结果显示，超过 75% 的调查对象认为新媒体"加剧了信息爆炸与失真""传播谣言，危害社会"；超过 80% 的调查对象希望在利用新媒体时，能够提高"识别和判断能力"。

2. 过度依赖新媒体容易导致情感缺位

新媒体用户直接面对冷冰冰的机器和毫无表情的网络，缺乏人与人之间的情感互动。而情感是思想政治工作的桥梁，是实现思想政治教育的基础，没有情感的思想政治工作只能是苍白的说教、机械的灌输，自然达不到预期的效果。新媒体内容的海量化、散乱化、复杂化，让人容易迷失，也导致部分职工精神空虚感升高，占调查对象的 26.83%。因此，新媒体不能完全取代传统的思想政治工作面对面、人与人的情感交流。问卷调查结果显示，超过 85% 的调查对象认为进行思想政治工作最有效的途径是"单位组织集中学习"。

3. 新媒体信息传播速度快，监控难度大

新媒体时代，人们不再仅仅是信息的接受者、消费者，还是信息的创造者、发布者，可以不经记者或编辑之手自主地参与创造，自由地进行交流讨论，传播有关信息，发表看法、提出建议。信息的开放性，匿名性及传播的快速性不可避免地导致舆情监控乏力并存在重大盲区，极易引起职工思想判断混乱和精神困惑。问卷调查结果显示，超过 85% 的调查对象认为新媒体平台的管理"一般、不够完善"。

三、利用新媒体加强思想政治工作的建议

（一）增强政治意识，坚持正确导向

坚持正确导向是新闻宣传工作的前提。思想政治工作者要切实增强政治意识、大局意识、核心意识、看齐意识，在思想上、行动上与中央保持高度一致，在重大原则问题上立场坚定不动摇，在大是大非问题上旗帜鲜明不含糊。及时传达党中央及上级组织的有关精神和要求，加强舆论引导，壮大积极健康向上的主流舆论，能正确认识国内国际复杂敏感问题，提高在纷繁芜杂的表象中准确把握事物本质的能力，确保在复杂形势下始终坚持正确舆论导向，构筑起思想政治工作的第一道"防火墙"。

（二）深入开展"互动"，真正把握民意

新媒体背景下，思想政治工作领域的信息传播由单向变为双向、多向，由被动接受变为互动沟通。单位可以充分利用新媒体所具有的这种广泛互动和及时反馈的特点，构建起网络沟通和交流的渠道。与和政工干部面对面的交流相比，职工往往更倾向于在网络上"灌水""拍砖"。"晒"出自己的心里话，原汁原味的职工民意由此得以汇集和传播。因此，利用新媒体技术，搭建单位与职工互动沟通的平台，有利于管理者与职工就焦点热点问题各抒己见，展开辩论，达到明辨是非、提高认识的目的：有利于思想政治工作者搜集素材、了解对象，增强宣教疏导的针对性；有利于建立畅通的网络信息反馈和舆情反映渠道，更好地化解职工的思想问题，为职工释疑解惑、排忧解难。

（三）重视媒体载体利用与职工思想政治教育实践的良性互动，提升媒体利用效果

很多新媒体如网络媒体、移动媒体是一个新教育、交互式的虚拟平台，适时开展线上与线下互动的工作，使各种虚拟的人物、活动在真实的世界中得以呈现，能够大大提高新媒体教育的真实感和有效性。应利用新媒体举办各种内容丰富，形式多样的线下活动，如技术讲座、文体活动、科技创新活动等，这些活动一方面很好地宣传了单位的新媒体，增强了新媒体在职工中的影响力；另一方面也通过与职工在媒体的沟通和交流，及时真切了解到他们的观点、意见和建议，从而促进青年职工思想道德水平的提高。

（四）建立全天候的信息监管机制

一方面积极履行政治责任、社会责任和经济责任，以实际工作业绩贡献社会，从源头减少负面舆情的发生：另一方面在做好内外宣传的同时，加强对负面舆情的监测、应对与处置。要建立面向网络舆论的监测体系，并通过网络舆情的报送机制和引导反应机制，确保网上主流意识形态舆论的主导态势，确保有损单位形象的不良信息能得到及时、准确、有效的引导。开展职工网络信息发布法律意识宣传教育，分层次、分区域组织互联网法治教育系列讲座，增强职工网络信息发布法律意识。此外，还应完善突发事件应急处置机制。一旦发生涉外的安全环保事故或群体性事件，要自觉利用新媒体"黄金4小时"法则，速报事实、慎报原因、再报跟进，化危为机，掌握舆论引导主动权。

（五）提升思想政治工作者驾驭新媒体的能力

运用新媒体开展思想政治工作也对单位思想政治工作者的能力素质提出了新的要求。思想政治工作者对新媒体的驾驭能力，是指对新媒体舆情的认知、理解能力以及通过新媒体进行表达、沟通、动员以及舆论引导的能力。这就需要单位强化对思想政治工作者的培训和管理，使其成为既能做好思想政治工作又懂得信息网络技术的新型政工干部。应组建网站信息管理员队伍、微博信息员队伍，适时发布消息，积极进行跟帖评论，利用微博澄

清不当言论，成为网络媒体的正能量。思想政治工作者唯有与时俱进，研究新问题，汲取新思维，采用新手段，方能做好职工的思想政治工作。

此外，中青年职工是新媒体的主要使用者，我们在利用新媒体开展思想政治工作时，要注意吸引和鼓励中青年职工，充分发挥中青年朋友的作用，弘扬主旋律，激发正能量，牢固占领舆论阵地，推动思想政治工作更加深入中青年，服务事业发展，服务中华民族伟大复兴。

（作者单位：长江委人才资源开发中心）

创新型水利科技人才分类多元评价指标体系初探

尤建青　蒲　立

全国科技创新大会上，习近平总书记提出"改革科技评价制度，建立以创新质量、贡献、绩效为导向的分类评价体系，正确评价科技创新成果的科学价值、技术价值、经济价值、社会价值、文化价值。"2018年2月，中办国办印发《关于分类推进人才评价机制改革的指导意见》，《意见》提出"根据不同职业、不同岗位、不同层次人才的特点和职责，坚持共通性与特殊性、水平业绩与发展潜力、定性与定量评价结合的人才评价标准。"为我们做好创新型水利科技人才评价工作指明了方向。

水利部先后制定《关于实施创新驱动发展战略　加强水利科技创新若干意见》《"十三五"水利科技创新规划》，《意见》提出"完善分类考核制度，对基础研究人才以同行学术评价为主，应用研究和技术开发人才突出市场和社会评价。"《全国水利人才队伍建设"十三五"规划》中将完善人才评价和激励制度列入深化水利人才发展体制机制改革的重要任务。当前，一方面，在人才选拔引进中亟需聚焦水利科技创新需求，构建有针对性的分类分级评价体系，实现靶向引才、精准引才；另一方面，如何做好人才中期绩效评估，开发人才潜能，完善人才开发体系，亟需构建更加科学有效的分类评价指标体系。

本文以探讨创新型水利科技人才定义和分类特征入手，以人才选拔引进、绩效考核和潜力开发评估为需求导向，确立分类多元的评价指标体系，并结合水利科研单位的实践和探索，尝试构建应用于不同场景下的评价指标体系。

一、创新型水利科技人才定义和分类特征

关于创新的定义。熊彼得认为"创新是指新技术、新发明在生产中的首次应用。"欧盟在创新绿皮书中将创新定义为："不仅是一种经济机制或技术过程，而且还是一种社会现象。"可以看出，创新的两个明显特征——首创性和引领性，创新的推广应用对行业乃至社会有很强的引领和辐射带动作用。

创新型水利科技人才的定义和分类。《"十三五"水利科技创新规划》中确立的8个重点创新领域包括战略层面、应用基础层面、技术层面和设备产品层面等4方面。提出"加快造就一批具有世界前沿水平的科技领军人才和创新团队。"围绕水利重点创新领域对人

才的需求，结合水利科研单位实际，我们尝试对创新型水利科技人才进行定义：从事水利科技基础和应用理论、关键技术研发或产品开发工作，在一个或多个领域取得创新成果，积极参加国内外交流合作，为推动学科发展、技术创新和社会进步作出贡献的水利科技工作者。可以划分为基础与应用基础型（以下简称基础研究型）、技术研发型以及产品开发型人才三类。

基础研究型人才是指主要从事基础理论研究，探索将理论研究成果应用于实践，是水利科技创新知识和理论的源泉，基础研究型人才是创新型水利科技人才队伍的领军者。

技术研发型人才是指在基础和应用基础研究基础上，以解决实际问题为目标，综合应用理论、知识、技能和技术进行科研攻关或提供科技咨询，是联结基础研究与产品开发的重要桥梁，技术研发型人才是创新型水利科技人才队伍的主力军。

产品研发型人才是在基础和应用基础研究以及技术研发的基础之上，进行开发新系统、新产品、新工艺、新材料和新结构等研究活动的科研人员。其研发的产品具有一定的技术和市场成熟性，拥有自主知识产权，能形成一定的经济和社会效应，产品研发型人才是创新型水利科技人才队伍的生力军。

此外，在《全国水利人才队伍建设"十三五"规划》中还按照人才所处创新阶段的区别，分为领军人才、青年英才、拔尖人才等。

二、分类多元评价体系的构建

创新型水利科技人才的评价主要体现在评价目的、评价对象和评价指标三方面。评价对象可分为基础研究型、关键技术研发型和产品开发型人才三类。按照评价目的可分为考核引进、绩效评估两类。评价指标的多元性体现在基本素质、经历能力、成果业绩、创新能力以及影响力等多维度指标体系。

（一）依据胜任力冰山模型构建准则层要素

冰山模型（见图1）是由麦克利兰1973年提出，他将人才胜任力比喻为冰山，水面上可见部分代表显性胜任力，包括知识和技能；水面下不易直接观察测量部分代表隐性胜任力，包括社会角色、自我概念、特质与动机。

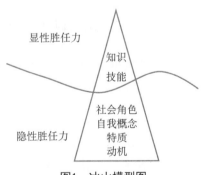

图1 冰山模型图

我们将冰山模型中的知识、自我概念、特质和动机归纳为基本素养；技能是从事科研能力，包括科研、实践和管理能力，归纳为能力素质；社会角色是社会对评估对象影响力的评价，将其归纳为社会认可。综上，准则层包含基本素养、能力素质、社会认可三方面内容。

（二）根据创新型水利科技人才定义确立子准则要素

科研道德是科研人员的基本素质，知识和科研经历既是科研能力的反映，也是科研潜力的表现。因此，基本素质包括道德诚信、知识结构和科研经历三方面的内容。

能力素质主要考察创新能力和潜力。科研能力是进行基础和应用基础理论研究的能力；实践能力是将理论应用于科研攻关和解决工程技术问题的能力；管理能力是指团队合作和管理能力。因此，能力素质包括科研能力、实践能力和管理能力三方面内容。

社会认可主要考察人才影响力问题。奖励和荣誉分别反映了人才所取得的成果水平和学术影响力；社会角色是指国内外科研团体任职、行业期刊编委；市场影响是指科技成果的市场转化成效。因此，社会认可包括奖励和荣誉、社会角色和市场影响三方面内容。

（三）结合科研单位实际进行指标分解

根据国家"千人计划""万人计划"、创新人才推进计划的评价指标体系，以及水利部"5151"人才工程、水利青年科技英才的评选推荐指标体系，结合水利科研开展"三型人才"选拔培养实际，在指标选取上尽量按照"可操作性、可量化原则，"最终确立评价指标体系（见表1）。

表1　评价指标体系表

目标层	准则层	子准则层	指标层
创新型水利科技人才分类多元评价指标体系	基本素质	道德诚信	1.科研道德；2.科研诚信
		知识结构	学历/从事专业
		科研经历	1.研究连续性；2.工作单位/职称；3.产品研发经历
	能力素质	科研能力	1.论文数量/被引；2.代表性成果/专著
		实践能力	1.专利、标准；2.项目；3.团队协作；4.指导学生
		管理能力	1.团队贡献；2.决策能力；3.行业规划
	社会认可	荣誉奖励	1.奖励；2.人才荣誉
		社会角色	1.科研团体任职；2.学术讲座/会议交流；3.期刊编委
		市场影响	1.市场/产业影响；2.媒体报道

三、不同应用场景下的评价指标体系构建

现行人才评价可分为选拔性评价和绩效评估两大类，根据基础研究型、关键技术研发型和产品开发型三类人才不同特征，划分六类人才评价应用指标体系（见表2）。

下面，结合中国水科院"三型人才"培育计划分类选拔实践，尝试构建不同类型人才的评价指标体系。

表2　评价指标体系表

评价目的＼评价对象	基础研究型A型	技术研发型B型	产品开发型C型
选拔引进1	A1	B1	C1
绩效评估2	A2	B1	C2

（一）基础研究型人才评价指标体系

基础研究型人才在选拔引进时应注意考察其研究工作的连续性，关注科研成果质量，同时还要注重人才的社会影响力。基础研究成果产出主要是高质量论文。

1. 基础研究型人才选拔引进指标体系

基础研究型人才选拔引进指标体系详见表3。

表3　基础研究型人才选拔引进指标体系

准则层	权重	子准则层	权重	指标层
基本素质	0.2	道德诚信	0.10	1. 科研道德；2. 科研诚信
		知识结构	0.04	学历/从事专业
		科研经历	0.06	1. 研究连续性；2. 工作单位/职称
能力素质	0.3	科研能力	0.18	1. 论文数量/被引；2. 代表性成果/专著
		实践能力	0.06	1. 项目；2. 团队协作；3. 指导学生
		管理能力	0.06	1. 团队贡献；2. 决策能力
社会认可	0.5	荣誉奖励	0.2	1. 奖励；2. 人才荣誉
		社会角色	0.3	1. 科研团体任职；2. 学术讲座/会议交流；3. 期刊编委

2. 基础研究型人才绩效评估指标体系

基础研究型人才绩效评估指标体系见表4。

表4　基础研究型人才绩效评估指标体系

准则层	权重	子准则层	权重	指标层
能力素质	0.5	科研能力	0.3	1. 论文数量/被引；2. 代表性成果/专著
		实践能力	0.1	1. 项目；2. 团队协作；3. 指导学生
		管理能力	0.1	1. 团队贡献；2. 决策能力
社会认可	0.5	荣誉奖励	0.2	1. 奖励；2. 荣誉
		社会角色	0.3	1. 科研团体任职；2. 学术讲座/交流；3. 期刊编委

需要注意的是，基础研究型人才在创新型水利科技人才队伍占比较小，但基础研究作

为创新技术和产品的理论和知识源头，一个超前的理念、一项超前的理论、一项超前的技术对于技术和产品的开发具有极强的辐射和带动效应。比如由王浩院士团队历经十余年潜心研究的同时，直接带动上下游产学研取得长足进步。针对基础研究的长期性和不确定性，应当建立容错机制、允许试错，适当延长考核周期，探索以 5 年为一周期、3 年为中期的考核模式，不把获奖、专利和经济效益作为考核指标。

（二）技术研发型人才评价指标体系

技术研发型人才以基础理论研究为基础，综合应用理论、技术和方法来解决技术应用问题，是连接基础研究与产品开发的桥梁。技术研发人员的产出主要是关键技术和专利，绩效评估时主要是创新能力和产出，侧重承担项目情况、团队贡献及技术路线决策能力，更为看重工程实践能力，侧重考察工程实践和设计能力、知识产权、行业分析、工程规划、决策与实施能力等。见表 5、表 6。

表5　技术研发型人才选拔引进评价指标体系

准则层	权重	子准则层	权重	指标层
基本素质	0.2	道德诚信	0.15	1. 科研道德；2. 科研诚信
		知识结构	0.07	学历/从事专业
		科研经历	0.08	工作单位/职称
能力素质	0.5	科研能力	0.1	1. 专利/标准；2. 代表性成果/专著
		实践能力	0.3	1. 项目；2. 团队；3. 指导学生
		管理能力	0.1	1. 团队贡献；2. 决策能力；3. 行业规划
社会认可	0.3	荣誉奖励	0.2	1. 奖励；2. 荣誉
		社会角色	0.1	1. 科研团体任职/兼职；2. 学术讲座/会议交流；3. 期刊编委

表6　技术研发型人才绩效评估指标体系

准则	权重	子准则	权重	指标
能力素质	0.8	科研能力	0.2	1. 专利/标准；2. 代表性成果/专著
		实践能力	0.5	1. 专利；2. 项目；3. 团队、指导学生
		管理能力	0.1	1. 团队贡献；2. 决策能力；3. 行业规划
社会认可	0.2	荣誉奖励	0.15	1. 奖励；2. 荣誉
		社会角色	0.05	1. 行业协会任职/兼职；2. 学术讲座/会议交流；3. 期刊编委

需要注意的是，注重考察技术研发型人才紧密围绕国家经济社会发展需求，注重发现

和识别关键技术问题的能力，服务生产和工程实践，解决实际问题的能力，侧重承担项目情况，不把论文数量作为唯一考核指标，试行代表作制。

（三）产品开发型人才评价指标体系

注重考察产品开发型人才将理论和技术、工艺转化为科技产品，在市场中推广并取得经济效益的能力，以及在提升生产效率、创造经济效益方面的能力。在选拔引进中，相比之前两类人才，应更加注重创新创业中展现的能力素质，注重考察其潜力。

1. 产品开发型人才选拔引进评价指标体系

产品开发型人才选拔引进评价指标体系详见表7。

表7　产品开发型人才选拔引进评价指标体系

准则	权重	子准则	权重	指标
基本素质	0.4	道德诚信	0.3	1. 科研道德；2. 诚信
		知识结构	0.05	学历/所学专业
		科研经历	0.05	产品研发经历
能力素质	0.6	实践能力	0.4	1. 项目；2. 专利
		管理能力	0.2	组织实施

2. 产品开发型人才绩效评估指标体系

产品开发型人才绩效评估指标体系详见表8。

表8　产品开发型人才绩效评估指标体系

准则	权重	子准则	权重	指标
能力素质	0.6	实践能力	0.5	1. 专利；2. 项目
		管理能力	0.1	1. 组织实施；2. 行业规划
社会认可	0.4	市场影响	0.3	1. 市场/产业影响
		社会影响	0.1	2. 媒体报道

需要说明的是，更注重考察产品开发型人才的成果转化能力，能否在技术上、提升生产力效率以及增长经济效益上有所突破，是否有市场意识和研发产品的经验，产品是否符合国家和行业需求，是否达到国内领先水平，能否填补空白或引领相关产业发展，以及是否具有较大的市场潜力和预期经济效益。所引进的技术能否产生预期经济效益，促进相关产业发展等。

（作者单位：中国水利水电科学研究院人事处）

浅谈"互联网+"下的水利干部教育培训

陈佼妮

一、"十三五"水利人才建设新方向

水利要发展,人才是关键。"十三五"以来,国家战略新布局、创新驱动发展新理念、水安全战略新定位、水利改革新进程、民生水利新发展等新形势,均对水利人才队伍建设工作提出了新要求。

2016 年 6 月,水利部制定并发布了《全国水利人才队伍建设"十三五"规划》(以下简称《规划》),提出了培养造就一支"数量充足、布局合理、结构优化、富有活力、勇于创新的水利人才队伍"的总体目标,明确了"着力提升人才队伍素质能力、合力补强人才队伍薄弱环节、大力推进人才机制体制改革、强力夯实人才队伍发展基础"四项主要任务,并制定了"加强组织领导、加大投入保障、营造有利于人才工作的良好氛围"等措施以保障人才规划贯彻落实。同时,《规划》与时俱进地提出:实施"互联网+"人才培养推进计划,发展"互联网+"人才教育培训新模式。加强教育培训网络基础建设,逐步建立兼容、开放、共享、规范的"互联网+"人才教育培训体系。

二、"互联网+"带来的干部教育培训新变革

2015 年 3 月 5 日,"互联网+"行动计划在十二届全国人大三次会议上的总理政府工作报告中首次提出,并纳入国家经济社会发展战略的顶层设计。"互联网+"就是利用信息技术让互联网与各个领域进行深度融合,从而激发创造出新的发展生态。"互联网+"理念已在教育领域中得到了大量实践,Coursera、慕课、微课等 APP 均是"互联网+教育"的极佳例子。它们不仅具有以往信息化时代的网络化、多媒体化、跨时空等特点外,还具有在线化、个性化、移动化、智能化、社会化、数据化等新特点。干部教育培训是我国教育体系的重要组成部分。不难推断,"互联网+"也将给干部教育培训带来新的变革。

(一)终端多样

信息技术的发展直接表现为通信终端的多样性。过去,学员通常只能使用台式电脑作为用户终端接受网络培训。现在,消费级电子产品层出不穷,智能手机、智能平板、智能

电视、智能音箱、各类可穿戴设备，均成为接收信息的终端。同时，不同终端体现出不同的交互特点及使用场景。例如，智能电视通常在家中使用，可以输出音频视频信息；智能音箱还可以在车里使用，但仅能输出音频信息；可穿戴设备使用场景众多，但输出的信息相对有限。终端多样化要求"互联网+"时代的网络教育培训必须适配多种终端，以提高教学资源的使用效率。

（二）平台、形式多样

媒体技术的进步、终端的多样化丰富了教学内容的表现形式。传统的网络教育形式通常是电子课件、以课时为单位的教学视频。如今"新媒体"平台纷纷涌现，微博、微信、短视频、听书、直播APP都是典型代表，精心制作的图片、文章、短视频、音频等成为流行的传播形式，直播更是最为直接的线上交流渠道之一。教育机构作为培训内容的提供方，应综合考虑不同平台、形式的传播效益，将教学内容制作成适合其特点的形式，上传至适合的平台。

（三）内容丰富广泛

"互联网+"时代，教学机构能够在网络上提供极为丰富的培训内容。这一方面源于教学双方对快捷、便利、低成本的教育培训的巨大需求；另一方面，软硬件技术的发展使传统内容可以通过科技进行呈现，甚至获得更好的教学效果。例如，水利工程施工，普通课堂教学不能带来施工环境等直观印象，短期实地参观难以系统学习原理、方案、技术。而通过信息技术，不仅可以进行理论教学，还可以通过视频展现施工环境，通过三维动画模拟施工方案。

（四）时空壁垒被打破

不同于过去需要将教员及学员集中在同一时空环境的教学模式，借助于现代设备，"教"与"学"可以在不同时空中完成。其不同的组合形式具有不同的优缺点。例如，"直播"教学与传统教学最为相似，可以促进教学双方交流，但同样存在学员时间难以统一的缺点；"点播"的教学视频通常是提前录制好，学员可以随时在网上查看，教学双方在时间安排上均有极大的自主性，但较难对学员学习进度进行管理。在进行课程设计时，应结合课程内容选择合适的管理形式。

（五）教育培训从业者大幅增加

过去，高校、专业培训机构是最主要的培训内容提供者。随着软硬件设备购置成本及传播成本的大幅降低，任何希望分享知识与经验的组织和个人都可以成为教育培训从业者。例如，"丁香医生""急诊科女超人"都是"互联网+"时代从事医疗健康信息科普的"新媒体"，前者以小型团队运营，后者在初期从个人角度出发分享典型案例，同样广受受众欢迎，得到资本市场的青睐。成功案例激发了越来越多组织与个人投身教育培训行业，在丰富了教育培训资源的同时，也使教育培训行业竞争愈发激烈，且容易产生资源质量参差不齐的弊端。

（六）学员选择众多

从以上新趋势可知，学员可以凭借兴趣轻松从各类终端的各式平台中获取内容丰富、形式多样的教育信息。在选择范围得到扩大的同时，极为丰富的教育资源也提高了学员的选择成本。学员需要花费比以往更长的时间从海量资源中选择符合自己学习需求、与自身知识储备相符、且内容过关、制作精良的信息。反之，内容陈旧、形式单调的教育信息则会被迅速筛选掉。因此，"互联网 +"时代，学员获取教育信息也呈现出"兴趣驱动""碎片化阅读"的行为模式。

（七）操作数据海量化

教学双方在通过平台的互动过程中，产生了海量的操作数据。从这些数据中，可以分析得出用户偏好、课程质量、平台交互性能等大量有利于教学改进和决策的信息，应以"大数据"的视角加以采集、记录、分析，使之成为驱动教育培训科技化、智能化发展的强大动力。

三、"互联网 +"下的水利干部教育培训方式创新

（一）建设开放实用的创新平台体系

网络教育平台使学员可以随时学、随地学、持续学。目前，水利系统已经建设完成了以中国水利教育培训网为代表的在线教育平台。在"互联网 +"时代，水利干部网络教育培训平台的理念与实质应得到进一步扩充。一是扩大平台体系。现有核心平台的教育培训形式仍然以讲座、授课为主，是线下培训的"线上版"。未来的网络教育培训应充分考虑到诸如短文章、短视频等精简高效的形式在阅读"碎片化"时代具有的教育意义，建立、采用与此类内容相适应的发布渠道，全方位多层次构建平台体系。二是提高终端适配多样性。现有平台使用的终端仍以台式电脑为主，而以手持移动设备为代表的终端设备其灵活性、普适性是显而易见的。开发适合多种设备的网络教育平台，多种渠道并存地提供培训接口，可以丰富学员的选择范围，提高教育资源的使用效率。三是提高平台交互特性。网络教育平台的信息流向，不仅包括了从教师向学员的单方面传授，还应包括学员向教师的反馈，学员、教师群体间的相互交流。现代技术可以拓宽教学双方日常交流互动的方式方法，形成良好的学习氛围。

（二）树立以学员需求为中心的创新观念

互联网使以学员为核心、开展智慧型、定制化培训成为可能。开展干部培训，在组织需求、岗位需求之外，更应从干部本身出发，充分了解干部需要什么，想学什么，如何学

得好，如何用得好，以此来设计培训计划、开展培训工作。例如，党政人才与技能人才的培训需求不尽相同，基层水利人才和复合型管理人才的培养也难以用同一套培训体系完成。因此，一是应进一步做好培训需求分析，以"十三五"《规划》确立的重点目标为指导，针对不同层级、不同岗位的干部，广泛收集所需的知识技能，研究其接受培训的特点，科学合理设计课程内容，确保所提供的培训内容符合干部工作所需。二是教学过程中，发挥干部能动性，给予干部更多的自主权。在学时方面，进一步提高线上培训学时的比例，方便干部灵活安排学习时间。在课程设置方面，可设定选修、必修等多个选项，提供干部更多选择，鼓励干部自主学习。

（三）实现教育培训资源创新共享

"内容为王"是"互联网＋"时代信息发布平台能脱颖而出的核心要素。提供教育信息的培训平台也不例外。开放灵活的网络教育平台为教育资源的广泛共享提供了技术基础，应统筹组织好各类教育资源，使其发挥更大效用。一是做好教育资源调查。传统的干部教育培训多依赖当地资源，其中不乏优质资源，但往往各自为政，重复建设多，造成很大程度上的浪费。应对可以调动的资源进行统计分析，以便整合使用。二是策划打造精品内容。一方面，水利作为专业性较强的领域，授课、讲座的形式仍是干部教育培训的主要形式；另一方面，微信公众号等"新媒体"平台是传播前沿信息及系列化内容的有效渠道，应组织具备水利、平面设计、视频制作、媒体运营等知识能力的复合型团队有计划地策划发布。三是扩宽渠道引进内容。"分享经济"是互联网时代的一大特征。课程策划制作除依赖自身力量外，还可以引入水利院校、第三方培训机构等优质社会资源，实现优势互补、合作共赢，构建良好、科学的培训环境。

（四）利用大数据创新培训管理

干部教育培训的效果和应用直接影响到是否能真正提高干部的工作业务能力、领导管理能力和其他综合素质。对于教师、学员、平台三者交互下涌现的海量数据进行数据挖掘，加以统计分析，可为培训管理提供预测和决策支持。一是要加强数据挖掘、机器学习等技术准备，建立完善干部教育培训的数据库，对教学双方在平台中的使用行为进行跟踪分析。二是要将分析结果运用于教学活动中。一方面，可依据学员的个人档案、学习行为、学习表现，提炼教育培训在工作实践中的转化效果，预测其进一步学习需求，向其推荐适合的培训内容。另一方面，可依据教员的活跃程度、学员的课后反馈等，对教学内容进行评价及优化，提高干部教育培训的针对性和有效性。三是要提高平台自身迭代速度。网络平台作为教学双方沟通的重要媒介，其易用性、稳定性等是影响培训效果的重要因素。用户操作数据是对平台设计的重要反馈，应依据其呈现出的特点及时对平台设计加以维护和改进。

四、结论与展望

"互联网+"时代，干部教育培训的整体图景为：广大"教""学"双方不受时空约束地通过多种终端利用多个平台进行形式多样、内容丰富的海量信息交互。适应时代变革，把握发展契机，水利干部教育培训需要进行方式创新，尽快建设开放实用的平台体系，树立以学员需求为中心的培训观念，实现教育资源的共享，并且利用"大数据"工具提升培训管理水平。"互联网+"水利干部教育培训新模式，是水利人才开发体系的重要补充，是人才工作服务水利改革发展的重要保障。

（作者单位：水利部综合事业管理局新华水利控股集团公司）

沂沭泗局职工教育培训现状调研报告

曾　平　井市委

人才队伍素质事关水利改革和发展的大局，强化人才队伍的教育培训，是提高现有人才队伍整体素质的关键。为落实水利部"十三五"人才规划关于水利人才队伍建设有关精神，进一步加强全局职工教育培训工作，此次调研面向全局1106名在职政事企职工，涵盖了沂沭泗局、直属局、基层局三级管理单位、11个事业单位和4个施工企业。通过调查问卷、座谈会、资料查阅等方式进行深入调研，在全局范围内抽样发放《淮委沂沭泗局职工教育培训情况调查问卷》400份，回收有效问卷350份，涵盖面较为全面，组织部分直属单位、基层局职工代表召开座谈会，听取了广大干部职工的意见，查阅了十八大以来培训资料，总结职工教育培训工作经验，分析存在的问题及产生的原因，研究并提出改进建议和对策，在此基础上最终形成调研报告。

一、教育培训基本现状

从调研情况看，十八大以来，我局坚持以党的十八大、十九大精神和习近平总书记系列讲话为统领，以提高人才队伍整体素质和综合能力为重点，积极拓宽培训渠道，创新教育培训形式，开展大规模职工教育培训，不断提高我局干部职工培训质量。

（一）围绕人才培养，开展大规模培训

十八大以来，我局以教育培训登记制度和《干部教育培训工作条例》的实施为契机，开展了大规模的干部职工培训工作，全局累计投入培训经费1240.69余万元；举办各类培训班345个，8612人次职工参加了各类培训，人均年度受训学时4.25天。另外103人次参加了学历继续教育，90%以上取得了本科学历或硕士学位。

1. 以提高执政能力为核心，加强领导干部政治理论和综合业务学习

十八大以来，我局联合红色教育基地、重点高校、地方党校开展2期水利干部能力建设与依法行政培训班、3期基层单位领导干部培训班、1期理想信念教育、1期处级干部领导能力培训班、2期基层党组织书记培训班，来自局机关、直属单位和基层单位处、科级干部参加培训达500余人次。此外，56名处级干部参加了水利部举办的处级干部任职培训班，15名处级干部参加了水利部党校的学习；60余人次参加了水利部举办的司局级干部培训、青年干部培训等。

2. 以提高技术创新能力为核心，加大对技术人员培训力度

十八大以来，持续开展防汛抢险、工程建设等专业技术的同时，积极选派 300 余名业务骨干参加水利部和淮委举办的培训班，推荐优秀专业技术人员参加国内外学术交流会议，及时追踪行业前沿先进技术。十八大以来，通过继续学历教育和攻读专业学位深造，16 人获得硕士学位，87 人获得本科学历。此外，有 91 人次获得了相应的中级以上专业技术职务任职资格。

3. 以提升技能水平为核心，注重对技能人才的培养

以技能鉴定和工人技术比武、技术练兵等活动为载体，达到以赛带训、以赛促训的效果。"十二五"期间共技能鉴定 100 人次，68 人通过鉴定；57 人技能等级得到提升，其中高级技师 5 人，技师 34 人，高级工及以下 18 人，淮委开展的首届职业技能竞赛和沂沭泗局第四届、第五届职业技能竞赛产生了淮委技术能手 14 名，沂沭泗局技术能手 6 名。通过比赛和培训，技能人才的技能水平和理论知识得到了显著提高。目前，全局有 3 人获得全国水利技能大奖，19 人获得全国水利技术能手荣誉称号，1 人获得全国水利系统先进工作者荣誉称号。

（二）拓宽培训渠道，创新培训形式

1. 党政干部和业务骨干培训逐步制度化、规范化

近年，局人事处借助中国矿业大学、江苏省总工会等高校资源举办全局党政领导干部培训班，不断提升各级领导干部综合素质和履职能力；直属局充分利用驻地党校等优质资源组织科级干部轮训，上下联动，推动各层级党政干部轮训工作；加强对外学习交流，基层局每年根据单位发展和工作需要，组织业务骨干外出学习考察培训，学经验、找差距、明方向，开阔了基层干部职工视野，化解了培训经费少造成培训效果欠佳的难题，起到了事半功倍的效果。

2. 依托道德讲堂、青年讲堂等载体，拓宽职工培训渠道

根据职工意愿和工作需要，合理安排培训内容。据不完全统计，十八大以来，参加讲座、网络培训人次达 1500 人次，通过讲堂、系列讲座等方式向职工宣讲国家大政方针和重要改革举措、社会主义核心价值观、国学经典等，职工反映良好。

3. 不断增强培训的针对性和实用性

针对水行政执法、水资源管理、档案管理、资产管理等实际工作，采取集中各级业务骨干进行专题培训，把有关法律法规、制度讲解和学员研讨结合起来，梳理在工作中遇见的热点、难点，相互交流，找准解决办法，增强了培训的针对性，有效促进工作开展。

（三）培训管理制度得到较好落实，职工认可度较高

近年来，各单位严格执行教育培训制度，切实做到了根据经费预算报下一年计划，党

组（委）研究确定培训班时间、地点及经费数，人事会同财务部门印发并做好培训备案与报销，事前报计划、事中控制、事后审查，充分保证了培训班质量。从收回的调查问卷看，职工对教育培训总体效果评价的满意度（含非常满意、满意）达91.9%，占98.9%的调查对象认为参加教育培训对个人能力和综合素质的提升有帮助，表达了希望多参加教育培训的愿望；尤其是近年新进职工表示：通过教育培训，及时全面了解沂沭泗流域概况、单位规章制度，提高了业务技能，适应了岗位工作，加快了角色转变。

二、存在的主要问题

梳理整个调研成果发现，干部职工对于教育培训的重要性，有良好的认识和理解，能够主动地参加教育培训；同时目前的教育培训工作依旧存在亟待解决的问题：

（一）教育培训机制有待完善

1. 教育培训计划执行不严谨

虽然各单位都制定了年度教育培训计划，但实际执行情况不够理想，有不少单位尤其是基层局存在突击培训、重复培训等现象，调查问卷中有占29.1%的职工认为所在单位执行计划不够理想或者没有制定培训计划。

2. 教育培训设施仍不能满足当前需求

43.6%的职工认为所在单位没有培训基地，影响了培训工作的开展，17.3%的职工认为所在单位虽然有培训基地，但不能满足培训工作需要。

3. 缺乏有效的考核评估和激励约束机制

统计中仅有占35.4%的职工对当前学风满意，占28.3%的职工认为培训缺乏有效的考核评估和激励约束机制是培训学风存在问题的根源。

（二）职工因为各种因素制约，存在学时达标难的问题

《淮委干部教育培训学时制管理实施细则》的规定，机关处级以上干部每年参加脱产培训的时间一般不少于110学时，5年内累计参加脱产培训的时间达550学时，其他干部每年参加脱产培训的时间不少于100学时。据问卷调查，在过去一年时间里，参加职工教育培训次数不足5次占69.9%，培训总学时数不足80学时占78.4%。通过座谈了解，职工参加培训的方式，一般是由举办单位直接分配好参训名额，参训单位派员参加，但由于基层一线事务繁杂，加上管理范围广、人员少，职工多是身兼数职，很难脱身参加培训；加之基层单位受各种条件限制，举办的培训班往往存在培训内容陈旧、方式单一等问题，职工参训的积极性不高。

（三）培训缺乏统筹规划，经费保障不足

从调查统计来看，58.8%的职工认为本单位培训经费少，特别是近年行政运行经费减

少，不足以依托专业培训机构或者聘请高水平讲师授课。依托水政执法、防汛等项目经费开展的职工培训，受经费支出要服从支付进度要求影响，有时会出现突击培训、重复培训情况，在一定程度上影响了培训效果，制约了教育培训工作开展。

（四）培训手段单一，内容与工作实际结合不够紧密

培训班多采用集中授课的方式，每年培训内容创新少，理论知识多实际操作少，不利于职工实践能力的提高。在调研问卷统计中，21.7% 的职工认为每年教育培训内容重复、方式单一；19.7% 的职工认为教育培训针对性实用性不强，质量不高；职工普遍希望进一步优化培训形式、提高培训内容的针对性。还有不少职工反映，在专业技术人员继续教育、职工学历教育、工人技能培训的制度建设与方法创新不足。占 79.6% 的统计对象在提高水利职工知识水平和文化素质途径方面希望参加更高一级的在职学历教育。

（五）培训质量和效果参差不齐

淮委、沂沭泗局近年联合重点高校、红色基地开展领导干部培训，反映较好，但基层单位受驻地和经费限制对职工进行应急培训多，短期是提高了职工的适应能力，长久培训效果欠佳；统计中占 14.6% 的职工认为当前教育培训中有为应付工程考核、支付进度等工作要求，突击举办培训班现象（见图 1）。

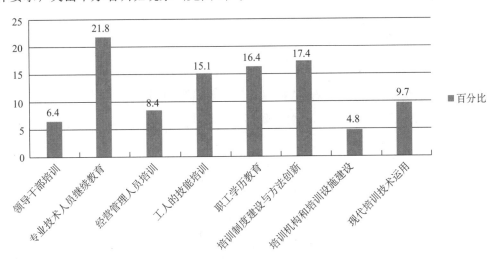

图1 职工反映的教育培训工作薄弱环节表

三、建议与对策

职工教育培训是一项长期性、系统性工程，针对当前我局职工教育培训存在的问题，我们认为，需按照科学化、专业化、精细化的要求，完善培训体制机制，创新培训方式，提高培训针对性和实效性，使之与沂沭泗水利事业可持续发展相适应，为各类水利人才培养提供坚强保障。

（一）完善教育培训体制机制

1.加强教育培训的监督指导

建立"专家库"，吸收理论水平高、实践经验丰富，且有教学经验的党政干部、专家，供基层组织培训时选择，保障培训班质量；多部门联合不定期检查培训班和参训人员制度执行情况，加强培训规范化管理。

2.完善个人教育培训档案

在与职工座谈中了解，大多职工个人培训档案不齐全、更新慢，为了加强科学化管理，各级应建立职工教育培训档案，从培训内容、学习成绩、出勤情况等都实行档案化管理，为培训考核考评提供可量化内容。

3.建立考核考评机制，提高职工学习积极性

占69.6%的统计对象认为培训结业时应进行相应的考试，以考促学，激发职工学习的自觉性；完善效果评价机制，针对职工反映培训需求，优化培训课程设置。

4.建立激励机制

把教育培训作为培养干部、发现干部、考察识别干部的重要渠道，针对在学习态度和表现、掌握运用理论知识、党性修养和作风养成等方面表现好的干部职工给予奖励，激发职工主动学习的积极性，真正解决"学与不学一个样"、"学好学坏一个样"的问题。

（二）探索参训模式，缓解工学矛盾

1.借鉴"师带徒"制度

为新职工选择经验丰富、品德高尚的业务骨干做导师，协助青年职工成立兴趣小组等，让青年职工自觉树立"终身学习""终身教育"的新观念，提高职工参加培训的主动性和积极性。

2.鼓励在职教育、技能深造

占79.6%的统计对象希望接受在职大专以上层次的学历教育，结合新职工理论知识丰富、学习能力强的特点，鼓励职工利用业余时间参加执业资格考试、在职学历教育等，按照规定给予物质和精神奖励，提高职工参加教育培训的积极性，开拓年轻职工培养思路。

3.运用好网络平台开展教育培训

运用现代科技手段，采取网络教学、知识答题、多媒体教学等培训方式，适应不同职工需要，使培训活动尽可能少受时间和空间的限制，实行培训就地化，节省人力物力及经费，有效解决工学矛盾突出、职工教育总学时数达标难的问题。

（三）加强统筹规划，提升培训保障

1.加强统筹规划，优化培训安排

我局管理范围广、覆盖面大、战线比较长，占90.3%的统计对象希望每年或半年至

少参加一次培训，应当在教育培训机构、经费使用、培训资源整合等方面加强统筹规划，制定职工教育培训中长期规划，优化预算执行，合理安排培训，避免"突击培训"、"重复培训"，提高培训质量。如直属局内部或直属单位之间整合培训经费，联合举办高水平的专业技术或综合培训，或者针对某一专题做贴近实际、突出研讨交流特色的培训，促进参训学员共同学习，相互启发和借鉴，增强创新活力。

2.加强经费管理，提升培训保障

一方面加强年度培训总体经费控制，对内容类似或重复培训班进行精简合并，提升培训经费的使用效率。另一方面积极争取上级经费支持或者增加参训名额，提高办班能力和培训效果，扩大职工教育培训覆盖面，如近年在水利部人才中心支持下，我局联合高校开展的领导干部培训班，均取得良好效果。

（四）扩宽培训内容，注重因材施教

岗位技能和专业技术能力是职工培训的重点，占90%的统计对象最希望培训内容是水利行业技术、技能及业务学习，同时，也希望能结合工作实际和职工队伍建设要求，拓展教育培训思路，将一些新理论、新知识融入其中，有针对性地综合运用各种培训方式，丰富培训内容：

1.道德讲堂

开办道德讲堂，邀请身边人讲身边事，更好的激发干部职工集体荣誉感、责任感和归属感，凝聚青年合力、激发职工献身水利的热情。调研中发现，有些单位注重道德讲堂建设，使之成为弘扬中华优秀传统文化和"献身、负责、求实"水利精神的重要阵地，对补充职工精神之"钙"，培养职工的爱岗敬业意识，激发职工的正能量起到了很好的作用。

2.户外拓展训练

拓展培训可以有效地发现青年自身性格中存在的不足，有助在今后的工作生活中加以改正。同时，训练能磨炼青年的意志，有助于形成团队合作精神，这些都是当代以自我为中心的青年群体所缺乏的。

3.心理健康辅导

工作中，青年职工由于身心还没有完全成熟，受可能存在的工作压力大、收入偏低等因素的影响，心理上容易出现偏差，进而影响到工作和生活。如果单位进行这方面的辅导，提前做好疏通工作，或者教授给职工一些自我调节的方法，可能会让青年职工感到格外暖心，有效减少心理问题的发生。

4.综合能力提升培训

调查问卷职工反映最需要通过培训提高的能力中，11.7%的职工选择科学决策能力，18.4%的职工选择沟通协调能力，16.5%的职工选择处置突发事件能力，13.3%的职工选择开拓创新能力，12.0%的职工选择依法办事能力，11.1%的职工选择心理调适能力。可以看出，加强综合能力提升培训，不仅可以满足职工学习需求，也是补齐职工能力"短板"的重要手段。

（五）创新培训模式，提高培训实效

1. 联合专业机构开展培训

在职工对培训机构选择问卷调查中，占15.3%倾向于党校、行政学院、干部学院进行培训，占21.4%倾向于行业、部门培训机构，占27.2%倾向于高等院校、技术职业学校，占29.2%的职工倾向于外地现场考察学习。与各级党校、专业培训机构建立直接的教学协作关系，通过合作办班、委托培训、异地办学等方式，改变传统的单位自办的方式，可以有效拓宽职工眼界，增长见识。

2. 探索差异化培训

可根据工作年限、业务类别、人才种类确定参训对象和培训内容、培训方式，以实际需要为向导，增强培训内容的针对性和衔接性，克服以往由于参训人员层次复杂，培训效果无法定量考核评价的弊端。比如技能人才培训方面，可以针对日常工作中急需的电工、闸门运行工、执法艇驾驶等，联合职业院校或企业分年度分批次进行封闭式培训，提升培训效果，切实提高技能水平。

3. 优化培训方式，提升职工学习兴趣

占52%的统计对象希望自主选择培训内容、时间，所以教育培训方式除了传统的授课法，还有很多新的教学方法可以选择，如访谈研讨法、案例式教学、研究式教学、体验式教学等，切实发挥参训人员的积极主动性，提高学习知识和钻研业务的热情。此外，有一定的组织和规划的实践学习对日常工作帮助很大，是非常实用的培训方式（见图2）。

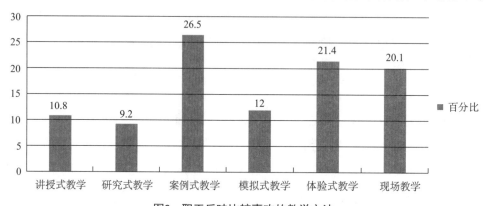

图2 职工反映比较喜欢的教学方法

职工教育培训工作是一项重要和长期的基础性工作，是提高单位职工队伍整体素质的重要手段，是适应形势发展需要、提升履职能力的必然要求。当前，淮委沂沭泗局职

工队伍的人员结构较以前有了很大变化，年轻化、知识化、专业化的趋势明显加快，教育培训工作也要适应这种变化，做到与时俱进，改革创新，在丰富教育培训内容、方式，提高职工参训的积极性，充分发挥职工学习的能动性等方面积极探索实践，营造浓厚的学习氛围，注重教育培训效果，努力达到学做结合、学做互促，从而把我局建设成为一个学习型单位，不断提升社会管理和公共服务的能力和水平，为流域经济社会发展做出应有的贡献。

（作者单位：淮委沂沭泗水利管理局）

首席技师如何在高技能人才队伍建设中
发挥积极的作用

潘　刚

　　高技能人才是技术工人队伍的核心骨干，是我国人才队伍的重要组成部分，在推动技术创新和科技成果转化等方面具有重要作用。首席技师是熟练掌握专门知识和技术，具备精湛的操作技能，并在工作实践中能够解决关键技术和工艺操作性难题的人员，他们在加快产业优化升级、提高企业竞争力等方面有不可替代的重要作用，更能带来的巨大的经济效益和社会效益。

　　如何发挥好首席技师在高技能人才队伍建设中的积极作用，通过漳河工程管理局在高技能人才培养方面的主要做法，笔者认为主要表现在以下三个方面：

一、传承技艺要充分发挥首席技师以点带面的辐射作用

　　湖北省漳河局高度重视高技能人才培养工作，经过几年的努力，初步形成了分层级、分类别、多渠道、多形式、重实效，充满活力的工作机制，为首席技师等高技能人才发挥辐射作用奠定了良好的环境。一是加强高技能人才工作的组织领导。省漳河局大力推动高技能人才培养工程，把加强高技能人才工作作为推动单位科学发展的一项重大任务来抓。通过加强对高技能人才工作的组织领导，制定和完善政策措施，定期研究和解决工作中存在的问题，发挥各有关职能部门的作用，形成了各司其职、密切配合、广泛参与、整体推进的工作格局。二是完善高技能人才培养体系建设。省漳河局把高技能人才工作纳入单位人才发展战略规划，制定完善了高技能人才建设规划。通过技能培训、名师带徒、岗位练兵、技能比赛等形式，为发现和选拔高技能人才搭建平台，不断拓展高技能人才培养途径。通过深入开展学习型班组、知识型职工创建活动，鼓励职工学习新知识、钻研新技能，不断提高运用新知识解决新问题、运用新技术创造新业绩的能力。三是建立高技能人才使用奖励机制。省漳河局通过完善培训、考核、使用与待遇相结合的激励机制，对高技能人才在聘任、工资、带薪学习培训等方面，制定相应的鼓励政策，充分发挥了高技能人才在技能岗位的关键作用，以及在解决技术难题和带徒传技等方面的重要作用，激发了高技能人才的创新创造能力。四是加大高技能人才工作的资金投入。省漳河局对高技能人才的评选、

表彰、培训、交流等经费给予必要的支持，按规定提取职工教育经费，重点保证高技能人才培养的需要。

当前我国已步入老龄化阶段，在部分单位中还存在青黄不接的现象，特别是我们基层水利管理部门，老同志人数占绝大多数，他们的文化水平基本上大都是高中学历，虽然实际工作经验丰富但缺少系统专业的理论知识。大学及以上毕业生由于水利行业条件艰苦又不愿投身其中，造成了文化层次不齐学历普遍偏低的现象。在有的单位还存在认识上的偏差，重视现场实作，轻视文化知识学习和职业技能提升的理念，这种理念严重制约了职工队伍整体素质地提高，也阻碍了高技能人才队伍的建设和发展。

传授技艺、工人培训或师带徒是首席技师本身职责所在，也是提高职工整体素质的一种很有效的方式。通过制定高技能人才发展战略规划，采取技能培训、师带徒、岗位练兵、技能比赛等形式，为发现和选拔高技能人才搭建平台，不断拓展高技能人才培养途径。通过深入开展学习型班组、知识型职工创建活动，带动职工学习新知识、钻研新技能，不断提高运用新知识解决新问题、运用新技术创造新业绩的能力，不断激发职工爱学习、比学习的良好氛围。通过首席技师的辐射带动作用，以点带面提高职工整体文化素质。

二、技术革新要充分发挥首席技师龙头作用

省漳河局把举办岗位技能竞赛作为加快高技能人才队伍建设的重要载体，也为首席技师发挥龙头作用提供了平台。漳河局自2004年起坚持定期举办职工技能竞赛。主要做法是：一是领导重视，建立健全组织机构，为技能竞赛提供坚强的组织保障。每届技能竞赛，均成立竞赛活动领导小组，明确领导小组成员的工作职责和任务，组织指导竞赛工作。首席技师团队深入其中，为水管基层单位培训技术工人。二是突出水管单位行业特点，围绕主要业务基本工种组织竞赛。省漳河局及下属基层单位组织的竞赛项目，基本涵盖了水管单位的主要工种，紧贴单位工作实际，针对加强水利工程管理，着力提升职工的操作技能，增强水利服务能力。三是精心组织，规范运作。从竞赛项目、竞赛课题的选定、场地、设备、仪器的准备到命题、监考、评判，均组织严密，过程合理，程序合规，保证了竞赛公平、公正进行。四是分层级进行，具有群众性、广泛性。省漳河局岗位技能竞赛在设计模式上分层级进行，自下而上，各有侧重，既是对下属基层单位日常教育培训工作的一次检验，又推动了全局职工素质的有效提升。下属基层单位抓全员培训，人人学业务、练技能，"以赛代练，以赛促学"的岗位技能竞赛理念，有力保证了竞赛的群众性和广泛性。

坚持以工作业绩考量选拔人才。无论是首席技师的选拔聘用，还是技能人才的评选认定，都是以实际工作业绩为标准的，不是简单的技能水平或所获奖项的比较，更重要的还是对其各方面综合能力的考量，特别是带领团队工作的能力。首席技师要加强自身学习，

只有不断钻研本工种的最新技术技能，不断更新知识，掌握本工种最新技术技能，才能带领工作团队对生产生活中遇到的技术难题开展相关试验研究，找出解决办法。通过完善培训、考核、使用与待遇相结合的激励机制，制定高技能人才在聘任、工资、带薪学习培训等方面的鼓励政策，充分发挥高技能人才在技能岗位的关键作用，以及在解决技术难题等方面的重要作用，激发高技能人才的创新创造能力。首席技师尤其要发挥龙头作用，创新思维，大胆尝试，充分调动工作团队力量，为解决本工种内的技术难题不遗余力。

三、要充分发挥首席技师团队作用

采用新工艺、新技术和新方法能减轻工人的劳动强度，降低生产成本，促进生产力水平的提升，但同时也对生产一线工人提出了更高的要求。一是要加强对新技术、新工艺或新方法的宣传力度，组织本地有影响力的新闻媒体深入采访，开展系列报道；二是首席技师要带领团队通过到现场授课、座谈等方式，宣讲新技术、新工艺、新方法掌握要领；三是首席技师所在单位要加大后期研发经费保障，确保新技术、新工艺、新方法的不断完善。首席技师不仅是个人荣誉而是要发挥引领带头作用，加强工作团队建设至关重要，首席技师不是单打独斗，应该带领一个工作团队，有具体的工作任务和目标。

首席技师除了要认真履行工作职责外，还要强化首席技师工作室的日常管理，通过单位与工作室、工作室与各成员层层签订目标责任状，明确年度工作计划与考核要求，及时开展考核，发现问题及时协调解决，对因个人原因无法参加工作室活动或在工作业绩一般的成员按程序予以调离工作室。对工作业绩优异的成员予以奖励，同时在申报荣誉称号和技术等级上优先考虑。

根据《国家中长期人才发展规划纲要（2010-2020年）》的总体要求，到2020年，全国技能劳动者总量达到1.4亿人，其中高级工以上的高技能人才达到3900万人。以首席技师为代表的高技能人才队伍，在技术攻关、工艺创新和带徒传技等方面的重要作用将得到充分到发挥。

（作者单位：湖北省漳河工程管理局）

以"江苏省水利系统技师工作室"为平台
着力锻造水利"大国工匠"

杨兴丽　华　骏　张　敏

2017 年 10 月，从第五届全国水利行业职业技能竞赛泵站运行工决赛闭幕式现场传来喜讯，江苏省水利系统选派的参赛选手张歆夺得桂冠，这也是江苏省水利系统选手连续两届在水利行业职业技能泵站运行工竞赛中夺得第一名。此外，江苏省水利系统选手还曾摘得了首届全国水利行业职业技能竞赛闸门运行工决赛第一名。多年来，省水利厅坚持职工素质培训、岗位练兵和技能比赛的常态化管理。自 1997 年起，省水利厅就会同省人社厅、省总工会定期举办全省水利系统职业技能竞赛，历经二十年高标准、严要求的打磨，江苏水利高素质技能人才队伍已走在全国前列。

一、锻造水利"大国工匠"是服务水利事业改革发展，顺应新时代的必然要求

2017 年 3 月 11 日，水利部颁布了《"十三五"水利人才队伍建设规划》，人才规划对"十三五"水利人才队伍建设工作进行了全面部署，是全国水利人才队伍建设的指导性文件。高技能人才是水利人才队伍的重要组成部分，10 多年来，水利高技能人才队伍建设，被连续列入"十一五""十二五""十三五"全国水利人才队伍建设规划中，与党政领导、专业技术、经营管理等岗位的人才队伍建设同时规划，同时部署。

以高技能人才培养为重点，引导广大水利职工钻研业务、爱岗敬业。近年来，水利部致力于培养一批具有"执着专注、作风严谨、精益求精、敬业守信、推陈出新"水利工匠精神的高技能人才队伍，大力提升技能人才队伍的整体素质和技能水平。

水利部人事司负责人曾说"我们的目标，就是不断让更多优秀高技能人才，从庞大的水利技术工人群体里'跃升'出来，选拔、培养更多技师和高级技师，培育一大批具有水利工匠精神的技术能手和技能大家。"。

二、江苏省水利系统技师工作室应运而生，为锻造水利"大国工匠"提供了平台

为落实国家中长期人才规划纲要精神，中组部、人力资源和社会保障部于 2011 年印

发了《高技能人才队伍建设中长期规划（2010-2020）》。规划中提出，"以建设技能大师工作室为重点，充分发挥高技能人才作用。"并提出到2020年底，国家重点支持1000个左右技能大师工作室建设，基本形成覆盖重点行业、特色行业的技能传承与推广网络。水利部在技能人才培养模式方面亦不断进行探索和创新，建立了水利行业首席技师制度。2012年，水利部组织选拔了首批13名全国水利行业首席技师，并为首席技师建立工作室。

江苏省江都水利工程管理处（以下简称江都管理处）直属江苏省水利厅，是江苏江水北调的龙头、国家南水北调东线工程的源头。在省水利厅举办的全省水利系统职业技能竞获中摘得全部五届泵站运行工与维修工技能竞赛冠军和全部五届闸门运行工职业技能竞赛冠军，摘得第五届水文勘测技能竞赛冠军。具体获奖情况如表1、表2、表3所示。

表1 技能竞赛获奖——泵站运行工

序号	获奖名称	奖项	获奖人员	授奖单位
1	第二届全国水利行业职业技能竞赛泵站运行工决赛	第八名	徐 宁	第二届全国水利行业职业技能竞赛组织委员会
2		第十名	金 超	
3	第三届全国水利行业职业技能竞赛泵站运行工决赛	第八名	周永健	第三届全国水利行业职业技能竞赛组织委员会
4	第四届全国水利行业职业技能竞赛泵站运行工决赛	第一名	金 超	第四届全国水利行业职业技能竞赛组织委员会
5		第四名	周永健	
6		第十二名	杨 华	
7	第五届全国水利行业职业技能竞赛泵站运行工决赛	第一名	张 歆	第五届全国水利行业职业技能竞赛组织委员会
8		第六名	周晨钟	
9	江苏省第一届泵站运行工技能竞赛	全能第一名	蔡桂林	江苏省水利厅
10		全能第二名	徐 宁	
11	江苏省泵站运行工与维修工技能竞赛	全能第一名	金 超	江苏省水利厅
12		全能第二名	马罗扣	
13		全能第三名	李宏祥	
14	江苏省第三届泵站运行与维修工职业技能竞赛	特等奖	周永健	江苏省人事厅 江苏省水利厅
15		一等奖	王 军	
16		三等奖	周传福	
17	江苏省第四届泵站运行与维修工职业技能竞赛	特等奖	杨 华	江苏省人力资源和社会保障厅 江苏省水利厅
18		省直组一等奖	王松俊	
19		省直组二等奖	郭 平 王 俊	
20	江苏省水利系统泵站运行与维修工职业技能竞赛	特等奖	张 歆	江苏省总工会 江苏省人力资源和社会保障厅 江苏省水利厅
21		省直组二等奖	尤文成 周晨钟	
22		省直组三等奖	徐 华	
23		组织奖	江苏省江都水利工程管理处	
24	全省水利系统泵站运行与维修工职业技能竞赛	特等奖	郭 平	江苏省总工会 江苏省人力资源和社会保障厅 江苏省水利厅
25		省直组一等奖	尤文成	
26		省直组二等奖	徐士坤	
27		省直组三等奖	张志军	
28		组织奖	江苏省江都水利工程管理处	

表2　技能竞赛获奖——闸门运行工

序号	获奖名称	奖项	获奖人员	授奖单位
1	首届全国水利行业职业技能竞赛闸门运行工竞赛	一等奖	周明亮	中华人民共和国水利部
2		三等奖	周心禹	
3	江苏省第一届闸门运行工职业技能竞赛	全能第一名	周明亮	江苏省人事厅 江苏省水利厅
4		全能第二名	周心禹	
5	江苏省第二届闸门运行工职业技能竞赛	一等奖	陈宇潮	江苏省人事厅 江苏省水利厅
6		二等奖	徐　凯	
7		三等奖	杜宏奎	
8	江苏省第三届闸门运行工职业技能竞赛	特等奖	于　水	江苏省人事厅 江苏省水利厅
9		一等奖	张　斌	
10		三等奖	徐　凯	
11	江苏省第四届闸门操作与维修工职业技能竞赛	特等奖	丁建兰	江苏省人力资源和社会保障厅 江苏省水利厅
12		一等奖	冷　明	
13		二等奖	何云轩	
14	江苏省水利系统闸门运行工职业技能竞赛	特等奖	何云轩	江苏省总工会 江苏省人力资源和社会保障厅 江苏省水利厅
15		二等奖	薛宽政 刘　兵	
16		组织奖	江苏省江都水利工程管理处	

表3　技能竞赛获奖——水文勘测工

序号	获奖名称	奖项	获奖人员	授奖单位	时间
1	江苏省第三届水文勘测工技能竞赛	全能第六名	张　军	江苏省水利厅	2001年12月
2	第四届全国水文勘测工大赛	第十一名	周晨蕾	第四届全国水文勘测工大赛组织委员会	2007年11月
3	江苏省第四届水文勘测工技能竞赛	第三名	王　成	江苏省总工会 江苏省人力资源和社会保障厅 江苏省水利厅	2012年5月
4		三等奖	王玉芳		
5		组织奖	江苏省江都水利工程管理处		
6	第五届全国水文勘测工大赛	第四名（二等奖）	王　成	第五届全国水文勘测工大赛组织委员会	2012年11月
7	江苏省第五届水文勘测技能竞赛	一等奖	王玉芳	江苏省总工会 江苏省人力资源和社会保障厅 江苏省水利厅	2016年10月
8		第三名	王　江		
9		优秀组织奖	江苏省江都水利工程管理处		
10	第六届全国水文勘测工大赛	第八名（二等奖）	王　江	第六届全国水文勘测工大赛组织委员会	2017年11月

　　江都管理处始终坚持把人才培养放在重要地位，以水利"大国工匠"培养为重点，在2013年11月，申请并顺利通过江苏省人力资源和社会保障局、江苏省水利厅的批准，成立了江苏省水利系统技师工作室（以下简称技师工作室）。

　　技师工作室以承担技术攻关创新、实施技术改造、解决生产技术难题和高技能人才培养为主要工作任务，以有利于高技能领军人才有效发挥作用为基础，以技术攻关创新和高技能人才培养双赢为前提。工作室由泵站运行工、闸门运行工和水文勘测工三个主要工种构成。团队中现有成员71人，其中高级技师11人，技师60人。截至目前，团队中1人享受国务院政府特殊津贴，3人获得"全国技术能手"殊荣，2人荣获"全国水利技能大奖"，1人荣获"全国五一劳动奖章"，1人荣获"全国五一巾帼标兵"，1人荣获"全国知识型职工先进个人"，12人被授予"全国水利技术能手"称号。具体受上级表彰情况如表4所示。

表4 受上级表彰情况

序号	获奖名称	获奖人员	授奖单位	时间
1	政府特殊津贴	金 超	中华人民共和国国务院	2016年12月
2	全国水利技能大奖	周永健 王 成	中华人民共和国水利部	2013年6月
3	全国技术能手	周明亮	中华人民共和国人力资源和社会保障部	1998年2月
4		金 超	中华人民共和国人力资源和社会保障部	2012年12月
5	全国水利技术能手	徐 宁 蔡桂林 周心禹 金 超	中华人民共和国水利部	2002年4月
6		王 军 周永健		2006年12月
7		周晨蕾		2007年12月
8		陈宇潮		2009年7月
9		于 水		2011年4月
10		杨 华 丁建兰		2013年6月
11	全国五一劳动奖章	金 超	中华全国总工会	2013年4月
12	全国五一巾帼标兵	丁建兰	中华全国总工会	2013年
13	全国知识型职工先进个人	周永健	全国争创活动领导小组	2009年1月
14	江苏省杰出青年岗位能手	张 歆	共青团江苏省委 江苏省人力资源和社会保障厅	2018年6月
15	江苏省五一劳动奖章	周永健	江苏省总工会	2008年4月
16		丁建兰		2014年4月
17		何云轩		2015年12月
18	江苏省五一巾帼标兵	丁建兰	江苏省人力资源和社会保障厅 江苏省水利厅	2011年11月
19	江苏省机关事业单位有突出贡献技术能手	金 超	江苏省人力资源和社会保障厅	2012年11月
20	江苏省十佳文明职工	周永健	中共江苏省委宣传部 江苏省总工会	2008年4月
21	江苏省知识型职工标兵	周永健	江苏省总工会	2007年10月
22	江苏省水利系统十大水利工匠	周永健	江苏省水利厅	2016年12月
23	江苏省技术能手	马罗扣	江苏省劳动和社会保障厅	2002年7月
24		陈宇潮		2004年7月
25		周晨钟 尤文成	江苏省人力资源和社会保障厅	2013年11月
26		何云轩 薛宽政 刘 兵		2015年12月
27		王玉芳		2016年10月

序号	获奖名称	获奖人员	授奖单位	时间
28		周心禹	江苏省人事厅	1997年12月
29		金　超		2001年11月
30		陈宇潮　徐　凯	江苏省人事厅 江苏省水利厅	2002年11月
31	江苏省机关事业单位技术能手	王　军　周永健		2005年12月
32		张　斌		2007年11月
33		王　俊　王松俊 杨　华　郭　平	江苏省人力资源和社会保障厅 江苏省水利厅	2009年11月
34		丁建兰　冷　明　何云轩		2011年11月
35		周晨钟　尤文成		2013年11月
36	江苏省五一创新能手	何云轩　刘　兵　薛宽政	江苏省总工会	2016年1月
37		王玉芳		2016年10月
38		李宏祥　马罗扣	江苏省人事厅、江苏省水利厅	2001年11月
39		张　军		2001年12月
40	江苏省水利行业技术能手	周传福		2005年12月
41		徐　凯	江苏省水利厅	2007年11月
42		王玉芳		2012年5月
43		徐　华		2013年11月
44	江苏省水利技术能手	徐士坤　张志军	江苏省水利厅	2017年11月
45	全省水利系统第一届"111人才工程"高技能人才培养对象	金　超　陈宇潮　蔡桂林 周晨蕾　于　水　周传福 马罗扣	江苏省水利厅	2012年4月
46	全省水利系统第二届"111人才工程"高技能人才培养对象	陈宇潮　何云轩　金　超 王玉芳　杨　华　张　歆 周永健	江苏省水利厅	2017年4月

三、江苏省水利系统技师工作室在"水利工匠"培养中的成效之举

技师工作室自成立以来大力倡导"劳模精神"和"工匠精神"，以提升职业技能和职业素质，培育技术能手和岗位标兵为核心，在水利"大国工匠"培养工作中的主要培养方式有师徒结对、参与技能竞赛、担任技能竞赛选手的教练等，且成效显著，为水利行业输出多名德才兼备、技艺精湛的"大国工匠"。

（一）师徒结对

技师工作室立足于高技能人才培养这一核心任务，制定"名师带高徒"的"一对一"的精雕细刻式的个性化培养模式。2015年7月，江都管理处印发《江苏省江都水利工程管理处师徒结对实施办法》（以下简称《实施办法》）《实施办法》规定结对条件、师徒双方的权利与义务、结对管理、培训目标、对师徒双方的考核规定以及违约责任等，并明

确要求：

（1）"师徒结对"实行统一领导，分级负责，本着"干什么、学什么，缺什么、教什么、补什么"的原则。

（2）师徒结对以思想教育为基础、能力培养为核心、提高技能为目标，发挥师傅的传帮带作用，切实增强徒弟的法制观念、敬业精神、团队意识和实践能力，培养和造就良好的职业道德、工作作风、技术能力和业务管理水平。

技师工作室高度重视"师徒结对"工作，强化措施落实，制定配套方案，确保结对活动取得实效。目前为止，已有30多对师徒签订了《江苏省江都管理处师徒结对协议书》，且结对培养成效显著。

江都管理处第三抽水站管理所徐士坤同志是一名对自身要求高、上进心强的泵站运行工人，2014年8月进入江都管理处工作，他对工作学习有着极高的积极性，肯学肯干肯钻研，他的这种精神状态被同在第三抽水站管理所工作、担任技能大师工作室"教练"的高级技师周传福同志所肯定，两人一拍即合，结对为师徒。根植于泵站安装、检修、电气试验和运行管理等各项实际工作，周师傅为徐士坤量身定做培养方案，对其进行专业化、系统化的培养，使其道德品质、职业精神、技能操作、专业理论知识得到全面提升。2017年11月28日，四年一届的江苏省水利系统泵站运行为维修工职业技能竞赛如期而至，这届比赛选手高能力者甚多，徐士坤同志自信坚定、沉着冷静地参赛，最终取得理论第一名，综合第三名的好成绩。看到这样的成绩，周传福师傅非常激动，"工匠精神就是要在一次次的磨砺中成长起来，徐士坤还非常年轻，工作经验相对不足，我们师徒会再接再厉、勇往直前，"缺什么、教什么、学什么嘛""周师傅说。

（二）担任技能竞赛选手的教练

技师工作室委派团队中的多名高技能人才担任技能竞赛选手的教练，充分发挥其作为"水利工匠"的精神导师和技能导师的作用。在担任技能竞赛选手教练的过程中，教练将工作及比赛经验、技能竞赛所需知识、技能毫无保留地传授给选手。

江都管理处第一抽水站管理所张歆同志在江苏省水利厅"十大水利工匠"、高级技师周永健同志的带领下在第五届全国泵站运行工技能竞赛中获得全国第一名的好成绩，并破格晋升为高级技师。第四抽水站管理所周晨钟同志在第四届全国泵站运行工技能竞赛全国第一名的获得者、并享受国务院政府特殊津贴的高级技师金超同志的悉心教导下在第五届全国泵站运行工技能竞赛中获得第六名的好成绩并破格晋升为技师。像金超师傅、周永健师傅这样的例子，在江苏省水利系统技师中还有很多，团队中的高技能人才充分发光发热，培养出一批又一批的水利"大国工匠"，将江都管理处的品牌形象在全省乃至全国范围内不断发扬光大。

（三）参与技能竞赛

职业技能竞赛是加强"水利工匠"培养选拔，促进具有水利"大国工匠"精神的人才脱颖而出的重要途径。从 1997 年起，水利部联合人力资源社会保障部、中华全国总工会，联合举办全国水利行业职业技能竞赛活动，至今年已经连续举办了五届。通过比赛，获奖者晋升为技师或高级技师，一批优秀技能选手被授予"全国技术能手"称号、"全国五一劳动奖章"。江苏省水利厅亦联合江苏省总工会、江苏省人力资源和社会保障厅自 1997 年起，每四年举办一次水利行业职业技能竞赛。技能竞赛极大激发了技能人才立足岗位、钻研技术的"工匠精神"，也给了他们展示自我、成就人生的舞台。

江都管理处一站管理所技术工人尤文成通过多次参与技能竞赛，其专业理论水平、技能水平在集中培训、多轮技能考核与选拔以及参与大型技能竞赛的过程中得到迅速提升，从初级工一路破格晋升高级工直至技师，迅速成长为泵站运行领域的技术骨干。江都管理处万福闸管理所高级技师陈宇潮、邵仙闸管理所高级技师何云轩等多名"水利工匠"都是长期在基层一线实践锻炼成长，参与多项工程项目的建设管理、更新改造等，掌握了过硬的业务技能，并通过参与层层技能竞赛选拔，成为工勤技能队伍里的佼佼者。在水利行业中做出了突出贡献，符合《水利行业技师和高级技师考评办法》相关条件，突破年龄、学历、资历等限制，得以破格晋升的。江都管理处亦遵守相关规定，实行技师和高级技师聘用制度，明确职责任务，兑现工资待遇，充分发挥其在解决技术难题和带徒传艺等方面的重要作用。

四、结语

功以才成，业由才广，"工匠精神"需要通过代代的传承与积淀，并不断发扬光大，中国特色水利现代化事业，需要大批专业精干、技术过硬的水利"大国工匠"。江苏省水利系统技师工作室作为良好的技术平台，为水利技能人才扩展视野、提升能力及立足岗位成才开辟了新空间。

人才聚则事业兴，人才强则国家强，在"十四五"新征程上，以《规划》顶层设计的有效实施，奠定水利人才持续发展的坚实基础，使各类人才各得其所、用当其时、各展所长，水利事业必将迎来更加蓬勃辉煌的大发展。

（作者单位：江苏省江都水利工程管理处）

浅析水利行业技能人才队伍建设

刘林楠

一、技能人才队伍的现状

（一）技能人才队伍机械化操作水平欠缺

水利行业技能人才队伍存在着劳动密集、工作效率低、操作设备设施技术陈旧、劳动强度大、技术工人工作舒适度和幸福指数不高等客观现象，技能人才队伍应跟随时代发展，加强水利治理工作科技含量，进一步提高机械化操作水平。

（二）高技能人才队伍结构老化

根据水利单位近 10 年技能人才培养情况分析，各单位高技能人才队伍的数量和质量均存在发展不均衡现象，年龄层次也未形成阶梯式发展，领军型创新型高技能人才还比较少，立足本职踏实肯干的工匠不突出，总的来说，高技能人才队伍发展不均衡。一批防汛抢险、工程管理、河道工程维修养护等工作经验丰富领军型人才即将退休，青年技术工人年轻，防汛抢险的实战经验不足，高技能人才队伍青黄不接现象明显。

（三）技能人才培养机制单一

大部分水利行业对技能人才的培养制度缺乏重视，相关激励制度不够完善，且激励制度执行不到位。治理一线工作环境艰苦，和其他行业待遇相比，河道治理工人待遇不高，年轻技术工人工作积极性受到影响，爱岗敬业意识不强，水利技能人才队伍培养力度不够，仍有待进一步提高。

二、技能人才培养的探索

（一）全面推进技能人才队伍高精尖建设工作

在确保河道防汛抢险、工程施工、工程维修养护等工作顺利完成的前提下，提高水利技能人才队伍素质和科技含量，降低劳动强度和劳力密集度，建立一支"人机协作"高素质高技能人才队伍。着眼未来，继续发挥高技能人才队伍骨干作用，深化体制改革，加强高技能人才队伍建设工作，提高技能人才队伍整体科学知识水平，增强技能人才队伍的整体创新能力，建立一支高效实用、符合新时期治黄要求的高技能人才队伍。

（二）建立全国水利行业高技能人才示范性培养基地

围绕"国家级技能大师工作室""首席技能技师工作室""高技能人才培养基地"建设工作，完善制度建设，进一步加强团队管理，鼓励和支持基层单位建设"首席技能技师工作室"，加快高技能人才平台建设及人才培养。探索"国家级技能大师工作室""首席技能技师工作室""高技能人才培养基地"人才培养平台相互衔接机制，着力建设示范性"高层次技能领军人才"园地。

（三）继续规范鉴定选拔人才机制

遵循国家人社部质量管理体系标准，持续改进鉴定工作质量，规范职业技能鉴定工作，加强鉴定管理人员、考评员的管理工作，按照职业技能鉴定工作规定质量方针、质量目标，落实责任，不断提高管理水平，提升鉴定质量，继续完善鉴定工作选拔技能人才机制。

三、技能人才培养的创新

（一）开展与水利院校互培互训通道

继续加大工人培训力度，提高一线工人文化涵养量。一是推荐年轻抢险骨干到水利职业技术学院水工、机械、测量等专业进行培训。二是推荐高技能人才到水利职业技术学院开展交流与授课，提高自身素质，丰富理论功底。三是按照"缺少什么知识，补充什么知识"的思路，根据技术工人业务工作需要，组织开展防汛抢险、工程养护、闸门运行、机械维护等各专项业务（工种）的培训。

（二）充分运用技能竞赛选拔人才机制

技能竞赛是技能人才选拔的一种长效机制，近年来，众多水利单位通过技能竞赛，选拔了一批年轻的高技能人才。今后将继续加强与各省市竞赛委员会、联系，完善技能竞赛选拔人才机制，加大奖励机制，通过相关激励措施，增强技术工人"比学赶超"的积极性主动性，进一步激发技术工人"比拼"精神，全力推进高技能人才队伍建设步伐。

（三）打造"多层次首席技师工作室体系"示范平台

在"技术项目倾斜、优势资源集中"的政策支持下，完善软硬件条件，强化团队运行管理，为技能大师、首席技师提供培植沃土，持续为首席技师工作室补充知识含量高、创新意识强的高层次人才，通过师带徒方式，传承优秀传统防汛抢险、工程施工技能技艺，创新革新工作方法，让工作室逐步成长为高技能人才培养基地，成为助推技能人才成长成才的"孵化器""助推器"。

（四）重视"师徒金搭档""一专多能"的技艺传承

在全国水利系统内举办"师带徒"结对子活动，实行"一带一"或"一带多"师徒结对子，鼓励技术精湛、工作经验丰富的高级技师、技师带徒传艺，邀请离退休治河专家为青年技术工人授课，传承优秀传统治黄技能技艺，确保优秀黄河文化薪火相传。

本着"全方位、多角度"培养思路，鼓励青年技术工人跨工种学习，引导从事河道修防工岗位技术工人学习大型机械设备仪器的操作技能，加强与传统防汛抢险技能技艺结合，培养新时期治黄工作的"多面手"。

四、总结

坚持推动技能人才培养战略，加强组织领导，细化各级分工，确保技能人才培养工作部署到位、责任到位、落实到位、督导到位，以岗位成才为导向，以提升职业素质和职业技能为核心，以培养工匠型、领军型、创新型高技能人才为重点，树立执着专注、作风严谨、进益求精、敬业守信的水利工匠先锋。

（作者单位：河南黄河河务局人才资源开发中心）

大数据视野下水利人才队伍的创新与变革

王倩倩

作为时代变革的重要力量，大数据理念和技术已广泛应用于社会生活的方方面面，如金融、医疗、零售、管理等，人力资源领域也不例外。2016 年 3 月，中共中央印发的《关于深化人才发展体制机制改革的意见》中提出，充分运用云计算和大数据等技术，为用人主体和人才提供高效便捷服务。2017 年 12 月，习近平总书记在十九届中央政治局第二次集体学习时指出，推动实施国家大数据战略，加快完善数字基础设施，推进数据资源整合和开发共享，保障数据安全，加快建设数字中国，更好服务我国经济社会发展和人民生活改善。大数据的运用，无论是对企业微观的人力资源管理，还是对国家和政府宏观的人力资源管理，都带来一系列新的机遇和挑战。积极运用新一代信息技术，为水利系统人力资源工作插上大数据的翅膀，促进水利人才队伍的开发和人才事业发展，是水利人才队伍管理创新和变革的必然趋势。

一、大数据对水利人才队伍建设的影响

大数据理念和方法的运用，有助于解决水利人才队伍管理过程中的信息不对称和信息不透明问题，在理念与实际工作模式、工具方法、理论体系三个层面推动人才队伍提升，为人力资源和人才工作带来了新的机遇和挑战。

（一）改变水利人才队伍的管理环境

在传统的人才队伍管理过程中，对人员信息的采集和岗位配备是相对静态的，一般是按月或按季维护相关数据信息，因此一定时间内人员的基础数据信息，如人员层级分配、学历层次、性别占比、年龄结构、基础岗位信息等，在一定时间内基本保持不变。而在大数据时代，系统将会每天产生海量的数据，人才的流动比率、相关岗位层级人员的工作效率等数据，都将结合实时产生的数据变化实时进行计算分析。人力资源管理部门和管理层结合系统数据分析，将能够更加全面地了解和掌握人力资源的使用状态，结合数据变化精准地进行管理控制。而普通员工应用大数据平台，对行业、同岗位人员的工作讯息、需求结构也会有一个更加全面的了解，在选择工作岗位或提出自身工作需求的时候也会更加具有针对性。目前，黄委人力资源系统作为传统的人才队伍管理系统，在信息采集和更新方

面存在滞后性，信息更新的速度与上级部门的指令和管理员的责任意识还存在着直接的关系，在这种情况下，通过大数据技术的运用，传统人力资源管理中由于信息沟通不顺畅而产生的种种棘手的管理难题将会迎刃而解，人力资源管理的环境将会随着数据分析技术的逐步深化而发生较大的改变。

（二）提升人才管理工作效率

大数据时代，随着互联网技术的飞速发展，数据分析和云计算对人力资源管理的各个领域产生巨大影响。在传统水利人才队伍管理中，员工招聘、薪酬分配、绩效管理、人才结构分析、干部梯队建设、员工晋升趋势以及离职因素分析等方面，需要花费大量的人力和时间成本进行统计。大数据时代下，水利人才队伍管理将利用数据统计分析平台完成对数据的挖掘、分析和运用，从海量的人力资源管理数据中，找寻需要的人力资源数据源进行系统的分析和统计，作为人力资源合理分配和管理层决策的参考依据。如在干部梯队搭建方面，可以根据治黄业务发展需求，分析目前干部年龄、岗位结构要素，结合现有青年员工岗位分布和职业发展倾向，综合分析得出相关条线的干部培养需求计划，提前储备和培养人才，避免干部断层的现象。大数据分析技术的使用将进一步提升现有水利让你吃队伍管理的转型升级，作为重要的信息化数据分析平台，它将能够节约人力资源管理人员的时间和精力，更精准地提供管理所需要的相关数据，提升人力资源管理效能，让决策分析更加科学合理。

（三）降低水利人才管理成本

大数据技术的应用，通过对各岗位人员数据的综合分析，可以更加精确地测算和分析出人工成本，找出人力资源使用效率低的岗位和流程，从而进一步优化岗位设置，减少不必要的人力资源浪费。在员工招聘过程中，通过大数据平台的分析，能极大地降低人才选拔成本，优化人员选拔流程和甄选难度。通过数据分析更精准地找到适合岗位需求的应聘者，提高招聘人员的综合适岗率，避免低效人员的流入和减少因岗位不适应而产生的减员。在员工日常管理中，结合人才梯队建设计划和员工岗位诉求以及对每位员工的性格能力倾向分析，将合适的人员放到相应的岗位上去，优化人才队伍建设和岗位匹配度，逐步降低用工成本。在人力资源日常管理中，应用关联分析的技术，实时分析各层级岗位的人员需求量，综合评判人员整体分配。如通过综合考勤数据和人均工作量的统计分析，可以从侧面了解某个部门提出的人员需求是否合理，现有人力资源工作量是否饱和等，综合评判人员是否给予配备，为人员调配计划提供必要的数据支撑。

（四）提升人力资源管理价值

在绩效考核工作中，结合大数据云计算对所有岗位人员的工作情况进行分析，综合各要素信息区分工作效率高低情况，并依据相关数据区分绩效考评高低的差异，通过数据平台支撑，更合理有效的为管理层解决绩效分配的问题。同时，人力资源部门在日常管理中，运用大数据分析技术，可以及时挖掘工作出色、能力出众的优秀人才，减少人才浪费，可以预警员工重大事项变更，发现人员行为管理中出现的问题。在大数据环境下，人力资源管理部门将从后台服务支撑部门过渡到协助业务部门开展考评分配，助力提升管理效率，为管理者提供选人用人依据，挖掘水利人才队伍潜力等，进一步提升部门综合价值。

二、人力资源大数据应用存在的问题

当前，人力资源管理工作在大数据应用方面还存在一系列的问题，如何把握和对待大数据，实现人力资源管理的创新，成为水利人才队伍建设中迫切需要探索的问题。

（一）信息化管理意识不够强

相比于现代化的管理方法，传统人力资源管理模式在日常管理中始终发挥着不可替代的作用。真正重视大数据应用的高层管理者不多，尽管对大数据时代满怀好奇和期待，但在管理中更多的是依赖传统的管理方式和经验，对新的模式方法的探索相对较为谨慎，面对颠覆传统思维方式和管理习惯的巨大变革，还存在着很大的心理和行动障碍。

（二）应对大数据要求能力不足

面对庞大的数据，人才管理部门对于数据的处理能力决定了他们的地位。在大数据时代，管理决策将更多地依赖数据而不是经验，这就要求管理人员的数据能力不再是传统的数据统计，而是包括了数据的分析、挖掘、建模、训练、验证、管理改进等一系列的完整活动。很多管理者对数据并不陌生，但对大数据的理解未必到位。接受并熟悉这一新的思维方式，进而运用到日常工作中，仍旧是一大挑战。

（三）信息化管理方法不适应

目前，人才管理大部分工作仍然集中于对职工日常调动管理、请休假考勤、干部选拔考察、基础工资测算和人员常规培训等，局限于单纯的、事务性的管理，大部分时间和精力用在了基础管理中相关问题的解决，对内外部人才环境的整体分析还不够多。人事信息管理中的方式方法，未能在一定范围内有效共享，在管理中尚不能制定具有前瞻性、系统性和全面性的人力资源管理的整体规划。

（四）系统培养模式不完善

岗位培训作为目前最主要的系统性培训提升项目，主要是针对岗位适应性的理论和实践知识进行考核培训，往往缺乏全面的研究分析。且有时过于机械化的考核，技能培训提升的效果不够明显。缺乏系统性规划的培训模式，在员工培训中往往会造成人相关方面能力的缺失，员工的潜能得不到应有的发挥。在岗位设置上各类人才不能充分发挥其专业、特长及聪明才智，表现出人才短缺与人才浪费并存的不合理现象，部分有专业特长的人才被埋没在不适合的岗位。

（五）信息化运用效果不明显

如何运用好考核激励的方法，对于人员结构的合理调整和人才队伍的稳定都起着很大的作用。在传统的岗位等级模式下，考核方式方法的制定上大部分是参照制度规定和业务发展等因素，对于实际工作中区域差异、市场变化、业务操作量等因素相对考虑得不全面。同时，在考核激励管理中常常会以物质激励代替一切，忽视员工的归属感、成就感和自我实现等多层次需求，特别是缺少对职工精神激励和自我成长方面的激励。

三、大数据时代水利人才队伍管理优化策略

大数据背景下，水利人才队伍管理体系不断更新发展，管理构架不断升级。充分认识并积极应对大数据的困难和挑战，丰富管理手段，成为当前水利人才队伍管理变革的必然趋势。

（一）增强数据意识，提升数据分析能力

大数据的收集、分析和处理需要专业的数据分析人才，而水利系统内部人才队伍管理者在开发、利用大数据领域仍处在落伍状态。人事劳动教育部门应及时设立专门的进行数据分析处理的岗位，负责建立起人力资源信息化系统，实现各种人力资源业务的规律性、规范性以及数据化的管理。这个信息管理系统包含静态的数据、业务处理过程中的数据以及整合的人力资源信息数据。不同层面的人员均可以通过该系统获取自己所需要的各类数据，得到不同的分析处理结果，如人才供应链、能力培养与开发、绩效评价、员工关系等都可以从系统中提取数据。

（二）利用大数据技术实现精准化的人岗匹配

人才选拔与配置的本质是实现员工与岗位胜任力的完美匹配。传统的人才管理活动中，这种匹配大多是非常模糊而感性的，而大数据技术恰恰能高效而精准地完成这个匹配过程。大数据的运用提升了招聘的有效性，人们获取信息渠道更多，雇主与雇员之间的信息透明度更强。特别是在211等高校直接招聘及考录大学生的政审过程中，大数据技术可以实现在社交网络上查询并深入挖掘岗位候选人的信息，更清晰地了解候选人的情况，使候选人与职位更好地匹配。从大数据分析中寻求职位系统与能力系统的最佳效能匹配关系，剔除人力浪费，从而提升人才匹配决策的科学性。

（三）利用大数据为量身定制培训与发展规划服务

传统的水利人才队伍培训项目中，员工培训需求的精准分析和培训效果的有效保障往往是人力资源管理的软肋。借助大数据的"学习分析技术"，能够通过对员工相关的海量数据分析，准确识别每个员工的学习需求、学习行为、学习模式以及学习效果。培训教师

可以随时查阅学员的学习进程，实时监控学习效果，这样可以帮助教师制定正确的培训策略。通过大数据，人力资源的培育全程将更为智能，也更关注个性化。在一个基于大数据理念的员工培训开发体系中，按照不同层级建立不同的员工胜任素质模型，并通过专项培训、日常评估、业绩考核等多种方式对员工的胜任力表现进行记录、分析，从而为每个人量身定制出个性化的发展路线。

（四）利用大数据预测员工绩效并及时提供帮助

绩效考核是人事劳动部门的核心工作之一，而考核的最终目的是提升员工的绩效水平。传统的绩效考核通过对员工工作行为或工作结果的衡量，来查找员工绩效与绩效标准之间的差距，这种方式往往是滞后的。利用大数据技术，管理者可以通过收集员工日常的工作内容来预测员工的绩效。如要求员工记录"工作日志"，从上班开始就用计算机来记录一天的工作内容，比如，平时培训学习的时间是多久，学习进度如何等，这些数据记录下来后，就成为员工的"勤奋镜像"。管理者可以通过管理平台随时了解员工的工作状况、工作进展以及工作成效。管理者不仅能够知道员工的真实表现，而且可以随时发现员工在工作中遇到的困难，从而提前进行干预，并适时对员工进行指导，避免员工绩效下降。

（五）积极开展人才队伍管理服务外包

从 2010 年开始，国家先后下发《国家中长期人才发展规划纲要(2010-2020 年)》《国务院关于加快发展生产性服务业促进产业结构调整升级的指导意见》《关于加快发展人力资源服务业的意见》等文件，要求完善政府购买人力资源公共服务政策，逐步将适合社会力量承担的人力资源服务交给社会力量。尤其是在大数据背景下，人力资源服务日益走向专业化、精细化。应建立健全人力资源公共服务的需求调查机制和专业筛选机制，明确符合实际的政府购买人力资源公共服务的种类、性质和内容，进一步完善政府购买服务的目录，推进人力资源公共服务政府购买专业化。

综上所述，大数据是人力资源管理的新思维、新技术。大数据时代的水利人才队伍管理面临着新的机遇与挑战，通过分析大数据与人才队伍管理的关系，探讨大数据在水利人才队伍管理中的作用，利用大数据更好地开展人才队伍建设工作，是所有水利人值得思考的问题。

（作者单位：山东黄河河务局济南济阳河务局）

以培强技 以赛促培

——博远置业公司职工教育培训的创新与实践

王森林 万春久 杨宪斌 邓玉玲

2016年以来，博远置业公司（服务管理中心、旅游发展公司）面临的市场竞争日益激烈，人力资源匮乏和人才青黄不接的状况进一步突显，员工队伍素质和技能水平越来越成为制约公司（中心）各项业务持续快速发展的短板。面对这种形势，博远置业公司加强职工教育培训的创新与实践，确定"以培强技、以赛促培"职教方针，并通过年度主题的形式予以贯彻实施，取得了较好效果。

一、职工教育培训工作创新

公司（中心）把2016年年度工作主题确定为"岗位技能培训年"，及时出台各项部署，全力加强员工教育培训工作。

（一）健全培训机构，完善培训体系

为了加强培训管理，公司及时召开专题会议，成立了以主要领导为组长、分管领导为副组长、所属各单位（部门）主要负责人为成员的岗位技能培训工作小组，为全面落实全年培训工作部署奠定了组织保证。同时，大胆创新专门设立了培训专责，直接对公司主要领导负责，主持培训工作小组日常工作，督导检查各项培训计划的实施。

按照内部培训和外部培训并重的思路完善培训体系，执业资格培训、岗位安全培训、政治理论培训、业务技能培训全面扎实有效开展。根据行业要求及岗位需求，2016年组织人员参加了物业管理、厂（场）内机动车特种驾照、水土保持监测、工程施工"五大员"、电梯管理操作证、气瓶充装证、消防员证、特种设备作业证等各类岗位专业人员的取证培训及续教培训，保证资质不掉挡、持证上岗有增加，满足公司（中心）生产经营的需求。

在积极参加上级单位和政府职能部门组织的各种培训活动和资格取证培训的同时，公司（中心）组织进行了部门和单位两个维度的公司级集中培训16次，每个部门主办1次职能管理相关的管理培训，业务单位主办1－2次业务实操相关的专业培训，集中培训内容基本覆盖了各业务模块关键技能，同时举办了两期道德讲堂。

在两个维度集中培训的引领示范下，公司（中心）掀起了学习培训的热潮。各单位（部

门）紧密结合自身工作实际，有针对性地开展各种培训近60次，使管理、业务两个维度的培训得到深入。

同时，根据公司（中心）实际情况制定导师带徒实施方案，在物业管理、汽车驾驶、绿化工程、酒店管理、旅游业务、茶叶加工等领域甄选11对师徒，对教学情况及活动开展情况进行跟踪、督导和检查，保障教学活动落到实处。

（二）明确培训目标，保证费用投入

按照"以培强技、以赛促培"的方针，公司（中心）在调查了解各单位（部门）员工的技能状况后，结合各单位（部门）上报的培训需求，制定了《博远置业公司 服务管理中心 旅游发展公司2016年内部培训计划》，下发了《关于开展博远置业公司、服务管理中心、旅游发展公司2016年度职业技能竞赛的通知》。

职业技能竞赛紧扣公司（中心）主要业务，公司（中心）先后举办了茶叶加工员、讲解员、物业管理员和汽车驾驶员四个工种的职业技能竞赛，每项竞赛报名范围都为公司所有员工，不限制岗位范围，参加人数达300余人次，专业人员和非专业人员都得到了锻炼和提升。每次竞赛都采用了理论加实际操作的方式进行，既保证了竞赛的公平性又保证了参赛队员知识掌握的全面性。通过这些竞赛，引导和激励广大员工围绕主业积极学习业务技能。

全年购买了13类762本培训书籍；购置设备设施建设了员工教育培训基地，本着学以致用之议，命名为"致用课堂"，使集中培训学习具备了较好的条件；对考核合格和竞赛优异的进行表彰奖励，全年发放教育培训奖励资金近30万元；外部取证及培训开支近18万元；全年在教育培训方面的资金投入超过50万元。

（三）注重计划落实，强化过程管理

本着"学以致用"的理念，结合企业实际，合理安排教育培训计划，统筹规划培训资源，科学组织培训内容，明确授课人员和时间，做到有计划、有落实。

全年16项公司级集中培训事前有课件审核、事中有人员签到、学习笔记，事后有课件分享或学习心得，每次培训都载入参培人员的《职工培训证》。

组织员工70余人次外出参加培训15次，外出培训进行资料和心得分享，外出培训人员在公司网站上发表学习心得及报道16篇。在外出安全培训中，公司（中心）选派的6人参加消防员培训，在整体考试通过率较低的情况下，6人全部通过考试取得消防员证。

（四）创新培训手段，注重考核运用

坚持"方法求新、载体求广、内容求深、成效求实"的原则，积极探索创新培训方法形式，充分利用行业内外培训资源，丰富培训载体，开展多模式、多层次培训，认真抓好落实，做到管理到位、推动有力，力争培训出成果、见实效。

国庆假期，公司主要领导直接参与大坝景区接待工作，深入到接待流程中发现问题，面对面听取游客反馈。国庆假期后当即组织总结研讨会，并开展为期两个月的"提升服务品质、塑造景区品牌"培训班，一方面从硬件方面完善景区功能，另一方面也从软件方面完善接待流程，组织进行对标学习，分组提交学习报告。

坚持凡培训必考核的原则，并加大了考试和竞赛成绩的奖惩力度。组织全部在岗员工进行3次大规模考试，对考试成绩优胜的员工进行了奖励；考试成绩不合格的员工全部进行了补考。对参加职业技能竞赛不积极、不认真的员工进行了处罚或解聘处理。

二、职工教育培训工作思考

总结"岗位技能培训年"年度主题工作，2016年员工教育培训在内容、质量和参与度上都有了较大提升，主要是做到了如下几点：

一是主要领导重视，培训纳入公司重要议事日程。公司（中心）把岗位技能培训工作提升到年度主题工作的高度，下发文件使培训工作成为各单位的硬性工作指标，并多次开会进行专题布置和检查，从上到下形成合力，为培训工作的顺利开展提供了有力保障。

二是员工参与度高，被触动、获受益范围广泛。大范围、长时间、动真格的培训、考试、考核和奖惩，每名员工都参与进来，一改事不关己高高挂起的落后意识，干部职工产生"本领恐慌"，对培训学习的重视程度和受训意愿空前强烈，达到了"激发引领"的工作效果。

三是准备充分，授课形式多样。根据年初培训计划购买各类书籍，选定培训内容，指定授课讲师；在培训形式上，有技师、优秀员工授课，有技能竞赛，有对标学习，有工作场所现场教学，形式多样，提高了员工参培积极性。

四是奖优罚劣，强化结果运用。把考核结果与个人收入、岗位挂钩，奖励在考核、竞赛中表现优异的员工，同时也对在考核中不认真、不重视的员工给予经济处罚或解聘处理。

同时，在"岗位技能培训年"实践中，职工教育培训工作存在着需要进一步改进的地方：

一是公司（中心）业务多，从业地分散，部分驻外员工不能参与公司（中心）组织的培训，需创新培训方式，改进培训方法。

二是有些培训内容过于专业且理论性强，欠缺实际操作性。

三是对在实际工作中的培训成果运用未做跟踪考核。

三、职工教育培训工作的再探索

在分析2016年职教工作得失的基础上，我们提出未来一个时期职工教育培训的要点，就是按照"经费保证、薪酬挂钩、上岗设槛、业务主导"的要求，推进实施全员素质提升工程。

一是加大投入，调动学习热情。设立100万元的培训和竞赛专项资金，用于改善教育培训设施，配备教育培训用品，支撑导师团队建设，调动真培实学热情，使员工积极学习、认真参培，技能有提高、考试有成绩、竞赛得优胜、术业有专长，成为职工强技增收的一条重要渠道。

二是加强考核，催生培训动力。把考核结果不仅与个人收入挂钩，也与员工上岗、干部任用挂钩。梳理各单位、各部门的岗位设置、岗位职责和岗位任职资格，完成培训取证、取证上岗的基础工作，创造实施取证上岗条件。

三是建章立制，明确操作规范。制定实施《员工培训管理制度》和《管理人员培训管理制度》，从培训指导思想、需求调研、培训形式、培训内容、培训方式、培训计划、培训实施和管理、培训效果评估、内部讲师团队建立等方面全方位全过程进行设计。

四是创新方式，引导强技方向。紧扣公司主业，针对主业经营需要的技能和缺乏的人才类型，把自培与外请师资结合起来，把公司与分公司的个性化培训统筹兼顾。走出去，组织各类管理人员和一线员工向对口标杆企业学习；请进来，邀请外部有实力、口碑好的专业培训机构和职业讲师团队过来进行定向定制培训。

五是上下合力，发挥倍增效应。公司（中心）提供资金和专业支持，鼓励各单位（部门）立足自身实际，结合公司（中心）要求，开展各种岗位技能培训活动。公司层级主要抓管理人员、关键岗位、重要专业等的培训；分公司级的培训突出操作技能和作业规范；班组级或业务单元的培训偏重安全素质和作业习惯。

致天下之治者在人才，成天下之才者在教化。博远置业公司在职工教育培训的创新与实践中，始终着眼于岗能匹配，引导职工站在对自己负责与对企业负责相统一的高度认识培训的意义和价值，利用公司创造的各种培训机会，切实提高岗位技能和业务素质，为公司抢机遇、谋发展、迎挑战练就过硬的本领。

（作者单位：汉江集团丹江口博远置业有限责任公司）

新时期赣州水文职工教育培训的实践与探索

曾金凤

党的十八大以来，以习近平同志为核心的党中央把人才工作摆在更加突出的位置，采取有力措施加以推进。习近平总书记指出，"当前我国比历史上任何一个时期都更接近实现中华民族伟大复兴的宏伟目标，也比历史上任何时期都更加渴求人才"。国以才立，政以才治，业以才兴。从干部到职工，水利、铁路、供电各行各业，都在贯彻人才优先发展战略，努力建设高素质人才队伍。青海、黑龙江、湖北等各省水文系统也更新观念、创新模式、增加投入，着力加强职工培训教育，统筹推进各类水文人才队伍建设。

功以才成，业由才广！为推进人才队伍建设，赣州市水文局干部教育培训，充分发挥人才队伍建设的先导性、基础性和战略性作用，紧密围绕经济社会、水利改革及水文事业现代化发展需求，以促进水文事业可持续发展为根本出发点，以各类水文人才协调发展为目标，以职工能力建设为核心，创新职工培训模式，开辟职工锻炼平台，拓宽职工成长途径，在加强职工教育培训上坚持"创新、务实、需求"三结合，仅近3年投入培训费121万元，硬件设施费156万元，参培人员近600人次，并在职工教育培训制度、激励机制、培训模式、成效检验方面进行了一些有益探索，有力地推动了防汛服务更新迭代、水资源管理服务提质增效、水生态文明建设服务升级换挡。

一、研究区域概况

（一）赣州市情与河流水系

赣州位于江西省南部，区域面积3924km²，下设5个区、14个县、1个县级市。2017年底总人口974.25万人，是江西省面积最大、人口和下辖县市最多的地级市。现拥有4个国家级经济技术开发区和全省首个综合保税区，是中国首个受到国务院各部委对口支援的城市。

赣州市地处赣江、东江源头，水系发达，河流密布，全市境内流域面积在10km²以上的河流有1054条，3000km²以上河流有4条。河流密度为0.42km/km²。全市多年平均降水量1580mm；多年平均水资源总量336.5亿m³，人均水资源量3800m³。

（二）赣州市水文局机构与站网

赣州市水文局是从事水文勘测、水文资料整编、水文情报预报、水资源调查评价、水文分析计算、建设项目水资源论证、水生态与水环境监测的专业机构，为全额拨款的公益事业单位。2008年该局实行参照公务员管理,内设8个科室,管辖12个水文水资源巡测中心,点多面广,工作量大。

二、赣州水文职工现状与问题

(一)职工现状

2008年,赣州水文参照公务员管理后,共有8批56人通过公务员统一考试进入赣州水文系统,职工队伍在年龄梯度、学历层次、专业结构上得到较大改善,职工队伍趋于年轻化、知识化、专业化。

1.人才总量

截至止2018年5月底,在职职工167人,其中男职工133人,女职工34人;管理人员43名,从事业务人员113人;技术工人39人,干部128人,其中副处级干部2人、正科级干部65人,副科级干部35人,科级及以下28人。

2.年龄结构

年龄结构表现为"两头大,中间小",呈年轻化发展趋势。35岁及以下青年有67人,36-40岁段有17人,41-50岁段有25人,50-59岁段有58人,所占比例见图1。

3.学历结构

目前,全市系统有硕士研究生学历5人,本科学历 86人,大专学历39人,中专学历10人,高中及以下学历27人。职工学历层次有了大幅提高,见图2。

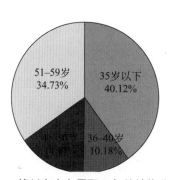

图1　赣州市水文局职工年龄结构分布

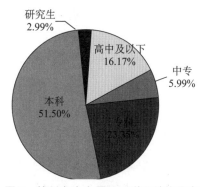

图2　赣州市水文局职工学历结构分布

4.专业结构

2008年该局参照公务管理后,专业结构上呈现出多元化,主要有水文水利类、化学环境生态类、计算机类、机械电子类、会计财务类、地理信息相关类、中文新闻类等7大类,各占比例见图3。

5.职称结构

2008年,该局职称评聘停止,拥有职称人数所占比例随着退休逐年减少,2019年,仅有 1 名高级工程师。现高级职称有 3 人、中级职称有 31 人、初级职称有 37 人；技师有 2 人、高级工有 31 人、中级工及以下有 6 人，共计 71 人，占在职职工的 69.5%，见图 4。

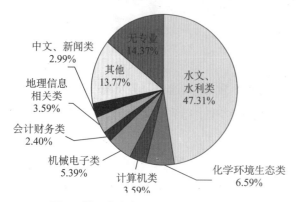

图 3 赣州市水文局职工专业结构分布

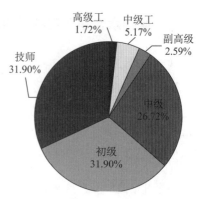

图 4 赣州市水文局职工职称结构分布

6. 队伍分布

市局机关与测站职工分别为 76、91 人，占职工总数的 45.5%、54.5%。从区域分布看，赣州中心城区及周边 108 名，占职工总数的 64.8%。其余的 59 人分布于 14 个县的 11 个水文水资源巡测中心及所管辖的水文站，人员分散。

（二）主要问题

1. 人力资源总量相对不足

近年来，该局人才总量显著增加；人才素质明显提高，结构进一步优化，较高层次、创新型、综合型专业化人才有所增加。相比 2008 年，该局本科及以上学历人员比例提高 36.6%，40 岁及以下人员比例提高 15.3%，新增了政治学与行政学、法律、会计学、通信工程、软件技术等专业人员。人才结构、规模基本满足该局水文事业发展需要，但仍与水文现代化的要求还有一定的差距，存在整体业务技术水平还不高，知识更新较慢，接受新技术能力较弱，人才流动和竞争的障碍性因素需要逐步消除等问题。

2. 人才队伍层次和能力有待提高

从人才队伍整体结构和素质看，尽管拥有 77.9% 具有大专以上文化程度和 47.9%（占有职称人数）中级以上职称的职工，但其中从事一般性工作的人占多数，高层次专业技术人才、复合型管理人才、实用型技能人才偏少，中青年学术带头人缺乏。比如目前，直接从事测验工作的职工多，而从事分析工作的职工少；缺少懂水文，又掌握相关现代技术、具有创新能力的学科带头人；缺乏懂业务、有水平、知法律、会管理的高层次复合型人才。

3. 人力资源结构和分布不够合理

从工作看，搞水资源分析评估、雨水情精准预测预报和水生态分析评价的人才不足。从层次看，基层力量比较薄弱，测站职工的文化程度和技术素质偏低，"精一、会二、学三"的高技能应用型人才更是缺乏。从区域分布看，条件比较好的机关及赣州市周边技术力量比较富裕，占到64.8%。地区比较偏远、条件相对较艰苦的测站人员和技术力量不足。

三、职工教育培训的迫切性与必要性

面对经济全球化、知识大爆炸、需求精细化的新形势，面临着技术设备更新、服务领域拓宽争等多重压力。迎接挑战，在竞争中求发展的关键是人才。在当前机制体制下，加强人才培养、着力搞好职工教育成为关系赣州水文事业发展的战略任务。

（一）社会发展进步，职工知识须更新

水文是各项涉水事务的基础工作，是政府科学决策和经济社会发展的技术支撑。赣州市在赣南苏区振兴发展的带动下，经济增长和城镇消费升级，水资源约束力持续加大，生态服务价值持续下降，水环境管理与治理决策干扰因素日趋复杂，各级政府部门和社会公众对水灾害、水资源、水环境、水生态的认识不断增强，对水信息的需求也在不断提高。更加全面地了解水，更加有效地利用水，更加科学地管理水，已成为当今社会的普遍共识。同时，各项涉水事务对水文信息的质量要求也越来越高，不仅要求提供更加准确、更加及时的实时监测信息，而且要求提供更加全面、更加精细的综合分析成果。

这些深刻变化，对水文的支撑保障能力提出了新挑战。而人员结构不合理、知识老化、队伍青黄不接的断层现象，已经不同程度地影响到水文各项工作的有效开展和长远发展，跟上时代发展是当前的紧迫任务。

（二）服务领域拓宽，职工能力须拓展

水文信息已越来越广泛渗透到经济社会发展的各个领域，水文服务领域广度、深度不断拓展延伸。主要表现在（1）传统的水文测、报、整、算升级：服务防汛抗旱减灾的水文情报预报工作已由过去的季节性工作变成了当前常态化的日常工作，对水文情报预报的时效性、预见性和精确性要求都越来越高；服务最严格水资源管理制度"三条红线"考核的监测评价业务正在逐年增长，对水资源的水量水质、地表水、地下水的监测与分析频次要求也在不断提高。（2）新的领域不断拓展：服务水生态文明建设的水生态监测范围和内容不断拓展，分析任务大幅度增加；服务"河长制"实施的水文技术支撑与决策信息；服务城市防洪排涝、水资源及水安全的信息支撑需求也越来越大；充分发挥水利工程的经济、社会和生态效益，也要求水文提供更加科学有效的实时信息和分析成果，等等。加强资料收集和成果分析、及时提供高质量的水文服务，已成为水文服务经济社会与水利改革发展的新常态。

2012年，该局实行省市双重管理后，还承担了当地的精准扶贫、招商引资等相应的政务的同时，面对各种类督查、检查，审计、问责，深感觉任务重，压力大。水文作为一

支专业技术队伍，难以适应新形势发展的需要。学习新知识、研究新情况、解决新问题、拓展新能力，显得尤为迫切而重要。

（三）水文现代化建设，职工素质须提高

近年来，随着国家对赣州水文基础设施建设的投入增加，水文监测站点数量不断增加（见图 5）、水文监测方式的升级和新技术新设备的应用，使水文测报快速向自动化方向发展。无人机、卫星、ADCP、雷达、电波流速仪、激光粒度分析仪、测沙仪等先进技术、先进仪器设备的应用推广，物联网、云计算、大数据、移动互联网等现代科学技术在水文工作中的引入融合，对职工的综合素质与工作能力提出了更高的要求，也对水文高科技、高技能人才的需求越来越大。要适应水文现代化建设，必须大力提高职工的科学知识水平和实际工作能力。

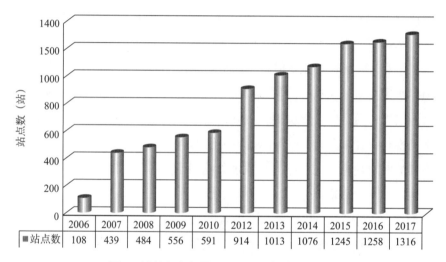

	2006	2007	2008	2009	2010	2012	2013	2014	2015	2016	2017
■站点数	108	439	484	556	591	914	1013	1076	1245	1258	1316

图 5　赣州市水文局 2006-2017 年站点数变化

（四）职称评聘停止，业务钻研须延续

2008 年，该局实现全员参公，停止了职称评聘。管理模式从走职称、拿绩效的事业管理，转变为走行政、拿阳光津贴的行政体制。没有职称评聘对业绩的刚性要求，部分职工对水文业务的钻研开始松懈，写论文、做课题、开展业务总结提炼的积极性减弱。其实，赣州水文全员参公后有其独特性，既不是以行使行政管理职能，也不是以履行行政执法职能为主，而是以提供基础技术服务为主的单位。如何巩固和引导职工技术钻研、发挥技能、技术的辐射和服务作用，持续深入水文关键性、技术性问题的探索研究，一直成为该局领导关心并着力解决的问题。

（五）技能人才断层，技术真空须衔接

从赣州水文系统职工队伍年龄与专业结构分析，两极分化及人员队伍老化严重，35 岁及以下与 50 岁以上的人员所占比例大，各占 40.1%、34.7%。2018—2022 年，将出现职

工退休高峰。期间，共有49名职工届时到龄退休，占现在在职人员的29.3%。而该局参公管理后，以水利、水文水资源相关专业考入的人员仅占入职人员的29.8%。这将可能出现专业技术人才"低谷、断裂层"，留下单位技术力量真空隐患。因此，只有改革与搞活职工教育培训，才能解决"本领恐慌""能力危机"，防止技术人才断档和新老人员更替带来的问题。

四、职工教育培训的探索与实践

针对职工队伍整体素质偏低，专业技能与服务水平亟待提高，各类拔尖水文专业技术和技能人才短缺等在状况，赣州水文按照"靠文化保证，靠制度约束，靠评比激励，靠创新提升"的总体思路，构建了人才分类培养体系，让干部在交流、挂职、轮岗中丰富经历阅历，提高驾驭各种复杂局面的能力；在进修、学历提升中丰富知识储备、开阔眼界、拓宽思路；在参与重要重大技术工作中增强业务本领，强化水文干部的特殊属性。

（一）创新平台，点燃工作热情

打通干部交流内循环，开启人才输出通道。坚持把挂职作为实践锻炼干部的重要形式，通过上挂下派、横向互派、集中外派等，不断提高干部的实践操作能力。

1. 上挂

对基层领导经验比较丰富、能力素质相对全面，需要在宏观层面提高综合分析、政策研究能力的干部，选派到水利部水文局、省水利厅、省水文局历练提升。近三年，先后有1名职工到部水文局、3名职工到省水利厅上挂职交流锻炼；20余名职工到省、市水文局交流锻炼。

2. 下派

对综合素质好、有发展潜力，组织领导和沟通协调能力强、有一定专业知识或行业管理经验，但缺乏基层领导工作经验的干部，安排到基层一线锻炼。先后有3名愿干事、肯干事、年富力强的机关干部到于都、赣州、龙南等地水文基层站队担任领导职务。

3. 外派

以拓宽年轻干部视野，消除能力弱项、知识短板和工作盲区，培养复合型领导干部人才为目的，先后选送2名正科级干部到省水文局、兄弟单位双向交流挂职，外派3名职工到扶贫村挂职蹲点学习，2名职工到（县、区）水利局参加农村饮用水安全、河长制实施、水生态文明建设等专项工作。与此同时，先后有6名职工赴新疆、西藏与同仁相互交流、共同进步，为两地提供水质检测、山洪灾害调查、水文情报预报、水资源论证、建设管理等专业技术指导。

通过在复杂、陌生、艰苦环境的应对磨炼，培养他们面对艰苦环境、陌生工作、未知领域的勇气和迎接工作上的一切困难、挑战和考验的信心，其业务创新与调查研究能力、活动策划与组织能力、人际交往与沟通协调能力、政治鉴别与研判断能力进一步提升。

（二）科技引领，激发队伍活力

该局在"团队－基地－项目－人才－管理"一体化水文人才建设思路中，贯穿科研、技术、技能三大板块的科技发展战略，激发内生动力、引入外部活力，引导职工尤其是年轻同志培养科研思维，打造尖兵团队。

1. 建章立制定规矩

出台《赣州市水文局学历提升与学术奖励办法》《赣州市水文局科技发展规划》《赣州市水文局科技实施方案》，对学术奖励对象、科研成果的审核认定、科研工作的督查与考核以及科研项目的管理与技术指导等各个环节进行了明确细致的规定，并将科研工作纳入对机关各科室、站队、个人考评年度业绩考核范畴，实行量化考核激励机制，进行年度考核通报。

2. 打造平台育人才

一是定期召开水文水资源学术交流会。为了更好地总结水文技术成果，营造浓厚的水文学术氛围，该局每两年召开一届的水文水资源学术交流会。6年3届学术活动的召开实践，编选学术论文169篇3册，评选18篇优秀论文交流讨论，聘请武汉大学、中山大学、江西省水生态文明促进研究会等水文相关领域权威专家开展6场次热点、前沿知识讲座，有力地促进了职工业务技术的提高，激发全市水文科技工作者的创造热情。二是打造教育培训基地。以水文监测项目齐全、交通条件便利、生活设施完善为标准，打造赣州坝上水文站、于都峡山水文站两个水文培训基地，添置教学用仪器设备，常态化开展实操演练；在此基础上，着力推动集水文水生态监测、培训、科研、科普为一体的东江源区水生态监测与保护研究基地建设，以满足新录用人员专业知识培训、现场实习操作、专业技术人员定期更新培训等各项教育培训工作。

3. 团队引领出人才

选拔一个团队，培养带动一批人才。成立了水文情报预报、水文监测、水文水资源分析、水生态监测分析、服务"河长制"5个研究团。通过发挥领军人才业务功底扎实、技术创新能力强等特点，产生"蒲公英人才现象"效应。无人机影像测流、雷达测雨测流、洪水风险图编制等一批实用、便捷、高效、具有示范效益的水文公共服务产品应运而出。测量、制图、软件运用、报告编制各领域的一批年轻干部脱颖而出，极大地带动和促进了一批年轻技术干部成长，他们逐渐成为所在岗位上的"领头羊"。

（三）入职培训，开启水文之门

水文作为一个行业，在社会知名度不高。除水利院校以外的学生，一般人不了解水文和水文行业。为让新入职人员尽快实现由学生状态的自然人，或"门外汉"的其他工种成员转变为适应行业发展的水文人，该局还根据新录用人员的专业优势及岗位特点，针对水文科学和行业现状、行业管理体制和规章制度、行业技术规范与知识结构、行业安全知识、相关法律法规知识以及职业发展等内容，进行系统培训培养。参加培训并通过考核的学员，将获得一本由该局颁发的培训证书，记录职工培训的科目、学时、成绩、日期、培训部门，培训期间的学习成绩和鉴定，为新职工尽快融入工作环境，履行好岗位职责做了有益的铺垫。

在年度公务员思想状况跟踪调查与新录用人员入职回访中，参加过系统入职培训的职工无论是在行业归属、单位认同、发展前景还是在角色转换、岗位胜任、职业规划，都要比没有进行入职培训或流于形式的培训职工反响好，幸福指数高。相关业务科室的负责人也表示，进行过系统入职培训的职工，在业务理解把握、任务执行到位、部门沟通协作等方面都呈现良好状态。

（四）技能培训，塑造水文工匠

水文行业性质特殊，基层技能队伍和水文专业人才的职业素养和技术水平直接关系到水文事业能走多远。针对该局技术工人多、技能人才少，尤其是高技能人才占比更少的历史和现实，从水文特色和人才需求的实际出发，利用新型培训资源，积极开展技能人才培训工作，常态举办职业技能竞赛，搭建技能人才成长平台，一批拔尖技能人才脱颖而出。在2017年江西省水文勘测工技能大赛中，有2人分别获江西省水文勘测工技能大赛二、三等奖，1人获江西省技术能手，赣州水文参赛实现了历史性突破。

1. 注重参培人员选择

该局针对工种特点和技能要求，以技术等级晋升、岗位练兵和职业技能竞赛为依托，以培养职工的学习能力和实践能力为重点，分层培训的方式，把有培养前途的业务尖子、业务骨干、新仪器使用人员、项目带头人等送上级培训或安排集中训练。开展技术攻关、带徒传艺、设备改造、技能培训等工作，使他们开阔视野，拓宽知识面，不断补充新知识新技术，更好地适应新技术、新要求、新任务。再由他们到各自的岗位上指导其他职工学习，形成"星火燎原"之势，激发了一线技术工人学知识、练技术、搞创新的积极性，达到共同提高的目的。

2. 创新培训模式

在培训模式上，坚持长期系统提高与短期专业培训相结合，脱产轮训与业余、函授相结合，基础技术适应学习与"三新"知识的学习相结合，开展竞赛、考试与在岗业务技能学习相结合。同时，配齐配优基层一线网络通信设备设施，利用网络教学，探索"互联网＋干部教育培训"模式，搭建干部培训"网上平台"，推进优秀年轻干部"在线培训"，减少教育成本，达到"坐在家中观天下"的效果，最大限度地提高职工的参与率。

3. 注重培训效果的考核

在效果考核上，坚持"培训是基础，考核是手段，提高素质是目的"的宗旨，结合水文勘测岗位职工的技术素质状况，把技能培训与解决生产实际问题相结合，理论培训与岗位操作训练相结合，以工作业绩为重点，注重职业道德和专业技能水平的技能人才考评，确保培训的实效性。

（五）学历提升，丰富知识储备

"在职充电"是防止"人才贬值"的一种好办法。在这个政策的引导下，该局不少职工适应形势，不断地补充知识，提高自身的"含金量"，参加各类考试取得大专、本科或硕士研究生文凭。目前，该局有2个及上专业职工52人，占在职职工的31.7%。获得硕士研究生学历的职工6名，在读硕士研究生学历4名。本科以上学历占54.5%，极大地优化了人才结构，完善了知识体系，更好地适应了现代水文发展要求。

（六）借脑引智，拓宽水文视野

1. 借脑引智，送职工拓宽视野

每年，该局根据当年专项工作、重点项目、新拓领域，如县域水文试点、水生态监测、城市水文研究等专题专项，针对性地组织职工到山东、湖南、广东等同行业发展较好的兄弟单位参观考察、学习取经；鼓励职工积极参与各级单位举办的学术交流、技术研讨会，促动职工开阔视野，寻求提高和促进水文管理水平与做好水文技术工作的思路与方法，交流借鉴开展水文科研与创新工作的经验与心得，学习了解当前水文发展的前沿理念与动态，激励和引导他们在技术创新、业务拓展、能力提升等方面有所悟、有所思的基础上更有所为。

2. 校局联姻，请专家提升素质

为重点解决水文职工观念转变和操作技能问题，根据业务发展需求，按照"自愿合作、优势互补、就近聘任、密切协作"的原则，先后与中山大学、珠江流域水环境学科研究所、江西理工大学及水文水质仪器研发公司等单位建立工作联系协作机制，签署校局合作协议书，共同合作研究或共同申报科技专题，协调争取项目支持，开展职工培训：进行新概念讲解，新知识传授，新技术普及从而培养更多实用人才。通过双方团结协作，不仅密切了产教融合，而且创新了水文技能传承培养模式，让水文绝活绝技在技能后备人才培养中不断发扬光大。

五、职工培训教育存在的问题及改进措施

（一）培训质量有待提升

在职工教育培训上，单位投资和花时间往往都不少，但取得的效果有时不尽如人意。究其根本原因有两点，一是有的培训与聘用脱钩，导致职工培训无压力、学习无动力；二

是部分培训内容陈旧、形式单调、缺乏针对性，使职工感到乏味。

（二）干部交流难度渐增

开辟干部交流通道基本实现了教育培养的预期目标，取得了明显成效，但也面临一些问题和不足。一方面，持续选派优秀干部的压力越来越大，年轻具有一定专业知识的、个人出去交流意愿强又未选派过的干部越来越少，后续要挑选优秀干部锻炼难度越来越大。另一方面，鉴于本部门本单位的工作任务重压力大，本身就特别需要能力强的干部支撑，有时存在不愿意推荐最优秀的干部交流锻炼。

（三）职工学历和能力不匹配

就目前情况而言，职工学历大幅提升。因水文专业性、技术性、实践性很强，非水文专业职工专业知识的缺陷，实践经验的不足，对水文工作领悟、深入需一定时间才能达到要求。另外，学历提升的学历认定，往往掺杂着一些复杂因素，并不能代表一个人全部的和真正的水平。因此，造成学成之后，虽有文凭，却对不上胃口的尴尬，只能望才兴叹。要不，虽有文凭，不够水平。

针对上述问题，拟在今后的教育培训中进一步探索、改进和提升。在提升培训质量方面，将培训与聘用应紧密结合起来，建立完善职工培训、考核、聘用机制，并将考核结果与职工的收入直接挂钩，从而为职工不断提高自身技术素质增加压力和提供动力。在干部交流方面，加强与接收部门的沟通联络，做好交流干部的后续保障工作，争取最大支持。在学历提升方面，强调学以致用，学用相长。

六、小结与展望

新时期，党的十九大对干部队伍建设提出了新目标，而赣州水文存在人力资源总量相对不足、队伍层次和能力有待提高、人力资源结构和分布不够合理等问题。同时，面对水文服务领城拓宽、现代化建设加快、技能人才断层，水文信息精细需求等新局面，赣州水文党组高度重视人才工作，牢固树立人才资源是第一资源的理念，在干部教育培训实践中积极探索：创新交流平台点燃工作热情，依托科技引领激活队伍活力，开展入职培训开启水文之门，注重技能培训塑造水文工匠，鼓励学历提升丰富知识储备，倡导借脑引智，拓宽水文视野，使干部教育培训的效率和效果得到了提升。

干部教育培训工作是一个系统性工程，该局在干部教育培训实践中虽然取得了一定成效，但依然存在较大提升空间，如配优师资队伍、提升培训质量、创新培训模式，强化成效考核等方面，须在今后的职工教育培训中进行持续深入的探索实践。

（作者单位：江西省赣州市水文局）

创新教育培训方式 提高职工综合素能

——湖南水文 2016—2017 年职工教育培训简述

唐丰华 刘海涛 徐笑笑

"十三五"水利规划提出，人才是推动水利改革发展的第一资源，为此，水利部颁布了《"十三五"水利人才队伍建设规划》，凝聚水利系统共识，组织和动员各方面力量加快推进水利人才队伍建设，进一步开创水利工作新局面。湖南水文深入贯彻落实水利部"十三五"人才规划，把服务水文发展作为人才工作的根本出发点和落脚点，高度重视职工教育培训，创新教育培训方式，积极营造鼓励创新、利于干部成长成才的环境氛围，以培养高层次创新人才、综合管理人才、技术领军人才、高级技能人才为重点，着力提升人才队伍综合素质和能力，为新形势下湖南水文事业的改革发展提供了强有力的人才保障和智力支持。

2016—2017年，湖南水文在以往基础上创新教育培训模式，分三个层次对职工教育培训进行统筹规划、实施，从技能人才培养、领导干部综合素能提升及基层职工教育精准发力，取得了历史性的丰硕成果。

一、以竞赛为契机培养选拔技能人才，营造良好氛围

湖南省水文局以2017年的第六届全国水文勘测技能大赛为契机，出"组合拳"从培训、选拔、竞赛、宣传四方面联合创新在全省水文系统内广泛发动、上下联动，层层选拔、集中结合片区技能培训、重重比赛，历时12个月，在系统内培养选拔出了一批优秀的技能人才，全面提升了全系统技能人员水平，最终选拔出的3位技能人才参加第六届全国水文勘测技能大赛，分别获得个人成绩第4、7、11名，湖南水文团队获得全国第2的好成绩。我局还通过对优秀技能人才的奖励重用和大力宣传在全系统营造了勤学技能、尊重劳动、争当工匠的良好氛围。

从2016年10月开始，我局认真组织部署、严密统筹实施，此轮技能人员培训选拔获得良好效果的创新可以归纳为以下几点：

（一）选拔创新

2016—2017湖南水文技能人员培养主要以水文勘测技能竞赛为载体，在全省水文系统

广泛发动，保证年轻技能人员人人参与。更通过接连三轮选拔不断激励斗志、磨炼技能。第一轮选拔为比赛＋推荐方式，由各市州局35岁以下青年技能人员全部参加初选赛，在初赛中成绩优越的3～4人，全系统共49人，加上各市州局推荐的水文监测科科长13人，组成59人的参赛队；第二轮由省局组织竞赛选拔。在第六届湖南省水文勘测技能竞赛中获得前6名的选手选拔参加下一轮技能集训；第三轮从6名选手中通过组织考核最终选拔出3名选手参加全国大赛。接连三轮的选拔方式让技能人员在比赛选拔压力下不断进步，从不松懈，大家在选拔中争优、学习积极性高涨，选手之间相互竞争又相互学习，同时一轮轮的竞赛选拔也锻炼了技能人员的抗压能力。

第一轮 · 市州局比赛＋推荐

第一轮 · 省级竞赛选

第一轮 · 组织考核

（二）培训创新

12个月内，对于各市州选出的技能人员开展了5轮脱产培训，每轮培训都各有侧重，各有亮点，培训内容涵盖理论、内业及外业操作，相互交叉又良好融合，5轮培训结合，全面提升了全省59名选手的理论水平及实际操作能力。一是市州局独立对各自的参赛队组织培训夯实基础；二是省局组织集中培训，进一步提升技能水平；三是分片区交流培训，全省共分四个片区，各片区包括3～4个市州局，片区培训中的各个市州局之间相互交流，取长补短；四是集中前往扬州大学进行封闭学习，1个月的封闭式学习大幅提升了理论知识水平；五是全国赛前针对性培训，对于最终选出参加全国大赛的6名选手，根据每个人在各轮选拔赛中的表现，针对其短板进行集中突破，强化长处补填短板，提升综合技能。

（三）竞赛创新

竞赛历来就是培养技能人才的一个良好方式，2016～2017年湖南水文创新方式分别在市州、片区、省局三个层面举办了3轮技能竞赛，充分发挥了竞赛作用，全面激励了全系统技能人员争先学业务、强技能的积极性，也通过竞赛为全国水文勘测技能大赛选拔出了优秀选手。一是市州局竞赛，同一单位的技能人才相互竞争，共同学习；二是片区竞赛，整体水平基本相近的几个市州局的选手相互切磋，各局的选手在集体荣誉感的驱使下都不甘落后，相互追赶，进步很快；三是省级竞赛，2017年8月26日－9月1日，湖南省水文局在长沙举办第六届湖南省水文勘测技能竞赛，来自14个市州局的46名选手及13名水文勘测科科长共59名人员参加竞赛，参赛人数为历届最多，来自全省各市州的技能人才通过竞赛得到了成长和历练。

（四）宣传奖励创新

为弘扬"工匠精神"、营造良好氛围，我局对此次培训、选拔及竞赛全过程进行了深入细致的跟踪宣传，对在省级竞赛中获奖的技能人才表彰力度空前，对在全国大赛中获奖的技能人才全部给予了提拔重用。在全省水文系统内营造出了崇尚技能、尊重劳动的浓郁氛围。

竞赛组委会通过新闻媒体、网络平台、赛点阵地等形式，对竞赛进行深入系统、全方位的宣传报道。2017 年 9 月 2 日，省级竞赛刚结束，省水文局就召开"历届全省水文勘测技能竞赛获奖选手座谈会"，省局领导、本届及湖南水文历届在全国、全省水文勘测技能大赛中获奖的选手参加座谈会。座谈会上大家畅谈了体会，交流了经验，在湖南省水文系统培育和弘扬"工匠精神"，营造了学业务、强技能、钻技术、搞科研，立足岗位成才的浓厚氛围。

二、强化素能培训，提升领导干部综合能力

随着经济社会和水文事业的飞速发展，新的思维、新的理念、新的技术、新的管理方式方法等不管涌现，对水文事业的发展和党政领导干部的综合素能提出了新的要求。为适应这种新的变化，提升领导干部综合素能，开拓工作思路，转变思想观念，提高管理水平和综合素质，我局开创性地去往外省高校举办培训班，高校名师主讲，为湖南水文领导干部提升管理理论水平、开阔视野。领导干部大规模"走出去"的培训模式，开创了水文系统教育培训的先河。

2017 年 10 月，我局在浙江大学举办一期全省水文系统领导干部综合素能培训班，部分现任处级领导干部、局属单位领导班子成员和省局机关处室（部门）负责人等共计 56 人参加了培训，取得良好效果。总结本次培训，有以下几个方面经验：

一是领导重视是前提。省局党组高度重视本次培训，多次专题研究部署，分管领导和人教处负责同志提前到培训地点进行调研，和组织方多次商讨完善培训方案。同时，省局一把手和其他部分省局领导亲自参加听课，起到了很好的引领示范作用；二是组织严密是基础。在培训过程中，人教处和校方都制定严格的培训纪律，实行双重管理，严禁迟到、早退、课程上接听手机等与听课无关的行为，并做到节节有考勤。组织开展学习大讨论两次，学员们即学、即思、即悟，用思想碰撞，获思想共鸣。培训结束后，撰写培训心得体会，并把所学、所思、所悟在本单位中层以上干部进行通报，做到了学习成果的分享和传递；三是课程设置是关键。水文领导干部多为业务出身，业务能力突出，但管理知识相对欠缺，本次培训课程丰富，契合当下形势、热点，包含领导科学与执行力、决策创新与博弈论、国学智慧与现代管理、经济形势分析、军事热点、水源地保护与浙江治水新模式等 14 个

理论专题和现场教学，针对性强，弥补了业务领导干部知识结构不平衡的不足，受到了学员的一致好评；四是强大师资是保障。本次培训师资强大，聘请了浙江大学多个领域内的带头人等一批知名学者、教授，为大家传授了先进的管理思维和理念，大师们言辞幽默，妙语连珠，现场互动热烈，激发了学员们学习兴趣，深得学员们的喜欢和认可；五是模式创新是特色。培训模式除了传统的室内课程学习外还安排到经济发达省份、和先进同行交流、参观学习先进电子商贸区等户外体验学习，也让学员学到了先进发达地区的管理经验和实践，受益匪浅。

三、学历＋岗位教育，强化基层职工教育培训

结合水文基层职工工作分散性、季节性、专业性等特点，按照岗位专业素质的要求，采取自培与送培相结合、岗位培训与学历教育相结合、水文专业与相关专业相结合、继续教育与实际工作相结合的指导思想和原则，大力开展基层职工教育，对于近年新引进湖南水文的年轻基层职工采用学历＋岗位的教育培训，基层人才队伍整体实力显著增强。

（一）开展在职学历教育，人才素质明显提高

从1959年起，省水文局与河海大学联合创办了本科函授班，2000年后又开办了研究生函授班。近几年我局从湖南水利职业技术学院引进了大量大专毕业生充实到基层职工队伍，针对他们水文专业知识和学历教育较为欠缺的实际情况，我局加强了水文水资源专业本科及研究生学历教育对基层职工的倾斜力度，给他们创造物质及制度条件鼓励基层职工参加学历教育。2016-2017年，湖南水文系统共有在职教育本科毕业生47人，在读研究生43人。学历教育针对基层职工实际，为其提供了获取水文理论知识的渠道，改善了湖南水文基层职工的知识结构，为提升职工在实际工作中的思考、创新能力打下了扎实的理论基础。

（二）大力开展多岗位业务培训

省、市局2016-2017年共举办各种业务岗位培训班30余期，受训人员达500余人次。培训邀请了专家老师来给基层职工讲授"水情预报、拍报""工程水文学""水位流量关系定线及合理性分析""计算机在水文的应用""水文外业操作步骤、技巧及注意事项"等一系列理论、内业操作、外业操作内容。理论联系实际，通过岗位业务培训全面提升了基层职工的履职水平。

2016-2017年湖南水文职工教育培训在技能人才培训、领导干部综合素能培训、基层职工教育三个层次都取得了丰硕成果。特别是以第六届全国水文勘测技能大赛为契机培养选拔出了一批优秀技能人才，在全省水文系统营造了良好的学业务钻技能氛围，为湖南水文技能人才的长期培养创造了良好环境。随着领导干部综合素能提升班在浙江大学的开班

拉开了管理人才培训的新局面，基层职工教育的持续有力向前推进。但要培养造就一支具有"诚实、主动、及时、准确"的水文行业精神，数量充足、布局合理、结构优化、富有活力、勇于创新，与水文事业发展相适应、符合水文发展要求的多层次、多形式、重实效的湖南水文人才队伍，还需要紧跟时代，脚踏实地的持续努力。

（作者单位：湖南省水文水资源局）

服务水电开发全球化战略，
开展国际化人才培训的实践与思考

吴爱华 季 莉

水利水电是我国较早"走出去"的传统产业，目前已与80多个国家建立了水电规划、建设和投资的长期合作关系，具有一定的基础。随着"一带一路"倡议的推进，水利水电产业必将引来新的国际化高潮，国际化人才培养将成为新的需求。

河海大学是以水利为特色的全国重点高校，学校的继续教育也始终立足行业，把服务国家战略及水电事业发展作为首要任务。

一、水电开发国际化人才培养的工作思路

为了服务于水利水电国际化发展战略，水利行业院校必须将国际化人才培养作为继续教育的一个主要方向，针对从事水利水电开发境外项目的人员和项目合作的境外人员建立培训和学历教育体系，围绕英语应用能力和境外投资、建设、运营及管理能力开展教育服务。河海大学已在水电国际化人才的培训和学历教育方面开展了有益的尝试。

（一）设计水电开发国际化培训方案

经济全球化背景下，水利水电企业正在大力推进"走出去"的战略，积极参与全球竞争。为了实现全球化战略，亟须进行水利水电开发国际化人才队伍的建设。作为国家人力资源和社会保障部"国家专业技术人员继续教育基地"，河海大学专门为水利水电开发国际化战略精心设计了该国际化人才培训项目，旨在通过商务英语、专业英语、国际工程项目管理实务和国际工程的生态和环境保护等方面的专项培训，为水利水电企业培养国际化实用型人才。

同时，为境外水电从业人员设计了培养方案，共设置5类学习模块，即汉语言类、认知类、专业基础类、专业类（分专业）和水电站现场实习。能够实现汉语言知识学习、基于水电站运行与维护泛专业知识学习与技能提升，以及对中华文化、中国水电发展成就等多方位培养培训的目标。

（二）开展国内人员水电国际化培训

2016年，学校与中国电建集团昆明勘测设计研究院有限公司合作开展派驻国外人员

的能力提升培训项目便是国际化人才培训一项有效的尝试。培训历时1年，形成了"八个一"特色，即用1年培训期、面向100人，每周开展1次在线实时辅导、每月反馈1份学习跟踪报告、每半年形成1份中期考核、结束后组织1次集中考核、整体形成1支专业服务团队和1套学习服务体系。这一培训模式为众多学员所称赞而逐步推广，现与贵阳院合作培训学员281名，与四川沃能公司合作培训学员67名。

（三）开展境外人员水电国际化培训

学校与中国港湾工程有限责任公司签订人才定制培养协议，培养了来自巴布亚新几内亚、安哥拉、牙买加三个国家的留学生。与中电建集团合作为老挝、缅甸等国家电力公司定向培养留学生。2017年，我校经过招投标承担了三峡集团公司中国水利电力对外公司委托的"几内亚苏阿皮蒂水利枢纽工程业主项目培训"。目前，30名几内亚学员已进入河海大学开始为期一年半的培训。通过系统培训学习，既输送了一批优秀的属地化人才，又提高中国水电的国际影响力。

二、水电开发国际化人才培养的实施案例

商务英语作为国内人员水电国际化第一阶段的培训，以《剑桥商务英语BEC》为教材，根据商务工作的实际需要，从听、说、读、写四个方面对学习者在商务和一般生活环境下使用英语的能力进行全面培训。

商务英语培训包含以下环节，考虑到学习者工作地点比较分散，有的甚至在国外，不可能集中，因此所有环节都采用远程的方式进行。

（一）分级测试

BEC剑桥商务英语分为初级、中级和高级三个级别。这种级别分类有两种含意：一方面考虑到不同级别工作人员从事不同性质工作对语言功能的不同需求，一方面考虑到英语本身的难度和学习者自身的英语水平。共同特点是针对商务及日常工作的需要而开展，都包含了听、说、读、写四个方面，有助于参加国际商务活动。

考虑到学习者英语应用能力的差异，为了更好地针对学习者的需求，采取"分级学习"的培训方式，以保证学员的学习效果。

为了达到"分级学习"的目的，必须对学员进行英语能力的分级测试。以评判学员的英语水平。

基于学员的工作性质及测试工作的技术可行性，本次分级测试采取了网上在线测试，主要考察学员的词汇量、阅读能力和写作能力。

（二）课程学习

课程学习包含几个部分的内容。

1. 网络教学资源

每个级别提供 12 个单元的网络教学资源，每个单元 3-4 节。考虑到受众对象是水电行业的职工，在设计时特意融入了水电行业的知识。考虑到网络学习的特点以及学习者的工作性质，每个视频的时长不超过 20 分钟，学员可以利用碎片时间进行学习。资源形式多样，有讲解、情景模拟等多种形式。另外提供拓展资源供学习者学习。

2. 在线作业

每个单元提供作业供学员检测学习效果，作业以客观题为主，学员通过作业能自行判断学习掌握情况。

3. 在线辅导

以远程的形式对学习者进行口语训练。考虑到在职人员的学习特点，按比例配备辅导教师，包含外籍教师。每周由辅导教师事先发布主题，学员事先预约，为保证效果，每名教师预约名额限定 10 人。在线辅导主要针对辅导的主题进行训练，也可对学员的提问进行解答。

4. 网上提问

学员在学习过程中遇到困难，可以在网上提问，教师每周登录学习平台 2 次解答问题。

（三）学习考核

考核分为中期考核和结业考核。在学习进行到一半时会组织中期考核，主要检查课程第一阶段（前 6 个单元）的学习效果和质量，结业考核主要检查课程第二阶段（后 6 个单元）的学习效果和质量，重点是自觉学习的效果，以及对预期知识掌握与应用能力的进步效果。

考核的方式分为笔试和口试两部分。笔试的时间为 120 分钟，分为三部分：阅读理解题、翻译题、作文题。口试部分每个级别安排 2 位老师，每个老师配一位工作人员，每个老师准备 5 个短文，每人考试时间约 10 分钟。老师随机发配给考生考题，考生朗读考题短文，朗读完毕开始回答教师提问。

（四）教学服务

1. 提醒服务

通过 QQ 群、微信群、短信等多种方式，督促学习者学习。

2. 学习报告

每个月向培训委托单位提交学习报告，包括学习进度、作业情况、辅导情况等，让单位掌握员工的学习情况，也能让单位督促学习。两次考核后提交考核报告，让单位了解员工的学习效果。

3. 调查问卷

通过调查问卷了解学员的学习情况，掌握更多信息，有助于改善后期的教学工作。调查表明，大多数被访问者认同现有的教学内容、学习周期、学习难度、英语能力提升效果、学习支持服务和网络培训学习模式等，同时也提出了希望增加脱产面授环节、拓展培训内容等需求。

（五）取得成效

从考核结果看，学员能认真对待培训和考核。从综合得分来看，60 分以下的达到 8.2%，80 分以上的比例占到 28.8%。从三项考核情况来说，口试情况较为理想，笔试次之，而学员平时学习情况则不太理想。

多数学员认为，因为工作岗位本身以及随着公司业务向国际拓展，英语学习和工作发展前景关系密切，对培训的满意度达到 98%。培训委托单位也对培训效果进行了高度肯定。

三、开展水电开发国际化培训的思考

习近平总书记在党的十九大报告中指出："完善职业教育和培训体系，深化产教融合、校企合作。加快一流大学和一流学科建设，实现高等教育内涵式发展。办好继续教育，加快建设学习型社会，大力提高国民素质。"又指出"中国人民愿同各国人民一道，推动人类命运共同体建设，共同创造人类的美好未来！"

我们应充分发挥河海大学水利和环境学科的特色优势，围绕服务国家战略、解决行业亟需，开展行业专业技术为重点的继续教育服务，坚持教育对外开放，在力所能及的范围内承担更多责任义务，培养共建"一带一路"急需人才，助推企业成长。在水电开发国际化培训的工作中，还要进行不断的思考和实践，才能为推动人类命运共同体建设，共同创造人类的美好未来作出贡献。

开展水电开发国际化培训的思考。

1. 适当缩短培训时间

在一年的培训周期中，学员的活跃度逐渐降低。可以考虑适当缩短培训时间，增强培训的强度。

2. 丰富师资资源

选拔一些能调动学员积极性的教师作为辅导教师。

3. 丰富教学资源

除现有的学习资源外，进一步丰富教学资源，包括演讲、听力、国外的礼仪和风俗等资料。

4. 创造良好的学习氛围和环境

英语学习需要平时多读多说多练，尤其是口语，需要在一个好的学习环境中多加练习。

5. 单位建立考核激励机制

调动学员的积极性，鼓励学员学习。

（作者单位：河海大学远程与继续教育学院）

西部民族地区水利人才队伍建设探微

——以四川省甘孜州为例

刘　锐　王　宾　刘　悦

甘孜藏族自治州（以下简称"甘孜州"）是西部地区非常典型的民族区域，面积15.3万平方公里，总人口111.3万人，藏族占77.8%，也是四川人均财力最弱、条件最艰苦，但水能旅游生态资源最富集的州。全州水资源总量1051亿立方米，水力发电的蕴藏量约为3700万千瓦。水的问题历来是全州经济社会发展中具有基础性和战略性的重大问题。为了全面推进甘孜州水利事业改革与发展各项工作，加快建设一支适应甘孜州水利发展的高素质人才队伍显得尤为紧迫和必要。

一、水利人才工作现状

（一）基本情况

全州水利系统职工总数为606人，其中党政人才队伍106人，专业技术人才队伍175人，技能人才队伍325人。专业技术人才队伍中高级职称13人，中级职称48人，初级职称及以下114人；技能人才队伍中技师13人，高级工100人，中级工116人，初级工及以下96人。全州另有3000余名负责村镇水利设施日常维护保养的乡镇水利员和村级水管员。和详见表1。

表1　甘孜州水利人才基本情况总表

类别	总数	项目	党员	大专以上学历	35岁以下	36-45岁	46-50岁	51-54岁	55岁以上	少数民族
党政人才	106	人数	68	53	22	51	12	16	5	76
		比例	64%	50%	20.7%	48.2%	11.3%	15.1%	4.7%	71%
专业技术人才	175	人数	38	61	86	41	14	19	15	106
		比例	21.7%	34.8%	49.1%	23.4%	8%	10.9%	8.6%	60.5%
技能人才	325	人数	70	47	55	124	26	87	33	276
		比例	21.5%	14.5%	17%	38.2%	8%	26.8%	10.2%	84.9%

（二）存在的主要问题

与全国平均水平和同类欠发达地区相比，甘孜州水利人才发展的总体水平存在着较大差距，水利人才队伍远不能适应水利发展的需要，水利人才队伍建设存在很多亟待解决的问题，主要表现在：

1. 人才总量不足

全州水利系统仅有职工 606 人，人均管辖面积高达 252 平方公里。各县（市）水务部门平均仅 30 余人，与全国边远地区各县的平均 172 人相差 142 人，与全国各县的平均244 人相差 214 人。"十二五"期间全州水利建设总投资 100 多亿元，"十三五"期间的投资将进一步加大，建设任务重、工程项目多、管理责任大，人才队伍数量严重不足。

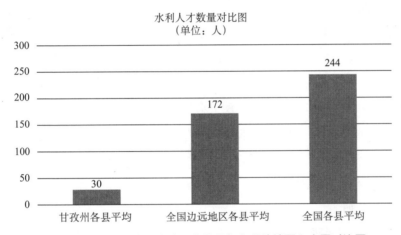

图 1　甘孜州各县水利人才平均数量与欠发达地区和全国对比图

2. 能力素质偏低

全州水利职工中大学本科以上学历的仅占职工总人数的 4.45%，高中及以下学历的高达 47%，学历层次远低于全国平均水平。高层次人才偏少，175 名专业技术人才中高级职称仅 13 人，其中水利类仅 5 人；325 名技能人才中技师以上等级的仅 13 人。受地域、观念、师资、经费等因素的限制，职工专业技术提升、知识更新等业务培训极少且手段单一，基层水利人员年人均培训不足 10 学时。

3. 结构不合理

队伍配置不合理，全州水利人才中，党政人才 106 人，专业技术人才 175 人，技能人才 325 人。专业技术人才占总人数的 28.87%，比全国平均水平 36.49% 低近 8 个百分点。专业技术人才队伍中，水生态文明建设、水利工程建设与管理、水土保持、饮水安全、水利信息化等相关专业人员严重缺乏，能够适应现代科技发展、运用现代化手段开展工作的专业技术人员极度匮乏。绝大部分县（市）水利系统没有高级职称人员。

4. 人才流失严重

受地理环境艰苦、经济发展水平落后、福利待遇低下等因素的影响，水利人才流失严重，近十年来新进工作五年以上的水利从业人员流失率高达 80% 以上。

5. 人才工作机制有待完善

州县水利部门缺少专职人事工作人员，人才工作制度不完善，人才选拔培养、人才引进、人才使用、人才评价、人才激励等机制不健全，人才支持体系非常薄弱，人才经费投入严重不足。

二、指导思想、基本原则和总体目标

（一）指导思想

深入贯彻落实党的十九大和习近平总书记系列重要讲话精神，全面落实省委省政府稳定安康和治水兴蜀的工作部署，着眼于全面脱贫解困和康巴藏区民族团结与和谐繁荣，紧紧围绕水利事业改革与发展大局，牢固树立"水利是甘孜州经济社会发展和民族团结进步的基础性、战略性工程"和"人才是甘孜州水利改革与发展第一要素"的观念，以创新人才工作体制机制为动力，以人才队伍素质和能力提升为核心，以培养本土人才、民族人才为重点，统筹推进水利人才队伍建设，为甘孜州水利事业改革与发展和 2020 年与全国同步建成小康社会提供人才支持和智力保障。

（二）基本原则

1. 满足需求，服务发展

把促进水利发展、满足水利工作需要作为人才工作的出发点、落脚点，充分发挥人才的基础性、战略性作用，确保人才工作与水利事业发展目标同向、举措同步、成效同显。

2. 以用为本，创新机制

把发挥各类人才作用作为人才工作的根本任务，以适用为目标培养人才，以使用为核心选拔人才，以够用为要求配置人才，坚持不求所有、但求所用的原则，发挥市场在人才配置中的作用，创新人才工作理念思路、体制机制，构建充满活力、富有效率、更加开放的人才发展环境。

3. 整体推进，重点突破

围绕水利发展需求，以建立和完善人才工作机制为基础，以全面提升人才队伍素质为核心，加强紧缺人才的引进和培养，整体推进人才队伍建设。

4. 立足自身，引培结合

立足人才队伍的本土化和民族化，坚持内部培养与外部引进相结合，综合运用教育培训、定向培养、岗位锻炼、学历提升、引才引智、对口帮扶等手段，推动全州水利人才队伍在数量和质量上实现新的突破。

（三）总体目标

培养和造就一支数量基本满足需求、素质和能力显著提升、结构明显改善的本土化、民族化的水利人才队伍，为现代水利事业发展提供人才保障和智力支持。

到 2020 年，全州水利系统人才队伍总量增加 10%；党政人才队伍中，专科以上学历的人员比例提高到 70%，州县水利系统领导班子成员中，至少配备 1 名水利专业背景的领导干部；专业技术人才队伍中，大专以上学历人员的比例提高到 60%，高级专业技术职称人才的比例提高到 12%；技能人才队伍中，大专以上学历人员的比例提高到 30%，高级工以上的比例提高到 46%。

三、主要任务

（一）全面提升人才队伍素质和能力

以提升领导干部的决策力、执行力为核心，推动水利科学发展的能力为重点，加强党政人才队伍建设。大力推进党政人才的民族化和本土化建设，注重干部的年轻化，选拔德才兼备的年轻干部走上领导岗位。到 2020 年，选派 50 名党政人才开展"上挂下派"和"顶岗学习"，加大党政干部交流、轮岗、挂职锻炼力度，有针对性地安排优秀党政干部到生产第一线、重点建设工程挂职锻炼，不断提高实际工作能力。

围绕水利工程建设管理、水资源管理、水土保持、水政执法、水生态文明建设、水利信息化等重点工作，以提升水利应用技术为核心，加强专业人才队伍建设。到 2020 年，具有高级专业技术职称的水利人才达到 12%，且具有水利专业背景的达到 60%。依托国家、省领军人才培养项目，遴选和培养专业技术领军人才。结合"十三五"水利建设九大工程，采用"项目＋人才"模式，发现人才、培养人才、锻炼人才、集聚人才。结合援建、帮扶等工作，建立"导师制"专业技术人才培养模式，提升专业技术人才的新技术应用推广能力，增强其学习力、创新力。大力实施专业技术人员知识更新工程，加强水利专业新理论、新技术、新知识、新方法培训。

以提升技能人才队伍的职业素质和职业技能为核心，以高技能人才培养为重点，加强技能人才队伍建设。到 2020 年，技师所占的比例达到 6%，高级工所占的比例达到 40%。大力开展岗位练兵活动，培养爱岗敬业精神、提高岗位技能水平。积极开展职业技能鉴定和竞赛，以赛促训，以赛促学。积极倡导"师带徒"培养模式，强化职业技能师徒传承。

以提高基层水利管理和服务水平为重点，加强乡镇水利员和村级水管员水利实用技术指导和培训。到 2020 年，着重围绕农村饮水安全、农牧区水利建设、防灾减灾、小型水利工程管护等工作内容，由州县两级水利部门分级负责，分批次对乡镇水利员、村级水管员全部轮训一遍，做到不培训不上岗，逐步推进持证上岗制度。

（二）加强急需紧缺人才引进和培养

围绕现代水利发展需要，结合"十三五"期间城市饮水巩固与提升、水资源保护工程等九大水利工程项目，采取"引进一批、培养一批、储备一批"等方式，制定和实施急需紧缺人才引进和培养计划。依托甘孜州"百千万康巴英才工程"等政策，开辟人才引进绿色通道，引进一批高层次紧缺人才；依托甘孜州《紧缺专业人才定向培养计划》，协调教育、人社、财政等部门将水工、水保、水文、水环境、水政等专业列入紧缺专业人才培养计划，培养一批急需紧缺的专业人才；依托国家《少数民族高层次骨干人才培养计划》等政策，充分利用高校资源，通过订单式培养、定向培养等方式，储备一批具有本土化、民族化特色的急需紧缺专业人才。

（三）完善人才工作机制

健全人才管理制度。完善本土化、民族化人才选拔培养机制，注重在实践中发现、培养、造就人才，注重培养应用型人才。尊重各类人才特点，健全人才分类评价机制，根据各类人才的特点，采取不同的选拔使用方式，促进人岗相适、人尽其才，形成有利于人才脱颖而出的选人用人机制。健全以工作业绩紧密联系、充分体现人才价值，向优秀人才和关键岗位、艰苦地区倾斜的有利于激发人才活力的分配制度和激励机制。用好用足贫困地区、民族地区人才政策，开拓人才引进渠道，创新人才引进模式，多渠道、多手段招揽人才，为水利发展服务。充分发挥市场配置资源的基础性作用，按照"不求所有，但求所用"的原则，通过劳务派遣、购买服务、智力引进等多种途径缓解人才短缺的问题。

四、重点工程

（一）能力素质提升工程

1. 实施"3321"培训计划

到 2020 年，有计划分批次地对全州 3000 名乡镇水利员和村级水管员、300 名技能人员、200 名专业技术人员、100 名党政干部开展全员、全覆盖业务培训，提升管理能力和业务素质。

2. 实施学历提升计划

制定相关的激励政策，依托水利院校，采用委托培养、联合办班等方式，鼓励、支持、组织在岗职工参加以水利专业为重点的各类学历教育，提升干部职工学历层次，改善人才队伍知识结构。

（二）人才引进工程

1. 实施高层次、紧缺人才引进计划

根据国家《少数民族高层次骨干人才培养计划》，引进并培养 3—5 名水利及相关专业硕士；争取州政府将水利人才纳入甘孜州"百千万康巴英才工程"，引进5-10名高层次、紧缺人才。

2.实施"三支一扶"服务生引进计划

加大宣传、积极征集岗位、落实相关政策，引导高校毕业生到基层水利单位服务。到2020年，争取全州30%的乡镇各招募1名"三支一扶"水利及其相关专业服务生。

（三）人才储备工程

1.实施高层次人才储备计划

有计划、有重点地选拔20名左右政治素养好、敬业精神强、业务能力高的具有发展潜力的专业技术骨干，作为专业技术领军人才后备人选，到各级国有企业、高等院校、科研院所深造。

2.实施"三定向"培养计划

落实定向招考、定向培养、定向服务的"三定向"政策，每年在全州定向招收20名高初中毕业生、退伍军人，依托水利职业技术学院定向培养，毕业后定向补充到基层水利单位。

（四）人才援助工程

1.实施百名专家服务基层计划

"十三五"期间，积极争取上级支持，充分利用各类资源，采取技术咨询、科技合作、短期聘用、项目聘用、博士服务团等形式，分年度、分批次组织百名专家到基层水利单位开展专家服务。

2.实施对口帮扶计划

充分利用对口帮扶政策，争取上级水利部门选派20名专家到州县水务局对口帮扶。建立导师制度，为专家配备助手，在对口帮扶中同步开展人才培养，做到"帮扶一个对象、带出一支队伍、培养一批人才"，提升当地水利部门自身"造血"功能。

五、保障措施

（一）加强组织领导

坚持党管人才原则，建立和完善党组统一领导、分管领导牵头负责、业务处室各司其职、基层水利单位广泛参与的水利人才工作新格局，形成人才工作整体合力。实行党组"一把手"抓"第一资源"的目标责任制，将人才工作列入州局党组议事范畴。明确各级领导班子考核指标体系中人才工作专项考核的权重，加强对人才队伍建设执行情况的监督检查，定期对人才工作进行检查和评估。积极争取上级有关单位和部门的支持，加大对水利人才队伍建设的指导和帮助。

（二）加大投入力度

积极争取水利部、省水利厅、州政府支持。州县水利部门要积极拓宽人才投入渠道，保障人才工作目标的实施。要把人才工作经费列入财政预算和重点工程项目预算，予以保证。同时争取在农水费、水资源费、工程养护费等经费中，安排一定比例的资金用于人才队伍建设。加强对人才投入资金使用的监督管理，开展绩效评估，切实提高人才工作的投入效益。

（三）强化人才基础工作

建立健全人才资源统计和定期发布制度，推进人才信息化建设，建立人员信息库。加强人才工作的队伍建设，提高政治素质和业务素质，坚持问题导向、系统思考，推进制度化管理和人性化服务，提高人才工作科学化水平，建设一支公道正派、业务精良、群众满意的水利人才工作队伍。

（四）营造良好氛围

各级水行政主管部门要加强水利人才工作舆论宣传，大力宣传中央、省、州人才工作方针政策，宣传加强水利人才队伍建设的重大意义，宣传和表彰扎根藏区的水利优秀人才典型事迹，推广人才队伍建设工作先进经验，营造尊重知识、尊重人才、有利于各类人才成长的良好环境和氛围，进一步激发水利人才立足岗位、学以致用、成就自我，不断增强水利服务经济社会的能力。

（作者单位：四川水利职业技术学院）

发挥水利职业教育优势　服务湖北水利发展研究

谢永亮　易进蓉　胡敏辉　陈吉琴　唐岳灏

一、发挥水利职业教育优势 服务湖北水利发展的途径

随着《国家中长期教育改革和发展规划纲要(2010 ~ 2020 年)》、2011 年中央印发"一号文件"《关于加快水利改革发展的决定》的颁布，国家对教育改革发展、水利改革和发展提出了新的目标和要求，各级教育行政部门充分认识到水利职业教育是我国现代职业教育体系的重要组成部分，水利职业教育改革发展即关系到职业教育发展的总体，更是攸关现代水利发展的兴衰成败；水利职业教育是培养水利技能人才的主要途径，在促进水利改革发展中具有不可替代的基础、支撑、保证作用。

"十三五"期间,是我国全面建设小康社会、加快推进社会主义现代化建设的关键时期,社会经济持续发展要求水利职业教育不断改革发展；新形势下，随着新的治水理论、新的水利观念和先进的水文化的呈现，现代水利、民生水利、可持续发展水利建设需要提升水利技能人才队伍素质；水利改革与发展关键靠人才，依靠水利职业教育培养大批高素质人才，是推动水利事业又好又快发展的生产力保障，在促进水利改革发展中具有不可替代的基础、支撑、保证作用。

水利职业院校应该发挥职业教育的优势，为湖北水利改革发展服务，具体来说，可以从以下方面进行。

(一)政府加强宏观指导，完善水利职业教育体制机制

改变人们对高等职业教育的偏见，首先应从高等职业教育的理论源头宣传引导，加强对职业教育及水文化的宣传教育。高等职业教育要告诉社会，高等职业教育是什么，其要达到什么目的，以及如何达到目的一系列知识。国家应制定对高等职业教育的政策宣传，利用各种宣传途径，让全社会从高等职业教育的发展源头，发展历程，在国民经济中所起的作用，来重新认识高等职业教育，从根本上改变鄙薄高等职业教育的社会文化环境。

学习和借鉴国内外职业教育先进办学理念，根据水利行业专业性强、联系紧密的特点，以互动、互补、互利为原则，以人才、技术、设施为基础，重点面向水利基层单位推进水利高职教育办学模式改革创新。积极探索大型水利企业兴办或联合举办水利职业教育、培

训机构，以及水利企事业单位与职业院校发挥各自优势、建立合作研发或实验（实训）机构的新办学模式。加快水利职业教育集团以及各高职院校职教集团的建设，探索完善的集管理运行机制，发挥其在水利高职教育产教结合中的合作平台和组织协调作用，进而整合集团各成员和各区域水利行业和企业资源，实现集团内成员单位之间资源共享、优势互补，从而推进校企合作办学、合作育人、合作就业、合作发展的长效机制建设。

水利工作是一项涉及方方面面，牵一发而动全身的系统工程。遍布湖北省内的各种水利工程是基础，一库一闸，一渠一堰，发挥它们在平时和汛期点点滴滴的作用，这样积少胜为大胜。做好这项基础工作，我们需要大批懂水利的应用技能型人才充实到基层水利系统。水利部提出的"水利行业三年三千名新技师培养计划"，旨在加强技能人才队伍建设。发展职业教育，特别是水利行业的职业教育是改变现状谋求长远发展的有效途径。

（二）优化专业布局，培养符合湖北省水利发展的人才

当前湖北水利正处于建设飞速发展的关键时期，对水利职业教育所培养出来的人才提出了更高的要求。所以水利高职院校应该明确人才培养目标，针对湖北水利改革发展现状与岗位需要，将培养一批有知识有技能的高端人才作为目标；并加强实践教学基地的建设，依照"校企互动，双向介入"的模式在校内外建设一批生产性实训基地，使得学生能够通过在基地内的训练提高一线工作的技能。

湖北省水利事业改革需要大批能够立足基层的技术技能型水利人才，作为培养水利技术技能型人才的水利高职院校承担着为湖北省水利改革发展培养紧缺专业人才的重任。因此，三所水利高职院校必须从水利行业企事业单位的需求出发，不断进行人才培养模式改革，大力开展订单式培养。同时，搭建湖北省水利行业技术服务平台，鼓励水利高职院校教师到企业进行实践锻炼，引进企业一线技能能手担任兼职教师，促进学校与企业、教育与产业深度合作。

针对目前水利类高职院校毕业生供求矛盾较大的现象，有必要对高职教育专业布局做适当的调整。具体地来讲就是水利高职院校应该通过对湖北水利发展情况以及对人才的需求状况进行充分调研，针对湖北水利改革发展纲要与岗位需求进行专业结构优化调整，提高专业人才的社会适应度。

具体来说，建议在传统专业水利水电建筑工程的人才培养目标的基础上，开设工程管理方向，并增加工程管理的相关课程内容，增大水利工程、水文水资源工程专业的招生人数，并在水文与水资源工程专业开设水生态方向，适时开设城市水利、环境水利、等专业，在水利类所有专业中增加《水法》课程。

（三）完善面向水利行业的社会服务体系，开展技术服务能力建设

通过实施社会服务品牌战略、科研服务推进工程、继续教育引领工程，建立社会服务

综合体系，使得水利高职院校成为水利行业、企业不可或缺的合作伙伴。水利高职院校要坚持职业教育和水利最新发展方向相融合的研究，在技术服务和教育研究方面形成特色，增加科研成果数量，在此基础上提升科研课题与成果的质量与层次，使科研方向与水利行业发展结合，教学研究与技术服务结合，实现科研引领专业发展，技术服务反哺专业教育的良性发展态势。力争在水利重点领域、关键环节、核心技术上实现新突破。针对水利基层单位专业技术人员紧缺的现状，以水利职业教育、职业培训为主要手段，进一步完善水利行业职业培训体系建设。水利高职院校要充分发挥自身职业教育优势，利用网络、电视等多种现代媒体和培训手段，改进培训内容和方式方法，并结合技能竞赛、岗位练兵、现场培训等多种形式，切实提高培训质量和效果，把学校建成行业乃至全国的高技能人才培训基地。

水利高职院校可以利用自身的一些优势整合专业资源为水利企业、行业服务，每年给合作企业输送大批合格的毕业生，这实际上是为企业免费培训了一批"准员工"，不仅很大程度上节省企业的培训开支，而且学生水平还较高；这是高等职业教育服务于区域经济发展的一项重要举措。

根据湖北省水利发展"十三五"规划，建立水利行业职工技能培训长效机制，针对专业技术人才、工勤技能人才和经营管理人才，分类实施培训，提高水利职工依法管水、科学治水的能力，水利高职院校应结合院校自身特点，考虑专业、师资、实训等方面的优势，将湖北省水利发展服务的需求与院校的社会服务结合起来。一是依托"首批水利行业高技能人才培养基地"的优势，承担湖北省高技能人才培养工程，进一步推动水利行业高技能人才队伍建设。二是充分发挥水利工程等重点建设专业群领域的教学资源优势，面向湖北省企事业单位，特别是基层水利单位，开展水利职工培训，网上在线培训等。

充分利用水利行业国家职业技能鉴定所、湖北省职业技能鉴定站、学院继续教育部，为湖北水利事业改革发展，提高水利行业职工的职业技能水平搭建良好的平台。一是发挥湖北省职业技能鉴定站的作用，积极承担水利行业职工的继续教育和培训任务，如基层水利局长班培训、大坝安全监测、水文监测系统预警预报等培训。二是依托水利行业国家职业技能鉴定所，广泛开展面向湖北省水利行业的职业技能培训与鉴定工作，特别是水利行业特有工种的职业技能鉴定，并不断开发有针对性的技能鉴定培训教材。

技术服务是高职院校社会服务能力建设的重要途径，湖北省三所高职院校应采取适合于自身特点和行业特色的方式来参与社会服务，利用院自身的专业优势、技术优势、人才资源优势，积极拓展技术服务渠道，为行业企业开展技术服务、技术咨询和技术开发。一是选派具有丰富理论和实践经验的高级职称专业教师赴企事业单位担任专业技术顾问，实行送教上门，以更好地为单位在水利规划、项目建设、技术咨询、人才队伍建设等方面提供服务，为基层水利提供技术服务。二是充分发挥学院勘测设计院的技术人才优势，积极为湖北省内基层水利工程提供优质的技术服务，为湖北省水利水电事业建设发展做贡献。

（四）加强"双师结构"师资队伍建设

提高院校师资队伍的水平一方面要提高其教学水平，只有这样教出来的学生才也会具有高水平；另一方面就要提高其科技研发水平，教师以自身的科技优势解决企业生产过程中的技术难题，将教育资源优势成功转化为科技成果以服务于区域经济发展，还能够通过科技研发不断更新技术成果，将科技转化为直接生产力，促进地方产业结构升级。引进高层次人才，充实提高师资队伍。新设置或者新开设的专业课程，要采取各种优惠政策和措施，引进具有博士学位或高级专业技术职务的优秀人才。广开"双师型"教师来源渠道和培养途径，打造高水平的双师型专业带头人群体和双师素质教师团队。吸纳水利类专业的专家、学者和企业骨干担任客座教授，聘请有实践经验的高级工程师担任兼职教师，定期授课和进行现场教学。构建师资队伍培养机制。加强对现有师资的培训与培养，有计划、分批次地安排专业教师到行业相关的企业、公司、科研设计单位挂职锻炼。组织教师参加有关水利职业技能资格培训班的培训。选拔专业带头人或骨干教师到国外或国内高水平的示范院校进行定期培训和交流。

（五）充分发挥"互联网+"的优势，开发职业教育数字化资源

为进一步发挥水利职业院校培养多样化人才、促进创新就业、传承技术技能的作用，依托"互联网+"技术，根据大数据分析的企业人才需求对人才培养方案进行修订，结合"互联网+"技术和云计算，搭建远程教学平台，最大化共享教育教学资源。

在突出工学结合的高职理念教学改革中，丰富的教学资源可以支持灵活多变的课堂教学手段，在充分整合网络课程、名师名课精品视频、主题素材库、工作过程模拟软件、虚拟仿真实训平台等资源的基础上，引入更多的企业资深技术人员和专业管理人士，打破时空界限，通过录制微课、在线解答、远程现场互动等多种方式，让企业精英参与教学的各个环节，让优质一线资源惠及更多学生。开展企业大讲堂活动，邀请各校企合作企业举行就业指导讲座，为增进学生对企业的了解，提高学生的就业意识，树立学生正确的就业观念提供很好的平台。根据教学资源特点，细分并优化整合课程知识点，建立共享企业信息化实践资源教学平台，将水利生产及应用引入课堂教学，互补现场教学时空的制约，丰富水利类专业课堂教学内容。建设数字化教学、培训资源库。

汲取"互联网+职业教育"的新思维，搭建基于微信服务号的职教微信云校园等移动信息化系统，以此平台为校企合作桥梁，通过"教培互惠、双向交流"密切校企合作关系，开启"互联网+"产教融合运行新模式，帮助学校解决统一管理、对外招生宣传、学生课表查询、标准数据中心建设等难题，满足学校全方位、高品质的形象传播，扩大

职业院校招生渠道。搭建多方协同育人的信息化教学平台，将视频会议系统、录播系统、企业生产监控系统、水利建设管理系统高度集成，实现校企信息共享，推进教学过程与生产过程实时互动。将具有代表性的水利企业（中国电建集团、中国葛洲坝集团等水利企业）的建设现场实况实时传输回学院的综合实训中心，同时通过视频会议系统，将教师上课的视频实时传输到企业，对企业员工进行培训，实现教学资源的共享，推进校企协同，互补专业实践教学的时空制约矛盾。通过远程教学平台，企业向学院开放现场生产监控视频和运行状态数据，学生在课堂上即可实况学习水利建设与管理过程，增强感性认识，提高教学质量。学院向企业开放实训基地，专任教师远程为企业员工开展技术培训，实现企业员工不离岗培训，既方便员工提高岗位技能，又不影响企业生产，有利于企业管理。

（六）充分发挥湖北省水利水电职业教育集团的作用

湖北水利水电职业教育集团现有成员包括三所水利职业院校的单位91家，包括政府机关、事业单位、行业协会、职业院校、科研院所、企业等组织。其目的是以职业教育集团为平台，以水利行业为依托，以水利水电人才培养为纽带，以校企合作为重点，充分发挥各成员单位的优势和力量，共同提高湖北水利行业职业教育人才培养质量，为区域经济建设服务。三所水利高职院校均为常务副理事长单位，应该充分发挥作用，将职业教育与企事业单位的需求结合起来，实现资源共享、优势互补、合作发展，促进优质职业教育资源共享，推进产学研深度融合。

湖北水利水电职业教育集团宗旨是以职业教育集团为平台，以水利行业为依托，以水利水电人才培养为纽带，以校企合作为重点，充分发挥各成员单位的优势和力量，共同提高湖北水利行业职业教育人才培养质量，为区域经济建设服务。在集团化办学过程中，行业是促进校企深度融合，发挥产教结合优势不可或缺的决定性要素。湖北水利水电职业教育集团是行业型职业教育集团，其发展更离不开行业主管部门的支持与指导。职业教育集团应在主管部门及行业的指导下，制定职业教育集团的发展规划，制定水利行业专业人才分类标准、岗位资格标准等，提高人才培养质量和规格。加强与主管部门联系，力争主管部门对集团给予政策、资金等方面的倾斜，以充分调动集团内各成员单位参与积极性，增强集团的凝聚力。职业教育集团在运行过程中，要切实了解企业成员单位的需求，如人才需求、工作岗位需求、员工在岗培训需求、员工学历提升需求、产品研发需求等，真正的"想企业之所想，急企业之所急"，在这样的前提下寻找各成员单位之间的利益共同点才能最大限度地提高企业参与积极性，提高职业教育集团办学活力。

湖北水利水电职业教育集团应以集团网站为载体，构建集团内部教育研究平台、实习就业直通平台、教学资源共享平台、水利人才培训平台、科技研发平台，进行日常工作沟通与协调处理，实现网上资源共享。这样可以有效地加强集团内部成员之间的联系，加强政府、行业、企业、学校四方联动的多元化合作，促进资源的集成和共享，推动院校和企业共同发展，使院校办学和企业经营获得双赢，以此提升水利职业教育的综合实力。

二、水利职业教育服务湖北水利发展的保障措施

（一）进一步加强组织领导

教育行政主管部门要进一步加强对水利职业教育改革发展的组织领导，将其纳入教育事业发展整体规划，列为教育事业重点支持领域。各地水行政主管部门要会同教育部门建立水利职业教育联席会议制度，加强与地方教育、发改、财政等部门的沟通协调，形成推进水利职业教育改革发展的工作合力；将水利职业院校教育和职业培训纳入本地区水利事业发展规划，统筹安排，同步推进，并将水利职业教育和基层水利技术技能人才培养工作列入年度目标考核内容，积极探索水利职业教育改革发展和基层水利人才队伍建设长效机制。

（二）进一步强化行业指导

各级水行政主管部门要加大行业指导力度，充分发挥在重大政策、职业资格、就业准入标准制定、推进产教融合与校企合作等方面的引导作用。水利行业职业教育教学指导委员会要充分发挥对教育教学改革的研究、咨询、指导作用。中国水利教育协会要充分发挥协调服务作用。要按照政府主导、行业指导、企业参与的原则，在专业建设、课程建设、教材建设、师资队伍建设、实习实训基地建设、校园文化建设等方面推出一批理论和实践创新成果。

（三）进一步增强保障能力

教育行政主管部门在政策制定、项目安排、资金投入等方面对水利职业教育给予大力支持，将水利职业教育示范院校纳入省级示范院校范畴，给予同等待遇和政策支持，进一步扩大水利中职教育免学费、国家助学金资助和水利高职院校单独招生范围等。各地水行政主管部门要积极协调本地发改、财政部门，争取从本地区水资源费、水利建设基金、财政水利资金中落实一定比例专项资金用于水利职业教育发展，重点用于支持水利职业院校建设。不断加大基层水利职工技能培训投入，依托水利职业院校开展相应职业技能培训和社会服务项目。水利企事业单位要建立健全职工教育培训机构，加强与水利职业院校的合作，在办学条件建设、师资队伍建设、实习实训基地建设等方面给予有力支持。

（四）进一步营造良好氛围

要像重视党政干部和专业技术人才一样重视技术技能人才队伍建设，积极为技术技能

人才成长开辟通道、搭建舞台。大力宣传发展水利职业教育的重要意义、水利职业教育的成功经验和涌现的先进典型。加大技术技能人才奖励力度，注意在各类人才评选和奖励中向水利基层一线倾斜。大力表彰为水利建设做出突出贡献的技术技能人才和水利职业教育战线涌现出的先进单位和个人，努力营造全行业、全社会关心支持参与水利职业教育改革发展的良好氛围。

（作者单位：长江工程职业技术学院）

下企业对于提升高职教师实践能力的探索

庹祖明　余　毅

国务院《关于加快发展现代职业教育的决定》提出，加快现代职业教育体系建设，深化产教融合、校企合作，培养数以亿计的高素质劳动者和技术技能人才。要实现这一目标，必须建设一支具有较强实践动手能力的"双师型"教师队伍。目前，高职院校教师实践能力普遍不足，而下企业实践锻炼，则是提升教师实践能力的有效途径。

一、高职教师实践能力的现状和问题

目前，高职教师来源的主要途径是高校毕业生，虽然他们接受过较好的教育，学历较高（大多为研究生毕业），具备较高的理论知识，但是由于他们从学校到学校，从课堂到课堂，没有在企事业单位工作的经历和经验，缺乏运用专业知识发现、分析和解决实际问题的能力。另外，虽然有较小部分教师是来自企事业，具备了一定的实践经历和能力，但是，进校以后他们要将大部分时间投入到教学工作中，很少有机会去企业进行学习和实践，随着行业的快速发展和变化，他们原来掌握的技术、工艺及其知识等逐步老化，实践能力越来越不能跟上新的行业需求。在现阶段，高职教师实践能力方面存在的问题主要包括：

（一）现代职业教育观念还未深入人心

国务院《关于加快发展现代职业教育的决定》提出，要加快现代职业教育体系建设。作为高职院校，应树立现代职业教育观念，准确把握自身定位，适应社会发展需求，创新人才培养模式。教育部《关于深化职业教育教学改革全面提高人才培养质量的若干意见》要求，职业教育要坚持工学结合、知行合一，注重教育与生产劳动、社会实践相结合，突出做中学、做中教，强化教育教学实践性和职业性，促进学以致用、用以促学、学用相长。但在目前，受传统教育思想和观念的影响，很多高职院校仍然没有摆脱传统的教学模式，在人才培养上，还没有处理好理论教学与实践教学的关系，存在"重知识，轻能力"的现象。尤其是在教师队伍建设上，忽视了教师实践能力的培养与培训，这导致了教师实践能力与实践教育能力的缺失和不足。从教师个体来看，缺乏在企业工作的经验，实践能力先天不足，而入职后又没有得到相应的提高，也使得他们在教学上"扬长避短"，不得不偏重于理论传授。从总体上看，现代职业教育观念还未深入人心。

（二）教师队伍建设存在结构性缺失

一是实践教学师资数量严重不足。根据教育部相关要求，高职院校"双师型"教师比例应不低于50%，实践性教学也应占50%，因此，高职院校应该拥有相当数量的从事实践教学的专任教师，但事实上，实验技术人员老化、实验教学师资队伍青黄不接等现象是这类院校普遍存在的问题。二是教师知识、能力、素质结构不合理。传统上的教师职后培训，几乎都是到更高层次和水平的大学学习进修，而很少到有关企业、工程部门或研究机构从事产品研发、参与工程项目等实际工作以提高实践能力的，造成了教师的知识能力结构不合理。三是教师的引进受到制约。由于现行人事制度和办学自主权的限制，高职院校很难从有关企事业单位引进富有实践经验和能力的工程技术人员来校工作。

（三）教师提升实践能力存在制度障碍

一是缺乏原始的导向机制。在职称评定上，教师职务的任职条件主要强调学术水平，只要求论文、科研项目和成果，没有衡量其实践水平与能力的相关条件要求。这就使得教师失去了主动参与实践活动，提升自身实践能力的压力和动力。二是缺乏激励机制。不少学校在工作量和计酬上，存在着理论课和实践性教学待遇不一样的现象，趋利机制使得不少教师更愿意上理论课而不愿意承担实践教学任务。三是缺少教师实践锻炼的具体途径和配套措施。有的青年教师具有提升实践能力的意愿，但不少学校在教师提升实践能力的制度设计比较空泛，配套政策不细，保障措施不力，不能有效解决教师提升实践能力的实际问题，教师提升实践能力缺乏有效途径，也使教师对提升实践能力有心无力，裹足不前。

二、下企业提升高职教师实践能力的做法

近年来，高职院校对提升教师实践能力重视程度不断提高，采取了一系列措施，如加大从企业聘用教师力度，完善以老带新的青年教师培养机制，建立"双师型"教师培养培训基地，推行专业教师下企业实践制度等，有力加强了教师队伍建设。在这些措施中，教师下企业实践是培养教师专业实践能力的最佳渠道，是培养教师双师素质的有效途径。2014年以来，湖北水利水电职业技术学院制定实施教师下企业实践锻炼"360计划"，即：从2014年起至2016年，组织专业课和专业基础课教师，每年暑期到企业或工程管理单位挂职、顶岗及见习，3年不少于60人，后期实现专业教师全覆盖。"360计划"实施两年来，已安排60多名教师轮流到企业锻炼，有力提升了教师队伍实践能力。主要做法如下：

（一）精心谋划，周密制定实施方案

学校为加强下企业锻炼教师管理，制订了《湖北水利水电职业技术学院实施教师下企业实践锻炼"360计划"管理办法》，规定"360计划"在学院的统一领导下，由相关系

部具体组织实施。系部的职责主要是做好教师下企业实践锻炼的人员选派、单位联系及协议签订、日常指导、总结考核、经验交流等工作，并负责建立教师实践锻炼专项档案，及时收集、整理教师在实践锻炼中所形成的各种资料，保证资料完备可查。各系部要按照专业对口的原则，以"楚天技能名师"、职教集团、实习实训基地等为依托，做好总体规划，每年6月制定年度教师下企业实践锻炼方案报学院审批后实施。

为了保障下企业教师的生活需要，学院还明确了下企业实践锻炼教师的待遇，规定市外的按照差旅费开支规定报销一次往返交通费。在企业、单位锻炼期间，凭考勤表每人每天发放入企补助150元。在企业、单位锻炼期间，住宿由所在系部与相关单位协商解决，原则上在所在企业、单位提供的临时住房住宿，实在无法解决的，也可就近在宾馆住宿。

（二）明确纪律，集中开展动员培训

系部制定的年度下企业实践方案经学院批准后，各系部召集下企业教师，集中开展动员培训，进行思想纪律教育、安全教育等。学院规定，教师下企业期间要明确工作岗位及工作职责，虚心向企业技术人员学习，认真填写工作日志，由企业进行考勤，并及时收集技术资料。同时，明确了下企业工作纪律，不定期对教师下企业情况进行抽查。抽查不在岗的，脱岗一次，扣除本期实践锻炼入企补助的20%，脱岗二次，扣除本期实践锻炼入企补助的50%，脱岗三次以上，直接终止实践锻炼，不发实践锻炼入企补助，不报销任何费用。教师确因有事、病请假一天以上的，须经企业、系部同意报人事处备案后，方能生效。

（三）严格管理，全程掌握入企动态

学校人事处专门建立了下企业锻炼QQ群，专人负责管理，及时掌握下企业锻炼教师的思想及行为动态。教师在下企业锻炼期间，院、系督查考核小组每月至少一次对下企业锻炼教师进行抽查，以便下企业锻炼工作能落到实处。暑假期间，这些老师，有的在工程施工现场，参与施工管理、质量监理；有的在电厂，跟班熟悉生产流程，参与技术改造；有的考察当地水利工程，完成技术考察报告；有的在生产车间与工人一同安装接线，到现场参与设备调试，经历了不同岗位的专业训练。

（四）总结考核，广泛开展汇报交流

教师实践锻炼结束之后，下企业实践教师及时进行了总结，系部进行了考核，及时收集了教师在实践锻炼中所形成的各种资料（包括实践锻炼协议书、单位鉴定、考勤表、个人总结及在实践锻炼期间形成的其他资料或成果），建立了教师实践锻炼专项档案。各系部先后分别举办教师下企业实践锻炼汇报交流会，下企业实践锻炼教师均在各自所属系部进行交流汇报。汇报会上，入企教师简介了各自所辖企业的概况、实践工作岗位等内容，展示了收集的规程规范、技术图纸及劳动生产成果，分享了自己所取得的收获，也深入分析了自身实践能力的不足，同时对专业建设、教学改革提出了自己的意见和建议。

（五）三方共赢，实践锻炼成效显著

教师下企业锻炼工作实施以来，取得了良好的效果，实现了教师、学校和企业三赢。常言说，实践出真知。对于教师而言，通过锻炼，开阔了视野，了解了最新的行业规范、工艺、设备、技术，更新了知识，缩短了理论与实践的差距，把这些来自第一线的资料融入课堂教学中，讲课有了"货"，增强了实践教学的底气，不少老师了解了企业和市场对人才的需求和能力的新要求，调整优化了人才培养方案。同时，通过参与企业生产和技术改造等工作，积累了实践经验，提高了科研能力和行业影响。对于学校而言，下企业锻炼工作开展以来，学校双师素质比例快速提高，不少下企业教师及时把企业的真实项目融入教学中，教学更具针对性和实践性，课堂讲授更加生动活泼，教学效果明显增强，有的在指导学生参加各级各类技能竞赛获奖明显增多。对于企业而言，下企业教师参与企业技术改造，帮助企业技术攻关，开展职工培训，推荐优秀毕业生到企业工作，为企业解决难题，受到企业欢迎，不少教师与企业建立了长期而紧密的联系，实现校企深度融合。

三、高职院校开展教师下企业实践工作的启示

作为提高高职院校教师实践能力的有效途径，教师下企业实践工作正在高职院校中得到全面推广。总结下企业实践工作，有以下几点启示。

（一）更新教育观念，强化实践意识

加快发展现代职业教育，高职院校要更新教育观念，树立现代职业教育理念。现代职业教育要求高职院校培养高端技能型人才，这就要求高职教师着眼职业教育的现代性、职业性和实践性特点，通过下企业锻炼等方式，深入了解企业需求，摸准企业发展脉搏，探索其发展趋势，掌握实践技能。高职教师要充分认识教师下企业实践是提高自身专业实践技能的必经之路，是开展专业实践教学活动的重要平台，是建设"双师型"教学团队的重要举措，是产学合作、工学结合的实现形式，从而树立强烈的专业自我发展意识，真正把下企业实践作为自身工作需求，把实践能力的持续发展作为专业自主发展的自觉行动。

（二）作好顶层设计，加强政策引导

首先，要改革现行教师职称评审制度，通过评审条件的政策导向，引导教师通过下企业提升实践教育水平和实践能力。改革高校教师职称评审上存在的"一刀切""大一统""学术化"等弊端，在职称评审上分类指导，分类要求。如湖北省将高职院校与本科教师职称分开，并重新制定了评审条件，明确规定教师申报中级及以上职称必须有相应的下企业实践经历，同时将科技成果转化、技术革新等实践创新能力纳入评审条件。其次，学校要制定教师实践能力提升规划，对教师下企业做出制度安排。学校应该根据教师队伍的现状，有针对性地制定教师培训计划，特别是教师实践能力提升计划，加强组织协调指导，有计

划、分阶段地实施。三是要建立有效的考核激励机制。学院要将下企业锻炼情况作为系部考核和教师业务考核的指标，给予下企业教师的必要的经济待遇保障，及时解决下企业教师的现实困难，为教师下企业打造良好工作平台。

（三）加强过程管理，注重总结交流

相对于学校教学工作而言，企业情况比较复杂，特别是不同地域、不同行业、不同性质的企业，管理方式、企业文化都相差很大，学校要加强对教师下企业的过程管理，经常进行督查指导，及时发现解决问题，保证下企业的实际效果。要及时开展总结交流，通过教师从不同的视角"现身说法"，交流在下企业锻炼生活中的所思、所想、所得，提高广大教职员工对工学结合内涵的认识，让教师深刻理解下企业锻炼的真正意义所在。

（四）深化校企合作，形成良性互动

以教师下企业为契机和纽带，可以深化校企合作，形成良性互动。学校可以通过在企业建立实习基地，完善实践教学条件，也可以从企事业单位选聘一批富有实践经验的专家做兼职教师，通过"工程师进课堂"、"企业家进课堂"等形式丰富学校的实践教学资源。教师通过与企业保持密切的关系，可以随时掌握企业的最新动态，及时更新和调整人才培养方案，以适应新形势和市场的需要。企业是一本书，企业也是一个"实验室"，教师下企业一方面为企业提供相关解决方案，为企业服务，另一方面把解决企业遇到的问题的过程进行提炼、深化，升华成为理论，用于教学、科研，可以形成下企业与教学、科研良性互动，实现合作共赢。

（作者单位：湖北水利水电职业技术学院）

基于首都水务新形势下的
校企合作水专业人才培养模式研究

刘　星

校企合作是增强中职学校发展活力、提高教育教学水平的重要法宝，是提高人才培养质量的根本保障，是职业教育实现可持续发展的重要途径，是职业教育改革发展的必由之路。

教育部《关于深化职业教育教学改革全面提高人才培养质量的若干意见》（职教成[2015]6号），提出要"坚持产教融合、校企合作"、要"深化校企合作育人"。北京市人民政府《关于加快发展现代职业教育的实施意见》（京政发[2015]57号）提出：推进"工学结合、校企合作"育人模式改革，推动人才培养方案与产业人才需求标准相衔接、人才培养链和产业链相融合。大力推行"工学结合、校企合作、顶岗实习"人才培养模式的探索和研究是中职学校共同面临的永恒课题。

一、分析首都水务新形势，把握人才培养方向

"十二五"时期，北京新改建76座再生水厂等设施和近1800公里的污水再生水管线；建成永定河绿色发展带"五湖一线"；建设生态清洁小流域166条；实施了1460公里中小河道治理和城区77座下凹式立交桥区雨水泵站改造。建成的水务工程，需要大量懂运行懂管理的高素质水专业技能人才。

"十三五"时期，北京水务将紧紧围绕首都城市战略定位、推动京津冀协同发展、有序疏解非首都功能，坚持"节水优先、空间均衡、系统治理、两手发力"治水思路和五大发展理念，大力推进城乡一体化水务基础设施建设，依法强化对涉水事务的社会管理，不断深化水务体制机制改革，全面推进"民生水务、科技水务、生态水务"建设，努力实现水治理体系和治理能力的现代化，为建设国际一流和谐宜居之都提供坚实的水安全保障。

随着北京水务事业的不断发展，需要大批掌握水务工程施工、水环境治理、设备运行维护等先进技术的高素质技能型人才。加强校企合作，培养适应水务新形势的合格人才至关重要。

二、开展企业调研，做好人才培养定位

（一）岗位需求调查

北京水利水电学校先后到北京市自来水集团，热力集团、密云水库管理处、通成达水务工程公司等20余家单位调研，了解到企业需要的技能型岗位需求情况，见图1。

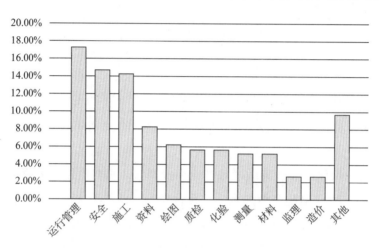

图1　水专业技能型人才岗位需求比例图

（二）修订人才培养方案，制定岗位能力分析表

学校在充分调研基础上，按照"校企合作、共商共育"人才培养模式思路，修订了水专业人才培养方案，增开了安全技术、行为导引、应用文写作、社会能力训练等选修课；增开了有限空间操作、给水与排水管网、管道工等专业课；加大了水质检测、CAD、电子电工、识图等实践教学课时比例。同时，根据岗位需求，分析了新水务形势下技能岗位群对应的知识与能力目标，完成了水文勘测工、水质检验工、泵站运行工、污水处理工、测量工等核心职业工种岗位能力分析。使人才培养更具有适用性和针对性。

三、构建校企合作人才培养模式，提高人才培养质量

学校结合实际，构建了图2所示水专业校企合作人才培养模式框架图。

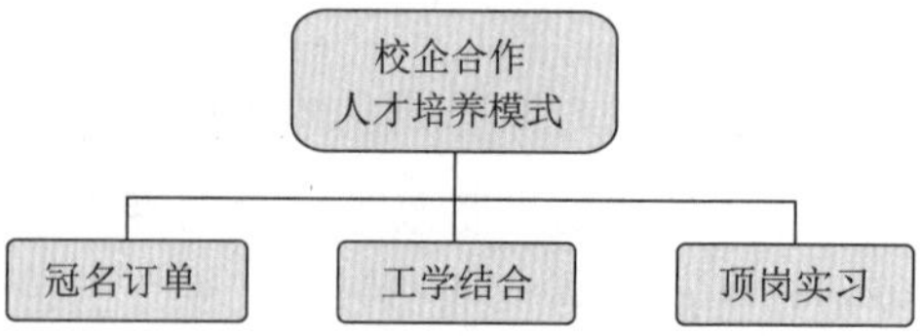

（一）创设"校企合作、共商共育、全过程订单式" 人才培养模式

图2　校企合作人才培养模式

"订单式"人才培养模式是学校与用人单位根据岗位需求，签订人才培养协议、共同制定人才培养方案，共同组织实施教学、完成考核上岗等教育教学环节。考核合格学生将安排到企业就业，是一种校企生三方受益的人才培养模式。具体措施如下：

1. 合作企业必须是服务企业

2011 年，学校与北京吉北电力咨询公司合作，从 2009 级水、建筑、机电三专业 10 个班级近 400 名学生中，选拔了 40 名学生，开设了"吉北电力"冠名班。由于合作企业与服务首都水务的办学宗旨不吻合，共同培养的学生在 2012 年顶岗实习结束后，学生陆续离开了吉北，目前只有五六名学生留用。

因此，学校作为为首都水务事业培养技能型人才的主要阵地，要实现订单培养的校企生三方共赢，首先必须选择水务企业作为合作对象，具备合作的长期性。其次就是要选择业务不断拓展的、每年都有稳定用人需求的大型企业，具备合作的稳定性。学校结合选择合作企业的基本原则，经过大量市场调研，了解到自来水集团、排水集团、热力集团，每年均有至少 60 个中职技能型人才的需求。在主管部门市水务局的支持下，学校 2014 年与自来水集团合作开设了"水泵机电设备维修与运行"方向的冠名班，目前已连续四年招生；与排水集团开设了"给排水工程施工与运行"方向冠名班。2016 年自来水集团又主动与学校共建"给排水工程施工与运行"专业"净水工""机电技术应用"专业"水厂机电设备运行与维护""水利水电工程施工"专业"禹通市政工程"等方向冠名班。与热力集团共建"给排水工程施工与运行"专业"供热运行"专门化、"机电技术应用"专业"热力设备管理"专门化冠名订单班。订单人才培养成为校企合作的第一选择。

2. 人才培养要实施校企全过程合作，共商共育

订单人才培养要达到满足企业用人需求，必须校企联动，紧密合作，要求企业要参与到招生、教学、管理、实习就业全程学生培养过程中，才能达到提高人才培养质量目的。

"吉北电力"冠名班的不成功，还有一个主要原因是该班是临近实习前第五学期末，才开始运作合作办班。学生、家长了解企业不够，企业了解学生和学校不够，造成校企生三方不能达成共鸣，最终形成不能共赢的被动局面。

为了避免订单人才培养不成功的情况再次出现，学校主动到企业调研，了解企业技能人才培养需求，安排教师到企业实践进修。企业也积极主动参与到人才培养的全过程中，进学校进课堂，与学校一起参与招生宣传、人才培养方案制定、课程标准编写、教学组织实施、学生管理、学生顶岗就业安排。目前，与市三大大集团合作的"冠名班"各方面工作平稳有序开展。

3. 必须建立校企联动管理机制

2014 年学校成立了由企业专家和校内教师共同组成的校企合作委员会，校企双方职责明确，共同商定人才培养各项事宜。进一步明确"全面校企合作、共商共育的订单式人才培养模式"涵盖招生、教学、实习、就业的完整的教育过程，形成闭合链条，确保人才培养质量。

随着校企深度融合，形成了学校与企业为双主体的订单人才培养模式。达到了校企互惠互利的目的，为学校服务首都水务事业的发展提供了更为广阔的舞台。

（二）构建"校企合作、顶岗实习"人才培养模式

学校从2004级开始，就实施"3+1"人才培养模式，即三年在学校系统学习文化基础、专业基础知识和技能，一年到企事业单位结合就业进行顶岗实习的人才培养模式。经过多年实践，逐步探索出以"校企合作、共商共育"为内涵的"3+1"顶岗实习人才培养模式。

1. 校企合作，形成顶岗实习联动管理机制

为了规范顶岗实习管理，确保顶岗实习就业一体化，学校首先明确顶岗实习不是毕业环节，而是教学环节；进一步明确各专业部主任对本专业顶岗实习负全责，并于2013年成立实训科，派专人对全校顶岗实习进行统一管理。根据顶岗实习管理实际需要，学校制定了《顶岗实习管理办法》、《学生顶岗实习守则》，编写出学生《顶岗实习手册》、管理人员《顶岗实习工作手册》，稳定班主任管理队伍。同时，企业派专人管理学生思想教育和指导学生实习，并定期将学生实习情况反馈给学校。校企双管，逐步形成了持续改进的顶岗实习动态教学管理机制，使学生顶岗实习结合就业率保持在90%以上。

2. 校企合作，共同实施顶岗实习过程管理

顶岗前，学校召开顶岗实习家长学生动员会，强调重要性和要求；安排优秀毕业生、合作企业到学校为即将顶岗的学生介绍面试技巧和释疑。企业对学生进行岗前安全、规章制度等方面的培训。使学生做好顶岗前的心理准备，并使家长明确顶岗实习的重要性。

顶岗中，校企双方共同加强过程管理。企业采取集中培训和一对一师徒帮带方式管理学生。教学部、实训科、招就办、学生科和班主任定期走访实习单位，与学生、企业人力资源部门、师傅保持密切联系。校企职责明确，形成闭合管理，确保了顶岗实习质量。

3. 校企合作，共同考核

学生的考核由校企双方共同完成。企业考核占学生顶岗实习成绩的60%，考核学生实习期的态度、职业能力和工作业绩。班主任评定占20%，考核学生实习期履行学校相关规定、实习表现等方面。专业部评定占20%，考核学生编写的实习报告情况。真正实现"校企合作，顶岗实习"的人才培养模式的双元考核，双元育人。

4. 校企合作，共同商定人才培养方案

根据企业用人需求变化，结合"双证书"要求，"3+1"人才培养模式可做一些微调，但人才培养规格和质量必须得到保证。

一是对一年级新生创新开设《行为导引》校本课，培养学生基本行为规范，并将职业道德课程与社会实践、生产实习、顶岗实习等教学模块结合，使职业道德形成具体化、真实化。

二是结合用人单位需求，进行岗位能力分析，调整相应的教学计划。按照基本素质、基本技能、专业技能、综合技能的结构，逐步构建全方位、全过程的理论与实践教学一体化、课程与取证相融合的新的课程体系，将专业基础课与专业课进行科学整合，注重两者之间的内在联系，突出技能培养和就业创业能力培养。

（三）构建工学结合人才培养模式

工学结合模式，是指学生在真实的企业环境和生产现场中，学到真正的技能，感受企业及岗位的文化氛围，经历学生角色和"准员工"角色的相互转换。学校结合与永定河管理处共建的"永定河滞洪管理所测量实训基地"，将工程测量教学与滞洪管理所的工作内容有机结合，实现工学结合。

1. 调查分析"工学结合"知识和技能要素

深入水务企业，调查工程测量岗位知识能力需求点并融入教学中。主要调查了北京永定河管理处滞洪管理所、斋堂水库，自来水集团禹通公司工程项目部。通过调查和访谈，获取工程测量技能型人才必须具备的知识和能力点，结合服务首都水务工程特点及学生从事测量工作的实际情况，形成了"工学结合"工程测量理论知识、实操技能要素细目表。

2. 以工作任务为载体，实施工学结合

以测量实训基地永定河滞洪管理所的工程项目为载体，将工程项目应具备的测量方面的知识点和技能点融入学习情境中，使学生所学与企业工作任务有机对接。在课程中，按照学习任务和学习情境的形式来进行设计，并按照测量职业能力培养规律由易到难排序，在学习内容中有机融入测量的法律法规、标准及测量放线员的要求等内容。通过完整工作过程训练，实施工学结合，使学生形成职业能力，获得实际工作经验。

3. 以测量实习为平台，实现校企双赢

永定河滞洪管理所工程管理内容为，滞洪水库两库四堤三闸工程管理和水环境保护等工作，工程管理主要是闸的沉降、变形观测，中堤沉降、水平位移观测。工程观测三闸每月一次，中堤半年一次，特殊情况加密观测。学校每年将水专业的测量实习，安排在实训基地，实习场所是滞洪管理所滞洪水库，实习内容为滞洪水库（两库四堤三闸）水工建筑物及附属建筑物的变形观测，变形观测的方案由滞洪管理所提供。指导教师由学校和企业人员共同组成。学生成绩评定以完成成果的情况来评定。

学生在真实的环境中完成真实的工作任务，职业能力大大增强，适应岗位能力大大加强，职业素养得到极大提升，从而提高了人才培养质量。企业在配合学校教学过程中，获取了变形观测工作成果，不但节省了成本，也在工作过程中考察了学生，为录用人才打下了基础。据调查统计，永定河管理处有一半以上员工是我校毕业生，且大部分已成长为中层领导和业务骨干。

　　工学结合人才培养模式做到工程测量教学培养目标、教学计划与质量评价标准的制定与永定河管理处的需求相结合；教学过程与滞洪管理所水利工程的生产管理实践相结合；学生的角色与管理单位员工的角色结合；学习的内容与职业岗位的内容结合，学生的实践成果与管理单位的变形观测数据结合。形成了校企互惠互利、优势互补、共同发展的良好局面。

四、结束语

　　校企合作人才培养模式的创设与实施，有效调动了企业与学校合作的积极性，促进了校企运行机制建设，加强了师资队伍建设，推进了招生教学实习就业一体化，有效提升了人才培养质量，实现了校、企、生三方共赢。

　　基于校企合作的人才培养模式改革是一项系统工程，新常态下，学校将不断加强校企合作，完善人才培养模式，培养出更多服务新北京建设、满足新水务发展的优质技能型人才。

（作者单位：北京水利水电学校）

2018—2019 年　一等奖

长江科学院创新团队建设经验、思考及建议

房润南　高志扬

创新是一个民族进步的灵魂。汇聚优秀人才、整合优势资源、聚焦关键问题、瞄准原创成果的创新团队建设往往能使得人才创新原力发挥出更好的集聚效应和当量效应。本文通过对长江科学院创新团队建设经验的总结及问题的思考，提出了进一步加强水利科研事业单位创新团队建设的建议。

一、水利行业创新团队建设的重要意义

2019年全国水利工作会议指出，随着我国治水主要矛盾发生的深刻变化，水利工作的重心也随之发生变化。很多在长期治水工作中遗留的亟待解决的重大水利科技攻关瓶颈或卡点，凭科研人员孤军奋战已明显进展缓慢收效甚微，组建能够整合优势人才资源、发挥人才集聚创新优势的创新团队便显得尤为重要。

（一）创新团队能够有力促进人才成长

创新团队是以团队负责人（或者叫团队带头人）为核心，以人员结构层次合理、分工明确的专业骨干为主要成员，来进行团队合作和集体攻关。创新团队不是线性的人才结构，而是梯队合理运转高效的人才集合网。在团队中，各团队成员在自由、活跃、平等的学术氛围中亦师亦徒，教学相长，能够很快地形成有深度、有高度、有维度，凝聚力强、执行力强的人才团体，极大的促进人才成长。

（二）创新团队能够有效提升学科发展水平

新时代水利科研问题的解决越来越多地依赖学科交叉和专业融合，传统的学科往往遇到比较棘手的跨领域跨学科的问题，这就促使学科发展更加注重横向拓展和纵向延伸的创新团队发挥出更为明显的作用。创新团队不是平面的人才叠加，而是融入专业交叉专长互补的人才综合体，将不同专业背景的优秀人才纳入团队中，可以形成很好的空天地立体交叉，点线面有机结合的学科研究氛围，从而起到促使学科发展取得重点突破的作用。

（三）创新团队能够促使产生显示度高的重大成果

合作、开放、共享的团队理念能够充分发挥人才当量效应，达到群雄携手、无往不利的良好效果，从而有利于在短期内取得一批显示度高的重大成果。

二、创新团队建设的经验

近十年来，长江科学院十分重视创新团队的建设和发展，先后出台了《关于人才振兴与创新团队建设的若干意见》《长江科学院创新团队建设实施细则》等文件，分批次累计遴选并资助了 11 支院级创新团队和 3 支培育团队，投入经费 2000 多万元。旨在促进单位创新能力提升及人才振兴，更好地为国家治江治水事业提供科技服务，取得重大科技成果，并为升级建设国家、省部级创新团队打下基础。每批创新团队的遴选及考核都会邀请大量专家对团队汇报予以评审，对团队建设运行的合理性、必要性进行综合评价。与每支获批建设的创新团队签订任务书，明确考核目标及指标，分中期和期满两个阶段进行考核，期中考核优秀的，让其继续运行，期末考核优秀的，如研究方向合适，对其进行滚动资助；期中考核不合格的，停止对其资助；期末考核不合格的，对投入经费予以追回，同时不允许在一定时段内继续申报建设创新团队。主要经验总结如下：

（一）找准切入点，并且做到不偏离研究方向

以问题为导向，瞄准亟须解决的水利科研关键问题或者需要提前谋划的前瞻性的重大问题，找准切入点。针对长江大保护及长江经济带建设等国家重大战略需求，组建了"江湖保护与治理"创新团队；针对新阶段水利高质量发展的需求，组建了"水工建筑新材料"创新团队；针对水环境治理水资源保护等重大科技需求，组建了"环境友好型湖库综合治理技术"创新团队。研究方向一旦选定，要围绕既定目标，一直坚持下去。"江湖治理与保护"创新团队因为优异的考核结果，已累计滚动资助 8 年。

（二）严格遴选团队成员，组建人员结构合理、相对稳定的团队

针对研究方向及目标，深入考虑研究过程中所涉及的专业需求、人员配置，严格的遴选并组建结构合理、人员稳定、分工明确的人员队伍。在长期的科研工作中，自然形成的相对稳定的、梯队合理的团队固然最好，但为了解决新问题和完成新任务，有必要有选择地遴选专业能力强、创新意愿强烈、培养潜能突出、执行力强、有团队合作精神的优秀骨干加入并形成人员结构及组成相对稳定的团队，这对目标的实现和团队的建设都大有裨益。长江科学院也出现过在团队建设运行中，因人员调转等因素引起的团队组成变化很大的情况，虽然及时进行了人员增补，但从最终的考核结果来看，团队建设的成效不理想。

（三）合理设置考核指标，不追求面面俱到

合理设置考核指标至关重要，过高过于全面的指标会让团队成员有一种疲于应对的思想包袱，在团队运行过程中会阻碍创新性思路的产生和实施；过低过于宽泛的指标又会让团队成员陷入到一种散漫无目标的状态，难以激发团队集聚力。因此，针对不同的团队研

究基础的厚薄、团队人员的素质及实现目标的难易程度，分别设置不同的阶段考核指标很有必要。有的团队重研究，那就在论文类、著作类指标上拔高些；有的团队重应用，那就在专利类、产品类指标上拔高些。

（四）对有潜力的队伍可以先建设培育团队，培育后备力量

根据现有人才队伍、科技需求及专业发展的实际情况，合理地组建并资助一定数量的创新团队。对科技需求相对不十分迫切但又有较大的发展潜力的团队，可以试着以较小规模、较短周期的培育团队的模式进行组建和资助，发展得好可以持续资助或升级为创新团队进行资助。2017年试行培育团队建设，第一批资助了3支团队，经3年期满考核，"复杂环境下水泥基材料劣化机制与仿真技术研究"取得了让人欣慰的成果，核心人才也得到了很好的培养，为进一步建设创新团队打下了良好的基础。

三、创新团队建设存在的主要问题

（一）缺少高层次杰出人才进行指导，人员还大多局限在一个较小的范围

大多数单位因为缺乏高层次杰出人才的指导，团队建设在方向把握、技术路线设置、研究方法选择、研究成果提炼等方面存在诸多的困难。同时，学科交叉的导向已树立起来，但以专业所甚至以科室为单位近亲繁殖组建的团队也还存在，一定程度上阻碍着科研成果的创新性。水利部已试点成立了三个跨单位、跨行业、跨领域的创新团队，部属其他单位也渴望在上级主管部门或单位的指导支持下，牵头或参与组建跨单位、跨行业、跨领域的真正意义上的更高层次的创新团队。

（二）团队核心成员不稳定

团队的延续性差，团队核心成员不稳定是目前很多创新团队存在的问题。团队建设初期，在团队负责人的带领下，人员配备齐整，大家干劲儿很大，也能如火如荼地开展工作。现在人才流动较大，来去相对自由，一旦出现较多成员的离职调转，甚至团队负责人的辞职、调转，团队的凝聚力则明显衰退甚至消失，团队建设名存实亡，严重的甚至不能完成团队考核指标，对单位造成比较大的损失。

（三）考核的约束性不强，业绩成果存在拼凑的现象

为应付考核，创新团队在总结报告中会有意识无意识地拼凑与团队建设项目目标及方向无关的成果，且不易与甄别和筛选，这种现象普遍存在。另外，通常情况下，团队负责人在发表论文或成果申报时往往享有排名优先权，可以拼凑出相对突出的业绩成果，在现行评先评优、职称评审及奖励申报环境下，不利于团队内部团结和凝聚力提升，一定程度上挫伤了团队一般成员的积极性。

（四）经费使用针对性不强

由于科研事业单位对科研项目经费管理体制机制还不够灵活，存在创新团队负责人对团队资助经费没有充分的支配权的情况，以至于团队负责人没有将更多的经费投入于创新性研究本身上的权限，不利于创新团队的建设。

四、创新团队建设的建议

通过多年的摸索和实践，长江科学院在创新团队建设上积累了一定的经验、取得了一些成效，但整体上还与新时代水利事业对创新能力、创新成果提出的更高的要求不相适应，针对以上主要问题，提出建议如下。

（一）上级主管部门或单位加强引导和支持

新时期水利创新团队建设，应进一步加强顶层设计和引导，加强水利部高层次杰出人才对各部属单位建设创新团队的宏观指导，扩大部属单位对建设运行部属创新团队的参与面和参与度，助力水利行业创新团队建设再上新台阶。结合水利科技重大需求，更好地设置合理的有价值的创新团队研究方向，有针对性地将不同领域不同专业的优秀人才集聚起来，建立真正意义上的专业融合和学科交叉的创新团队。

（二）优化考核评价机制，稳定团队队伍

建立科学合理的考核评价体系，充分发挥绩效考核在奖惩机制中的作用，旨在提高团队凝聚力和激发团队成员的进取精神，使每位团队成员的价值都能体现在收获上，稳定团队队伍。优化管理措施，使得团队成果有迹可循，杜绝成果拼凑的不合理现象。

（三）加强监管，建立灵活的团队建设经费管理及使用机制

创新团队建设和经费管理机制，加强监管，赋予团队负责人以充分的经费分配和使用的权力，进一步激发团队建设的活力和扩大团队负责人在团队建设中的自主权。

（作者单位：长江水利委员会长江科学院）

让人才干事有舞台　发展有空间　事业能出彩

周刚炎

在长江委党组的正确领导和人事局的关心支持下，水生态所贯彻落实"节水优先、空间均衡、系统治理、两手发力"治水思路，践行长江委新时期发展战略，把人才资源作为事业发展的最宝贵资源，大力营造关爱人才氛围，让人才干事有舞台，发展有空间，事业能出彩。

一、让人才干事有舞台

水生态所由水库渔业所演变而来，过去的一个时期，专业领域比较狭窄，与治江事业联系不够紧密，不利于人才成长发展。如何破茧成蝶，走出困境，让人才在共抓长江大保护背景下，找到自己合适的舞台，为建设造福人民的幸福河湖和水生态所高质量发展贡献力量，水生态所党委一直在认真思考和努力探索。

（一）组建"长江流域水生态监测中心"

水生态所党委以习近平生态文明思想指导水生态工作，理清了发展思路，在委党组大力支持下，长江流域水生态监测中心挂牌成立，为系统开展流域水生态监测评估和科学研究，补齐水生态短板，加强流域河湖生态保护提供广阔平台。

（二）打造水生态保护科技创新平台

努力建设水利部水工程生态效应与生态修复重点实验室、湖北省水生态保护与修复工程技术研究中心、水利部水生态与生物资源研究试验基地，充分发挥省部级科技平台在科技创新中的作用，为科研创新团队提供支撑。中文核心期刊《水生态学杂志》影响因子不断提升，水生态学专业委员会作用突显。为了适应水生态保护事业发展需要，成立了湖北中水长江生态保护研究院有限公司，更好地服务技术市场。水生态所发展呈现出"一体两翼"良好态势。

（三）"一带一路"河湖生态保护联合培训中心落户水生态所

借助水生态所的科技实力与人才优势，中国科协"一带一路"河湖生态保护联合培训中心落户水生态所，致力于打造河流湖泊生态保护的国际学术交流平台，培养"一带一路"国家河湖生态保护人才，建立中国河湖生态保护技术体系和标准，促进"一带一路"水利国际合作走深走实，为全球水治理贡献中国智慧，提供中国方案。

"木茂鸟集，水深鱼聚。"人才有了干事的舞台，安居乐业，事业得以兴旺发展。水生态监测评估、水生态保护规划、水生生物保护、生态调度、过鱼设施、增殖放流站等业务持续发展，形成各类人才创新活力竞相迸发、人尽其才的良好局面。

二、让人才发展有空间

（一）制订人才发展中长期规划

在水生态所中长期发展规划中，高度重视人才发展的中长期规划，分析现状和提出解决方案。例如，水生态所下设的业务部门为研究室，也是最基层的内设机构，这种内设机构设置与科研事业发展不相适应，更不利于干部的历练成长。近期正在着手理顺内设机构，将研究所 5 个研究室改为中心，中心下设研究室，实现局级－处级－科级建制，适应干部成长和事业发展需要。

（二）大胆提拔使用年轻干部

2018 年至今，按照干部管理权限选拔调整 16 名处级干部，其中 40 岁左右青年干部12 名，进一步推进干部队伍年轻化，向上级组织部门推荐所内优秀年轻干部近 20 人次。50 余名专业技术人员通过竞聘晋升了聘用岗位。通过交流挂职、借调、援派等方式派出11 名青年骨干进行锻炼，其中援疆、援藏各 1 人。

（三）着力加大人才培养力度

制定了《培养研究生管理办法》，积极推荐所内专家学者担任高校和科研院所兼职导师。支持青年科技工作者深造进修，4 名青年骨干获得国家留学基金委资助，赴发达国家进行为期一年的访问学者研究。近 30 名科研人员在中国水利学会、生态学会、中国水力发电工程学会等学术组织担任职务。

三、让人才事业能出彩

（一）大力营造关爱人才氛围

结合党的建设和文明单位创建等工作，进一步提升干部人才队伍的精气神，形成了风清气正、干事创业的良好氛围，干部职工的获得感、幸福感、安全感不断增强。举办先进典型事迹报告会，发挥党员先锋模范作用，激发广大干部职工学先进当先进正能量，推进党建与科研深度融合。开展"保护河湖生态"志愿服务行动，受到社会各界高度关注，其中，"学习强国"报道的水生态所志愿者《让青春闪耀在雪域高原》，10 小时点击量超过 160 万。

（二）努力提升各项待遇

加大在科技骨干中发展党员力度，把他们凝聚在党的周围，听党话跟党走。颁布实施

《水生态所绩效考核办法》及科研成果奖励办法、职工考取职业资格奖励办法等规章制度，向新进职工提供3年免费青年公寓，解除青年职工后顾之忧。

（三）让人才事业能出彩

科技成果产出方面，2018年以来，发表学术论文126篇，其中SCI（EI）60篇，获得专利30余项，科技奖励15项。水生态所现拥有"5151人才工程"第三、四层次人选7人，湖北省新世纪高层次人才第三层次4人，长江委青年科技英才1人，1名青年骨干荣获全国水利系统先进工作者。在新冠疫情防控方面，认真落实委党组决策部署，发挥党员先锋模范作用和党支部的战斗堡垒作用，让党旗在防疫第一线高高飘扬，确保了全体职工安康。水生态所全体干部职工正在发扬伟大的抗疫精神，加快推进各项业务工作，努力实现今年既定目标。

水生态所将继续加强年轻干部培养使用，加快队伍结构优化完善，着力营造尊重知识、礼敬人才、崇尚创新的浓厚氛围，让各类人才在水生态所有天地、有平台、有激情、有作为，以人事人才工作的改革成果支撑水生态保护事业高质量发展。

（作者单位：水利部中国科学院水工程生态研究所）

以工资决定机制改革为抓手
助推汉江集团高质量发展

陈家华　　姚文娟　　王　珲

国有企业工资决定机制改革是完善国有企业现代企业制度的重要内容，也是深化国有企业改革的重要环节。2018年，国务院印发关于改革国有企业工资决定机制的意见，2019年，水利部对水利企业工资决定机制改革做出重要部署。汉江集团在水利部、长江委的正确领导下，切实提高政治站位，全面贯彻改革要求，在积极推进工资决定机制改革方面取得了一定的工作成效。

一、学懂弄通政策要求，坚决贯彻落实水利企业工资决定机制改革精神

汉江集团紧紧围绕"三个一"，扎实学习贯彻落实水利企业工资决定机制改革精神。一是组建一个专班先学先会。集团分管人事领导和人资部、财务部有关人员成立工作专班，积极参加水利部人事司和长江委有关工资决定机制改革的业务培训和工作研讨，努力做到先学一步、学深一层、学实一点。二是组织一次培训全面宣贯。2019年9月，集团面向所属企业"一把手"、分管领导和人事工作负责人近百人举办了落实水利企业工资决定机制改革培训班，进一步加深对水利企业工资决定机制实施办法及配套办法的认识和理解，强化统一思想认识。三是制定一套办法推动落实。2019年，集团研究制定了"1+2"的工资总额管理制度框架，其中"1"是指《汉江集团公司工资总额管理办法》，办法对工资总额管理各方面做出宏观规定。"2"是指《汉江集团公司工资总额预（清）算管理暂行办法》和《汉江集团公司工资效益联动指标确定及考核暂行办法》。"1+2"制度框架的确立是集团贯彻工资决定机制改革的标志性成果，为集团工资总额管理提供了明确指导和操作规范。

二、牢牢把握工资总额管控，持续激发集团改革发展活力

（一）充分认识工资总额的成本属性和激励属性

职工是企业发展的依靠力量和最能动因素，工资总额管控的核心是处理好国家、企业、职工三者利益关系。国有企业职工工资水平的确定以及增长应当与企业经济效益和劳动生

产率的提高相联系，并逐步与劳动力市场相适应。通过合理核定工资总额和设定工效联动考核指标，充分调动职工队伍积极性和主动性，激发职工为企业降本增效的原动力和创造力，使企业与职工能够朝向共同目标努力奋斗，促进企业实现高质量发展，推动国有资本做强做优做大。在改革中，我们努力做到了集团工资总额既满足"一适应两挂钩"的要求，同时也与集团所属企业的工资总额需求相匹配。

（二）分级分类管理，强化所属企业工资总额全过程动态管控

采取"集团管工资总额，所属企业自主分配"管控模式，通过制度引导和预（清）算核定实现工资总额管控目标。所属企业根据主营业务和核心业务范围情况，界定企业功能和分配，明确对应的企业类型。具体执行上，集团对所属企业工资总额实行全过程动态管控，实时跟进工资总额预算执行情况，定期报表分析，结合考核结果进行清算。

（三）用好用足"工效联动"标尺，充分发挥考核指挥棒作用

集团对所属企业实行工资总额同利润总额、人均利润等指标联动，并与劳动生产率、人工成本投入产出率等指标对标，同时适度引入社会效益指标，在工效联动考核中，集团还设计了管理专项考核指标进行扣分项管理，进一步明晰奖惩评分依据，突出了关键指标权重。2020 年，工效联动机制考核已实现集团范围全覆盖。

（四）实事求是控制工资总额增减幅度，确保职工队伍稳定

集团所属企业数量较多，分布于不同行业，不同地域，且大多处于充分市场竞争环境，受经济波动影响较大，既要体现工资总额同效益同步增减，又要保证职工队伍的稳定，集团在方案设计中适当缩小了工资增减幅控制区间，调整为正负 15%。同时，为确保集团内部分配工资总额不突破上级核准额度，专门设立工资总额调整系数，结合集团工资总额核准情况对各单位工资总额进行联动修正。为保障集团富余人员生活水平，体现发展成果共享，集团将富余人员工资单列，不纳入工资总额联动预算基数，实行独立的工资增长机制。

（五）突出绩效激励，优化所属企业负责人薪酬管理

集团抓"关键少数"，以薪酬激励为重点，坚持效益导向，科学确定所属企业负责人薪酬，探索建立所属企业负责人综合绩效评价新机制。通过年度考核和任期考核将企业短期效益与长期效益的实现与所属企业负责人薪酬挂钩，引导和鼓励所属企业负责人着眼企业长远发展，持续提高企业经营能力和核心竞争力。

（六）贯通考核体系，充分实现考核成果联动运用

按照工资总额管理办法建立新的工效联动考核体系，既有效衔接集团原有年度绩效考核体系，又融合了党建工作、党风廉政建设责任制考核、纪检执纪问责考核、所属单位领导班子及中层领导人员考核、安全生产考核、督办考核等关键指标，形成了一套较为完整的年度工效联动考核责任书体系，力争有效精简年度考核，充分实现考核成果的联动运用。

三、改革创新互促互进，将"以岗定薪"改革同工资决定机制改革有机结合

集团 2017 年开始"以岗定薪"改革试点，2019 年结合工资决定机制改革有关要求，面向所属 17 家分、子公司全面推行"以岗定薪"改革，整体工作将于今年年底全面完成。集团拟通过"以岗定薪"改革进一步完善所属企业内部分配制度，通过提升效益挂钩工资总额增幅，以工资总额增长化解改革成本，实现企业良性运营。通过"以岗定薪"改革，逐步形成岗位、薪酬、绩效三位一体人力资源管理框架，实现对内科学公平、对外有竞争力的薪酬体系，有力有效激发企业改革创新和员工干事创业动力。

四、建立健全监管机制，不断形成薪酬分配内部监督合力

集团自 2007 年以来形成了审计、财务和人资三部门的工资检查协同机制。《水利企业工资内外收入监督检查办法》印发后，集团进一步扩大了工资检查范围，除工资总额执行情况、所属企业负责人收入外，将各所属企业内部薪酬制度建设及执行情况、单位福利制度建立及执行情况、工资内外收入的实际发放情况、单位代扣代缴个人所得税情况等均纳入检查范围。检查中存在问题的，及时研究并提出处理意见，督促整改。

2020 年是汉江集团落实工资决定机制改革、按照新要求开展工资总额管理的元年，在工作推进中探索了一些经验也发现存在不足。下一步，集团将紧紧围绕水利企业工资决定机制改革总体要求，持续强化工资总额管控，不断优化薪酬绩效分配，以更实的举措激发员工干事创业动力，提高企业生产效率和发展效益，努力推动实现集团高质量有效益可持续发展。

（作者单位：汉江水利水电（集团）有限责任公司）

河南黄河青年经营管理人才队伍培养研究

陈肖雅

青年人才是各单位、各企业人才队伍的重要组成部分，新的治水思路对新时期水利人才需要提出了更高要求，亟需一批懂技术、会管理、能经营的青年人才队伍。实际工作中，许多水利青年职工普遍存在理论知识储备完备，但缺乏一线实践经验的问题，本文以探讨通过转变思想、建立"三位一体"培训机制、开展一线实践经验等形式，加强青年经营管理人才队伍建设，提出了下步工作措施，对青年经营人才队伍建设具有现实指导意义。

一、研究背景

2019 年，水利部党组印发《新时代水利人才发展创新行动方案 2019–2021 年》，明确了下一阶段我国水利人才队伍建设的具体目标。党的十八大以来，中国特色社会主义进入新时代，我国水利事业发展也进入了新阶段。鉴于新阶段水利高质量发展需要一支高水平、高素质的水利人才队伍，为应对好水利事业发展的新形势、新要求，全国水利人才队伍建设"十三五"规划明确强调要加快培养高层次创新型人才、急需紧缺人才，坚持人才投资优先，创新人才投入机制，为水利改革发展提供强有力的人才保障和智力支持。黄河水利委员会作为水利部在黄河流域的派出机构，行使所在流域内的水行政主管职责，每年通过统一组织公开招考应届高校毕业生，从严管理、选拔优秀，职工队伍的学历水平、知识层次、整体素质及年龄结构都有了很大提升，为黄河水利事业发展注入新鲜血液。随着青年人才队伍的不断扩大，如何加强黄河青年人才队伍建设，特别是近年来黄委严格限制企业人员新进，对经营管理人才的新需求无法获得匹配，如何加强青年经营管理人才队伍建设，推进黄河经济进一步发展，是摆在我们面前的一项紧迫且重要的任务。在这种情况下，河南河务局在经管局先行先试，开展青年经营管理人员一线项目锻炼，以期使青年经管人员在项目实践中将专业知识与业务能力有效结合，提升经管人才培养。

二、青年经营管理人才队伍建设存在的问题及原因

（一）掌握专业知识的同时存在一线经验匮乏、不了解项目的情况

这是整个青年经营管理人才队伍中最突出问题，他们的明显特质是专业知识扎实，但

基层经验不足。由于岗位设置、现实环境、个人意愿等原因，青年职工全部是大学毕业即直接进入机关工作，从来没有在基层一线工作过，入职后也未在企业锻炼过、未长期驻扎过项目，缺乏经营管理工作经验、缺乏对河南黄河企业实际运营情况的了解、也缺乏对在建重大工程项目的了解。在这种情况下，一方面，许多重点工作，如谋划河南黄河经济发展思路、筹备重要工作会议、开展重大项目巡视督查等，仍是由中层干部主导，人才的成长培养无法满足现实工作需求；另一方面，青年职工对项目的具体开展过程不了解，平时工作主要靠老职工传帮带，无法最大限度地发挥他们的主动性和创造性，无法更好地利用所学专业知识服务于经济工作发展，使得他们陷入了学无所用的境地，也给整个河南黄河系统造成了人才资源的隐形浪费。

（二）机构改革深入推进的同时人才需求的配比不均

一方面，2012年以来，黄委严格限制企业进人，河南河务局直属企业已连续8年未进新人，导致部分企业在实际经营过程中需要的人才得不到及时填补，单位也缺乏新鲜力量。另一方面，黄河系统事业单位人才招聘工作稳步推进，每年都有新的优秀高校毕业生扩充到队伍中来，人员力量较为充足、职工整体素质较高。

近年来，根据全国人大批准的国务院机构改革方案，将原水利部的职能进行拆分整合，组建了自然资源部、生态环境部、农业农村部、应急管理部等相关部门。改革的推进势必会带来各个方面的改变，未来，随着各个部门职能的进一步细化，需要经营管理的人才将会越来越多，合理调整相关人才需求配比也是亟待解决的问题。

三、加强青年经营管理人才队伍建设具体办法

黄委岳中明主任在2020年黄委企业规范管理、加快发展座谈会中指出，要统筹做好政事企干部培养使用，畅通事企人员交流渠道，满足企业用人需求；要落实"两个舍得"，舍得让企业优秀人才进入参公、事业队伍，舍得让参公、事业人才进入企业队伍。面对水利改革发展的需求，必须加快培养建设一支能力突出、能打胜仗的素质高、能力强的青年经营管理人才，更好地服务于河南黄河经济发展。河南河务局通过转变思路、建立"三位一体"经营管理人员培训制度、开展一线项目锻炼等形式，有效提升青年经管人员队伍建设。

（一）改变观念，解放思想，顺应新时代水利工作潮流

思路决定出路，唯有改变观念、解放思想，才能在人才工作方面涌现出新思路、新方法，才能更好地顺应新时代建设的潮流。

1.单位在选人用人方面要拓展思维、理清思路

围绕党的十九大精神和习近平新时代中国特色社会主义思想，深入贯彻水利人才建设规划，紧紧围绕"节水优先、空间均衡、系统治理、两手发力"的治水思路，进一步提高

思想，统一认识。着眼于河南黄河水利事业发展的需要，紧密结合现阶段工作情况、结合各企业发展需求，以问题为导向，以需求为准绳，破除一切限制职工成长成才的思维观念和思维方式，确定人才培养方案和目标，为河南黄河经济发展输出更多的高层次、创新型青年经管人才。

2.青年经营管理人员在岗位选择中要志向高远、放眼全局

打破机关岗位优于事业岗位、事业岗位优于企业岗位的传统观念，看到企业项目工作经验对经营管理工作的推动性、促进性。打破对到基层监管项目的畏难情绪与怕吃苦、怕受累的思想，从内心树立河南黄河人的责任感与自豪感，以更高的标准、更新的面貌、更严谨踏实的工作作风投入到经济发展工作中去。

（二）全面铺开，突出重点，加强综合型业务技能培训

想要培养一批现代化、职业化的经营管理人才，综合性业务技能培训不可或缺。因此，必须加强对青年职工适应岗位需求、满足市场导向的综合性业务技能培训。一方面可以邀请系统内部成熟的经营管理的人员定期为青年职工授课，传授工作经验；另一方面可以有重点、有计划地选拔一批优秀的"潜力股"参加脱产培训，将培训重点与工作实际结合起来，让"到基层参与项目建设管理"成为业务培训的一种创新形式。同时，青年职工还可以通过考取与工程管理、经营管理工作等密切相关的职业资格证，如经济师、建造师、资料员、监理员等，提高业务技能。多年来河南河务局针对高层管理人员、中层技术人员与基层施工人员，建立了"三位一体"经营管理人员培训体系，连续多年举办高层次经营管理人员培训班、项目经理提升班、安全生产三类人员培训、关键岗位五大员培训班等，年均培训企业职工200人次以上，培养了一批懂管理、会经营的青年经管人才。

（三）营造氛围，完善制度，鼓励到项目开展实践锻炼

开展事业单位青年职工到企业项目锻炼，既可以达到加强综合性业务技能的目的、解决事业单位内部人员冗余问题，又可以为企业提供有力的人才支撑。

1.要树立青年职工正确的职业价值观

通过开展典型引路、强化正面激励等方式，弘扬河南黄河精神，培育青年职工荣誉感，认识到在一线项目锻炼的必要性。同时以人为本，摒弃传统认为项目工地脏、乱、差思想，加强一线班组标准化建设，让青年职工对进项目没有畏难情绪。

2.要进一步完善人才交流制度

近年来，河南黄河系统内部政、事、企人员流动已非常顺畅。2019年，水利部、河南河务局又相继出台《支持和鼓励事业单位专业技术人员创新创业的实施意见》《河南河务局工作人员选调及调配管理办法》等政策，进一步促进了人才交流力度。为使青年职工到一线项目锻炼落实到位，河南河务局以经管局为切入点，先行先试，出台了《经管局职

工外派学习锻炼管理办法》，由经管局与河南黄河直属企业联合共同为青年经管人员提供一线实践锻炼平台。

3.要注重项目实践锻炼成效

在项目的选择上要注重选取重点施工工程，以大项目为主，并配备传帮带老师，使青年职工在项目锻炼中切实得到真才实学。要注重激励机制，科学制定内部绩效考核制度，考核赋分向重点岗位、项目经验、优秀人才倾斜；在人才选拔任用上优先考虑经历过基层一线锻炼、表现优异的青年职工；积极落实人事管理、工资津补贴发放等制度，保证进项目职工的既得利益不受到损失，使青年职工对进项目没有后顾之忧。截至目前，经管局已有 4 名青年职工完成了一项项目锻炼，青年职工工作实践能力得到提升，项目部管理更加规范，取得了明显成效。2020 年，在前期实践基础上，由省局统一安排，经管局新招录的 3 名应届研究生已分别派驻三家局直企业，将在一线项目开展为期 3 年的实践锻炼，通过项目实践进一步提升青年经管人员工作能力，也为提升企业管理水平提供人才保障。

（作者单位：河南黄河河务局经管局）

浅谈基层水利职工"担当"精神的培养

赵新新

2018 年，习近平总书记提出要建设忠诚干净担当的高素质干部队伍。其中，担当就是敢于承担责任、担负任务。"担当"之于个人，是实现个人价值、迸发生命光彩的必经之途。"担当"之于水利事业发展，则是从部署到落实、从蓝图到现实、从出发到胜利必不可少的要素。不具备"担当"精神的职工，很难有俯身干事的觉悟、不会有吃苦耐劳的精神、更谈不上献身水利的奉献；不具备"担当"精神的集体，执行上级决策部署、完成本职工作任务必然障碍重重，甚至会出现将工作部署停滞在纸上谈兵、工作设想沦为泛泛空谈。缺乏"担当"精神不仅完全无法与当前水利事业发展面临的新形势相适应，很可能会在全力推进新阶段水利高质量发展进程中"拖后腿"，起到负面作用。近年来，基层职工的"担当"精神受到越来越多的重视，职工的"担当"意识有所提升，但仍然存在某些不足之处，我们可以通过合适的职工教育培训方式，激励职工增强"担当"精神，做一名体现新精神、展现新风貌的新时代水利人。下面，结合豫西河务局工作实际，谈一下这方面的问题。

一、"担当"精神的重要性

（一）"担当"精神是时代的呼唤

习近平总书记曾多次发表有关"担当"的重要论述，指出："是否具有担当精神，是否能够忠诚履责、尽心尽责、勇于担责，是检验每一个领导干部身上是否真正体现了共产党人先进性和纯洁性的重要方面"，强调要"敢于担当责任，勇于直面矛盾，善于解决问题，努力创造经得起实践、人民、历史检验的实绩"。习近平总书记之所以一再强调担当精神，是因为只有做到担当，才能"无愧于时代、无愧于人民、无愧于历史"。正是因为"担当"是成事之基，"敢于担当"被作为新时期好干部的五个标准之一。

（二）"担当"精神是优秀水利传统的承继

传说中的大禹，为了治理水患，三过家门而不入，"腓无胈，胫无毛，沐甚雨，栉疾风，置万国"，历时十三载，使天下河川归流入海，根治了水患。因文章而名动天下的苏轼，当黄河在澶州决口，洪水肆虐的时候，作为徐州知州，他立刻率领百姓增筑城墙，准备抗洪用具。《宋史．苏轼传》记载，"城将败，富民争出避水"之时，苏轼却喊出"吾在是，水决不能败城"，和百姓一起坚守了七十多天后，直至大水退去，"卒全其城"。古往今来，舍我其谁、无私奉献的担当精神就在水利人的血脉里流淌，从未止息。时代楷模余元君，就生动地诠释了当代水利人的担当。他25载殚精竭虑，只为守护洞庭一湖碧水。他一次次为工作挑灯夜战，一次次奋不顾身战斗在湖区防汛一线，为了建造精品工程，他不放过一个棘手问题，无数次深入现场，满负荷运转，而最终倒在了他工作的地方。

（三）"担当"精神是当前水利改革发展的必须

习近平总书记先后多次就治水、治理黄河发表重要论述；水利发展也逐渐"从改变自然、征服自然转向调整人的行为、纠正人的错误行为"，贯彻落实习近平总书记重要讲话，推进新阶段水利高质量发展，必然面临新情况、新问题、新挑战，不会是敲锣打鼓、轻轻松松地实现，要啃硬骨头、要破坚冰，就必须有以滚石上山、攻城拔寨的拼劲，履职尽责、勇于担当、攻坚克难、锐意进取。

二、基层职工"担当"精神不足的原因分析

就豫西河务局而言，作为一个整体，豫西治黄队伍是团结奋进、勇于担当、善于作为的，但仍然存在着不敢担当、不愿担当的现象。经过仔细梳理分析，担当精神不足的原因主要有以下几个方面：

（一）统筹贯彻新发展理念的能力不强

面对发展新常态，治黄发展新形势，习惯于完成上级对学习的安排部署，主动思考和研究不够，导致对新形势缺乏全面而准确的把握、对理论政策研究不够透彻，长远谋划的眼界和思路不够开阔。自然在落实上级政策部署时就无法避免"轮流圈阅""层层转发"等现象的发生，造成在担当履职中存在不到位、不充分现象。

（二）开拓创新的精神不足

面对新形势新挑战，习惯按部就班、四平八稳工作，争先创优、谋大做强的闯劲和冲劲不足，锐意开拓、奋发进取的精气神欠缺。这就必然导致某些职工干事情没有激情、没有作为，只满足于完成交代布置的各项任务，主动落实意识不强，甚至个别同志有风险的事不敢干，没有先例的事不肯干，凡事都要上级拍板，缺少敢想敢干的决心和勇气，特别是面对一些遗留问题、棘手难题，缺乏一抓到底、动真碰硬的精神，机械照搬条文，围着程序打转，把"不出事"作为最大原则，不敢决策拍板，不敢强力突破，导致一些问题不能及时有效解决。

（三）新时期担当的本领不强

对新常态新方法不完全适应，对解决发展中的问题思路不够开阔、办法措施不够多。

三、培育基层职工"担当"精神的措施

（一）增强职工"主动担当"内在支撑

年初制定职工培训计划时，有针对性地将习近平总书记关于治水、黄河治理重要讲话精神纳入其中，特别是把习近平总书记在黄河流域生态保护和高质量发展座谈会的重要讲话，作为职工培训教育的重要内容，通过专题的学习培训，让广大职工深刻领会讲话精神在治黄发展历程中具有重要的政治意义、重大的里程碑意义和深远的历史意义，让广大职工真正将其作为思想指引、行动指南和强大精神力量，作为做好新时代豫西治黄工作的根本遵循，真正把总书记的关心关怀转化为对党绝对忠诚的政治信仰，转化为推动豫西治黄事业高质量发展的巨大动力，转化为造福人民的具体行动，转化为豫西治黄人新时代新作为的强烈担当、务实举措和实际成效。

可以通过职业道德培训、主题交流等多种形式学习、弘扬"忠诚、干净、担当，科学、求实、创新"的新时代水利行业精神。通过选树身边的典型人物，激励广大职工继续传承水利人敢于担当的优良传统，激发职工善作善为的积极性和主动性。

（二）提升职工"善于担当"的实际本领

以提高职工工作能力为重点，创新方式方法、拓宽平台途径激发广大职工的学习热情，提高职工的业务水平，可以考虑制定合适的激励措施，鼓励职工结合工作岗位需要进行再教育，鼓励符合条件的职工积极为职称晋升创造条件，特别是要为一线职工工作技能的提升想办法、出举措、创平台，切实将目标和个人实际、个人愿景相结合，通过传帮带、青年精进计划等有计划、谋长远地帮助一线职工开展高层次、深层次的学习。要通过培训教育，真正提升广大干部职工贯彻落实习近平新时代中国特色社会主义思想、推动新时代水利改革发展的能力和本领。

（三）解除职工"敢于担当"的后顾之忧

一方面要突出正向激励，把担当作为作为选拔任用干部的标准，在急难险重任务中历练人才、在基层吃劲岗位上挑选人才，比如豫西河务局在干部任用中创新开展了"晒业绩"，将每个人的工作成绩公开在大家面前，让大家"打分"，以实际工作成效作为提拔任用干部的重要参考，取得了良好的效果，再一次突出了"担当"的正面意义、凸显了"担当"的正向导引。一方面要做好鼓励"担当"和为"担当者"担当统筹并进，制定贴合实际、切实可行容错纠错机制，让担当无后顾之忧。

新时代水利改革发展，需要勇于担当、善于担当的水利人才。在具体培训教育中，我们要持续思考如何通过创新的、多元化的培训方式开展基层职工教育培训，使其心中有使命、肩头有担当、双手有技能，确保建立一支高素质的水利队伍，为新时代水利改革发展不断取得新成就提供智力、人才支持。 （作者单位：豫西黄河河务局经济发展管理局）

浅谈如何通过创新解决当前基层职工教育培训中的问题

陈　鹏

基层工作是一切工作的根本和落脚点，基层工作做得好不好直接关系到人民群众的切身利益和国家各项方针政策的执行落实。正如一棵参天大树的根基一样，是整棵树健康生长的根源，它为每一条枝干和每一片叶子源源不断地输送养分，最终使得整棵大树更高大更强壮。相反，如果根基出了问题、虚弱甚至病变了，那么无论看起来如何坚不可摧的大树用不了太长时间都会轰然倒下。基层工作能不能做好，关键就在于人，在于人才。我们需要高瞻远瞩、奋发有为的管理层，需要有责任心使命感、有知识能创新的执行层，需要技术精良、精益求精、有"工匠精神"的技术工人。而人才的培养和可持续发展，就要依靠职工的教育培训，如何通过教育培训挖掘出每一位职工的潜力，实现每一位职工的价值，从而使整个有机体生机勃勃，有活力有后劲，是一个长期问题。当前，基层职工教育培训工作还存在很多问题，本文旨在剖析这些问题及其存在原因，并试图通过各个方面的创新来解决这些问题。

一、当前基层职工教育工作存在的问题

（一）经费问题

当前基层单位没有职工教育培训专项经费，加上本身经费紧张，导致人劳部门在设置培训课程时，迫于成本压力，无法引入系统外师资和学习材料，而系统内的培训年复一年，内容重复单调，且不够专业深入，讲者没有激情，听者意兴阑珊，除了完成年度培训任务之外，没有起到真正的培训效果，反而造成了人工和精力上的浪费。

（二）没有科学、系统、全面的培训计划

也是基于成本的考虑，基层单位在制定年度培训计划的时候，往往不是出于单位和职工的培训需求分析，而是基于自身能够免费提供什么样的培训。这就导致培训目标不明确，内容随意，缺乏科学性、系统性、全面性，有时完全流于形式，常常为培训而培训，没有考虑或没有全面考虑单位和职工个人的实际需求，单位、培训者、受训者对培训目标缺乏共识，使培训工作具有很大的盲目性和随意性。

（三）缺少专门研究从事职工教育培训的工作人员

基层单位人事劳动教育科（党群工作科）编制偏少，对口上级部门多，工作任务繁杂，人手和精力有限，无法设置专人研究从事职工的教育培训。导致在培训需求分析、培训计划制定、培训课程实施、培训效果考核等方面不够专业深入，效果大打折扣。

（四）缺乏有效的考核反馈机制

目前基层单位的培训考核大多还是试卷测试的形式，试卷测试有其本身易于操作、考核全面、客观公平等特点，但由于上述3点原因，考核要么流于形式，填完试卷就算完事，要么就变成了工作之外的负担，这与以培训促进工作的初衷相违背。

（五）终身学习意识还不够深入人心，学习氛围还不够浓厚

目前基层职工年龄构成越来越年轻，学历层次也越来越高，但整体来看包括转业军人、自考学历等在内的大部分职工终身学习意识还不够高，尤其是专业技能之外的学习。图书室利用率不高，读书交流活动参与积极性不高等，都不同程度地反映了这一问题。

综上所述，当前基层职工教育培训工作在不断取得进步的同时，也必须正视这些问题的存在。只有认真分析这些问题的成因，积极采取相应举措解决，以有限的资源最大化提升人员素质，发挥人力资源优势，才能获得职工与单位的共同发展。

二、如何通过创新解决当前基层职工教育培训工作中的问题

党的十八届五中全会提出的创新、协调、绿色、开放、共享五大发展理念，为各行各业的发展提供了新的理论指导。下文将着重从机制创新、内容创新、方式创新、激励反馈机制创新等方面来探讨如何通过引入"创新"发展理念来解决上述问题。

（一）机制创新

建议设置职工培训教育工作专职人员，参考企业人力资源管理中的培训教育机制，建立一整套科学、系统的培训教育工作机制。包括根据单位自身和职工工作的实际情况，进行科学有效的培训需求分析，从而避免因培训课程设置不科学造成的资金和人力的浪费；可以广泛征求职工意见建议，根据不同层次、不同工种、不同需求设置相应的培训课程，在内容上有所侧重，在受众范围上有限筛选，既要保证每一位职工的发展需要，又尽量避免无谓的时间占用，用有限的资源最优化培训效果；在课程实施上灵活多样，形式服务于内容，除传统的讲授式外，创新探索讨论式、讲演式、游戏式、案例分析、角色扮演等培训学习方式；在反馈机制上创新，除答卷外，还可以创新与工作相结合的考核方式，真正做到培训服务于工作，应用于工作，在工作中考核；对职工学习发展情况保持动态跟踪，与青年干部管理工作相结合，及时进行总结分析，了解职工新需求新动向，从实际出发，及时调整培训重点和课程安排。

（二）内容创新

内容创新主要是针对当前职工培训课程内容随意，不系统、不科学、不全面的问题。除目前比较注重的岗位技能培训之外，还应该兼顾文化层面和理念层面的学习，从而提高职工整体素质，使职工在做好本职工作的基础上，加深文化底蕴，拥有全局性的视野，最终达到职工的全面发展，对单位整体的发展和人才储备上也极为有利。相对于岗位技能培训效果的立竿见影，文化和理念层面的学习在短期内效果并不明显，很容易被忽略。如果说岗位技能培训像肌肉的话，那么文化和理念的学习就类似于骨骼和血脉，虽然看不见，但能够起到支撑作用，真正激发一个人的创造力和活力，也类似于企业文化。因此，在制定培训系统和培训计划的时候，将文化和理念的学习纳入其中，不仅应该，而且必要。

文化层面的学习一方面可以和道德讲堂相结合，每季度至少一次，进行集中学习，适当拓宽道德讲堂的主题，突出文化层面的学习，尤其是国学经典和现代公民教育的学习，培养有文化底蕴和公民素质的职工。另一方面要把文化学习融入日常工作安排中，融入生活环境中，参考企业的早晚会制度，增强学习和分享意识，促进交流，增进和谐，并利用信息化和移动终端技术，精选内容定期进行推送，在潜移默化中浸染、影响职工。

理念层面的学习在这里主要是指从国家层面的政策、到水利行业的治水思路、到具体到黄河上的治黄历史及河南治黄的工作理念等等。平时工作中，普通基层职工接触这些理念并不太多，通常只是接受具体的工作安排，关于理念往往只是会议上听过便罢，并没有具体深入的理解。然而这些理念正是每一项具体工作的灵魂，只有真正理解了这些理念，才能够更好地理解每一项具体工作的意图和要求，才能够做到深刻的执行。理念层面的学习可以和中心组学习相结合，当前的中心组学习内容更多地集中在国家整体的大政方针和反腐倡廉工作上，也已经取得了显著效果，有计划地将治黄工作的方针政策历史文化纳入中心组学习，并有条件地进行扩大化学习，不仅有利于提升单位凝聚力、提升职工责任心和使命感、深化治黄文化和治黄精神，同时也必将直接地体现为各项具体工作的更好执行。

（三）方式创新

形式服务于内容，如果形式得当，会让教育培训工作事半功倍。基于当前基层职工教育培训的现状，可以尝试以下几种方式的创新。一是系统内相同岗位之间的交流学习，可以和青年干部交流活动相结合，有意识地加强相同岗位之间的交流学习，以及上下级的经验交流和指导。二是单位内部的交流学习，更要注重方式上的创新。如孟津局 2018 年尝试了科室之间的交流学习，各科室将自己的业务工作对其他科室进行培训，既能让各科室对自己的主要业务工作进行总结梳理，又能使职工增进对其他科室业务的了解，从而提升职工的知识全面性和单位整体工作的配合协调性。但同时，仍然要注重方式创新，让好的初衷能够得到很好的贯彻执行，如上文提到的讨论式、讲演式、游戏式、案例分析、角色扮演等，还可以尝试有奖竞猜、辩论、实操、活动等等，未必一定要花样繁多，一切形式的创新都要服务于内容和效果的要求。三是加强与系统外的学习交流。一方面是可以积极引入系统外培训，如委托专业职工培训公司进行拓展训练、文化培训、感恩培训等；另一方面可以邀请名师名家进行培训，另外还可以探索与系统外单位共同进行培训，从而缩减成本，增进交流，一举多得。

（四）激励反馈机制创新

将培训与激励、调配、晋升、考核等结合在一起，并渗透到每一个环节，使培训与人力资源管理工作形成一个有机整体，跳出单就培训而培训的圈子，真正发挥以培训促进职工提升单位发展的作用。比如，可以实行奖金激励、奖品激励，在晋升和年终考核时量化培训效果作为参考，也可以考虑将培训本身作为激励和福利。在培训效果反馈中，应把重点放在实际工作的应用中，而不单单是根据职工参加培训的次数等来进行评估，要将培训与职工个人职工生涯规划综合考虑，把培训从被动要求的任务变成职工的主动需求。

（五）重视入职培训

当前的基层单位对新录用人员入职培训还不够重视，基本上还停留在职工自己看自己学上，即使有简要的培训，也十分有限，不足以让职工全面了解单位情况、当前治黄形势、机构职责及个人定位，并做好相关知识和技能储备。事实上，入职培训是职工实现从学生向工作人员的身份转变、从校园关系走向社会关系、从理论学习转向实际操作的重要过程，还关系到一个职工是否能认识并承担人民治黄的责任和使命、树立正确的工作态度、融入单位的治黄文化、合理规划自己的职工生涯等等。因此，对新录用人员的入职培训的重视应该提升到一定程度，并在时间安排、科室协调、师资选配、内容整理、方式创新、效果评估上有所侧重，做出系统性的安排。

通过不断加强对职工的教育培训，增加对人力资源的投资，使人力资本持续增值，从而持续提升单位整体实力、实现战略规划，已成为社会各界的共识。同时，对于大多数职工来说，对单位的要求也不仅仅是物质上的报酬，更多的是关注单位能够为自己提供的个人能力提高与发展的机会。而通过培训，可以将职工个人的发展需求同单位整体的战略发展统一起来，满足职工自我发展的需要，使其有更强的归属感，同时增强单位的凝聚力和活力，一举多得。因此不断通过创新解决基层职工教育培训中的问题，对基层发展有着至关重要的意义，也必将对整个治黄事业产生积极的影响。

（作者单位：豫西黄河河务局孟津黄河河务局）

试析人力资源管理中绩效考核的具体运用

常素霞

一、导言

如今人力资源管理的重要工作之一是为企业有效识别并留住人才，人力资源管理的一大职能便是企业绩效管理，绩效管理在开展实施企业战略当中具有显著作用。绩效管理可以让企业绩效得到显著提高，但如果绩效管理做得不好，又会对企业造成较大的负面影响。绩效管理中需要思考如何才能够让企业员工的潜能得到充分激发，使得员工业绩能够最大化。

二、绩效考核的特点

在当前背景下，传统的绩效考核逐渐落后于先进的企业管理模式，以往聘请专业人员进行人员数据整理分析的时代一去不复返。在大数据背景下，企业员工的工作状态均转化成数据的形式储存在数据库中，以供随时调用。在某种程度上，新兴的绩效考核制度采用的是自动化模式，减少了这项工作的人力资源消耗。这样的好处是节约成本，提高工作效率，避免了重复枯燥的工作过程，减少了工作失误的概率。

在大数据时代，企业可根据自身特点，从专业化角度挖掘数据。这些整理出来的数据不仅能让绩效考核变得更加客观全面，还可以用于企业其他工作的完成，例如工资的分配和人才的招聘等，如此一来，绩效考核的作用就变得更加多元化，实际用途也变得更加广泛。

三、现阶段人力资源绩效考核存在的问题

（一）考核不全面

有的单位只是为了实现工资评级而走形式地进行所谓的绩效考核，考核成了走形式，不具有制度约束力，使得员工中散漫、服务态度恶劣、脱岗、离岗等现象依然严重。而有的单位虽然拥有相对完整的考核体系，但是在具体执行中缺乏标准，不重视员工的全面发展，没有结合具体的岗位形成具体的考核，不能促进员工工作能力的提升，更没有对员工潜能的了解和开发。这样考核是不可能促进员工和单位协同发展的。

（二）考核不公平

考核不公平挫伤员工的积极性，使得员工工作纪律散漫，服务态度恶劣的现象时有发

生。一般来说，事业单位的绩效考核中职称考评是主要内容，在相应的考评过程中存在不公平的现象。比如重工作年限不重工作经验，重工作贡献不重技术能力，这样的考评指标往往将那些工作经验丰富、技术水平高的员工边缘化，体现不出考评的公正。

（三）重视程度不足

有很大一部分事业单位并不重视绩效考核，很多考核只关注打卡记录，将其作为主要的衡量指标。有的单位领导片面地认为绩效考核就是为了给员工发奖金，既然发奖金就要利益均沾，没必要考核那么严格。正是这种认知造就了绩效考核的不公平、不严肃、不全面。事业单位对于绩效考核不重视直接导致人力资源工作失去了计划性、系统性、目标性，事业单位人才青黄不接，工作效率低下。

（四）绩效考核和激励脱节

有的事业单位绩效考核和绩效激励是脱节的，比如有的单位只有考核，不合格的就要扣工资，合格的也没有奖励，造成员工抱怨重重。有的单位虽然有激励但是制度不确定，激励随意，导致很多员工这个月很努力却得不到更多激励，下个月便不再努力，伤害了员工的工作积极性。

四、如何在具体运用中提高绩效考核的效果

（一）加强对绩效考核的重视程度

绩效考核在人力资源管理体系中扮演着十分重要的角色，它与企业未来的发展息息相关。对绩效考核的重视应当从企业内部着手，从高层开始，领导带动基层员工。在日常工作之余，加强对绩效考核工作的宣传，建立良好的考核氛围，增强员工的绩效考核意识，只有这样，才能更好地促进员工的工作积极性，促动企业效益增长，帮助企业在激烈的市场竞争中占据一席之地。

（二）明确绩效考核的目标

人力资源管理体系中的绩效考核应当具有一定的目的性，它的作用不仅是考量员工的工作水准，还应当承担起招募企业所需人才、增强员工实力的责任。良好的企业发展模式应当明确企业的发展方向，明确发展方向所需要的条件，其中包括员工必须具备的素质。首先，在企业发展的战略环境下，着重营造有利于公司快速发展的氛围，有意识地将符合这种氛围的个人素质加入绩效考核标准中去。其次，不同部门之间职能不同，根据部门特点和企业发展规律来制定适合不同部门的考核标准，也是提高绩效考核实际运用效果的重要举措之一。明确考核目的之后，还要注意考核目的的传播，使员工明确企业所需人才特征，并有意识培养相关的自身素质。最后，根据员工的全年工作状况进行评估，根据素质优劣进行工资的分配以及岗位的调动，集中力量发展企业，最大限度地发挥绩效考核的作用。

（三）促进绩效考核制度的公平性和合理性

合理的绩效考核制度应当坚持公平、客观、科学的原则，以保证员工的利益作为第一要求，在此基础上，进一步确立最适合企业的绩效考核标准。因此，相关企业应当加大力度确保绩效考核的公平合理。首先，以部门为单位进行考核，综合个人素质和部门要求，采取差异化的考核标准。这就要求考核制定者需充分了解各部门的工作职能、工作环境和在职员工情况，客观制定考核内容，不仅要做到公平公正，还应做到全程透明化。其次，要与实际工作相结合。目前，部分企业的绩效考核标准依然停留在理论试验阶段，没有将考核标准运用到实际工作中，这种"纸上谈兵"的做法对企业的发展十分不利。针对这类情况，企业应当迅速整理公司运营状况，尽量涉及每一个工作细节，最大限度地帮助人力资源部门建立符合企业实际需求的绩效考核标准。

（四）建立完备的奖惩制度

无论是国有企业还是私营企业，员工的工作积极性都是促进企业发展的重要推动力。因此，人力资源管理部门应当借助绩效考核制度建立更加完备的奖惩制度。在如今的大数据时代，员工工作的各方面细节都可以通过绩效反馈分析出来，这在某种程度上保证了绩效考核的有效性和客观性。同时，绩效考核的标准要提前告知员工，考核结果出来后要予以公示，利用先进技术来综合考量员工表现，进而给予适当的奖励和惩罚。这样一来，就可以充分调动员工的工作热情，使员工明确努力方向，提高企业的工作效率。

（五）人力资源绩效考核信息化

建立公众平台，比如官网、博客、微博、论坛、微信订阅号等等，将部门和员工的绩效考核公布，接受社会的监督，实现单位内部的信息交流，彰显绩效考核的公正、公平和公开。同时能够建立交互平台，接纳社会群众的评价，形成较好的民主监督。

五、结束语

综上所述，经济飞速发展的今天，企业的竞争在某种程度上可以看作是人才的竞争，一个完备的人才管理体系，绩效考核制度是必不可少的。结合目前的先进技术，绩效考核可以很好地帮助企业招收人才，培养员工素质和专业技能，同时，良好的考核反馈制度可以有效地提高员工工作积极性，提高企业工作效率。在实际运用中，绩效考核要注意公平性和合理性，做好考核标准的规划，使之能够更好地适应企业的发展。同时，以员工的利益作为准则，以企业发展作为目的，明确企业发展的要求，处理好考核制度具体运用的每一个环节，相信未来的绩效考核制度一定会更加完善，让每一个企业都能为社会的发展贡献一分力量。

（作者单位：黄河养护集团有限公司豫西分公司）

水利基层职工教育培训模式创新探究

姚　丽　　程珊珊　　李晓辉

国家要求创新，小到单位和个人都是如此。"维持黄河健康生命，促进流域人水和谐"，近年来黄委、省市局都注重青年干部的培养，但是一些基层单位出现无人培养的现象。为了基层单位的长远发展，给年轻人才提供充足的展现才华的舞台，创新职工教育培训的方式方法，本文试图就创新职工教育培训模式进行具体的地分析。

一、现有职工教育培训模式

当前我局职工经历的教育培训方式主要有：一是参加黄委、省局、市局以及由人事劳动教育部门组织的各种培训班；二是由水利部、黄河网、山东省中组部等组织的网络竞赛；三是由各单位组织的实地参观学习活动，如红色教育活动、"我们的节日"清明节扫墓活动、省级文明单位学习交流活动等；四是利用电脑、网络学习视频会议、纪录片、电影、警示教育光盘等；五是利用微信、微博等新媒体关注公众号，或者下载手机APP进行自学。

二、职工教育培训模式的应用

参加黄委、省局、市局以及由人事劳动教育部门组织的各种培训班，可以快速明确工作要求、大幅度提高工作技能，有利于工作快速高效地完成，并对日常工作中存在的常见问题进行系统的交流和培训，针对急活、重活等紧急通知特别有效。建议在加强职工工作技能提升的同时，同时关注他们的思想教育工作和身体素质的锻炼和提升，全面提升职工能力。

针对一些网络型的知识竞赛，充分运用了互联网技术和信息化手段，在4G网络普及的当代中国，可以最大化地发动群众参与，推动教育广泛化、普及化。以目前如火如荼的"灯塔－党建在线"党的十九大精神学习竞赛为例，基于"灯塔－党建在线"中完整准确的党员信息库建设，深入推进学习贯彻习近平新时代中国特色社会主义思想和党的十九大精神落实到支部、落实到每一名党员，确保了党建教育的全面和深入。但是网络教育要建立合理的评价体系，要结合分数、参与率和实际情况，以每个党员实际获得的知识和思想意识的提升为衡量标准，规避代答行为和软件刷题现象。

实地参观学习活动，可以确保职工全身心地投入到培训中，深入地了解和学习，更加深刻地体会教育意义，以眼前鲜活的案例激发广大职工树立坚定的理想信念，学习先进的经验做法，更加积极有效地开展工作。这种形式的教育培训，需要提前制定详细的计划，保证职工安全，同时确保教育效果，对单位资金投入有一定的要求。

利用电脑、网络学习视频会议、纪录片。可以充分应用网络资源，大量节省教育培训资金，节约传播过程中的经费，可以快速有效地传达上级文件精神，接受多领域、多种类的教育培训，为广大职工节省了体力和时间，提高了学习效率。在组织这类学习的时候除了相应的硬件设施要达标，职工的出勤率、参与率要切实保障。

利用微信、微博等新媒体关注公众号，或者下载手机 APP 进行自学。这种学习方式非常方便快捷，动动手指就可以接触大量的知识信息，公众号定期的推送使得学习更加便捷。这种学习方式新颖、便捷，但是效果并不好。客观因素有手机、网络、使用者的身体状况，手机内存大小、手机系统兼不兼容、网络覆盖区域、网速快慢、使用者本身的年龄和身体状况等，这些都会影响到 APP 的下载率和使用效果。主观因素是职工有主动学习的意愿，以及坚持每天学习的恒心。

三、培训模式的发展方向

在组织各类培训班时，要充分考虑职工的兴趣，将专业技术培训、思想教育培训、身体素质拓展培训相结合，全面提升工作能力。组织网络型的知识竞赛，设置一些奖励机制，充分激发大家的学习热情，同时要建立严格的监督机制，在鉴别电脑 ID 的基础上可以考虑加入人脸识别系统或指纹识别系统，严禁弄虚作假，重视参与率而不是分数，同时组织线下竞赛，线上线下有机融合，确保职工收获知识。实地参观，利用电脑、网络学习视频会议、纪录片等学习活动，要确保职工的充分参与，切实保证教育效果。鼓励职工利用微信、微博等新媒体关注公众号，或者下载手机 APP 进行自学，完善相应的评价机制，以建立完善的长效学习方法为目的，充分加入兴趣导向，建立相应奖励机制。

四、建立教育培训模式创新机制

（一）加强思想政治建设，使广大职工充分意识到教育培训的意义

自发地、积极地、主动地参与培训，特别是政治思想培训。正确将世界观、人生观、价值观与工作相结合。工作和生活都需要我们不断加强思想学习和技能学习，必须高度重视思想政治建设，把坚定理想信念作为开展教育培训的首要任务，在重业务的同时更要重思想道德建设。

（二）制定培训计划前，充分征集民意，创新培训方法

可以采用调查问卷的形式或者召开全体职工大会现场收集职工意见。采用广大职工喜

闻乐见的方式，提高职工兴趣度、参与度。兴趣是最好的老师，让职工主动参与、主动学习，可以使学习效果大幅提升。

（三）领导干部要以身作则，带头积极参与

领导干部要高度重视职工的教育培训，积极参与上级组织的培训，并根据职工的工作思想状态，积极组织举办相应的培训。如果考虑到人数较少或者培训场地受限，例如：专业技能考试培训，可以和其他兄弟单位联合举办。

（四）建立相应的奖励机制，给予职工参加教育培训的外在动力

引入优秀的教育培训方式，可以将培训折合培训学时记入年终考核，对学习较好的职工颁发证书，给予精神鼓励，将教育培训学习表现与绩效考核挂钩记入年终考核评分。

（五）提升教育培训自身的吸引力

培训组织形式多样化，培训内容力求精辟、独特。在开展专业技术培训时，同时加入思想政治培训和素质拓展训练，做到劳逸结合。虽然不提倡玩游戏，但是像王者荣耀、跳伞等游戏不仅风靡中国，甚至风靡全球，小学生都会认真整理通关笔记，吸引力可见一斑。建议国家投入一定资金开发教育培训软件，向这些游戏软件学习，吸引关注度、参与率，寓教于乐，将如何提高学习能力，如何提升专业技能作为大家争相追逐的对象，下一次在朋友圈转发炫耀的不是游戏等级而是工作能力等级或者思想意识级别。

五、重视发现、培养、使用人才

（一）人才的重要性

当前中国，发展是第一要务，人才是第一资源，创新是第一动力。强起来靠创新，创新靠人才。人才政策、创新机制都是下一步改革的重点。本土人才、海归人才要并用并重，使他们都能在报效祖国中实现自己的人生梦想。

（二）拓宽人才引进机制

近几年，为进一步规范高校毕业生招聘工作，提高事业单位新进人员素质，建设一支结构合理、素质优良的治黄人才队伍，黄委实行现场招聘和公开招考相结合的方式招聘应届高校毕业生。对一些高校毕业的研究生，在待遇和职称方面给予特殊待遇。在今后的招聘中可以加大宣传，从更多的高校中优中选优，或者与一些知名高校的相关专业签订培养计划，定向培养高技能、高学历人才。

（三）在现有人才中发现他们的强项和闪光点

首先专业与岗位对口是避免人才浪费最好的方法，在经历过3-7年相应专业的高校培养后，他们更能尽快适应专业对口的工作岗位，为创新工作机制提供更多可能。其次，轮岗制也是一个非常有效的方法，根据具体工作表现，确定适合的岗位。第三，为现有人

才提供展示平台，在职工教育培训和工作技能竞赛中，根据教育培训和竞赛创新成果，储备相应人才。例如：创新教育培训方式，可以以此为研究课题举办一次竞赛，将这一课题下发每一名职工，每人除了提出自己的建议外，为本单位职工制订一份教育培训计划，将教育形式、内容、举办地点、需要聘请的主讲老师、所需经费、注意事项等内容详细列出，由广大职工作为评委选出自己最愿意参加的教育培训形式。

（四）结合创新教育培训方式，对发现的人才重点培养

提高他们的政治思想觉悟、专业工作技能、身体素质，提升职工的履职能力和综合素质。在教育培训中加入对职工创新意识的培养，针对工作中遇到的难题，制定主题，群策群力，培养他们解决实际问题的能力，培养他们成为工作的多面手。

（五）培养使用好现有人才

针对引进的高学历人才，要加强使用，使用人才创新首先就要打破固有的聘用机制。近年来黄委、省市局都注重青年干部的培养，但是一些基层单位出现无人培养的现象。为了基层单位的长远发展，就要针对基层工作环境制定合适的干部提拔机制。给年轻人才提供充足的岗位和机会，在基层锻炼新人的同时要给予他们展现才华的舞台。如何依靠人才实现创新，首先要将人才用起来，并建立相应容错纠错机制。

（六）人才使用方向要适应单位发展

国家要求创新，小到单位和个人也是如此。黄委治黄主题是"维持黄河健康生命，促进流域人水和谐"，黄河二级悬河的现状，不断增多的泥沙为我们提供一个非常严峻的科研现状，但是我国对此的科研成果比较薄弱，黄委、省、市局科研成果也非常少，黄委作为一个流域机构应该在此领域有所突破，如何借助现有的人才提高科研能力是我们努力的方向。一是鼓励职工深入一线工作，在工程一线总结经验技能，创新工作方式，进行科学研究；二是与高校合作，进行研究生、博士等高学历人才培养，对黄河环境流域进行深入研究。

（作者单位：东平湖管理局东平管理局）

加强基层治黄职工教育探究

刘　娜　司　倩

随着市场经济的不断发展，产业结构的调整，对各行各业提出了新的要求，对于治黄职工，在岗人员知识的需求呈动态趋势，而职工现阶段的知识文化与技能上的更新速度还未达到新形势的要求，基层单位的教育培训工作面临新的挑战。

一、基层治黄职工队伍现状及职工教育方面存在问题

（一）基层职工队伍现状

虽然每年都有部分职工通过自学、参加本单位及上级培训等方式，提高了文化知识与技能水平，但多数职工所掌握的文化知识还不能完全适应治黄改革的要求。以笔者所在单位为例，通过对基层治黄职工学历、专业技术、技能水平、年龄等一系列数据的分析来看，基层职工存在学历层次较低，技术人才分布不均、专业技能人才结构不合理的情况。

1. 基层职工综合素质有待进一步提高

虽然近年来对招录一线职工学历有着较高的要求，在一定程度上改变了职工的学历结构，但是在一线岗位中，老职工所占比例较大，而他们大部分第一学历为高中、中专甚至初中以下，文化层次普遍偏低。随着近年来基层岗位招录大学生，为治黄队伍注入了新鲜血液，但新参加工作的青年人，学历高但普遍缺少治黄经验，熟悉新岗位新工作还需要一个过程，而老职工虽然治黄经验丰富，但学历低，掌握文化知识比较少，这就导致基层职工队伍整体素质参差不齐。

2. 技术工人工种结构不合理

在基层单位河道修防工居多，以笔者所在单位梁山龙腾黄河水利工程维修养护有限公司为例，河道修防工占技术工人总数的85%以上，工程测量、计算机操作、特种工程施工及车辆驾驶操作等工种人数紧缺。

3. 基层单位缺少高素质专业技术人才

从技术力量上来看，专业技术人才和高技能人才偏少，并且分布不均匀。高职称人员主要分布在机关，从一定程度上加剧了基层专业技术人才当中的中高级技术人才匮乏。此

外在企业中，经营管理人员缺乏。懂经营、善管理的经济系列专业技术人才难以满足企业运作需要。

（二）基层职工教育工作存在问题

1. 职工教育培训形式单一

缺乏完整的培训体系，对人才重使用轻培养。职工的教育培训通常采用讲授法或视听技术法等的培训方式，虽然直观鲜明，并且易于操作，便于培训者控制整个过程，但是单向信息传递，学员的反馈与实践较差。只看不练，加之基层职工知识结构不合理、文化素质参差不齐，不少职工对高科技机械操作方法不熟悉，知识和技能也未得到及时更新。

2. 基层单位职工教育的制度较为落后

我们的教育培训工作滞后，并且没有向基层倾斜，没有形成自己独特的培训体系和条件，难以适应新形势下治黄工作的可持续发展。究其原因，是管理人员对于职工教育工作的重要性认知不足。注重经济指标的增长而忽略职工教育的重要性，使得一些基层单位的职工对于自己本身的工作认识不到位，以至出现一些不必要的问题，这些问题往往会阻碍到单位的进一步发展。由于在某些方面职工教育的缺失，职工在实际工作中，并没有对于自己的工作和责任有着明确的认知，降低了实际工作的效果和效率。

二、对策及建议

我们要充分意识到加强基层治黄职工教育的必要性，抓住新机遇，直面新挑战。做好基层职工的教育工作，保证治黄工作向着健康的方向发展。

（一）加强基层职工教育工作的重要性

当前，党中央对治黄事业提出了新希望、新要求，也为治黄事业跨越发展提供了新机遇、新空间。这为改进和加强职工教育工作提供了良好的机遇，同时也带来了严峻的挑战。黄河基层单位在新形势下，改进职工教育愈显重要。对于基层治黄职工来说，职工教育工作是治黄工作的一条生命线。只有把职工教育工作做好，才能推动治黄奋斗目标的实现。

（二）加强基层职工队伍建设对策

1. 进一步加大专业技术人才、技能人才的教育培训力度

专业技术人才培训要以中青年骨干为重点，以黄河治理为主要内容的新知识、新理论、新技术、新方法，不断加强各类水利专业技术人员的继续教育，及时更新、扩展知识，提高业务技术水平和创新能力，提高水利建设与管理中的科技含量。技能人才培训要从黄河治理的实际出发，选择与单位生产关系密切、技术含量高、从业人员多的河道修防等主要

工种，大力开展工人技能培训，坚持培训与竞赛相结合的原则，以赛代练，全面提高技术工人技术水平。

2.加强高层次人才队伍建设力度，构建人才选拔、培养和激励机制

通过鼓励在职人员参加专业学习、开展师带徒、技能竞赛等，努力构建高素质专业技术队伍和高技能工人队伍。加强企业经营管理人才队伍建设，积极参与市场竞争，培养一批适合黄河特点的水利工程施工等项目的高级经营管理人才。

（三）扎实抓好职工教育和培训工作的建议

1.坚持以需求为导向，突出基层职工教育培训的针对性和实用性

没有调查就没有发言权，职工教育亦是如此。深入基层，进行经常性的调查工作，根据职工队伍情况以及存在问题，进行深入分析，调整和把握培训内容和重点，增强培训的针对性和实用性。

2.立足实际，改进工作方法，为职工教育注入新的活力

根据基层治黄职工文化水平偏低、点多面广的特点，结合职工教育工作的要求，营造良好的学习环境，达到职工教育最佳效果。一采用职工容易接受的教学形式。采取灵活多样，喜闻乐见的教学形式，充分利用教育设施，寓教于乐，只有调动起来职工学习热情，新的知识，新的观念才会容易被吸取。二培养职工兴趣，激发职工求知欲。有了浓厚的兴趣，才会有创造性的发现。只有增强职工对学习的兴趣感和好奇心，才能激发他们强烈的求知欲。三理论实践相结合。针对日常工作中运用的技术知识或工作中遇到的难题，聘请有理论水平和技术能力骨干，定期开展释疑活动，开展有针对性的实践活动，出一些在工作中可能遇到的难题，让职工在实际操作中开动脑筋，以对学理论、学技术、练本领产生兴趣，从而形成浓厚的学习氛围。

3.通过加强职工教育，促进团队精神的培养

团队精神强调团队内部各个成员为了团队的共同利益而紧密协作，从而形成强大的凝聚力和整体战斗力，最终实现团队目标。职工教育培训就是培养职工团队精神重要手段。通过职工教育培训和在培训中安排一些拓展培训项目，培养职工团队精神，增强职工的责任感和荣誉感，极大地提高职工的凝聚力和向心力，以职工整体强大的"团队合力"，促进单位向好的方向发展，从而创造更多的效益。

4.建立健全规章制度，提升职工整体素质

在职工教育中，将职工教育纳入单位目标管理中；建立职工教育培训档案，记载职工脱产及业余自学专业知识考试成绩和考核业绩，以便明确职工接受过哪些培训，掌握了哪些新知识的和技术及掌握的程度；制定相关制度办法，激励管理人员对教育方式进行创新，激发他们产生责任感和创造的积极性，让他们勇于在学习和工作中进行探索和创新。建议把职工教育培训工作放到与单位其他日常工作同等重要的位置，年初同时布置，年底同时考核，把职工教育培训工作作为单位年底考核的重要指标，而不是流于形式。

当前，水利改革发展面临新形势，我们要充分意识到基层职工教育工作的重要性，进一步建立行之有效的职工教育机制，补齐职工教育工作的短板，使职工教育工作富有成效，提升职工的幸福感、获得感，提高职工的工作积极性和工作效率，促进治黄事业健康发展。

（作者单位：梁山龙腾黄河水利工程维修养护有限公司）

职工培训与企业的发展

——浅谈职工培训中的问题及解析

周好礼

人才的竞争从未像今天这样激烈，如何把人才转变为效能是每个企业发展面临的重大课题。三门峡明珠集团发电公司是高新技术密集型企业，年轻队伍中绝大部分受过高等教育，高质量发展离不开人才队伍的培养。如何让刚入厂大学生尽快熟悉掌握发电生产，成为企业骨干，让专业技术人员在发现解决发电生产问题中成长，是职工培训必须思考解决的问题。

作为一名从事设备维护三十多年工龄职工，多次参与黄委及集团公司组织的职工晋级考评工作，与发电中心、维护中心新老员工及实习大学生均有密切接触。联系发电公司生产中面临实际问题，结合多年职工培训，谈几点粗浅看法。

一、目的是解决企业发展中的问题

电力行业对各电力生产企业有着严格要求。河南电力市场正在发生深刻变化，风电、光伏发电作为新兴清洁能源受到国家政策支持，通过超高压直流直接接入河南电网，电网稳定性遭遇前所未有之挑战，火电机组深度调峰，水电作为基荷让步于新兴能源。受制于三门峡枢纽库容，有水不让发电的尴尬局面日益严峻，形势不容乐观，需要专业技术人员熟悉电网需求，深入分析水力发电的有利条件和不利因素，采取积极应对措施。

由于黄河的特殊性，三门峡水利枢纽从建成到运用，经过几代人努力，探索到了"蓄清排浑"运行方式，解决了泥沙对机组过流部件的磨蚀难题。发电公司和水、电密切关联，边界条件复杂多变，同时，枢纽运用面临政策高压红线，机组工况恶化，把我们已解决的实际问题方法和技巧继承下去，把我们遇到的重大技术难题一代接一代深入研究下去，才能更好地生存发展。

电子智能技术的飞速进步，附属设备更新改造速度明显加快，既需要老一代技术人员把设备运用、维护好，更需要新一代技术人员把先进的技术运用到设备改造中，解决实际问题，适应枢纽运用及发电实际需要。

多年来，汛期库区杂物严重影响发电生产，恶化机组运行工况，直接关系集团公司发展。为此，2020年集团公司完成了原水电厂、大坝分局合并，解决了体制的弊端，为问题的系统解决提供了可能。2020年汛期，发电公司正在积极探索运用清污船坝前清污，改进抓斗机，增加一台臂吊提高清污效率等办法，取得较好效果，改善机组运行工况、汛期清污仍急需一批能力强的专业队伍摸索一套合理高效解决办法。实现贺树明董事长提出的"企业强，明珠美，职工富"集团愿景目标。

二、长期规划，全面实施

集团公司陈总经理说过："一年之计，莫如树谷；十年之计，莫如树木；终身之计，莫如树人"。在公司培训部门指导下，发电公司各层次职工培训每年都在进行，长期、全面合理规划，指导监督，全面实施是职工培训的重要方面。班组一般有两种形式，其一，师傅带徒弟，在实际工作中指导，徒弟很快上手；其二，设备问题发现和解决后，在班前、班后会以讲解形式进行。两种形式对岗位班组技能人才的培养都是不可或缺的。各中心一般是以专题讲座的形式进行，讲课者围绕某一新技术，讲解其工作原理、结构，操作程序，维护事项，对员工系统熟悉掌握新设备十分必要。

发电公司职工教育培训首先要全面了解职工所需要的课题，知道职工所需；其次归类，找出哪些是职工普遍欠缺的共性的课题，大家需要了解熟悉，哪些是工作中的疑难问题，需要有理论水平和实际工作经验的专家专题讲解，现场分析的。做到对职工培训需求了如指掌，培训工作系统化开展。

了解职工培训需求，才能收到较好效果，这也是我交流时的一大体会。在发电中心交流时，特别喜欢互动，每当讲完一章节，问大家有什么问题。没有人提问题，说明讲课内容偏离他们的实际工作，大家不停地提问题，课才能讲得生动，有效果。各中心之间经常相互交流，公司内积极协调，对确实需要外联的，及早联系有关学院专家教授。全年职工培训计划中，结合发电实际情况，提前通知讲授课题，合理安排授课安排时间。由于目标明确，每次授课大家踊跃参与，讲课者与职工之间围绕发电生产实际问题都有充分的交流沟通。

2020年夏天，华北水院博士进行专题讲座，全公司上到副总经理、下到职工共三十余人参加，课题紧扣生产，既有深度、又有广度，课题介绍系统，问题讨论热烈，职工对请进来培训方式反应十分强烈，收获满满。

三、针对性强，注重实效

针对不同受众，采取不同形式，培养兴趣，注重实际效果，是职工培训的精髓。近些年，入厂职工都具有本科以上学历，基础扎实、全面，针对刚参加工作的大学生应侧重理论联系实际现场介绍。比如：电气主设备中的电压互感器（PT）、电流互感器（CT）如何区分，我说头上一个辫子的叫PT，两根辫子的叫CT，生动形象，易于记忆。部分大学生不能区分刀闸和开关，在办票时总写错，我告诉他们，两个触头之间看到距离的叫刀闸，主要作用让工作人员看到明显分断点，看不到距离的叫开关，因为开关主要作用是熄灭弧光，弧光是不能外漏的，这样一说办票时再也写不错。

交流应注意各部门职工工作性质的差别。发电中心和维护中心职工工作性质是不同的，前者是正向思维，后者是逆向思维，换句话说就是因和果关系。前者讲课时偏重原理、结构、流程，条件具备后应产生什么结果；后者讲课应侧重维护和消缺，特别是消缺工作，分析重点在原因和条件。比如：试验数据不对，维护人员应能够分析出原因，是设备参数问题，还是仪器精度问题，还是设备机械装配问题，并加以排除，这是维护工作的重点。缩短消缺时间，提高设备投运率，所以维护工作要有更高的技术素质，更加全面系统的知识，要熟练掌握设备，否则，调高消缺质量就是一句空话。

俗话说，讲十次不如动一次。维护工作讲究的是动手能力和兴趣的培养，满足职工工作中的成就感，提高他们敢于动手、善于思考能力。一个技术全面的专业技术人才培养，需要时间的磨炼，工作中的日积月累，不懈的探索思考，更需要同行之间研讨会、贯标会上深入交流，开阔视野，才可能站在行业的顶端。

四、建立晋级通道，提高创造性

管理和技术是企业发展进步的两个轮子，缺一不可。重管理、轻技术如同独轮车，越走越费劲，行不远，高质量发展离不开技术的支撑。目前，发电公司建立了职工晋级通道，工程师（技师）和高级工程师（高级技师）进行了分类，提高了专业技术带头人及首席技师待遇，是分配制度一大尝试。有利于提高技术人员的积极性和创造性。

"拿多少钱，干多少活"是部分职工现实心态的写照。没有晋升体制，又没有激励机制，干活多出事多，被考核就多，"多一事不如少一事"观念在部分职工逐渐形成。建立职工晋升通道，提升工作效率，提高职工自觉性和创造性，实现"效率优先，多劳多得"的社会主义的分配方式是企业发展必备条件。

目前，三门峡枢纽的运用和发展瓶颈问题并没有根本解决，坝前杂草和机组恶劣工况，是制约汛期发电的顽疾，国内罕见，电力市场即将迎来挑战，需要公司全体职工发挥聪明才智，共同面对，创造性系统解决。

老一代人说过，三门峡枢纽是水力发电人才的摇篮，因为他们比任何水电厂见到和解决的问题都多，同时，为水电公司顺利走向水电市场储备了人才和技术。老一代人走了，主设备改造已结束，新的标准、规范陆续出台，紧抓培训，使年轻一代脱颖而出是职工培训工作一项紧迫任务。

五、完善培训配套设施

集团公司 2020 年 8 月份举行了电工职业技能竞赛，参赛选手来自集团公司各二级单位近 50 名选手，内容按照《中华人民共和国职业标准》中对电工高级工以上的知识、技能及相应的新知识、新技术的要求，赛前，在三门峡黄金技术工业学校对参赛选手进行短期培训。

在监考评卷中发现如下问题：①大部分选手不适应试卷内容，部分选手对试题中 70% 的内容工作中没有接触或很少接触，上手十分生疏，部分选手直接放弃。工作中一、二次专业没有进行分工的部门选手取得了较好的成绩。②全程参与培训选手普遍成绩较好，培训过程既有理论讲解、又有实际上机操作，部分选手单位工作较忙，没能全程参与培训。③培训过程专业，培训内容按照标准要求进行，培训的老师经验丰富，最重要的是上机操作设备齐全完备。

工种划分后，职工长期从事某一工种，知识面变窄，新技术接受能力变得迟钝。加强职工培训队伍建设，完善职工培训的配套硬件，有利于职工新知识、新技术的接受，技能提高，有利于人才成长。在人才培养方面，必须使人才流动起来，加速复合型人才的培养，给善于学习、热爱本职工作的职工创造良好的成长环境，为黄河水利事业的发展做好人才的储备。

在今后的培训工作中，我们将以实施黄河流域生态保护和高质量发展重大国家战略为契机，为推动集团公司高质量发展不懈努力，为建设幸福河不懈奋斗！

（作者单位：三门峡黄河明珠（集团）有限公司）

搭建"育才"平台　创新"用才"机制

——三门峡发电公司以劳模（职工）创新工作室促进职工全员培训的思考与探索

闫丽娟

为充分发挥劳模先进、专业技术带头人在职工培训、企业高质量发展中的示范引领作用，广泛调动广大职工立足岗位、提升素质的积极性，大力提升企业核心竞争力，三门峡发电公司按照"激活力、提效益，育人才、促发展，争一流、保安全"的要求，在深入调研、学习交流的基础上，结合工作实际，在以劳模（职工）创新工作室促进职工全员培训方面进行了深入的思考与探索。

一、创建劳模（职工）创新工作室的背景

劳模精神是推动企业进步、引领职工奋发的精神，而创建劳模创新工作室正是新时代传承劳模精神、激发企业活力、汇集发展正能量的新方式、新载体、新品牌，更是对"劳动光荣、工人伟大"这一理念的诠释。

近年来，原分局和水电厂积极开展劳模（技师）工作室创建工作，均明确了工作目标、工作职责，建立了工作制度，取得了一些成效。但仍然存在影响力不够大、带动能力不够强、科技成果转化速度不够快等问题。

主要表现在以下几方面：一是工作室带头人多为本岗位、本专业的业务骨干，工作繁忙、压力大，创新工投入的精力少，存在流于形式、甚至懈怠现象。二是作为基层一线单位，企业整体创新氛围不够浓重，职工创新积极性、主动性有待提升。三是工作室建设、学习培训、项目开发、成果转化等方面的资金尚无明确列支渠道，有待纳入企业财务预算范围。

三门峡发电公司成立的初衷就是为了强强联合、实现"1+1＞2"的效果。在原有劳模（技师）工作室的基础上，创建劳模（职工）创新工作室，旨在以安全生产、经营管理、科技创新等方面有一定的理论水平、工作经验和创新能力的各级劳模、先进典型、技能人才等为负责人，在教育培训、队伍建设、技术共促、技能传帮带等方面起到积极的推动作用。

（一）劳模（职工）创新工作室是适应企业改革发展的内在需求

如今，黄河流域生态保护和高质量发展已上升为国家战略。在建设新时代幸福河的征程中，三门峡水利枢纽工程设施设备老化问题突出，信息化水平亟待提高，距离新型水利

枢纽智能化、物业化的管理模式还有很大差距。同时，受豫西三门峡地区电力过剩、东送通道受限、水电优先发电的优势被弱化等因素影响，电力生产及发电上网受到制约。

三门峡发电公司作为新成立的单位，新的职能定位、新的管理体制、新的短板不足，都促使着企业应该搭建一个能够提高职工技能素质和创新能力、且职工的创新创造能力又可以反作用于企业的双向互动平台——劳模（职工）创新工作室。一方面，激发职工立足岗位成才、立足本职创新的热情，不断提升自主创新能力，以创新驱动发展的成果来提高职工的认同感、获得感、幸福感；另一方面，通过大众创新，引导职工立足岗位规划个人愿景，把自身的成长与企业的发展紧密联系在一起，真正做到职工与企业同心同向、同频共振，形成强大的凝聚力和向心力。

（二）劳模（职工）创新工作室是全面加强技能人才队伍建设的重要举措

1. 满足职工培训的新要求

近年来，新入职的职工均为全日制本科生或研究生，有相当一部分学生专业不对口，实际工作经验与业务技能均有待提高，造成企业培训压力增大；而企业需求的动手能力强、专业技能基础扎实的技能型技术工人却未能得到及时补充，从而造成专业技术工人比例大幅缩小。

培训是企业给职工最大的福利，也是职工投资最少、见效最快的"充电"方式。我们以劳模（职工）创新工作室为平台，以在技术、业务方面有专长，具有一定理论水平、创新能力的职工为负责人，充分利用内部职工开展培训，一方面，可以适当减少外聘专家的高额费用，落实"过紧日子"的要求；另一方面，内部职工以自己多年来的工作经历和丰富经验为依托，并可以针对企业面临的新形势新任务新问题，机动灵活地设置课程、调整内容，使培训更具针对性和实用性。通过以点带面的做法，提升职工整体业务技能，逐步打造一支学习型、知识型、技能型、创新型、专家型职工队伍，促进职工创新成果向现实生产力的转化。

2. 开拓职工培训的新方式

以往的培训方式无外乎言传身教、直接灌输、理论考核，培训内容大多是比较枯燥的专业知识，学员们往往是被动地去接受，不能完全调动职工的学习积极性和主动性，这也就导致了培训往往达不到令人满意的效果。

劳模（职工）创新工作室可以依托某一项创新课题，通过集体的学习、研讨、攻关，促使职工的学习行为由被动培训、被动学习，转变到根据创新需求有针对性地主动学习、带着疑问去钻研。特别是工作室大部分是以劳动模范、专业技术带头人为领军人物，往往会根据创新项目、技改项目、攻克难题等开展交流研讨、集体攻关，有利于让成员自觉地融入团队学习中，更容易实现相互启发、取长补短的效果，便于实现知识、资源的共享、共用，使培训更具针对性、科学性。

（三）劳模（职工）创新工作室是各项创新成果落地生根的有效平台

有利于形成系统的、闭环的创新机制。目前的管理模式中，科技进步及创新成果由生技部门负责申报、管理，合理化建议、劳动竞赛等大众创新活动由工会负责组织开展，技术比武、技能竞赛等全员培训项目由人事部门负责牵头组织。这样的"多头"管理模式，造成了创新成果转化存在"就事论事"的现象，没有形成申报、评审、推广、激励的闭环管理模式。劳模（职工）创新工作室可以作为创新成果交换和推广转化的平台，从而建立起工作室统领协调、对口部门具体实施的工作机制，将原来散落在企业内的一个个"创新点"，整合凝聚成持续的"创新链"。

有利于创新方向、成果转换更接地气。以往科研项目或创新课题的研发，大多是根据安全生产、经营管理过程中遇到的难点、重点问题，安排专工潜心研究、集体攻关，专业性、技术性比较强，导致了职工的参与性不够高、覆盖面不够广。而劳模（职工）创新工作室可以将职工在现实生产中遇到的实际问题汇集到专业技能人才面前，专业技能人才和一线岗位职工通过共同学习、交流探讨、互相配合的合作模式，不仅大大增强了业务培训的针对性和实用性，也易于创新效果被采纳、运用。

二、关于创建劳模（职工）创新工作室的思考

劳模（职工）创新工作室（以下简称"工作室"）要按照"有工会组织、有创新团队、有工作场所、有经费保障、有创新成果"的原则，充分发挥劳动模范、能工巧匠、高技能人才等先进典型的示范引领作用，引发"蝴蝶效应"，以点带面，努力把职工技术创新人才个体优势发展为群体优势，形成"链式反应"。

（一）指导思想

以习近平新时代中国特色社会主义思想为指导，围绕三门峡发电公司中心工作和"十四五"发展规划，形成党委高度重视、行政特别支持、工会积极组织、劳模带头挂帅、职工踊跃参与的势头，以技术创新、管理创新为方向，激发广大职工创新热情和创造活力，使工作室成为弘扬劳模精神的"种子站"、职工成长的"大课堂"、技术创新的"孵化器"、成果转化的"加油站"，把职工的正能量汇聚到创新发展上来，把推动发展的立足点落到提高工作效率和经济效益上来，不断增强企业竞争实力，推动企业高质量发展。

（二）创建目标

以"学习、交流、创新、发展"为主线，以劳模先进和专业技术带头人作为负责人，围绕各专业岗位需要和生产经营管理中的难点、重点问题，开展学习培训、科技攻关、技术改造、技术协作、创新发明等活动，搭建职工施展才华、岗位成才的平台，培育和造就

知识型、技术型、专家型、创新型职工队伍，为助推企业高质量发展贡献智慧和力量。

（三）组织管理

为保障工作室创建活动顺利开展，成立由党委书记、总经理任组长，工会主席、总工程师为副组长的活动领导小组，成员由副总工及各单位、部门负责人组成。其主要职责是：听取工作汇报，对重大事项进行决策。

活动领导小组下设办公室，由防汛与生产技术部、人力资源部和党群工作部的相关人员共同履行职责：研究制定工作室工作方案和管理办法；负责工作室活动的组织协调、成果认定、检查评估、评比表彰，总结推广经验，促进成果转化；争取上级的支持，为工作室的创建提供一定的经费和必要的活动场所，对工作室实行全过程的指导、管理和服务，帮助处理创建过程中遇到的困难和问题。

工作室必须有 1～2 名具有专业技术特长、实践经验丰富，在本专业（或工种）有一定影响，得到业内认可的省部级以上劳动模范、五一劳动奖章获得者或集团公司以上专业技术带头人、首席技师挂帅领军；工作室成员实行聘任制和动态管理，由 5～10 人组成活动团队，经领导小组研究决定进行聘任及调整。

公司各单位（子公司）、机关各部门要大力支持并积极参加工作室创建活动，营造全员创新的良好氛围。

（四）主要任务

1. 学习培训

由工作室成员担任培训教员，开展业务学习、技术指导、技能培训等活动，提高广大职工业务素质和技术水平，帮助职工岗位成才。

2. 经验交流

学习交流先进技术和工作经验，定期组织交流会，总结推广工作室成员的工作经验；并与各岗位、各专业的职工交流互动、答疑解惑，实现信息互通、资源共享。

3. 技术攻关

针对实际工作中遇到的技术难题，开展专题研究、攻关活动，解决安全生产、经营管理过程中的"疑难杂症"。

4. 创新增效

围绕重点工作和重大项目开展创新研究，通过技术创新、管理创新、机制创新，优化工作流程，提高工作效率，提升经济效益。

（五）工作思路

1. 场所固定、标志明显

①工作室应是空间独立、面积适当、功能明确的固定场所，用于办公学习、创新实践、

技能竞赛和展示成果荣誉等。

②室内应制作悬挂组织机构、领军人物介绍、人员组成、工作职责、目标任务、安全使用规定等。

2. 政策扶持、经费保障

①积极争取集团公司在技术、资金、奖励等方面的政策扶持，建立相应的经费保障机制，为工作室配备必要的专业资料、器材工具、电脑网络等设施，保证各项科技攻关、发明创造、学习交流等活动的正常开展，更加充分地发挥工作室创新创效的作用。

②根据《中共河南省委办公厅 河南省人民政府办公厅关于提高技术工人待遇的实施意见》规定，本着实现技高者多得、多劳者多得，激发技术人才积极性、主动性、创造性的原则，将内部职工开展培训作为对职工工作经验和智力付出的收购，从职教费中列支收购费用。

3. 建立机制、完善制度

①制定《创新工作室管理办法》《创新工作室活动制度》《创新工作室工作标准》《创新工作室考评细则》等一系列管理办法和规章制度，建立健全动态管理机制，完善考核体系，强化评估检查。同时，要制定年度实施方案和长期发展规划等，保存准确翔实的创新活动记录、成员档案等，全面反映工作室的工作流程和工作状况。

②制定创新成果申报、成果收购制度，明确"创新成果"的标准，对作用发挥明显、业绩突出的工作室成员和经济效益、社会效益显著的职工创新成果，依据有关规定及时给予精神鼓励和物质奖励，不断激发广大职工的创新热情。

③为避免"多头"管理，由防汛与生产技术部负责创新成果的分解、立项、汇总、评审等系列工作。定期组织创新成果评审，由防汛与生产技术部牵头组织，工会、办公室协助，对收集的已取得成效的创新成果，按照不同类别、不同等级进行评审，经公示后，予以收购。对于优秀的创新成果，根据分类，由对口部门向集团公司及上级单位上报。

4. 团队精干、职工参与

①工作室可根据实际确定人员组成，形成知识、年龄结构和技术层级科学合理的创新工作团队。在人员组成上，要注重少而精，确保每名成员都能切实承担任务、发挥作用。

②为鼓励全员创新，制定职工创新活动方案，对全年职工依托创新工作室开展活动的人数、频次、活动内容做出明确规定。工作室成员可以结合阶段性重点工作和项目，自主选择项目课题，在公司范围内挑选项目组成员，共同开展工作；基层职工也可结合本职工作，主动与工作室成员"结对"开展创新创造工作。

③将创新成果分为技术创新、管理创新、大众创新，公司各单位（子公司）、机关各部门的职工均属于创新主体。技术创新主要包括科技研发成果、科技进步成果、技术改造

成果、授权专利等。管理创新主要包括管理体制创新、理念创新、管理创新优秀论文等。大众创新主要包括小发明、小创造、小设计、合理化建议等。

5. 多方联合、丰富形式

①加强与集团公司兄弟单位的劳模工作室之间的联系联合，探索组建职工创新工作室联盟，共同为集团公司高质量发展提供支撑和保障。

②加强与同行企业、科研机构、高等院校的学习、交流和合作，提升自身创新成果质量，打响创新品牌。

③把工作室的实践活动与劳动竞赛、技术比武、班组建设、党建工作等紧密结合、统筹共进，不断推动工作室的创新实践活动向广度和深度发展。

（作者单位：三门峡黄河明珠（集团）有限公司）

立德树人视域下的水利科研院研究生培养思考

蒲 立

习近平总书记对研究生教育工作作出重要指示强调，适应党和国家事业发展需要，培养造就大批德才兼备的高层次人才。坚持"四为"方针，瞄准科技前沿和关键领域，深入推进学科专业调整，提升导师队伍水平，完善人才培养体系，加快培养国家急需的高层次人才。

水利科研院作为高层次水利科技人才培养的一支重要力量，研究生教育必须坚持把立德树人作为中心环节，把思想政治工作贯穿教育教学全过程，深化"三全育人"改革，围绕培养水利水电科研事业建设者和接班人的根本任务，构建适应新时代水利科研创新发展需求的教育培养体系，培养德才兼备、全面发展的高层次水利科技人才。

一、深刻领会新时代立德树人的新形势新任务新要求

习近平总书记在全国高校思想政治工作会议和全国教育大会上指出，要坚持把立德树人作为中心环节，把思想政治工作贯穿教育教学全过程，实现全程育人、全方位育人。习近平总书记的重要讲话全面总结了党的十八大以来教育改革发展实践中形成的新理念新思想新观点，围绕培养什么人、怎样培养人、为谁培养人这一根本问题，提出工作要求、作出战略部署，为加快推动教育现代化、建设教育强国、办好人民满意的教育指明了方向。

2018年，教育部制定发布《关于全面落实研究生导师立德树人职责的意见》，努力造就一支有理想信念、道德情操、扎实学识、仁爱之心的研究生导师队伍。完善立德树人体制机制，扭转不科学的教育评价导向，坚决克服唯分数、唯升学、唯文凭、唯论文、唯帽子的顽瘴痼疾，为水利科研院研究生培养指出了改革的重点、方向和路径。

党的十八大以来，水利部深入学习贯彻习近平总书记"十六字"治水思路，深入实施科教兴国战略，对高层次水利科研人才培养提出了新要求。近年来，中国水科院认真学习贯彻习近平总书记在两院院士大会上的讲话精神，面向世界科技前沿、面向经济主战场、面向国家需求，明确"到2020年进入世界一流科研院的行列，到2035年进入世界一流科研院的前列，到2050年成为引领世界水利水电科技的排头兵"的总体发展目标。践行新时代治水思路、研究生培养主动对接高层次水利人才培养新要求，围绕落实立德树人根本

任务，为水利科研改革发展、建设一流科研院提供有力的科技和人才支撑。

二、准确把握水利科研院研究生立德树人的重要性和紧迫性

中国水科院作为规模最大的水利科研院，研究生培养工作起步早，发展时间长，在实践中建立和完善了一套较为成熟的培养模式。中国水科院于 20 世纪 50 年代开始研究生培养工作，是国务院学位委员会批准的首批"水利工程"一级学科博士和硕士学位授予单位，设有 2 个一级学科（水利工程和土木工程）博士后流动站，8 个博士和硕士学位授予专业。60 多年来，紧密结合国家、社会及水利行业发展需求，利用领先的学科和人才资源优势，依托国家重点实验室、水利部重点实验室和院实验平台体系，科教融合，不断提升人才培养质量。已累计招收培养硕士、博士和博士后 1600 余人。2014 年，入选全国创新人才培养示范基地。2019 年，工程学学科进入 ESI 全球排名 1%，研究生在学科建设和科研创新中做出了贡献。

全院现有职工 1347 人，设置研究生院和 14 家培养单位，建设一支由院士、杰青、国家"万人计划"专家构成的导师队伍，共有导师 261 人，其中，博士生导师 89 名。在读研究生 382 人，其中，博士生 218 人，占 57%。

（一）研究生培养和工程项目实践紧密结合要求压实导师立德树人职责

科研院研究生在结束基础课程学习后直接进入导师项目或课题组，大量时间用于在导师带领指导下开展科研攻关和项目，在项目中找到科研选题并完成毕业论文。研究生作为导师项目和团队的重要支撑力量，一是协助导师完成所承担的科研项目，二是在导师指导下开展创新研究。主要时间用于和导师、课题组和实验室团队成员之间的沟通协作。导师在思政教育、科研道德、创新精神方面对研究生的言传身教至关重要，亟须全面落实导师立德树人职责，加强对项目组、实验室、课题组的思政引领，提升导师和团队开展研究生思想政治教育工作的水平和能力。面对水利科技新形势新任务，要求在科研实践中开展以爱国、创新、求实、奉献、协同、育人精神为核心的科学家精神教育，引导自觉践行新时代水利行业精神和水利科技工作者精神。

（二）研究生学业和就业压力增大亟须加强思政引领和人文关怀

当前，一方面，国家对研究生培养质量提出更高要求，科研院重视提升研究生培养质量，严把论文质量关，研究生面临的学业压力加大。另一方面，研究生对就业有着较高的心理预期，水利高校、科研院所是研究生就业传统首选和主要渠道，水利行业之外的就业渠道受限，造成普遍存在焦虑等心理问题。同时，随着招生规模扩大，研究生来源和结构更为复杂。就业、学业、经济和心理等等突出问题，亟需加强人文关怀和心理疏导，把解决思想问题同解决实际问题结合起来。

（三）落实立德树人、破除"五唯"对改革研究生和导师评价体系提出新要求

客观地看，"唯分数、唯升学、唯文凭、唯论文、唯帽子"的"五唯"评价标准在促进科研发展和人才培养方面作出了阶段性历史贡献，但长期以来，"五唯"带来的深层次问题扭曲了教育本质，严重影响了人才培养质量，不利于培养堪当大任的时代新人，成为当前教育评价中的突出问题。亟须落实立德树人根本任务，改进结果评价、强化过程评价、健全综合评价，建立科学的、符合时代要求的教育评价制度和机制。

三、落实立德树人任务精准推进水利类研究生培养改革

（一）加强导师队伍建设，落实导师是研究生培养的第一责任人

一是要明确导师的课程和科研思政职责，通过加强思想引领与价值塑造，将学习宣传新时代水利行业精神与贯彻研究生导师立德树人职责的工作有机结合，引导导师在思想上进一步增强立德树人的责任感与使命感。二是充分发挥导师团队在三全育人中的重要作用。发挥科研院"多对一"的导师团队培养优势，加强团队思想建设，营造团队育人氛围。发挥院士、杰青、国家"万人计划"专家等高层次人才团队以及重点实验室、工程技术中心的团队育人作用。三是构建更加科学、更加满足导师现实需要的导师培训体系。对研究生导师实行全员培训、全周期轮训、全方位培训。开展新任导师培训，实行3年轮训制度、鼓励和支持导师参加国际高层次学术会议。四是优化导师服务，研究生院通过组织导师座谈，开展导师交流、做好导师日常咨询、及时调解师生矛盾，搭建不同学科导师之间、导师与学生、导师与研究生管理部门之间有效沟通交流平台。不断完善导师专业技能，提升导师指导能力和水平。

（二）改革导师和研究生评价体系，发挥教育评价指挥棒作用

落实三全育人，改变单一的评价标准和方法，着力破除"五唯"，要按照《关于全面落实研究生导师立德树人职责的意见》中明确的政治素质、师德师风、业务精湛三大基本素质以及七个方面的立德树人职责，完善导师考核评价机制。要把对研究生的思想政治素质评价、综合素养评价与专业能力评价有机结合起来，构建更全面综合、更能反映研究生学术水平、也更能适应国家需要的，体现立德树人、创新引领、人文精神和科学精神的综合评价体系。在这一过程中，要重视调动发挥培养单位的积极性。

一是完善导师考核岗位办法。将强化政治素质和师德师风考核，完善周期聘任制度。将人才培养情况作为年度考核、职称和岗位聘任的重要依据。将立德树人成效、研究生培养质量合理纳入培养单位年终绩效考核，开展优秀导师和团队评选表彰，充分调动导师及培养单位积极性。二是以提高学位论文质量为抓手，真正落实导师是研究生培养首要责任人职责。建立学位论文质量与招生挂钩的联动机制。对于出现严重问题论文的培养单位，

扣减相关招生名额并暂停导师下一年度招生资格，同时对在学位论文质量控制方面成绩突出的培养单位及导师给予招生名额倾斜。三是构建学业成绩评价、创新能力评价、实践能力评价构成的全方位评价体系。把家国情怀教育融入研究生培养全过程，培养更多站在学科发展前沿、服务水利改革发展需求和中国特色社会主义事业的一流人才。

（三）改革研究生奖助学体系体制，发挥奖助学的育人功能

以提升研究生教育质量为核心，深化研究生奖助体系改革创新。

一是构建全方位立体式分层级的奖助学体系。构建和完善以国家奖学金、张光斗、潘家铮优秀学生奖学金，博士学位论文创新资助，发表论文奖励，优秀学位论文奖励，优秀博士论文出版资助等组成的学业和资助体系。实施新生奖励、优秀研究生及学生干部、课程学习奖励，建立健全助学金、困难学生资助和临时困难补助。确保经费投入，研究生院加强和院科研、财务部门在奖助体系建设中密切协同，发挥财政资金的育人先导作用，科学预算奖助目标，提高财政资金的使用效率，促进学生全面发展。

二是完善奖助学体系。努力做到在资助育人中完善体系，在完善体系中更好地实现立德树人。以资助育人和科研导向为指引，全面协调奖助工作，加强对奖助学工作的统筹领导、协同推进和监督落实。完善奖助管理体制，确保资助经费的归口管理、规范运作和常态化运行。研究生院负责奖助政策细则的制定、奖助学金评审以及统筹发放等工作。明确评选条件和程序，规范发放渠道和形式，确保研究生奖助工作有规可依、有章可循，推进奖助目标与经费使用的良性互动。培养单位将导师奖助学金发放情况作为导师招生资格审核认定、研究生招生计划分配、导师评优等工作的重要依据。

三是发挥奖助学金的导向作用和育人功能。确保完善体系与立德树人紧密结合，在研究生各项奖助学金的评审过程中，全面落实研究生导师立德树人职责，重点关注少数民族和贫困学生。坚持经济资助与精神激励相结合，深化研究生奖助工作内涵，开展国家奖学金和张光斗、潘家铮奖学金等获得者等优秀研究生事迹宣传，通过树立身边榜样，倡导爱国奉献、自立自强精神。坚持思想引导与心理疏导相结合，把家庭经济困难研究生作为开展心理健康教育的重点人群。坚持科研导向和立德树人相结合，在奖助学金评审过程中，发挥奖助学金的育人功能，引导研究生努力学习、报效祖国，积极争取各类奖助项目，促进研究生潜心科研、努力学习。

（作者单位：中国水利水电科学研究院研究生院）

聊城黄河河务局"985""211"重点高校校园招聘情况调研报告

刁丽丽

　　黄河是世界上最为复杂难治的河流之一，"水少、沙多，水沙关系不协调"的基本特点，决定了黄河治理开发的复杂性、长期性、艰巨性，而且仍然有大量自然规律和内在机理尚未被认识，治黄工作中仍然有许多纵横交织的复杂关系需要去处理。进入新时代，习近平新时代中国特色社会主义思想和党的十九大精神，赋予了治黄事业新内涵、新使命，"黄河流域生态保护和高质量发展"上升为国家战略。人才是第一资源，治黄事业需要高层次人才的引领，为满足推进治黄事业跨越式发展对治黄人才队伍的要求，2011年黄委制定了人才引进战略计划，面向 "985""211"重点高校毕业生直接招聘，提升治黄队伍整体素质。为进一步做好高层次人才引进招聘工作，以聊城河务局为例，调研人员对近年来招聘的211高校毕业生进行跟踪调查和分析，对存在的问题提出了建议。现将调研情况报告如下：

一、黄委重点高校校园招聘相关政策

　　2012年，黄委开始实施"985""211"重点高校校园直接招聘，采用现场测试、面试和考察相结合的方式进行，招聘专业以水利水电工程、水文与水资源、河流动力学、环境工程等水利相关专业为主。参加现场招考的毕业生不需要参加黄委统一组织的事业单位公开招聘考试，即无需笔试环节，即可登上黄委招聘"直通车"，并且施行重点培养、跟踪考察、量才使用。2018年起根据国家政策变化招聘政策稍有调整：重点高校招聘对象为"211""985"高校应届毕业生，教育部等公布的世界一流大学和一流学科（"双一流"）建设高校及建设学科应届毕业生，水利相关的中国科学院所属科研院所、国务院部委直属科研院所硕士及以上应届毕业生，以及华北水利水电大学的水利水电工程、水文学和水资源专业硕士及以上应届毕业生。

二、聊城河务局近年来招聘情况

　　根据上级安排，聊城河务局自2013年开始面向"985""211"重点高校开展校园直接招聘工作，截至 2019 年共设置校园招聘岗位 48 个，其中县局及以上机关 7 个，基层段所 41 个。实际招聘到岗 7 人，报到率仅为 14.58%，其中县局及以上机关岗位报到率42.86%，基层段所报到率仅为 9.76%。具体见表 1。

表1　2013-2019聊城河务局招聘岗位报到情况

年份	岗位设置（人）	实际报到（人）	报到率	其中						备注
				县局及以上机关			基层段所			
				岗位设置（人）	实际报到（人）	报到率	岗位设置（人）	实际报到（人）	报到率	
2013	1	0	0.00%				1			
2014	2	0	0.00%				2			
2015	9	2	22.22%	3	1	33.33%	6	1	16.67%	2人均已辞职
2016	12	1	8.33%	2	1	50.00%	10		0.00%	
2017	10	1	10.00%	1		0.00%	9	1	11.11%	
2018	8	1	12.50%				8	1	12.50%	
2019	6	2	33.33%	1		100.00%	5	1	20.00%	
合计	48	7	14.58%	7	3	42.86%	41	4	9.76%	

招聘的 7 人中目前在岗 5 人，辞职离岗 2 人，其中 2015 年阳谷局防办招聘的陈太阳因 2018 年被济南市水利局人才引进而辞职，供水局陶城铺闸管所招聘的崔兆东因考取硕士研究生辞职。目前在职 5 人中有 3 人为市局经济发展管理局岗位招聘；基层管理段所岗位 2 人，分别为 2017 年和 2019 年招聘。具体见表 2。

表2　2015-2019阳谷河务局招聘人员情况

年份	姓名	学历	学位	毕业院校	专业	招聘岗位
2015	崔兆东	本科	学士	西南交通大学	土木工程	供水局陶城铺闸管所
	陈太阳	本科	学士	青海大学	水利水电工程	阳谷河务局防汛办公室
2016	高 迪	研究生	硕士	河海大学	水利工程	经济发展管理局
2017	钟庄子	本科	学士	河海大学	农业水利工程	阳谷河务局陶城铺管理段
2018	伍昕晨	本科	学士	华中农业大学	植物科学与技术	经济发展管理局
2019	梁 睿	研究生	硕士	华北水利水电大学	水工结构工程	经济发展管理局
	谭文静	本科	学士	山东师范大学	地理与环境	莘县河务局樱桃园管理段

三、重点高校校园招聘取得的效果

实践证明，黄委实施的"上门招聘"拓宽了人才引进渠道，提高了人才招聘工作的主动性、创造性，为黄河治理开发提供了人才支撑和智力支持，有力地促进了聊城黄河事业的发展。招聘到的人员素质较高，注重发挥自身优势，为治黄事业注入新的活力，在自已的岗位上做出了应有的成绩。如高迪撰写的《关于黄河施工企业人才队伍建设的思考》获得 2018 年度山东黄河治理优秀论文一等奖；陈太阳参与研制的"便携一体式抢险反滤筒"获得 2018 年度山东黄河河务局科技火花一等奖；钟庄子参与研制的"多功能简易 Γ 型工程坡度尺"获得山东省局三新认定。目前引进高层次"985""211"人才高校毕业生现状见表3。

表3　2015-2019阳谷河务局招聘人员在岗情况

年份	姓名	招聘岗位	现任职岗位	职务	职称	备注
2015	崔兆东	供水局陶城铺闸管所	已离职	无	无	职务、职称为辞职时职务、职称
	陈太阳	阳谷河务局防汛办公室	已离职	无	助理工程师	职务、职称为辞职时职务、职称
2016	高迪	经济发展管理局	经济发展管理局	无	工程师	
2017	钟庄子	阳谷河务局陶城铺管理段	阳谷河务局陶城铺管理段	无	助理工程师	
2018	伍昕晨	经济发展管理局	经济发展管理局	无	助理经济师	
2019	梁睿	经济发展管理局	经济发展管理局	无	无	
	谭文静	莘县河务局樱桃园管理段	莘县河务局樱桃园管理段	无	无	

四、存在的问题及原因分析

（一）报到率低，招聘岗位"空岗率"较高

聊城河务局 2013 年至 2019 年 7 年间设置招聘岗位 48 个，实际招聘高校毕业生 7 人，报到率仅为 14.58%，其中县局及以上机关岗位报到率 42.86%，基层段所报到率仅为 9.76%。主要原因如下：

1. 宣传力度不够

据了解，截至目前全国共有"985"高校 39 所，"211"高校 116 所；"世界一流大学"42 所和 "一流学科建设高校"95 所，还有中国科学院、中国水利科学研究院、南京水利科学研究院、长江科学院等众多水利科研院所，分布于全国 31 个省市自治区。招聘岗位的工作地点分布在青海、甘肃、宁夏、内蒙古、山西、陕西、河南、山东等沿黄省市，招聘信息仅仅在黄河网发布，招聘地点也仅仅设在河海大学和北京师范大学，众多"985""211"高校毕业生难以及时获取招聘信息，而且北京、南京等地"985""211"高校远离黄河流域、毕业生对黄河缺乏了解。此外黄委作为水利部派出机构，与地方单位交流较少，单独组织招聘，招聘规模相对较小，难以形成国考、省考甚至于县市区事业招聘的关注度。

2. 地区经济落后

我局所处的聊城市处于山东省西部，2018 年全年国内生产总值 3152.15 亿元，位于山东省第 12 位；人均国民生产总值 2.60 亿元，位于山东省第 15 位，属于经济欠发达地区。

我局工资水平在沿黄9市中属于较低水平，与胶东沿海地区差距更大，经济弱势直接影响着物质文化生活水平，如果引进的人才在工资、福利、待遇、住房等基本保障上没有得到满足，扎根黄河更是无从谈起。

3.岗位设置不合理

黄河基层单位多是沿河、沿堤而建，地理位置较为偏僻，经济发展水平不高，工作条件相对较差，对于211、985高校毕业生来说，仅仅一个"基层事业单位编制"的吸引力并不大，他们往往更倾向于一二线城市。大城市就业机会多，薪资待遇水平高，未来前景好；城市建设繁荣，有秀丽的风景、舌尖上的美食，发达的交通网络等等，这都是黄河基层单位不具备的，往往也是年轻人需要的。聊城河务局近几年基层岗位报到率仅仅为9.76%，明显低于县局及以上机关岗位的42.86%。

（二）后续配套政策乏力，成长发展空间有限

在知识经济时代，科技发展日新月异，如果没有施展才能的空间，这些引进的人才从客观上就失去了优势，其价值会逐渐衰减。黄委校园招聘政策中曾经许诺"通过现场招聘引进的"985""211"高校毕业生，黄委将试行重点培养、跟踪考察、量才使用"。而真正入职后，并未享受到相关政策红利，也没有根据其专业特长进行"量体裁衣"，发挥聪明才智。崔兆东、陈太阳辞职时都无职务，具有专业技术资格的也仅是助理工程师；目前在岗的5人均无职务，除高迪认定工程师外，其余也均为初级职称，也仍就在招聘的岗位上工作，上升或晋升渠道受限。

（三）没有关注引进人才的多元化需要

如果没有知识的更新换代，这些引进的人才同样也会失去优势，价值也会逐渐衰减。"211""985"高校毕业生眼界高，其需求更加多元化，也更加注重自身能力的提高。面对越来越激烈的社会竞争，不少人都想继续深造，提升自己的个人能力水平，为此教育部2016年印发了《关于统筹全日制和非全日制研究生管理工作的通知》（教研厅[2016]2号），规定"全日制和非全日制研究生实行相同的考试招生政策和培养标准，其学历学位证书具有同等法律地位和相同效力"但就目前的职工学历教育规定来看：非全日制研究生在职称评定等方面并未与全日制学历同等对待，为了获取更具含金量的学历学位证书，在职职工只能脱产参加全日制学历学位教育，但必须解除聘用合同或者办理辞职手续。

五、其他地区人才引进优惠政策

以陈太阳考取的2018年济南市为例：2018年5月3日济南市委组织部、人力资源和社会保障局联合发布了《2018年济南市面向社会引进优秀人才公告》，市属及县区属事业单位共引进优秀人才468名，招聘范围为重点高校及科研院所毕业生。年龄要求博士研究生 35 周岁以下，硕士研究生 30 周岁以下，大学本科生 26 周岁以下。

（一）相关使用要求

博士研究生、硕士研究生，在与用人单位办理聘用手续后，由市、县区统一安排使用：

①先安排到乡镇（街道）或省级及以上开发区挂职锻炼，时间一般为 2 年。

②试用期满，根据本人意愿和单位意见，可结束挂职返回聘用单位工作，也可继续挂职。

③对挂职期满 1 年、考核优秀的，根据事业单位领导职位空缺情况，可安排担任事业单位科级领导职务。对挂职期满 2 年、考核优秀的，可按照有关政策调任到公务员岗位。

大学本科毕业生，在与用人单位办理聘用手续后，由用人单位安排工作。

（二）政策措施

1. 政策待遇

由用人单位提出聘任意见，聘任到管理岗位的博士研究生和硕士研究生，可享受正科级或副科级工资待遇；聘任到专业技术岗位的，可按照职称评聘有关规定优先评聘到相应专业技术岗位。

2. 生活补贴

引进到科研单位工作的博士研究生，同级财政部门 3 年内予以补贴，标准为每年 2 万元。

3. 配偶安置

引进的博士研究生，需要安置配偶的，根据配偶原单位身份性质，采取组织调动、单位协助或个人联系等方式予以安置。原在企业或没有工作的，同级组织人社部门优先推荐就业。

4. 子女入学

引进的博士研究生、硕士研究生的未成年子女入托和义务教育阶段学习，同级教育部门在政策允许范围内优先予以落实。

六、对策建议

（一）加大治黄的宣传力度

目前"黄河流域生态保护和高质量发展"上升为国家战略，借助这一契机，向社会宣传黄河，宣传人民治黄成就，宣传黄河水利委员会，使更多的群众了解黄河，让"维持黄河健康生命，促进流域人水和谐"的观念深入人心，引导广大青年投身黄河、保护黄河。

（二）改善招聘方式

1. 将招聘信息纳入中央和国家机关所属事业单位公开招聘服务平台

借助公开招聘服务平台，集中统一发布招聘信息，一方面可以拓宽事业单位选人用人视野，提高事业单位工作人员队伍素质；另一方面还可以方便应聘人员及时了解招聘信息，扩大黄河单位招聘的受众群体，扩大高校毕业生就业渠道，有效解决现场招聘报到率低的尴尬局面，也为黄河广纳英才开辟道路。

2. 建立长期招聘机制

第一年年底经过南京、北京等地校园现场招聘确定招聘人员后，及时通报岗位空余情况，并于每月定期启动剩余岗位的报名，根据岗位报名情况，由黄委不定期启动面试、考察、体检程序，岗位招满即止，招聘可顺延至每年的5月底，有效解决解决空岗率高的问题。

3. 科学设置招聘岗位

基层段所岗位吸引力不强，岗位适应度不高，导致几年来基层岗位报到率仅仅为9.76%。建议可以参照济南市的做法，招聘岗位设在县区局的工程管理、防汛抗旱等技术性较强的岗位，先安排到基层一线挂职锻炼，试用期满根据本人意愿和单位意见，可结束挂职返回聘用单位工作，也可继续挂职，既增强了吸引力也缓解了基层人员不足的状况。

（三）落实"重点培养、跟踪考察、量才使用"的承诺

1. 畅通晋升发展渠道

对于引进人才重点培养，畅通市局机关与基层单位之间、基层单位与基层单位之间、局属企业与事业单位之间的交流渠道，有计划、有组织地进行轮岗交流，为提高业务与管理水平、丰富经验、增长才干创造机会。加大选拔力度，市局机关及局直单位补充工作人员可重点从基层单位通过考选方式选调，引进人才可单独设岗。对考核优秀、业务熟练、群众认可的，可优先调任到公务员岗位。

2. 建立职称"直通车"制度

目前机关事业单位待遇有着严格的规定，必须有相应的职务或者职称才可享受相应的待遇。为留住人才和加快人才成长，针对他们的特点量身打造职称"直通车"。按照人才评价"要向基层倾斜，对在艰苦偏远地区和基层一线工作的专业技术人才、急需紧缺的特殊人才等，要有一些特殊政策"的要求和分类推进人才评价机制的意见，结合基层单位实际，建立黄河基层专属职称制度，以"单独评审，定向使用，兑现待遇，离开无效"的指导思想，着力解决基层段所人才'引不来、留不住'的问题，不断增强基层单位吸引力。

（四）区域与流域协同发展，争取地方优惠政策

黄河基层单位多处于偏僻乡村，城乡"二元结构"始终是制约人才扎根基层的主要因素，婚恋、赡养、教育、医疗等问题亟待解决，只有解决基层干部的"后顾之忧"，才能让人才全身心投入到工作中去。"黄河流域生态保护和高质量发展"上升为国家战略，"补上基础设施短板，提升公共服务水平，不断增强人民群众的获得感"是其应有之义，黄河基层单位应主动作为，加强区域与流域协同发展，抓住发展机遇，在教育、交通、住房、医疗、养老等争取地方优惠政策支持，让基层黄河职工更好分享改革发展成果。为干部扎

根基层、安居乐业提供足够的平台支撑和良好的生活前景，必定能够起到稳定军心的作用，从而强化凝聚力，提升战斗力。

（五）满足人才成长进步多元化需要

"211""985"高校毕业生面对越来越激烈的社会竞争，为了保持其竞争力，大多更加注重自身能力的提高。为避免招聘人员辞职脱产深造，建议落实"全日制和非全日制研究生实行相同的考试招生政策和培养标准，其学历学位证书具有同等法律地位和相同效力"的政策，并在职务晋升、职称聘任上同等对待。而且非全日制研究生在工作的同时，采取多种方式和灵活时间安排进行非脱产学习，能够以工作需要为导向，"缺什么补什么"，既学习知识提升了能力，也加强了黄河和高校之间的沟通，架起了"开放治河"的桥梁。

（作者单位：聊城黄河河务局）

海委基层人才队伍情况调研报告

——以漳卫南运河德州河务局为例

李 超

"基础不牢，地动山摇"，基层是一切工作的落脚点。基层工作的好坏，事关海委工作全局、事关海委长远发展。习近平总书记强调，人才是第一资源。人才是推动事业发展的关键因素，做好海委基层工作迫切需要建设一支高素质基层人才队伍。漳卫南运河德州河务局（以下简称德州局）是海委漳卫南运河管理局直属二级单位，具有单位成立时间长、人员多、管理链条长、下属单位多等特点，在海委众多基层单位中非常具有典型性和代表性。本报告将以德州局为调研对象，摸清海委基层人才队伍现状、分析存在的突出问题、提出有针对性的意见建议，为海委加强基层人才队伍建设提供参考。

一、德州局人才队伍现状

德州局为具有行政职能的正处级参照公务员法管理的事业单位，管辖山东省德州市境内卫运河、漳卫新河、南运河、陈公堤和西郑庄分洪闸、牛角峪退水闸，堤防长度389.7公里。全局共有编制178名，其中参公编制87名，公益事业编制91名。截至2018年6月底，全局共有在职职工115人，其中参公人员56人，事业人员59人。局机关设6个科室，下属6个科级三级河务局和2个科级直属事业单位。全局人才队伍现状如下：

（一）年龄结构

全局男女职工分别为77名和38名。职工平均年龄45.3岁，其中55岁以上17人，占比为14.8%，45-55岁54人，占比为47%，35-45岁31人，占比为27%，35岁以下13人，占比为11.3%，年龄结构大体呈"倒金字塔"形状。

（二）学历结构

全局研究生学历2人，占比为1.7%，大学本科学历45人，占比为39.1%，大专学历44人，占比为38.3%，中专及以下学历24人，占比为20.9%，具有大专以上学历的人员占到大多数。所学专业以水利相关专业为主，54.8%的人为水利相关专业，其中水利水电工程专业的人员最多。

（三）职务结构

全局56名参公人员中，有处级干部6名，占比为10.7%，其中正处级1名，副处级5名，有科级干部29名，占比为51.8%，其中正科级19名，副科级10名，有科员21名，占比为37.5%。按照职务与职级并行制度的有关规定，全局共有8人晋升职级，其中3人晋升为副处级，5人晋升为副科级。全局59名事业人员中，有4名科级干部，其中两人为正科级领导职务，另两人享受正科级待遇。

（四）职称结构

全局具备各类职称的人员共101人，其中副高级9人（高级工程师8人、高级会计师1人），占比为8.9%，中级34人（工程师17人、会计师1人、经济师15人、政工师1人），占比为33.7%，助理级58人（助理工程师39人、助理会计师11人、助理经济师8人），占比为57.4%。具有中高级职称的人员集中在局机关，三级河务局具有中高级职称的人员偏少，其中高级职称为0。目前，全局还有工勤技能人员13名，其中技师5名、高级工4名、中级工2名、初级工和普工各1名，工勤技能人员年龄普遍较大，有9人年龄超过50岁。

二、德州局人才队伍存在的突出问题

从德州局人才队伍现状中可以看出德州局人才队伍具有一定规模，人才队伍的总体学历水平和专业技术水平适中，但通过调研我们也发现一些亟待解决的突出问题。

（一）平均年龄偏大，人才断层突出

德州局职工平均年龄达45.3岁，全局45岁以上的有71人，占全局总人数的61.7%，而全局35岁以下的职工只有13人，只占到全局总人数的11.3%，三级河务局年轻职工更是严重缺乏，截至2018年6月，6个三级河务局35岁以下的在岗职工只有3人，出现了非常严重的人才断层。在领导干部层面断层现象尤为突出，全局5名局领导班子成员平均年龄接近55岁，最大的57岁，最小的53岁，12名局机关科室和下属单位正科级主要负责人平均年龄50岁，最大的57岁，最小的44岁，领导干部的年龄结构严重失衡，亟须培养选拔优秀年轻干部充实到各级领导班子，形成科学合理的年龄梯次。

（二）基层一线薄弱，人才流失严重

德州局下属6个三级河务局共有在职职工45人，平均每个单位9人，其中有一个河务局只有3人，有两个河务局只有4人，基层一线力量十分薄弱。同时，三级河务局专业技术力量较弱，6个三级河务局没有1名高级工程师，只有4名工程师，基层人才荒现象较为突出。例如，在调研中发现本应由各三级河务局自己编制的维修养护相关工作方案，三级河务局却普遍没有独立编制能力，调研中还发现某三级河务局有一套水政执法单兵装备，虽然相关人员已参加了多次培训，但在水政执法工作中却不能熟练掌握使用。另外由

于三级河务局各方面条件有限，在录用年轻大学生方面存在引进了、留不住的突出问题。近年来 6 个三级河务局通过公务员招考补充了 10 多名年轻大学生，其中绝大部分都已经调到上级机关或系统外，目前仍然在三级河务局工作的只有 2017 年招录的一名大学生，基层一线人才流失十分严重。

（三）人才类型单一，复合型人才匮乏

从德州局现有人员的专业结构来看，以水利相关专业为主，法律、经济等非水利专业人才严重匮乏。由于缺乏相应的专业人才，在水行政执法、涉河建设项目管理、经营创收等工作中出现了一些失误，带来了信访、诉讼等一系列问题，给全局工作造成很大影响。另外，现在单位人员经费支出大，又没有足额的经费保障，创收任务很重，但目前基层单位创收能力非常弱，带来了很重的经济负担。各基层单位也有自己的优势，就是在管理范围内有大量可利用的土地资源，然而由于没有专业人员来进行有效开发利用，资源闲置，造成一方面单位经费紧张，另一方面又有优质资源得不到充分开发利用的局面。

（四）上升空间有限，激励力度不足

由于机构规格、职数等因素限制，德州局机关工作人员职务晋升空间小，特别是在三级河务局，科级就是"天花板"，很多人直到退休职务还是科员，让不少人尤其是年轻人觉得没有出路，看不到未来。另外由于混编问题，在三级河务局还有一部分事业编制人员，这部分人员中的专业技术人员由于工作岗位等客观因素的制约，在现有的职称评价标准下很难取得较高的专业技术资格，即使取得了较高的专业技术资格，又由于岗位数量的限制难以聘用，还有一些管理岗位的事业人员更是没有畅通的晋升渠道，再加上缺乏一些其他有效的激励手段和政策，基层工作人员的主动性和积极性难以得到充分激发。

（五）混编混岗严重，管理存在难题

德州局下属的 6 个三级河务局从 2004 年实行参公管理以来，一直存在混编混岗问题。在同一个单位，既有参公编制，又有公益事业编制。虽然职工是参公身份还是事业身份已经明确，但是在工作内容上参公人员和事业人员普遍没有严格区分，致使人员身份和岗位职责不相符。另外，还有一部分事业单位人员长期借调在局机关行政岗位工作，履行行政职责。由于参公人员和事业人员实行完全不同的管理制度，混编混岗给相关人员在工资待遇、职务晋升、职称评聘等方面带来了很大影响。另外，事业人员长期在机关工作，占用了一部分机关工作岗位，给机关人员调整补充也带来了一定负面影响。

三、加强基层人才队伍建设的有关建议

"欲筑室者，先治其基。"各级党委和各单位要着眼于破除束缚基层人才发展的思想观念和体制机制障碍，聚焦基层人才队伍建设中的"堵点"和"痛点"，制定一系列系统

配套、务实管用的新办法、硬举措，持续发力，久久为功，不断夯实基层人才队伍基础。

（一）引导人才向下流动，壮大基层一线力量

基层天地广阔，基层大有可为。各级党委要坚持眼睛向下、重心下移、力量下沉，突出基层导向，让人才愿意去一线，去得了一线，留得下一线，闪光在一线。强化基层各级领导班子建设，优化班子结构，特别是年龄结构，破除论资排辈、平衡照顾、求全责备等观念，打破隐性台阶，对优秀年轻干部要不拘一格大胆使用，梯次配备干部，实现领导班子结构最优化。特别是三级河务局普遍人员较少，一般只设一名单位负责人，其在三级局发挥着至关重要的作用，要拓宽用人视野，选拔政治过硬、业务突出、敢于担当的优秀人才到三级河务局担任"一把手"，充分发挥主要负责人的"头雁效应"。紧紧抓住即将进行的机构改革，通过调机构、调编制、调人员，有效解决混编混岗问题，适当减少二级河务局人员，将人员充实到三级河务局，壮大三级河务局实力，切实解决基层一线人员薄弱问题，改变"大机关小基层"现状。统筹基层全局工作，为基层单位适当招录一些法律、经济等专业人才，同时加强轮岗交流，培养会管理、懂法律、擅经营的综合型、复合型人才。要把基层作为干部成长的"摇篮"，对那些看得准、有潜力、有发展前途的年轻干部，要敢于给他们压担子，有计划安排他们去基层一线经受锻炼。

（二）完善激励机制，激发基层人才活力

围绕政治上激励、工作上支持、待遇上保障、心理上关怀，通过全方位激励，让广大基层干部职工能够安心、安身、安业。落实《海委党组关于进一步加强海委干部队伍建设的意见》，树立注重基层的选人用人导向，注重选拔长期在基层工作、成绩突出、默默奉献和交流锻炼中表现优秀的干部，逐步建立来自基层的干部培养选拔链。尊重基层的首创精神，完善有关容错纠错机制和干部考核评价机制，适当提高基层单位年度考核优秀等次比例，激励基层广大干部职工甩开膀子迈开步子干事创业。积极向有关部门反映将在三级河务局实行的职务与职级并行制度扩大到二级河务局，积极争取开展县以下事业单位管理岗位职员等级晋升制度试点，拓展基层事业单位管理人员职业发展空间。建立基层干部差别化收入激励机制，研究制定符合基层实际、与工作绩效挂钩的收入激励办法，对在条件艰苦的基层一线人员给予适当倾斜，确保三级河务局一线工作人员收入高于二级河务局同职级人员水平。真诚关心爱护干部，特别是长期在条件艰苦地方努力工作的一线干部，重视基层干部身心健康，定期开展走访调研，了解干部思想工作实际，帮助解决实际困难，给予更多理解支持，营造关心关爱基层干部的良好氛围。

（三）完善基层新录聘人员管理，稳定基层青年人才队伍

根据三级河务局实际情况，适当降低新录聘人员进入门槛，对报考人员的学历、专业、年龄等进行适当放宽。积极向上级有关主管部门反映，强化对三级河务局特殊倾斜政策，

争取拿出一定数量职位面向本地人员招考，在同等条件下优先录用男性。基层事业单位招聘高层次和急需紧缺专业技术人才，可采取直接考察等方式。对于三级河务局新录聘人员明确规定在三级河务局最低服务年限为 5 年（含试用期）。在此期间，不得转任交流到上级机关。上级机关一般不得以借用、帮助工作等方式抽调三级河务局新录聘人员，因工作特殊需要短期借调的，应征得有关主管部门同意，并明确借调时间。各级党委和各单位要切实关心基层一线新录聘人员，从实际出发，努力解决好他们工作生活等方面的困难和问题，做好相关服务保障工作，使他们热爱基层、扎根基层、安心本职工作，确保青年人才引得进、留得住、用得好，改善基层一线人才队伍结构严重断档现状，形成合理的人才梯队。

（四）落实职称改革政策，推进基层专业技术人才队伍建设

针对基层专业人才评价机制与实际脱轨的情况，建立完善体现基层专业技术人才工作实际和特点的评价标准。克服唯学历、唯论文等倾向，提高履行岗位职责的实践能力、工作业绩、工作年限等评价权重。对论文、科研等不作硬性规定，取消外语、计算机应用能力要求。高校毕业生到基层一线从事专业技术工作的，可提前 1 年直接申报相应系列中、初级职称。对长期在基层一线工作的专业技术人才，侧重考察其实际工作业绩，适当放宽学历和任职年限要求。试行基层专业技术人才申报高级职称单独分组、单独评审、单独确定通过率。优化基层事业单位岗位管理制度，建立事业单位岗位结构比例动态调整机制，适当提高基层事业单位中、高级专业技术岗位结构比例。在制定事业单位绩效工资分配办法时适当向基层一线倾斜，充分激发基层专业技术人员积极性和创造性，更好发挥人才在推动基层发展中的重要作用。

（五）增强培训实效性，提升基层人才素质

充分发挥教育培训的基础性、先导性作用，切实提高培训针对性和实效性，增强广大基层干部职工担当作为的本领能力。提高基层干部职工对教育培训重要性的认识，落实教育培训激励约束机制，增强基层干部职工参加培训的内生动力，引导基层干部职工树立终身学习，活到老学到老的学习理念。坚持"干什么学什么，缺什么补什么"原则，提升基层干部职工专业能力专业素质，开展基层培训需求调研，及时把基层干部职工最希望了解的知识，最渴望掌握的理论，最迫切需要解决的问题，特别是本职岗位所需要的业务知识培训，列入培训课程，在培训中要注意联系实际办学，联系实际教学，避免学用脱节。在教学方法上改变传统的"满堂灌"式课堂教学模式，多采用现场教学、实地参观学习等受基层干部职工欢迎的方式，提高学员学习兴趣，提升培训质量。上级主管部门要定期组织与基层工作密切相关的工程管理、水政执法、安全生产等内容的示范培训班，充分发挥示范带动作用。各级财务部门要将干部培训经费列入年度预算，保证基层教育培训工作需要。

（六）切实加强组织领导，营造良好发展氛围

各级党委和各单位要切实增强责任感、使命感，牢固树立重视基层人才队伍建设的意识，坚持党管人才原则，进一步完善党委统一领导，组织人事部门牵头抓总，有关部门各司其职、密切配合，一级抓一级，层层抓落实的人才工作格局。建立各级领导班子和领导干部人才工作目标责任制，将基层人才队伍建设作为考核的重要内容，细化考核指标，加大考核力度，将考核结果作为领导班子评优、干部评价的重要依据。充分发挥基层党组织作用，将人才工作列为落实党建工作责任制情况述职的重要内容。加强人才工作的顶层设计，制定人才队伍建设中长期发展规划，为基层人才队伍建设提供依据。充分运用多种媒体、多种形式，加强优秀基层人才和工作典型宣传，在全委营造关心基层建设、支持基层发展的浓厚氛围。及时总结基层人才工作经验，研究新情况、新问题，不断改进政策措施，形成长效机制，最大限度激发基层人才创新创造创业活力。

解决基层人才队伍建设中存在的突出问题，加强基层人才队伍建设是一项系统工程，必须动员各方力量，上下同心，打好"组合拳"，才能"除顽疾""治病根"，取得实实在在的成效，培养一支结构合理、素质过硬、规模适当的基层人才队伍，为海委基层发展提供强大的人才保障和智力支撑。

（作者单位：海河水利委员会）

基层水利人才队伍建设亟待巩固和加强

——湖北"十四五"水利人才队伍建设规划调研报告

庹祖明 钟汉华 张 博 桂剑萍 余 毅

2020 年 8 月至 9 月，为科学编制湖北"十四五"水利人才队伍建设规划，省水利厅人才服务中心和湖北水利水电职业技术学院组成联合调研组，先后深入黄冈、潜江、荆州、宜昌、恩施、襄阳、十堰等市（州），采取座谈交流、问卷调查、实地踏看等办法，对包括厅直单位、市州水行政主管部门、水文系统、水管单位、水利企业等在内的 10 多家基层水利单位进行了认真调研。总体来看，基层水利单位在重视人才队伍建设、提高干部职工学历、改善人员职称结构等方面，做了很多工作，取得了一定成绩，但仍然存在人才队伍总量不足、水利专业人员匮乏、职务职称晋升困难等问题，与落实新阶段水利高质量发展和建设湖北水利强省等要求还有较大差距，基层水利人才队伍建设亟待巩固和加强。

一、全省水利人才队伍基本现状

从人员数量看：截至止 2019 年底，全省水利系统在编在岗人员有 3.8 万人，其中：党政人员 0.35 万人、占比 9.22%，专业技术人员 1.69 万人、占比 44.58%，工勤技能人员 1.68 万人、占比 44.12%，经营管理人员 0.08 万人、占比 2.08%，其中专业技术和经营管理人员尤其是具备水利类专业背景的人员偏少。对比 2015 年底的 4.45 万人，总体上减少了 0.65 万人。见图 1。

从学历结构看：研究生学历 902 人、占比 2.37%，大学本科学历 0.87 万人、占比 22.81%，大专学历 1.09 万人、占比 28.71%；中专学历 0.55 万人、占比 14.47%，高中及以

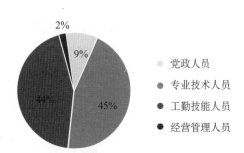

图1 全国水利系统在编在岗人员分布示意图

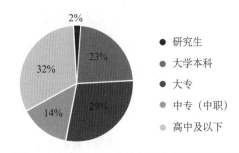

图2 全国水利系统在编在岗人员学历结构图

下学历1.2万人、占比31.58%。对比2015年底的数据，大专以上学历人员占比增加了7.43%，但与湖北水利人才队伍建设"十三五"规划目标还有差距，尤其是本科及以上学历人数有待提高。见图2。

从职称结构看：高级职称0.12万人、占比3.16%，中级职称0.55万人、占比14.47%，初级职称及以下1.02万人、占比26.84%，基本达到1：4：5的目标，但初级职称及以下人员占比较大；技师及以上0.49万人、占比12.89%，高级工0.49万人、占比12.89%，中级工0.28万人、占比7.37%，初级工及以下0.51万人、占比13.42%，与技师和高级技师人员占比20%的要求低了7.11%。

目前，全省水利系统获得省部级以上各层次专家、人才称号的在职人员达29人；先后成立了湖北省漳河工程管理局院士专家工作站，建成了湖北省水利水电规划勘测设计院、湖北省水利科学研究院2个博士后科研工作站，组建了渠道维护工、净水工、水文勘测工等3个首席技师工作室；湖北水利水电职业技术学院教授王金玲被确定为首届"湖北名师工作室"主持人。

二、调研发现的问题及原因分析

（一）是基层水利人才队伍总量不足

从目前情况看，全省水利人才队伍尤其是基层水利人才队伍的总量还不够。如我省水利大市荆州，市直水利系统实有编制数3509人，现有人员2244人，缺额1200余人，仅荆州市长江河道管理局（含市县分局）就缺额1000余人，乡镇水利管理站也很少满编满员。再如竹溪县水利和湖泊管理局，核定行政编制13人、参公管理46人，目前实际在岗人数多达77人。这固然有机构人事改革后清退、消化不彻底等原因，但也侧面反映了基层水利单位人才总量不足的问题。还有很多县市如长阳、巴东等水行政主管部门，不少同志身兼数职、肩扛多责，时常发生工作打架、顾此失彼的问题。从问卷调查统计情况看，对基层水利单位人才总量感到满意的比例不到42%。

究其原因，一是人才流失严重。据了解，"十三五"期间，襄阳市水利职工队伍减少了1000多人，市直水利系统办理停薪留职、提前内退的人员达185人，市直熊河水库管理处原总工也辞职外出谋发展。宜昌市长阳县水利系统五年内有12名水利专业人员离职，新招聘人员也有半数出走。二是新进人员不多。荆州四湖工程管理局近10年只招了2人，所属高潭口、新滩口两个管理处近16年未招聘人员；广水市花山水库30年没进过新人。襄阳市河道堤防管理局、熊河水库管理处等十几年未进人。

（二）基层水利人员素质整体偏低

总体来看，全省各级水行政主管部门的人员素质普遍较高，但基层水管单位、水利企业人员的整体素质偏低。如恩施州巴东县，全县水利系统除水利企业人员外的108人中，具备研究生学历的只有2人，具备本科学历的只有54人；具备高级专业技术职称的仅2人，具备中级专业技术职称的只有34人。襄阳全市水利系统4591名在职职工，研究生以上学历15人，仅占职工总数的0.33%，且大部分为在职研究生；本科学历549人，仅占职工总数的11.9%；专科学历1490人，占职工总数的32.45%；中专（高中）学历及以下人员2537人，占比达45.22%。其中，高级专业技术人员只占职工总数的5%，加上中级专业技术人员也只占比7.4%。

究其原因，一是历史等多种原因所致。水利是艰苦行业，早期人员学历普遍不高，近亲繁殖较多，造成低素质人员占用事业编制，还需要一定时间完全消化。如襄阳市直一个100多人的水库管理单位，内部子女就有40多人，超编几十人。二是高层次人才引进难。一方面，水利系统单位尤其是基层单位地处偏远、待遇不高，对高层次人才的吸引力不够，如襄阳市近几年通过市招硕引博工程引进8名人才，如今只留下了1名在本地结婚的女同志。另一方面，高校尤其是重点高校毕业生的就业观、择业观还需要加强引导。现在的大学生更愿意到经济发达地区、一二线城市发展，高职毕业生也不太愿意到基层就业。三是现有人员教育培训再提高不够。一方面，基层水利单位职工教育培训经费普遍短缺，很多单位根本没有职工培训预算；另一方面，水利职工参与继续教育培训的主动性和积极性有待进一步激发和调动。

（三）基层水利单位专业人员匮乏

就全省而言，部分市州县水行政主管部门专业技术干部比例有所下降，水管单位、水利企业等专业技术人才尤其是水利类专业技术人才比例普遍偏低。宜昌市水文水资源勘测局60名专业技术人员，其中水文水资源及相关专业背景人员占比不到50%。十堰竹溪全县水利系统职工347人，具有水利类及相关专业背景的人员只有30人，仅占比8.65%。襄阳全市水利系统在职职工中，水利水电系列高级工程师只有23人，仅占比0.5%，市水利和湖泊管理局机关具备水利专业背景的干部只有5人，市三道河水电工程管理局水利类高级职称人员仅有5人，市引丹工程管理局只有水利水电类中级职称人员8名。水利工作专业性强，需要专业技术支撑，随着一批经验丰富的老水利人员退休，不少基层领导工作上感到吃力，特别是在处置防汛抢险、抗旱救灾等重大突发情况时，缺少"主心骨"、少了"定盘星"，很多地方关键时候不得不请退休老同志出来救场。同时，不少基层水利单位反映，复合型技术人才和信息化管理人才等也十分紧缺。

究其原因，主要还是部分单位在长期的人才知识结构配置上有些失衡，水利类专业技术人才前期储备不够，后来有的想招又没有职数，有的盲目追求高学历，结果高不成、低不就。

（四）基层队伍老化严重青黄不接

"十三五"以来，全省水利系统45岁以下人员减少了14.2%，45岁以上人员增加了1.27%，年龄老化、青黄不接的情况日趋严重。如荆州全市水利系统35岁以下职工占比仅8.7%，市直水利单位35岁以下职工占比仅7.8%。尤其是荆州市四湖工程管理局，目前在职人员平均年龄达50岁，35岁及以下人员只有2人，其局系统13名领导班子成员中，50岁以上的有9人，40岁以下只有1人。宜昌市长阳土家族自治县水利和湖泊管理局，14名机关公务员有10人在50周岁以上，全县水利系统在编在岗职工100人中，50周岁以上的达42人。

究其原因，主要还是一些单位平时在人才队伍梯级配备上没有引起足够重视，没有长期规划，又赶上当前水利人才队伍年龄结构老化严重的爆发期，需要一个消化期和调整期。

（五）体制机制有待完善

公务员和事业单位人员流动不畅，基层水行政主管部门的专业技术岗位缺少人才来源，不少优秀专业技术干部也失去了很多发展机会。据统计，全省109名县市水利局局长中，有水利专业背景的仅8人，占比7.3%，这一比例可能还会进一步降低，对行业加强监管是不利的。十堰市竹溪县水利和湖泊管理局长期无总工，一名90年代水利专业毕业、2005年就具备工程师资格的中专生，由于聘任问题和事业编制身份一直没法调任，至今还拿科员工资，个人职业发展陷入死胡同。岗位设置缺乏动态调整，职称评聘矛盾较多。不少基层水利单位由于岗位设置问题或者没有职数空缺，具备申报资格的同志无法申报，有些申报参评了也无法聘任。有些技术人才相对密集的单位，如宜昌市水文水资源勘测局等，中级技术岗位人员"扎堆"，年轻职工专业技术职称晋升的通道拥塞、竞争激烈。少数地方岗位设置与职务晋升的矛盾没摆平，积累问题多，涉及人员广，严重影响正常的职称评聘工作和专业技术人员的工作积极性。在现行评价体系下，在科研、论文、业绩等方面，基层职工与科研院所和高校相比，职称评聘劣势较为明显。今年，全省17个市州上报参评高工的总人数只有64个，其中恩施州只有4人、天门只有1人。湖北浩川水利水电工程有限公司符合高级职称申报资格的有8人，去年3人申报却无一通过。不少基层水利勘测设计、水利施工单位，因没有足够的相关职称资格人员，即将面临降级甚至撤销。

究其原因，一是专业技术职称评聘制度有待进一步改革和完善，缺少分级分类的评价办法。二是部分地方岗位设置动态调整不够，导致竞争激烈，形成拥堵。三是一些单位在前期评聘中，统筹考虑不够，没有留下余地，把自己逼上了绝境。

（六）财政经费保障不足

由于基层财政总体较为困难，导致财政拨款不足，不少地方人员经费不能足额到位，水利职工收入待遇较低。十堰市部分基层水管单位职工年收入只有2万元左右，生活困难。

同时，在事业单位改革后，公益一类事业单位不再允许经营创收，一些水管单位原来依托自身资源开办的经营项目陷入注销、停滞状态，单位经费得不到补充，职工收入不升反降。不少职工反映，在人员工资都难以保障的情况下，用于职工培训教育的经费就更少了，除了少量的党务培训，县市级以下职工较少有业务培训机会。

三、主要对策措施及建议

（一）实施强基固本工程

重点针对基层水利单位，巩固和充实水利人才队伍，保障基层水利工作在人才数量和结构上的需要。

指导全省水利系统各级各单位科学编制"十四五"水利人才队伍建设规划，有计划、有步骤地推进实施。力争到 2023 底形成人才总量基本够用、年龄结构相对合理的基层人才队伍。

督促基层水利单位开展人才引进工作，通过事业单位公开招聘等方式，大力引进人才，重点引进现代信息技术人才和水利水电类专业人才，力争到"十四五"末形成水利类人才占主导、其他各类人才相辅助的人才体系。

面向落后山区、革命老区和人才匮乏、确有需要的基层水利单位，大力开展"三支一扶"工作，狠抓"三支一扶"人员考核留用政策落实，确保"三支一扶"人员留得下、稳得住、用得上。

（二）实施提质赋能工程

重点针对已有在职人员，通过一系列教育培训手段，提升综合素质，增强能力水平。

努力打造职工继续教育培训平台，积极构建职工终身学习体系，制定并实施各类员工轮训计划，不断更新知识、拓宽视野。

参照现有的院士站、博士站、工作室等运作模式，以湖北省水利厅的名义，建设并命名一批水利工作团队，培养带头人，传承好技能。

大力推广十堰市郧阳区水利人才"订单班"、乡镇干部水利知识轮训班等经验做法，着力为人才匮乏地区培养本土人才。

坚持开展各层级、各工种、各类型的水利职业技能比赛，以赛促训，以赛选才，大力培养水利技术能手，形成比学赶帮超热潮。

认真落实职工教育培训有关政策，明确职工教育经费占公用经费的最低比例，开展检查督导，加强使用管理。

（三）推进改革创新工程

结合行业实际，积极争取省委组织部、省编委（省委编办）、人社厅等有关部门支持，加强人才流动、职称评聘等体制机制创新。

探索管理人才、专业技术人才合理流动政策，建立机关与事业单位、事业单位与企业单位之间的人才相互流动新机制，打破人才身份、单位限制，营造开放的用人环境。

建立以绩效考评为核心、以能力和业绩为导向的人才分类评价考核体系，形成符合水利行业各类人员特点的用人、分配、考核、奖惩和社会保险福利制度，推进水利人事管理的科学化、规范化。

学习借鉴安徽省"双定向"做法，在水利系统基层单位开展"定向考评、定向使用、内部循环、人走岗消"的职称评聘管理试点，探索职称评聘管理新办法，打通行业职称晋升通道，缓解基层职称评聘压力。

（作者单位：湖北省水利厅人才服务中心）

水规总院人事工作典型案例：
构建"四位一体"的"阶梯式"人才培养体系

朱振晓　袁碧霖　黄　文　顾沁扬　陆丹婷

人才队伍建设是更好地实施人才强国战略的重中之重，习近平总书记在多个重要场合深刻阐明人才的重要作用，强调人才是第一资源，要聚天下英才而用之，为人才成长、队伍建设指明了前进方向。现今，水利事业的蓬勃发展更是对人才队伍建设提出了新、全面的要求。我院人才队伍总体呈现专业技术人员多、职称级别高、学历层次高的特点，初步实现"聚"英才的目标。怎样更好地发挥优势，形成人才战略力量，成为我院人才队伍发展的重要课题。

一、基本概况

我院是受部委托，负责全国性综合及专业规划编制、规划设计审查和水利勘测设计咨询行业管理工作的部直属事业单位。我院现有编制内职工 198 人，编制外职工 39 人，总计 237 人。人才队伍总体呈现学历层次高、职称等级高、专业技术人员多的特点，其中专业技术人员占 95%，副高及以上人员高达 77%，硕士及以上学历人员占比达 50%。

近年来，我院深入学习贯彻中央人才工作会议精神和新时代水利人才发展创新行动方案，坚定不移贯彻党管人才原则，力争构建一套适应现代水利人才发展的培养体系，有力有序地逐步化解人才结构不平衡的矛盾问题，为我院各项事业发展提供强有力的组织保证和智力支撑。

二、具体做法

经过深入研究和探讨，我院用三年的时间运筹谋划，逐步创建成"四位一体"的"阶梯式"人才培养体系。从人才引进、人才选拔、人才培养、人才使用四个方面入手，建立应届毕业生、青年拔尖人才、专业技术骨干、高层次人才四个层次的阶梯式人才培养体系。2017年至今，我们相继出台了《水规总院专业技术岗应届毕业生培养方案》《水规总院青年拔尖人才管理办法（试行）》《水规总院专业技术骨干管理办法（试行）》《水规总院高层次人才培养实施方案》等多套制度和文件，进一步完善了人才引进、选拔、培养和激励机制，人才培养体系日渐成熟，逐渐涌现出一批高素质专业化水利人才。

（一）第一阶梯：应届毕业生

我院高度重视选拔和培养高校应届毕业生。

在选拔方面，我院以项目和课题为媒介，与各高校和科研院所建立了长期合作关系，通过项目合作，吸引导师带领学生团队参与我院各项工作，获得了源源不断新鲜力量，在实际工作中与学生建立了密切联系和接触，也从中发现、物色和找准了今后的招聘目标，有效提高了招聘工作质量。

在培养方面，我们专门针对刚毕业的高校学生出台了《水规总院专业技术岗应届毕业生培养方案》，帮助其快速适应我院工作环境，不断提升专业素养和工作能力，早日成长为骨干人才。具体举措：一是由人事处和毕业生所在部门分别安排适应性入职培训。二是深入一线岗位进行锻炼。专业技术岗应届毕业生统一安排至设计、建设管理、施工管理等具体水利工程一线岗位进行锻炼。其中，规划、环境、水保等专业安排锻炼时间累计不少于1～2年；水工、机电、勘测等专业安排锻炼时间累计不少于2～4年。三是配备专业导师进行专业能力"传帮带"。所在部门为每名毕业生选配2名及以上经验丰富的专家作为指导老师，指导老师可选择院内回聘专家。在一线岗位锻炼期间，由锻炼所在单位选配2名及以上的专家进行指导。四是对表现优秀的培养对象进行重点培养，推荐到水利部及相关部门进行工作交流等。

近几年，业务部门新入职的高校毕业生，均派至地方设计院进行了实践锻炼，这种锻炼方法使得一些优秀青年人才在实际工作中得到培养，迅速成长起来。

（二）第二阶梯：青年拔尖人才

青年人才是人才队伍的后备力量。应届毕业生进入单位后，经过3-8年的实践锻造，逐渐涌现出一批具有培养潜力的拔尖人才。我院研究出台《水规总院青年拔尖人才管理办法（试行）》，利用专家评审的模式将青年才俊们推荐和选拔出来。2018年首批共选拔8名青年拔尖人才。

在培养方面，我院将优质资源向青年拔尖人才倾斜。一是优先推荐参加水利青年科技英才、张光斗优秀青年科技奖等人才评选。二是绩效工资待遇原则上参照院副处级绩效工资标准执行；三是职称评审、岗位聘用优先考虑；四是所在部门应积极支持入选者开展工作，每年至少安排1项重大项目吸收有关专业的青年拔尖人才为项目主要负责人或主要成员；五是优先选派参加水利行业举办的学术交流、业务培训以及国际交流和合作；六是在著作出版、论文发表、学术调研等方面予以资助。通过以上措施，青年拔尖人才迅速成长起来。

此外，我院积极申请设立了博士后研究工作站，充分发挥博士后科研工作站优势，汇聚优秀青年进入我院人才队伍。在博士后工作站建设过程中，与北京师范大学、清华大学等双一流高校建立了长期稳定的合作关系，共同开展多方位项目和课题研究，充分发挥了博士后科研工作站在人才引进、科学研究、技术创新等方面的优势，吸引到了越来越多地适应水利发展的优秀青年专业技术人才，成为我院青年人才队伍建设的又一阵地。

（三）第三阶梯：专业技术骨干

2018年我院出台《水规总院专业技术骨干管理办法（试行）》旨在重点选拔一批各个专业的技术骨干，起到带头和模范示范作用。2018年，首批共选拔了11名专业技术骨干，在科研立项、成果报奖、奖励分配等方面给予了大力支持与倾斜，重点推荐和支持专业技术骨干参与国家重大规划编制咨询、重大技术攻关、重大科研项目等。

在专业技术骨干的选拔中我们着重严格选拔条件。共分为基本条件和申报条件两类。基本条件要求热爱水利事业，有较高的专业技术水平、在工作中做出突出业绩，取得较大成果；具有高级工程师及以上职称且未担任行政职务；近三年来，有一年年度考核结果为优秀。申报条件分为经历条件和科技成果条件。履历条件为：担任过全国或国家确定重要江河流域、区域综合规划及专业规划编制负责人或专业负责人，主审人或专业主审人；大型水利水电工程项目主审人或专业、专项主审人；或者担任过大型水利水电工程项目的设总或项目负责人。科技成果条件为：要取得国家级科技进步奖、自然科学奖三等奖及以上；省部级科学技术进步奖、大禹水利科学技术奖、自然科学奖二等奖及以上；全国优秀工程勘察设计铜奖及以上，省部级优秀工程勘察设计银奖及以上；全国优秀工程咨询二等奖及以上。（注：分号之间为并列条件，满足之一即可）。通过设置严格的入选条件，激励专业技术人员不断提升自己的工作能力，不得取得更高的工作业绩。

（四）第四阶梯：高层次人才

高层次人才是知识创新和科技创新的核心力量，我院配套出台了《水规总院高层次人才培养实施方案》旨在统筹利用各类资源加大高层次人才培养力度，有序推进高层次人才培养工作，力争在评选院士、大师等方面取得突破，举全院之力培养造就一批高层次人才，引领和带动我院专业技术人才队伍建设迈上新台阶。具体举措为：①建立高层次人才申报数据库。②动态编制高层次人才培养和申报规划。统筹考虑高层次人才申报要求和我院专业技术人员实际，对符合条件的申报人员和重点培养对象进行排序，建立人才培养梯队，提出高层次人才培养和申报规划。③定向培养和团队支持高层次人才。通过统筹安排技术工作、社团兼职、学术交流，在专著出版、论文发表、学术调研等方面给予重点资助和支持等方式，对具有培养前途的人才进行定向培养和团队支持。④我院各类课题、奖项申报和岗位聘任工作应考虑高层次人才培养规划，从有利于高层次人才培养的角度开展科研课题申报、奖项申报和岗位聘任工作。⑤建立高层次人才奖励制度。⑥加强高层次人才宣传报道。

办法实施以来，我院新增国务院政府特殊津贴人选、中国大坝杰出工程师奖人选，全国水利系统先进工作者，张光斗优秀青年科技奖 4 人，水战略研究一处"水资源安全保障团队"入选水利部首批人才创新团队。见图 1。

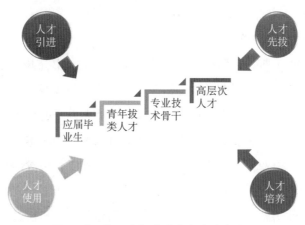

图1　"四位一体"阶梯式人才培养体系

三、主要成效

（一）人才队伍结构不断改善

我院自实施"四位一体"阶梯式人才培养体系以来，人才队伍结构得到优化。在年龄结构方面，各年龄段人员分布平均，35 岁以下青年人占比 24%，较"十三五"期间提高 5.5%。在学历结构方面，高学历人员比例有一定上升，硕士、博士学历人员的比例明显提高；在职称结构方面，高级职称比例逐步上升，其中高级职称人员占专业技术人员的比例高达 77%，与我院的业务性质和工作需要相适应。

（二）高层次专业技术人才培养取得成效

"十三五"期间，我院有 3 人享受国务院特殊津贴，1 人入选新世纪百千万人才工程国家级人选，1 人入选 5151 人才工程部级人选，1 人被评为全国水利青年科技英才，1 人被评为全国水利系统先进个人；1 人荣获"中国人坝杰出工程师奖"、1 人荣获第四届潘家铮奖。截至目前，共有百千万人才工程国家级人选，国家"万人计划"领军人才，享受国务院政府特殊津贴人员，新世纪百千万人才工程国家级人选，5151 人才工程部级人选，全国水利青年科技英才等国家级、省部级人才工程人选 36 人，形成了支持人才创新发展的老中青相结合的高层次人才梯队。

（三）拥有执业资格人数显著增加

我院 60 余人获得了注册土木工程师（水利水电工程）资格。70 余人次获得或通过了注册咨询工程师、造价工程师、环境影响评价工程师、安全评价人员和监理工程师等执业资格及考试。

（四）科技成果奖励数量不断增加

2019 年我院共登记科技成果奖励项目 96 项，其中国家、省部级科技成果奖或全国学会（协会）奖励 13 项，论文及专著 53 篇，国家发明专利、国家实用新型专利和软件著作权 30 项。

四、经验启示

人才的成长有赖于良好的机制和环境。我院在水利部党组的领导下，紧紧围绕水利中心工作，高度重视人才队伍建设。通过建立"四位一体"阶梯式人才培养体系，力争建设一支结构合理、素质优良的创新型人才队伍，逐步形成鼓励人才干事业、支持人才干成事业、帮助人才干好事业的良好环境，激发各类人才创新活力和潜力。

要尊重人才成长规律，循序渐进，统筹谋划人才培养机制。"顺木之天，以致其性"，避免急功近利、拔苗助长。要坚持竞争激励和崇尚合作相结合，促进人才资源合理有序流动。"四位一体"阶梯式的人才培养体系的优势在于：一是将全院各类人才全部纳入培养体系，每个人都能在体系中找准定位；二是进行了人才分类管理、分类培养，使得培养更具针对性；三是人才发展目标阶梯化、递进化，使得各类人才都有明确且更高的发展目标，具有激励性。

知识就是力量，人才就是未来。我院要在创新发展方面走在水利行业前列，必须在实践中发现人才、在工作中培育人才、在事业中凝聚人才。今后，我院将进一步深化人才培养体制机制改革，实行更加积极、更加开放、更加有效的人才政策，形成具有吸引力和竞争力的人才制度体系，完善好人才评价指挥棒作用，为人才发挥作用、施展才华提供更加广阔的天地。努力聚天下英才而用之，让更多千里马竞相奔腾。

（作者单位：水利水电规划设计总院）

耕耘四十载　累累硕果现

——记沂沭泗局技能人才队伍建设40周年

郑雪峰　高庆茹　彭春年　马晓东　井市委

技能人才一直是沂沭泗局人才队伍的重要组成部分，是沂沭泗局水利工程管理和建设一线的重要力量。沂沭泗水系统一管理40年以来，沂沭泗局技能人才队伍建设始终紧跟沂沭泗水利事业步伐，由少到多、由多变强，队伍不断壮大，素质不断提升。局领导班子高度重视，做好顶层设计，撑起技能人才成长的天空，人事和业务部门齐抓共管、密切配合，培厚技能人才成长的土壤，各用人单位精耕细作、认真选育，堆足技能人才成长的养料，技术工人比学赶超、奋发向上，不负组织的辛勤培养。沂沭泗局全体上下辛勤耕耘四十载，现如今技能人才队伍建设工作硕果累累。

一、沂沭泗局技能人才队伍建设成果

国以才兴，业以才旺，人力资源是第一资源，沂沭泗局历来高度重视人才队伍建设工作。特别是近年来，沂沭泗局坚持以习近平新时代中国特色社会主义思想为指导，深入贯彻落实人才强国战略，高度重视水利技能人才队伍建设工作。局党组加强顶层设计，统筹谋划，制定了《关于进一步加强技能人才队伍建设的意见》，以技能鉴定和技能竞赛为抓手，多措并举，着力构建了有利于技能人才成长的机制和氛围，引导技能人才立足岗位、苦练技能、争当能手。人事、水管等相关业务处室齐抓共管、相互配合，切实落实局党组各项部署，竭诚为技能人才成长提供服务和帮助。各直属局、淮工集团充分发挥主体作用，结合实际、创新形式，加强技能人才的培养、选拔和使用。南四湖局通过"师带徒"加速青年技工成长；沂沭河局"最美技工"评选活动创造了有利于技能人才成长的良好氛围；骆马湖局请进来、送出去，狠抓技能培训；淮工集团打通技术与技能通道，大力培养综合性高技能人才。持续开展的职业技能鉴定工作提供了晋升渠道，支撑了工人技能水平的普遍提升；定期举办的职业技能竞赛提供了展示舞台，促进了优秀高技能人才的脱颖而出；倾向基层一线的推先评优营造了"尊重劳动、崇尚技能"的良好氛围，培育了技能人才的自信和荣誉。良好的工作态势使得沂沭泗局高技能人才在全国职业技能竞赛和评选表彰中率获佳绩。

截至2019年底，沂沭泗局有技术工人481名，92%的技术工人具有高级工及以上职业资格，其中技师、高级技师已达到技术工人总数的21.8%。高技能人才培养选拔工作成效显著，全局已有全国技术能手1名，全国水利技能大奖4名，全国水利技术能手19名，其中1人享受2018年政府特殊津贴，1人荣获"全国水利系统劳动模范"称号。见图1。

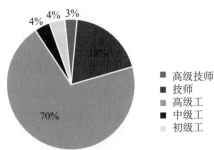

图1　沂沭泗局工人技能等级统计图（2019年）

二、沂沭泗局技能人才队伍发展历程

沂沭泗局技能人才队伍的发展与沂沭泗局水利事业发展密切联系，四十年的发展大致可分为4个阶段。

第一阶段：1981-1990年。这一时期主要工作是组建单位、进驻站点、交接工程，是沂沭泗局水利事业的开创期，工作可谓艰苦卓绝、披肝沥胆。在沂沭泗局肇建初期，沂沭泗局总体由水电部第三工程局部分调转、苏鲁两省水利工程就地移交人员及新分配大中专生组成。1985年人才队伍初具规模，在职职工764人，其中工人601人，占职工总数的79%。当时技能人才大多数为随工程移交人员，由附近农民工组成，技能水平和文化程度普遍偏低，大部分为小学学历、无等级工。到1991年度，职工队伍总数达到971人，其中工人598人，占61.6%。

第二阶段：1991-2000年。第二个10年是沂沭泗局技能人才由少到多，规模不断壮大的阶段。1996年沂沭泗局成立了水利行业特有工种职业技能鉴定站，自1997年开始，每年对全局技术工人开展技能鉴定，技能鉴定工作对沂沭泗局技能人才的成长发展起到了强大的促进作用。根据统计，1997-2001年鉴定站累计鉴定920人次，平均每年鉴定184人；673人次鉴定合格，晋升了职业资格。截至2000年12月，全局在职职工1101人，其中工人660人，占在职职工总数60%，等级工已达到工人总数的80%以上，其中高级工及以上资格人员199人，占工人总数的30%。

第三阶段：2001-2010年。第三个10年沂沭泗局管理体制机制发生了重大变化，分别经历了机构改革、水管体制改革等，机关工作人员参公管理、事业单位实行聘用制、水利工程管养分离、成立水利养护公司，技能人才队伍也就此划分为事业技能人才和企业技能人才。2001-2011年，鉴定站累计鉴定792人次，平均每年鉴定79人；624人次鉴定合格，晋升了职业资格。此外，自2006年鉴定站不再开展汽车驾驶、财务统计、物业管理、文书档案等通用工种的鉴定，沂沭泗局技能人才工作集中面向河道修防工、闸门运行工等水利行业特有工种。同时自2005年开始，我局各级机关事业单位、水利公司实行"公开招聘"政策，新进人员全部为本科以上学历大学毕业生，不再招收工人和接收退伍军人，全局技能人才队伍总量开始逐年下降。截至2010年12月，全局在职职工1067人，其中工人626人，占在职职工总数的59%，高级工及以上资格人员556，占工人总数的88.8%。

第四阶段：2011-2020年。这段时间是沂沭泗局技能人才由多到精，从普遍提升向高层次发展的阶段。这段时期，技能人才队伍建设工作发生了3大变化，一是随着年龄的增长，技术工人（特别是基层水管单位）大量退休，全局技能人员数量进一步下降。二是每年参加职业技能鉴定人数较往前大幅下降，2011-2019年累计鉴定181人次，平均每年22人，以水利企业工人居多；鉴定工作重心从基层水管单位技术工人转移至水利企业技术工人。三是随着绝大多数技能人员已达到高级工及以上职业资格，技能人才队伍建设重点工作从普遍提升技能等级转向高技能人才的综合素质发展。截至2019年12月，全局在职职工1175人，其中工人481名，占在职职工总数的41%。高级工及以上资格人员已达技术工人总数的92%，技师、高级技师达到技术工人总数的21.8%。

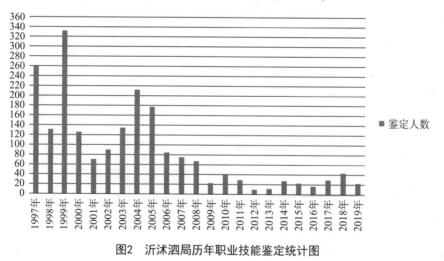

图2　沂沭泗局历年职业技能鉴定统计图

三、沂沭泗局技能人才队伍现状及人才需求

截至2019年12月，沂沭泗局有技术工人481名，主要分布在基层水管单位和水利企业，其中事业人员343人、企业人员138人。在技能等级上，有高级技师13人、技师92人、高级工337人、中级工19人、初级工20人。在工种分布上，水利特有工种占67%，其中河道修防工占39%，闸门运行工占28%；通用工种占33%，其中汽车驾驶占10%，财务

统计占10%，其他工种如文书档案管理、物业管理、微波机务员、电工等合计占到13%。在学历层次上，初中及以下学历占17%，高中、中专等学历占24%，大专及以上学历占到59%，几乎全部大专及以上学历均是通过函授、党校、电大等后续学历教育取得的。大专及以上学历人员中攻读工商管理专业的占29%、法律专业占22%、财会专业占13%、计算机专业占3%，水利、土木、机电等相关专业占16%。

（一）基层水管单位技能人员现状及需求

基层水管单位技术工人占其职工总数的60%以上，但并非所有技术工人都从事工勤技能工作。从岗位聘用情况看，目前全局共有211名技术工人聘用在工勤技能岗位，其他132名技术工人则聘用在管理岗位或专业技术岗位。事实上很多技术工人即使聘用在工勤技能岗位也并不从事工勤技能工作。主要原因有3点：一是水管体制改革后，各基层水管单位的工作重心基本都转移到工程管理和水行政执法上，工程的维修养护则交由养护公司承担。同时随着水利工程自动化、现代化程度的不断提升，日常管理对人员数量的要求在下降。二是随着水资源与经济社会发展的关系日趋紧密，社会经济发展对水利依赖程度的不断提高，基层水管单位当前水行政执法和水资源管理任务非常繁重。由于基层水管单位普遍存在管理人员数量不足的问题，不得不安排大量工勤技能人员从事行政管理、财务管理、行政执法等工作。三是事业单位实行岗位设置管理后，工勤技能岗位不足，迫使部分技术工人进入管理和专业技术岗位。

事实上随着水管体制改革的不断深化和管理科技水平的不断提升，基层水管单位特别是河道管理局，对技能人才数量的需求在大幅下降，但对技能人才质量的要求在不断提升，需求更加多元化和高层次化。如闸坝管理局除闸门运行工外，还需要机电维修、水工监测、电气及通信设备运行等工种。河道管理局除河道修防工外，还需要特殊设备驾驶人员，如舰艇驾驶员、推土机驾驶员、挖掘机驾驶员等。同时伴随着新设备、新材料、新工艺的不断出现，对技能人才的知识水平、综合素质提出了更高的要求。

（二）养护企业技能人员现状及需求

沂沭泗局水利企业目前有技术工人138名，其中高级技师2名、技师18名、高级工99名、中级工4名、初级工15名。沂沭泗局水管体制改革十年来，工程维修养护项目内容基本固定，维修养护操作程序和技术基本成熟，水利企业在做好沂沭泗局直管工程维修养护任务的基础上，积极开拓外部市场，正处于快速成长的上升阶段，对经营管理人才、专业技术人才和工勤技能人才的需求十分强烈。企业现有技能人才数量和水平已不能满足企业发展的需要，企业存在技能人员总量短缺、工种单一、操作能力差、综合素质不高的问题。

同时《水利部关于深化水利改革的指导意见》，将水利工程维修养护纳入政府购买服务、推行水利工程物业化管理，这就要求企业要加快市场化的脚步，加强施工力量，提高施工质量，提升市场竞争力。水利企业需要打造一支"精技术、懂经营、善管理"的技术班组长力量，能落实施工中各类技术要求，能监督把控各种关键工序，能解决各类施工技术难关、能管理带好一支施工队伍。

四、新时期的技能人才队伍建设工作

（一）以高技能人才为重点

中共中央、国务院《关于进一步加强人才工作的决定》中强调："工人队伍中的高技能人才，是推动技术创新和实现科技成果转化不可缺少的重要力量"。《国家中长期人才发展规划纲要（2010－2020年）》将"国家高技能人才振兴计划"列入"重大人才工程"。2011年，中共中央组织部、人社部印发了《高技能人才队伍建设中长期规划（2010—2020年）》。同时在全国水利人才队伍建设"十一五""十二五"和"十三五"规划中，均把"高技能人才培养工程"列入"水利人才建设重点工程"。

沂沭泗局新时期的技能人才队伍建设应以技能人才队伍现状为基础，遵循国家人才发展战略和技能人才工作部署，紧密结合沂沭泗局水利事业发展需要；坚持以岗位成才为导向，以提升职业素质和职业技能为核心，以高技能人才培养为重点，培养一批具有执着专注、作风严谨、精益求精、敬业守信、推陈出新的水利工匠精神的高技能人才，大力提升技能人才队伍的整体素质和技能水平，建成一支数量充足、技艺精湛、素质优良的技能人才队伍，满足水利改革发展需要。

（二）要处理好三个关系

1. 处理好质与量的关系

主要指处理好技师和高级技师质量与数量的关系。不能追求数量而忽视质量，让不满足技师、高级技师条件的工人取得技师、高级技师资格。十二五末，全国水利行业工人队伍中具有技师、高级技师职业资格人员比例为10%。《全国水利人才队伍建设"十三五规划"》中对技能人才队伍中技师、高级技师职业资格人员规划目标仍为10%。而目前我局技师、高级技师比例已达到21.8%，远远超出水利行业平均水平。下一步，一是要加强对技师、高级技师考评的要求，切实选拔出符合条件的工人；二是要加强对现有技师、高级技师的培训和继续教育，保证技术技能和专业素质的不断提升；三是要充分发挥高技能人才作用，进一步加大高技能人才在职业技能鉴定和职业技能竞赛发挥的作用，鼓励和引导高技能人才参与科研项目，建立和完善首席技师及工作室管理制度，有效发挥首席技师团队在技术技能攻关、带徒传艺、技能培训方面的示范带动作用。

2. 处理好评与聘的关系

评聘分开是符合时代的发展和实际工作的需要，也是岗位设置管理工作要求的。目前沂沭泗局事业单位技师、高级技师数量已大大超过设置的岗位数量。根据上级批复沂沭泗局岗位设置方案，全局高级技师、技师、高级工岗位数量分别为 3、22、122；而目前全局事业单位取得高级技师、技师和高级工任职资格的工人数量分别为 11、74、238，分别达到批复岗位的 366%、336%、195%。要尽快完善和切实实行岗位竞聘制，一方面单位可以择优聘任，以更好满足工作要求，另一方面在技能人才队伍中形成竞争氛围，促使工人更加努力钻研技术。同时还要出台政策、采取措施，鼓励和引导技术工人认真学习、积极参加技能鉴定和技能竞赛，不使其因聘用问题而丧失晋升技术等级的动力和决心。

3. 处理好用人单位和技能人才的关系

这一条主要针对职业技能鉴定和技师、高级技师考评工作。鉴定和考评一方面是为用人单位提供服务，用人单位要根据工人的技术水平将其安排到合适的岗位，另一方面为技能人才服务，要让达到申报条件的工人都有参加鉴定和考评的机会，让他们通过晋升技能等级，充分发挥自己的一技之长，同时获得更好的劳动报酬。要处理好二者的关系，不能为其中一方的利益而损害另外一方的利益。

五、沂沭泗局技能人才队伍建设工作经验

（一）充分认识技能人才队伍建设的重要性

技能人才是沂沭泗局人才队伍的重要组成部分，是推动技术创新和实现科技成果转化不可缺少的重要力量。加快技能人才队伍建设，是沂沭泗局贯彻治水新思路，夯实基层水利管理工作基础和提升水利企业核心竞争力的迫切需要。从 2003 年《中共中央、国务院关于进一步人才工作的决定》提出"高技能人才是推动技术创新和实现科技成果转化不可缺少的重要力量"特别是习近平总书记提出："工业强国都是技师技工的大国，我们要有很强的技术工人队伍""要大力培育支撑中国制造、中国创造的高技能人才队伍"，沂沭泗局始终牢牢遵循党中央决策部署、坚持贯彻尊重劳动、崇尚技能、尊重人才、崇尚创造的方针，牢固树立科学的人才观，不断增强做好技能人才工作的责任感和紧迫感，改革创新，多措并举，持续发力，努力开创我局技能人才队伍建设的新局面。

（二）准确把握技能人才队伍建设指导思想和基本原则

1. 指导思想

坚持以习近平新时代中国特色社会主义思想为指导，深入贯彻落实人才强国战略，遵循技能人才成长规律，以服务全局事业发展为目标，以岗位成才为导向，以提高职业素质为核心，以用好用活技能人才为基础，加快推进体制机制改革，创新方法措施，大力提升

技能人才队伍的整体素质和能力水平，为推动沂沭泗局水利事业可持续发展提供坚强有力的人才支撑。

2. 基本原则

一是坚持问题导向。把解决制约技能人才发展的突出问题作为重要任务，加快推进培养、使用、评价、激励、保障等体制机制改革和政策创新，最大限度激发技能人才活力，让技能人才价值得到充分尊重和实现。二是坚持突出重点。结合基层实际，突出加强急需紧缺技能人才队伍建设，强化岗位管理，完善体制机制，狠抓薄弱环节，逐步实现人岗相宜，人尽其才，促进技能人才规模、质量和结构与我局水利事业发展相适应、相协调。三是坚持强化服务。推进技能人才服务体系向基层延伸，建立健全技能人才工作领导机构，加大投入保障力度，加强宣传引导，创造基层技能人才发展良好环境。

（三）完善保障措施，确保技能人才各项工作落到实处

1. 加强组织领导，完善制度体系

坚持党管人才原则，建立健全技能人才工作领导机构，形成党组（党委）统一领导，人事部门牵头抓总、有关部门和单位各司其职、密切配合、协调高效、整体推进的工作格局。制定印发《关于进一步加强技能人才队伍建设的意见》，把技能人才队伍建设作为我局人才队伍建设的重要内容，作为推进我局事业发展的基础工程常抓不懈。做好技能人才培养规划工作，科学编制技能人才队伍发展规划并将其纳入沂沭泗局人才队伍建设总体规划中，使技能人才队伍建设进入科学化、规范化的轨道。

2. 创新投入机制，确保经费保障

将技能人才队伍建设工作纳入局科技经费保障范围，支持职业技能鉴定、技能竞赛等正常开展，支持沂沭泗局首席技师工作室的创建和运行，支持高技能人才研发、引进和推广新材料、新技术、新工艺，提升工程管理科技水平。

（四）完善技能人才培养体系，着力提升技能人才能力水平

1. 用好"技能鉴定"和"技能竞赛"两个抓手

坚持做好水利行业特有工种职业技能鉴定工作，充分发挥技能鉴定在技能人才培养中的基础作用。自1996年我局成立了水利行业特有工种技能鉴定站，1997年开始对全局技术工人开展了技能鉴定工作以来，截至2019年底，已开展职业技能鉴定23次，累计鉴定1893人次。技能鉴定工作的开展，为技术工人技能等级晋升提供了渠道，有效激发了职工学习热情和工作积极性。

积极开展水利行业职业竞赛，为优秀高技能人才提供展示舞台。截至2019年底，我局先后举办了6次全局范围内的技能竞赛，承办3次淮委水利行业特有工种技能竞赛，选拔出一大批优秀高技能人才参加全国水利技能大赛，并取得优异成绩。

2. 多措并举，助力人才成长

坚持"岗位培训、学以致用"的原则，结合工作生产和技术发展需求，坚持"干什么学什么""缺什么补什么"的原则，多渠道、多方式加强技能人才培养。

一是开展传帮带培养。建立名师带徒制度，实行"一对一，手把手"的培养模式。将人才培养纳入技师、高级技师的考核内容，与其岗位的续聘、晋级以及评优树先等挂钩。二是开展选派培养。有计划选派素质高、业务精、肯钻研、有培养前途的技能人才，到职业院校或相关培训机构进修学习；建立水管单位和重点设备供应企业联合培养制度，选派技能人才到有关重点设备供应企业参加培训交流。三是开展实践培养。鼓励技能人才在工作中开展"五小""三新"活动，激发广大技能人才的创新创造力，在生产实践中发挥聪明才智，解决生产实践中存在的技术问题；选拔和使用优秀高技能人才担任技能鉴定、技能竞赛评委，提升高技能人才的地位和影响力。四是开展继续教育培养。鼓励和支持技能人才通过参加国家统一组织的招生考试，进入高等院校深造，提高其文化和理论水平。培训资源向高技能人才倾斜，选派优秀高技能人才参加部、委组织的知识更新培训。

3. 推先评优，选树优秀典型

在考核评比、人才推荐等工作中，提高技能人才所占表彰奖励比例、加大对基层技能人才的倾斜力度，选拔树立一批优秀高技能人才典型代表，充分保护和调动广大技能人才工作热情和创新创业积极性。近年来，在水利系统先进工作者和劳动模范评选、享受政府特殊津贴人员推荐、技能竞赛评判专家推荐和技能鉴定高级考评员培训等推先评优工作中，不断加大优秀高技能人才的推荐力度，选树了一大批优秀典型代表，极大地激发了工勤技能人员干事创业的活力。

4. 加强宣传，营造良好氛围

通过互联网、微信公众号等多种形式，在五一劳动节等重要节日、节点，大力宣传技能人才在单位发展中的重要作用和突出贡献，树立一批高技能人才先进典型，弘扬工匠精神；营造尊重劳动、崇尚技能、鼓励创造的浓厚氛围。

（作者单位：淮河水利委员会沂沭泗水利管理局）

为科学调度决策夯实人才根基

——江西水文实施人才培养战略综述

万　菁　蒋卫华

熊能，江西水文系统第一个到地方水利局挂职的干部。谈到挂职收获，他兴奋地说："通过交流锻炼，我心态更平和了，学会了换位思考，增强了抗压能力，提高了攻坚克难的魄力。"

培养与新时期水文事业发展相适应的人才，熊能的经历只是江西省水文局人才培养及发挥作用的缩影。当前，我国治水主要矛盾发生变化，江西省水文局主动谋划，精准施策，用心勾画人才培养蓝图，为水文乃至水利事业改革发展奠定坚实基础。

一、打好特色"新牌"

如何为顺利实施"监测、服务、管理、人才、文化"五位一体发展布局注入精锐力量？江西省水文局党委牢牢扭住人才队伍发展规划这个"龙头"，在释放人才活力，促进人才成长上做好顶层设计，编制了《江西省水文人才队伍建设规划》，力争到 2025 年，高层次人才队伍建设有力加强，水文基层人才匮乏局面有效缓解，人才队伍综合素质、专业化能力明显提升，人才成长环境、人才分布和结构进一步优化，满足新阶段水文事业发展的需要。

（一）实施"5515 人才工程"

江西省水文局党委在不断构建人才储备、培养使用体系上下功夫，在充分挖掘现有人才潜力上做功课。5 名"政治坚定、勤政廉洁、业务过硬、经验丰富"的全省水文领军人才逐步诞生，50 名"政治坚定、业务熟悉、善于管理、勇于创新"的全省水文中坚人才不断成熟，100 名"理论深厚、勤于钻研、业务精湛、技术高超"的全省水文专业技术人才不断涌现，50 名"作风严谨、业务精通、爱岗敬业、执着专注"的全省水文高技能人才初露峥嵘。先后有 106 名"5515 人才工程"人才在促进江西水文全面高质量、跨越式发展上，成为推动江西水文改革发展的中坚力量。

（二）建设水文创新团队

以研究省水文重大战略，解决重大水文技术和管理为导向，江西省水文局组建了水文监测与资料，水情，水资源，水生态，信息化，规划建设与行政管理等 6 个专业技术委员会及创新团队，遴选团队成员 237 人，针对重点工作为省局党委提供决策支撑。

专业技术人才能力在专业委员会及创新团队里得到充分发挥，一大批科研攻关得以有效推动。2019 年，与相关单位合作的科研课题《山洪灾害风险防控关键技术及应用示范》获赣鄱水利科学技术奖首个特等奖，《江西省降雨洪水长期影响因子分析研究》等课题分别获赣鄱水利科学技术奖二等奖和三等奖。

建立首席专家制度，分别出台首席预报员、首席水质检测评价员实施管理办法，分别评选培养首批首席预报员 10 名、首席水质检测评价员 8 名，形成一批"高精尖"人才团队，发挥高技能人才的带头和示范作用。

二、紧扣有力"抓手"

（一）抓手一：精准施策强化培训

江西省水文局党委以"大规模培训干部、多层次培训人才、大幅度提高素质"为总体原则，适应干部教育培训个性化、差异化的需求。一方面依托清华大学、扬州大学、武汉大学等高等院校的培训师资力量，采取"请进来、走出去"的方式，做精水文测报中心负责人能力提升班、优秀年轻干部能力提升班、水文水资源专（研）修班三个培训班；另一方面，开展各类业务培训，仅 2018 年、2019 年就分别达 1068 人次、1071 人次。

同时，自 2019 年起，每年常态化开展并做优水文勘测 技能、水质分析比武、水文情报预报三大技能比赛。2019 年，通过竞赛选拔出来 6 名年轻选手代表江西省水利厅参加"助推绿色发展建设美丽长江"水质监测技能竞赛，获得团体第三名和个人第四名、第七名的好成绩。

（二）抓手二：落实挂职"百人计划"

挂职是该局党委培养和锻炼干部的一项重要制度。通过有重点地选派优秀年轻干部到水利部、省水利厅机关学习锻炼，实现省局机关、基层水文双向挂职，选派表现突出的干部到地方实岗锻炼，提高履职能力。

近 3 年来，全省水文系统逾百人次上挂下派。同时，以援藏援疆和扶贫工作为新途径，使干部历练成长、提升本领。江西省水文局先后组织选派两批技术人员援疆援藏，进行水资源公报编制、勘测技能培训，效果良好。江西省水文驻村工作队在省委组织部考核中获评"好"等次，驻村第一书记获评优秀，抚州市委市政府专门发来感谢信肯定水文扶贫工作成绩和扶贫干部的辛苦付出。

（三）抓手三：推行"24 学分制"

江西省水文局紧密结合江西水文特点和水文事业需要，组织编制《水文工作应知应会手册》，内容涵盖水文业务、行政管理等九项水文基本操作技能，作为水文干部职工培训教程。同时建立"应知应会24学分制"管理体系，对《手册》知识点设置24学分，通过考试，综合评价干部职工业务素质及掌握技能的能力。

此外，建立专业技术人才培养评价机制，制定评价实施办法，探索以四个等级评价干部职工水文业务和行政管理等专业技术能力体系。全面构建两套符合水文事业发展需要的人才评价体系，依托职级并行制度实现职级激励，激发人才队伍活力。

只争朝夕，不负韶华，江西水文人才战略正全面铺开，迎击未来。

（作者单位：江西省水文局）

水利部小浪底水利枢纽管理中心
所属公司专业技术等级制度案例分析

李　杰　杨晶亮　梁梦洋　任晓博　陈永旗

小浪底水利枢纽是黄河治理开发的关键控制性工程。保证枢纽安全稳定运行、充分发挥枢纽综合效益，是小浪底管理中心最大的政治责任和使命担当。近年来，小浪底管理中心在水利部的正确领导下，坚持"节水优先、空间均衡、系统治理、两手发力"治水思路，根据水利人才队伍建设"十三五"规划总体要求，结合实际不断创新人才激励机制，在小浪底管理中心所属的黄河水利水电开发总公司（简称开发公司），探索建立了专业技术等级制度，实行专业技术职业发展通道与行政管理职业发展通道并行的"双通道"人才发展模式，很好地调动了干部职工的积极性、主动性和创造性，有力地保证了小浪底水利枢纽持续安全稳定运行。

一、建立专业技术等级制度的基本情况

小浪底水利枢纽工程规模大、技术难度高、运用要求严，安全责任重。枢纽运行单位（开发公司）机构设置扁平化，人员编制精干高效，多数职工为从事水工设施设备和发供电系统运行维护管理的专业技术人员，共涉及 27 个子专业，基本上是从各高等院校招聘的优秀本科生和研究生。

小浪底管理中心高度重视专业技术人才队伍建设，通过实施全覆盖全周期精准化职工培训、工作绩效考核、安全生产奖惩、技术拔尖人才选拔等措施，不断完善人才工作机制；同时，在执行水利企业岗位效益工资制的基础上，收入待遇向基层一线和专业技术人员适当倾斜，建立了运行津贴和专业技术职务津贴等薪酬激励机制。这些措施的实行，促进了职工的成长成才，逐步建成了一支专业门类齐全、技术水平较高、满足枢纽运行需要的职工队伍。

近年来，随着枢纽运行管理时间的延长和不断提档升级，人才队伍建设特别是在稳定专业技术人才方面出现了一些新的问题。主要表现：一是枢纽运行管理技术密集，高素质专业技术人员相对集中，行政职务晋升通道单一，人才易流失，影响队伍稳定；二是枢纽运行管理安全责任重大，一线职工工作性质特殊，作业环境封闭，工作过程枯燥，容易产

生心理疲劳，存在安全隐患；三是缺乏高层次专家型人才的培养激励机制，创新动力不足；四是薪酬激励机制系统性和针对性不强，影响职工的工作积极性。

为破解这些难题，拓宽职工成长通道，完善激励机制，打造一支安心、主动、创新工作的一流枢纽运维队伍，小浪底管理中心深入推进人才制度改革，在 2016 年下半年启动了专业技术等级的构建工作。为此成立了专项工作组，深入一线开展座谈和访谈，了解职工职业发展诉求；广泛开展调研，了解同行业单位先进做法经验；邀请人力资源管理咨询机构开展方案咨询，不断拓宽思路，凝聚共识，进行顶层设计。在制度制定过程中，多次广泛征求基层职工意见、反复优化完善，并进行模拟操作，于 2018 年正式印发了专业技术等级管理办法及实施细则，在专业技术人员比较集中、占开发公司职工近半数的生产部门先试先行。

二、专业技术等级构建的主要内容

专业技术等级由低到高共设九个层级，评审实行积分制。申报的职工首先必须在安全生产、遵规守纪、年度考核等方面满足必备的基本条件，在此基础上根据其连续安全工作年数、解决专业技术难题情况、获得技术成果情况等分别进行积分，达到一定积分标准即可晋升相应等级，晋升人数不设比例限制，也可越级晋升，超出的积分可累积到下一次评审时继续有效。主要做法是：

（一）科学设置指标，注重业绩、量化考评

设置科学合理的评价指标，是保证该制度取得实效的关键和难点。在积分指标设置过程中，我们针对调研中发现的问题，以激励职工安心、主动、创新工作为导向，将专业技术等级积分体系划分为安全年积分、解决专业技术难题积分、技术成果积分三个部分，每个部分又细化为若干能够体现工作业绩和贡献的具体指标，每个具体指标赋予相应分值，使得积分指标体系全部量化，减少人为因素影响。

安全年积分：从当前枢纽连续安全生产天数起始日期起算，每一个安全年度给予从事专业技术工作职工定量积分。鼓励职工立足岗位，脚踏实地，安全生产，安心工作，即使没有做出特别突出贡献，依然可以获得逐步晋级的机会。

解决专业技术难题积分：对于职工通过科研项目、技术攻关、大修技改、解决重要技术问题、采用新技术新工艺新材料新设备、发现消除重大隐患、准确处置突发应急事件、提出合理化建议等工作，避免安全事故（事件）发生，或为企业创造经济效益的情况，按照避免事故（事件）等级和创造经济效益数量给予相应积分。该指标包括 8 个赋分项目，在积分指标体系中占比最大，每个赋分项目均根据相关制度规范制定具体赋分细则，突出注重工作业绩的导向，鼓励职工主动、创新工作。

技术成果积分：对职工获得国家专利、编写技术标准规范、出版论文论著、获得专业技术成果奖项等情况，按照成果实用性、影响力和获奖级别，分别给予相应积分。该指标在积分指标体系中占比相对较小，主要鼓励职工刻苦钻研、注重总结、积极创新。

（二）严格考评组织，分级评审、客观公正

专业技术等级的申报和评审每年组织一次，分为部门、公司两个层次进行，坚持客观、公开、公平、公正原则。

各部门分别成立专业技术等级工作组，并根据工作性质和特点，制定本部门的评价赋分标准。职工申报后，先由本部门进行资格审查和评价赋分，具备申报基本条件并在部门评价赋分超过门槛分值的，方可申报公司层面的专业技术等级评审。

开发公司设立专业技术等级评审委员会，成员包括有关负责人、从专家库中抽取的各方面专家以及职工代表。评审专家负责对各部门提交的申报材料进行鉴定核实，并对照评审办法和实施细则进行量化赋分，然后提交评审委员会对申报材料和量化赋分结果进行评定。为减少人为干扰，评审试行"背靠背"方式，评审专家和委员会只对申报项目的相应得分进行审查，最后总得分值达到规定标准的即可晋级。

（三）落实激励措施，待遇配套、导向鲜明

落实好获得专业技术等级职工的政治待遇和薪酬待遇，是对职工能力水平和业绩贡献的肯定，也体现着这项制度的鲜明导向和生命力。制度规定，经评定具备专业技术等级的职工，在干部选拔任用时优先考虑；行政管理发展通道和专业技术等级发展通道按照各自制度分别进行管理，薪酬待遇按就高原则执行。职工晋升一个等级的薪酬待遇比原待遇有明显提高，最高等级（九级）的薪酬待遇可达到公司负责人的薪酬收入水平。

（四）实施动态管理，可升可降、奖罚分明

对获得专业技术等级的职工实行动态管理，不搞"终身制"，制定了严格的"退出机制"。对于申报材料弄虚作假、因违规违纪受到处分、年度考核不称职或基本称职、发生负主要责任的安全事故等情形，实行"一票否决"，直接取消其技术等级；对于在生产中发生故障、一般安全事件的相关责任人，或部门年度考评得分不足门槛分值的人员，按照考评办法给予扣减积分、降级，直至取消技术等级的处罚。

为奖励做出特别重大贡献的职工，专业技术等级制度专门设置"绿色通道"，经部门推荐、严格审核、班子集中研究批准后，可直接晋升相应等级，不受积分限制。

三、专业技术等级实施情况

2018 年，小浪底管理中心开展了首次专业技术等级评审工作，共有 48 名一线技术人员踊跃申报，经过层层严格评审，有 10 名职工获得晋级。2019 年，共有 94 名一线技术人员申报，最终有 15 人获得晋级。专业技术等级制度的实施是拓宽专业技术人员职业发展道路的一次创新之举，是一次人事人才制度的改革之举，在职工中引起了很大反响，并产生了很好的示范效果，一线生产技术人员立足岗位，主动钻研技术和开展科技攻关、积极排查治理安全隐患、提出合理化建议的积极性显著提升，安心、主动、创新工作的氛围更加浓厚，为促进专业技术人员成才成长和确保持续安全稳定的生产形势发挥了良好作用。

构建专业技术等级是人事和薪酬制度的探索和创新，需要在实践中接受检验，也需要根据实际情况不断完善。通过首次评审，我们也发现了评价指标体系需要进一步优化、评审程序和材料需要进一步简化、薪酬待遇设计还需要进一步改进等问题。目前，在对首次评审进行全面总结的基础上，我们正对专业技术等级管理办法和实施细则进一步修订和完善，同时研究适时在开发公司全面推广的具体方案，以充分调动所有专业技术人才的积极性，努力形成人人渴望成才、人人努力成才、人人皆可成才、人人尽展其才的良好局面，不断夯实小浪底水利枢纽持续安全稳定运行和综合效益充分发挥的根基。

（作者单位：小浪底水利枢纽管理中心）

协同打造"五个平台"培育未来"水利工匠"

——长江工程职业技术学院创新推进全国水利行业首席技师工作室建设典型案例

黄世涛　汤能见　汪卫东　张　涛　李　凯

一、基本情况

在水利部人事司、中国水利教育协会的大力支持下，2017 年 4 月，我校成立了全国水利行业首席技师工作室（以下简称"工作室"）。学校党委、行政高度重视，举行了隆重的工作室揭牌仪式，聘任长江水利委员会水文局汪卫东、李凯，长江设计院张涛等三名首席技师为工作室主持人。三年来，学校建立了分管校领导统一指挥，水利与电力学院牵头负责，人事处、教务处、科研处、继续教育学院等多部门协同的工作机制，秉承"引领、传承、创新、共享"理念，与水利行业企业协同打造了教师成长、资源开发、技术服务、实践教学、文化传承"五个平台"，共同培养未来"水利工匠"，工作室作用得到了充分彰显。

二、工作及成效

（一）发挥工作室引领优势，打造教师成长平台

长江水利委员会在长江治理保护开发方面，具有独一无二的人才优势和技术优势。我校工作室三位主持人汪卫东、李凯、张涛，均为长江水利委员会技术专家、能工巧匠。学校注重发挥首席技师的引领作用，一是将首席技师分别编入水利类专业研究室，定期参加专业研究室教研活动，参与人才培养方案论证、专业建设目标确定，二是专业教师分批参与首席技师主持的技术项目、科研课题，进行实践锻炼和科研能力培养，及时跟踪掌握水利行业的发展趋势和前沿技术，从而打造了一支卓越的"水脉"教学创新团队（团队中15 名教师被认定为水利行业"双师型"教师，1 名教师入选教育部产业导师资源库技术技能大师，2 名教师获评全国水利职教名师，3 名教师获评全国水利职教教学新星）。

（二）发挥工作室团队优势，打造资源开发平台

重视发挥工作室的团队作用，大力推进专业教学和职工培训内容更新，开发了一批质量优、水平高、效果好的教学、培训资源。依托工作室，水文与水资源工程专业、水利水

电工程技术专业分别与长江水利委员会水文局、中国水电基础局有限公司、湖北信衡建设工程检测有限公司等进行深度合作，通过"课程开发＋实施平台"模式，完成了《水利工程施工技术》《水文预报技术》等9门课程"教、学、练、做"一体化教学设计，开发出了一批满足企业需求、适应教学需要的新型实用培训课程（如水利部《水文信息测报技术与整编》基层水利职工培训课程、《水利工程造价管理》、《中国古代近代著名水利工程》水利专业网络远程培训课程等）。所开发的课程通过校内与校外、线上与线下等教学平台予以实施，有效地促进了人才培养与水利行业企业需求的对接。

（三）发挥工作室创新优势，打造技术服务平台

积极发挥工作室创新优势，推进技术技能积累、传承和创新，打造技术服务平台，积极为水利行业企业提供政策咨询与技术服务，重点围绕乡村振兴战略中的水环境整治，长江、汉江流域防洪除险加固工程等开展技术咨询与服务。依托工作室，我校水利与电力学院与长江水利委员会水文局、湖北省咸宁市水文局等共建专家服务团队，共建水质分析实训室等生产性实践教学场所，与行业企业联合开展科技攻关，促进科技成果转化。与长江水利委员会水文局等单位合作，完成了《长江上游降水径流响应关系研究》《长江与洞庭湖汇流段水面形态特征变化研究》等7个技术服务项目。在参与企业项目研究过程中，教师提升了社会服务能力，学校实现了经济效益和社会效益"双丰收"，校企实现了共赢。

（四）发挥工作室资源优势，打造实践教学平台

学校充分发挥工作室企业资源、教师资源、教学资源优势，积极推进"三教"改革，打造优质实践教学平台，助力技术技能人才培养。工作室实行"师徒制"培养模式，通过"择优推荐＋双向选择"，建立"1+N"的"师带徒"培养机制，首席技师通过承担实践课程、指导顶岗实习、开展专题讲座等形式参与人才培养，促进学生在实践中成长、在岗位上成才。首席技师张涛、汪卫东先后为我校水利水电建筑工程专业、水文与水资源工程专业学生作了《隧洞工程施工》《国产超高频雷达测流系统 RISMAR 比测》等讲座，发挥了教学示范作用，得到学生们点赞。通过发挥工作室资源优势，提升了专业的实践教学水平，人才培养质量也明显提升，水利类专业学生先后在全国全省各类职业技能竞赛的混凝土设计与检测、水文勘测技术、水环境检测技术等赛项中，取得了一等奖5项、二等奖9项的优异成绩。

（五）发挥工作室品牌优势，打造文化传承平台

办学60年来，我校为水利行业培养了数万名优秀人才，其中包括第九届全国"人民满意的公务员"、"第二届全国最美水利人"候选人、受到习近平总书记亲切接见的邹秋文等。学校发挥工作室的品牌优势，凝聚水利行业先进典型人物，发挥我校优秀校友育人作用，为党育人，为国育才。首席技师李凯来校作了《职业技能与职业精神的养成》专题讲座。2018 年 4 月习近平总书记考察城陵矶水文站时，为总书记当"讲解员"的长江水利委员会水文中游局岳阳分局局长陈建湘校友，10 月回到母校参加"长江工院道德大讲堂"，介绍了习近平总书记考察长江时的情况，宣讲了习近平总书记"共抓大保护、不搞大开发"思想的深刻内涵及重大意义。全校师生倍感振奋、深受鼓舞。

三、典型经验

工作室按照"把握水利脉搏，推动教学创新"的建设思路，通过首席技师引领，打造专业教师成长平台，形成了一支能打硬仗、甘于奉献、乐于创新、追求卓越的"水脉"教学创新团队。

校企联合打造教学资源开发平台，大力推进专业教学内容和职工培训内容更新，通过"课程开发＋实施平台"模式，完成一批课程的"教、学、练、做"一体化设计与实施。

通过深化校企融合，校企共建专家社会服务团队、共建生产性实训基地、联合开展科技研发等途径打造技术服务平台，带动教师社会服务能力提升，促进校企双方实现共赢。

通过择优和双向选择，以"师带徒"培养模式，打造技术技能培养平台，通过有效开展实习实训、技能竞赛指导，校内、校外培养有机结合，促进学生的技术技能不断提升。

充分发挥"长江工院道德大讲堂"、水文化论坛等平台，广泛开展"三全育人"活动，以水润德、用水育人，引导学生树立匠心，培育未来"水利工匠"。

四、今后工作思路

加强与湖北省水利行业企业合作，打造技术协调创新中心，联合进行科技创新和技术攻关，帮助水利企业解决生产技术难题，推动企业产业升级和技术进步。

大力支持合作单位积极申报"产教融合型企业"，通过校企共同开展现代学徒制、1+X 证书试点等，推动构建校企命运共同体，发挥企业重要办学主体作用。

以首席技师为核心，组织工作室的团队成员开展送技术下乡活动（如开展高效节水、水生态与水安全培训等），服务当地经济社会发展，为群众排忧解难。

（作者单位：长江工程职业技术学院）

人才强院，以创新驱动高质量发展

蔡 倩　杨泽亚　郑雁林

长江设计院坚持以习近平新时代中国特色社会主义思想和党的十九大精神为指导，以中央、水利部、长江委人才工作方针政策为引领，始终把人才培养和队伍建设作为高质量发展的关键着力点，以人才发展为保障，以体制、机制创新驱动设计院可持续发展，人才工作和人才队伍建设取得了明显成效。

一、主要成效

高端青年人才数量不断增多。全院博士逾 260 人，海归超过 150 人，博士和硕士占在职在岗员工的 46%，设计院对高层次、高素质人才的会聚力不断增强，为创新驱动发展提供了动力源泉。

新兴业务人才规模不断壮大。"新三水"、市政交通、新能源等新兴业务人才接近 900 人，在全院专业技术人员的占比近 40%，为长江大保护、治江事业高质量发展以及设计院战略转型，提供了人才支撑和保障。

人才的科技创新能力不断增强。2017—2019 年，设计院连续三年新增授权专利超百项，每年获得省部级奖 30 余项，2019 年获得省部级特等奖、一等奖达 16 项，三峡升船机获 FIDIC 工程项目优秀奖（7 年 6 获）。设计院的工程师定位不仅仅是一名工程设计师，正经逐步向工程研究者、科学家成长。

品牌人才名片靓丽。设计院诞育了一位院士、七位全国工程勘察设计大师，这在水利水电勘察设计行业是首屈一指的，在勘察设计行业也名列前茅。此外，还有省部级专家、委级专家近百人。设计院的品牌人才已成为一张张靓眼的名片，代言了设计院的技术声誉，引领设计院创新发展。

二、"四要"总体思路

设计院的人才发展思路可概括为"四要"。

（一）谋局要远

人才工作必须紧密围绕治江工作需要，围绕设计院战略发展目标，进行长远谋划布局。

制定中长期人力资源发展规划，确定人才发展目标、导向，对人才工作进行全面指导。

（二）靶向要准

必须瞄准经济发展形势，行业发展趋势，以业务转型发展要求为靶，及时研判人才发展目标、导向，保障人才工作始终与业务紧密融合，人才发展始终服务业务发展。

（三）响应要快

人才工作必须急速响应内外部环境变化，响应业务需求，根据内外发展要求及时调整工作方向、目标，确保人才发展紧跟业务发展、引领业务发展。

（四）措施要实

人才工作的措施要落地，要实在，要依托于岗位、依托于实践，结合生产、结合业务产生实效。

三、"六大"关键抓手

（一）抓高素质人才引进、培养

从 2003 年开始，设计院招聘新员工就明确要求以 985、211 等顶尖高校的毕业生为主，最低要求也要达到一本；2005 年，又提高到硕士研究生为主；2008 年开始，逐渐加大了博士的引进比例，2017-2019 年，设计院的博士和海归招聘占比均超过了三分之一，接近 40%，2020 年的博士和海归占比已超过 60%。

为充分激发高端青年人才的活力、潜能，2020 年，设计院针对博士后、博士、优秀硕士制定了"高起点、快通道"的人才发展路径，博士后入职即可享受教授级高工的岗级待遇、博士入职即可享受高工的岗级待遇，同时，配套考核机制，对高端青年人才重点考核解决重大复杂关键问题的能力、科技创新能力。对业绩、能力突出的人才，不设工作年限进行提拔，不拘一格用人才。

（二）抓紧缺战略人才建设

设计院始终围绕战略布局谋划人才发展。2019 年，召开人才工作专题会议，颁布了《提升设计院人才工作的指导意见》，明确了人才工作要点，重塑人才发展体系；围绕"新三水"、市政交通与新能源、总承包等新兴业务，制定了《新兴业务人才发展专项规划》，明确了新兴业务人才建设目标、导向。2020 年，围绕经营人才、长江大保护人才、信息化人才召开多次会议，制定了三大人才实施方案，明确了各类人才的引进、培养目标和行动方案，目前，正在有序推进。

（三）抓科技创新人才培育

一是大力推行项目首席科学家制度。2017 年，设计院提出了打造研究型设计院的发展定位，大力推行项目首席科学家制度，目前，已在滇中引水、乌东德、引江补汉等 60

余个项目设立了首席科学家，带领创新团队在项目中发现科学问题，推动技术创新研究，这项措施极大增强了项目研究力度，促进人才成长空间变得更宽、更广。

二是大力强化创新团队建设。已组建重大工程、政府科研、院战略、青年等四类创新团队共计 119 个，承担了 10 项十三五国家重点研发计划项目，几十项基金以及政府科研、专项科研、自主创新等在研项目 300 余项。

三是加强创新激励。设计院每年的自主研发投入占比 3%-5%，对科技获奖、专利、论文等均配套奖励。为激发员工科技创新的积极性和创造性，促进科技成果转化和应用推广，今年，设计院制定了科学技术奖励办法，对在科技创新中做出贡献的进行专项奖励，其中，被授予"科技突出贡献奖"荣誉称号的，可获得 50-100 万元一次性高额奖励。

（四）抓梯队建设尤其是青年骨干培养

打破"论资排辈"，建立年轻竞才机制。以德、能为先，不拘一格、任用优秀人才，放手让青年骨干在重大项目、重要岗位上履职，给员工压担子，促进员工能力提升。

一是在干部队伍中大胆任用优秀青年人才，对特别优秀的人才，破格越级提拔。新提拔的室层级领导，严格按照 40 岁以下控制，优选 35 岁以下的优秀员工，生产单位副职严格按照 45 岁以下控制，优选 40 岁以下的优秀员工，生产单位正职优选 45 岁以下的优秀员工。

二是在生产项目中大胆任用优秀青年人才，一级项目的项目经理、副经理和总工，设置助理岗位，配备 35 岁以下青年员工担任，另超配一名 40 岁以下的青年员工任项目部管理层。二级项目的项目部管理层，40 岁以下青年员工的配置率要求达到 50% 以上，并超配一名 35 岁以下的青年员工任项目部管理层。三级项目管理层，全面任用 40 岁以下的青年员工，其中 35 岁以下员工的配置率要求达到 50% 以上。同时，加强在防汛抗旱抢险、急难险重任务中对青年人才的任用。

三是在科研项目中大胆任用优秀青年人才，针对青年人才设置了青年创新团队，团队负责人年龄一般不超过 35 岁，团队中 40 岁以下青年员工的配置率要求达到 80% 以上。其他类型的创新团队，40 岁以下青年员工的配置率要求达到 50% 以上。2019 年度，出台《青年创新英才评选管理办法》，设立了青年创新英才奖，第一届 30 名 40 岁以下的青年员工获此殊荣，以后每年评选 10 名，树标杆，立榜样，大力培育青年科技骨干人才。

（五）抓人才"传帮带"

一是全面实施导师制，对新入职 3 年以内的新员工，配备 1-2 名导师，入职 3-6 年的青年员工，根据需要选择性配备导师。从 2009 年开始至今，持续实行新员工下工地一线锻炼制度，新员工第一年在工地时间不少于 6 个月，前三年在工地时间不少于 12 个月。

二是定期组织各种层次的科技讲座和学术交流，如院士大师名家讲座，院内总工设总讲座，青年学术论坛等，几乎每周都有，2019 年共计举办高端讲座、技术交流、青年论坛等多层次科技讲坛 90 余次，极大的活跃了设计院的学术氛围，实现了经验、知识的传承。

三是高度重视成果凝练总结，组织三峡、南水北调等重大工程技术创新丛书编写，重大工程项目竣工、重大科研项目结题后都要进行技术总结，打造了"长江设计文库"名片，通过技术成果的凝练让队伍素质得到升华，促进技术传承。

四是主动选派优秀人才到国家发改委、水利部、长江委以及大型企业集团进行交流学习。

（六）抓培训赋能

设计院高度重视为员工成长赋能，多层次、多渠道、多方位加大人才培训力度。

一是围绕干部队伍能力建设，每年定期举办中高层领导干部能力提升培训班，进一步提高全院中高层领导干部的综合素质和履职能力。

二是围绕国际化人才的培养，每两年选拔一批优秀人才赴海外高校深造，目前已组织 6 批累计 148 人赴美国伯克利大学、杜克大学完成了国际项目管理高层次培训，第 7 批赴美培训已启动。参训人员成为海外项目的主力军，且大多数成为各级领导干部。该培训不仅得到水利部有关部领导和人事司的肯定，也被水利同行学习借鉴。

三是围绕业务市场开拓，组织经营管理人员参加长江经济带建设、粤港澳大湾区规划、长三角区域规划以及市场开发和招投标管理等方面的培训。

四是围绕企业转型发展需要，举办工程总承包、全过程咨询、BIM 和三维设计、城市水务和水生态环境治理等方面的专题培训。

五是围绕注册工程师的培养，组织注册结构工程师、注册咨询工程师、一级建造师、注册岩土工程师等考前培训，以及各类注册工程师继续教育培训。全员注册工程师达 1200 人次，为院项目生产、市场经营保驾护航。

三、"三大"发展保障

（一）投入保障

设立了人才发展专项基金，每年提取工资总额的 2%-3% 单列，用于高层次人才引进、培养以及各类人才奖励、激励计划。

（二）制度保障

设计院大力加强人才发展制度建设，制定了《提升人才工作的指导意见》《新兴业务人才发展专项规划》《导师制培养方案》《高端青年人才培养方案》《经营人才队伍建设实施方案》《信息化人才队伍建设实施方案》系列配套制度，目前，正在制定《项目经理能力认证方案》《高层次人才培养实施方案》，持续完善人才发展制度体系。

（三）机制保障

一是通过岗级管理、干部管理，构建人才能上能下、干部能进能出的动态管理机制，激发人才活力。

二是强化考核，落实责任，各单位均有明确的年度人才引进和培养目标，各级领导均负有人才"传帮带"责任，并有量化指标。设计院的人才发展总体目标纳入院人力资源部和分管院领导的年度绩效考核，各单位的人才发展目标纳入各单位领导的年度绩效考核，目标层层落实，责任层层压实。

（作者单位：长江勘测规划设计研究院、长江委宣传出版中心）

2020—2021 年　　一等奖

水利水电规划设计总院
人才队伍建设研究报告

朱振晓　袁碧霖　王学敏　顾沁扬　陆丹婷

人才队伍建设是更好地实施人才强国战略的重中之重，水利事业的蓬勃发展对人才队伍建设提出了新的、全面的要求。在水利部党组的领导下，我院紧紧围绕水利中心工作，高度重视人才队伍建设，认真贯彻实施水利人才战略，人才队伍建设取得了一定的成效，为推进我院各项工作顺利开展发挥了重要作用。

"十四五"时期，是水利改革与发展不断深化的关键时期，按照立足新发展阶段、贯彻新发展理念、构建新发展格局，推动水利高质量发展的战略要求，我院迫切需要建设一支规模适宜、专业齐全、素质优良、结构合理的高素质专业化人才队伍。

本研究报告，在分析我院人才队伍建设现状及存在问题的基础上，提出了当前人才队伍建设面临的形势并深入剖析了问题根源；同时提出了今后的工作任务和保障措施。为下一步制定我院中长期发展规划提供支撑。

一、人才队伍建设的现状

（一）人才队伍基本情况

"十三五"期间，我院认真贯彻落实水利部关于人才队伍建设的一系列方针政策，不断健全完善人才队伍管理体制机制，积极营造有利于人才发展的浓厚氛围，全院人才队伍建设呈现出良好发展态势。

1. 年龄结构不断优化

职工平均年龄 43.7 岁，较 2015 年末下降 0.8 岁；处级干部平均年龄 49.6 岁，较 2015 年末下降 0.7 岁；36-45 周岁职工占比 26%，较 2015 年末提升 7%。

2. 高学历人员增长迅速

硕士及以上学历人员占比由 2015 年末的 44% 提升至 57%。

3. 高级职称人员逐年增加

副高级以上专业技术人员占比已达 80%，较 2015 年末提升 8%，人才队伍结构呈典型的"倒金字塔"型。

4. 高层次人才不断涌现。

"十三五"期间，我院共新增国务院政府特殊津贴人员、"万人计划"、中国青年科技奖等国家级人才 8 人，新增 5151 人才、水利青年科技英才等省部级人才 6 人。

（二）人才工作机制基本情况

1. 人才培养机制进一步完善，基本形成"四位一体"的"阶梯式"人才培养体系

为更好地发挥人才优势，经过深入研究和探讨，我院用三年的时间运筹谋划，相继出台了《水规总院专业技术岗应届毕业生培养方案》《水规总院青年拔尖人才管理办法（试行）》《水规总院专业技术骨干管理办法（试行）》《水规总院高层次人才培养实施方案》等多项制度和文件，逐步形成应届毕业生、青年拔尖人才、专业技术骨干、高层次人才四个层次的"四位一体"阶梯式人才培养体系（图1），进一步完善了人才引进、选拔、培养和激励机制，人才培养体系日渐完善。

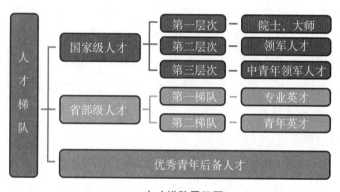

人才梯队层级图

图1 "四位一体"阶梯式人才培养体系

2. 人才引进渠道有所拓展，博士后研究工作站初步发挥作用

我院积极申请获批成立博士后研究工作站，并出台《水规总院博士后科研工作站管理办法（试行）》。目前，我院与北京师范大学、清华大学等双一流高校建立了长期稳定的合作关系，共同开展多方位项目和课题研究，充分发挥了博士后科研工作站在人才引进、科学研究、技术创新等方面的优势，成为我院人才队伍建设的又一阵地。

二、人才队伍建设存在的主要问题

（一）党政人才队伍

1. 年龄老化，未形成合理梯队

一是整体年龄偏大，处级干部的平均年龄达 50.3 岁。二是年轻干部使用比例低，正处级干部老龄化严重。

2. 出口不畅，成长速度缓慢

部分干部尤其是正处级干部任职年限较长。其中，任职 10 年以上的正处级干部共有 10 人，占正处级干部总数的 52%。

3. 交流轮岗难度大

受我院工作性质影响，各个业务部门之间的专业性很强，干部交流或轮岗难度大，成长通道单一、偏窄，导致部分干部长期在同一岗位任职，从事同一工作内容，不利于调动干部工作的积极性、主动性和创造性。

4. 存在集中退休现象

现有处级干部在 5 年内将退休 23 人，占全体处级干部总数的 36.5%。干部集中退休，将导致干部队伍出现断档情况，不利于院内各项工作的开展。

5. 管理能力尚需进一步提高

我院处级干部普遍具有较高的业务能力，但部分处级干部管理能力有所欠缺。有的干部重业务工作，轻管理，造成部门内部管理混乱。缺乏对处级干部管理能力提升等方面的系统性针对性培训和培养；处级干部本身对提升管理能力不重视，组织调训经常为具体业务工作让路，难以安排下去，甚至有的干部将组织调训视为负担。

（二）专业技术人才队伍

1. 整体年龄结构仍需进一步优化

一是平均年龄 44.7 岁，整体稍微偏大。结合我院工作性质，我院不宜过度追求低龄化。二是 36-45 岁年龄占比较低，为 25%。36-45 岁是个人职业生涯的黄金时段，是个人工作能力、精力以及经验发展的顶峰，也是与我院工作性质和工作需要较为匹配的年龄段。增加这一年龄段人员的比例，有利于提高我院工作的活力和效率。

2. 各专业普遍缺乏领军人才

目前我院在行业内有影响力的权威专家多为院领导及副总工程师。例如我院享受国务院政府特殊津贴人员、新世纪百千万人才、部级 5151 人才等均为院领导和副总，他们为我院发展做出突出贡献。但是，这批专家在 5 年内均将陆续退休，下一代领军人才尚未显露。

3. 现有职称晋升制度对专业技术人员的激励作用不足

我院专业技术人员整体学历和专业素质较高，各部门专业技术人员中均以正高级职称人员为主，占比达到 53.21%。有的部门几乎全是正高级职称人员，职称晋升制度对专业技术人员的激励作用正逐步下降。

（三）经营管理人才队伍

1. 全资企业经营管理人才稀缺

目前，我院出资成立下属企业 3 家，均已完成公司制改革，市场化进程正在逐步推进。

现有经营管理人员缺乏真正的市场化企业工作和管理经验；企业经营管理人才普遍年龄偏大，开拓进取和创新变革的动力不足，不能完全适应企业发展需要，急需物色和有意识地培养有潜力的人才，并加以大力培养。

2. 内部经营管理人才短缺

我院作为差额拨款事业单位，财政拨款的人员经费仅保障职工基本工资及津贴，仍有大量支出需要依靠创收收入弥补。近年来，虽然我院一直在寻求经营渠道的拓宽，但跟现代化经营管理相比仍有较大差距。要适应新阶段水利高质量发展的要求，就要进一步增加创收资金来源，更要重视院内经营管理人才的培养。企业规模较大，经营活动复杂，经营管理人才短缺的不足日益明显，经营管理人才的培养已迫在眉睫。

（四）人才机制有待完善

1. 人才激励机制不足

受水利部清理津贴补贴和绩效工资封顶影响，我院分配机制呈现平均化趋势，激励作用较低。虽然近期出台了高层次人才分配激励政策，但受益人群只限于国家高层次表彰获得者，对我院人才队伍激励作用十分有限。我院人才激励政策尚有改进空间，还需结合人社部最新出台的《关于事业单位科研人员职务科技成果转化现金奖励纳入绩效工资管理有关问题的通知》，进一步探索建立有效激发专业技术人员队伍的绩效制度。

2. 人才机制建设创新不足

我院现行的人才引进、评价等机制较为单一，人才政策按部就班，缺乏吸引力，创新性不足。虽然有受国家及水利部有关政策制约的因素，但是主动谋划、主动探索不够，胆子不大，畏手畏脚。2019 年水利部出台《新时代水利人才发展创新行动方案》，主要任务是创建人才管理服务平台、开展人才创新团队建设、加强高层次创新人才梯队培养、强化基层专业人才培养，提出了一系列措施。我们在细化水利部关于人才的培养使用、评价激励等政策的基础上，还需要构建更有力度、更为配套、更加开放的人才工作政策机制支撑体系，确保我院人才发展创新行动顺利实施。

3. 人才队伍信息化建设滞后

水利信息化是转变新时期治水思路，实现水利现代化发展的先导因素，但我院水利人才队伍信息化建设目前存在着复合型人才匮乏、结构失衡、培养滞后等问题，基础工作中职称评审、岗位聘用、外出请假等环节尚未引入信息化管理，大量手工单据，需要耗费巨大人力、物力统计整理。随着信息化与传统水利行业不断深度融合，水利信息化建设迅猛发展，同时也对水利人才信息化管理提出了更高的要求。以"互联网 +"理念为指导，统筹建设水规总院人才培养和绩效考核信息化平台，推进人事人才大数据为水利管理决策提供服务。

三、人才队伍建设面临的新形势

（一）外部影响

1.国家体制机制的影响

一是受限于水利部绩效工资政策，薪资发放数额被严格控制。水利部批复我院的绩效工资封顶线金额，相较市场企业或外地单位而言无竞争力，很难通过高薪资的方式吸引领军人才和青年拔尖人才进入，这是目前制约我院发展的一个重要因素。二是受事业单位分类制度改革影响，2011年3月，《中共中央国务院关于分类推进事业单位改革的指导意见》提出按照社会功能将现有事业单位划分承担行政职能、从事生产经营活动和从事公益服务三个类别。经水利部批复，我院为公益二类事业单位，既承担政府职能，又要在市场上创收。目前，分类改革下一步如何推进前景不明，我院将来如何发展尚不清晰。这些困惑对我院的决策和判断都产生一定影响。另外，在当前"两条腿"走路的现状下，如何平衡公平和效率也是一大难题。

2.国家和社会整体人才结构的影响

受历史原因影响，"60后"获得了更大的展示舞台，"70后"长期处于"60后"之下，未形成强有力的人才队伍，无论是数量还是质量上都是被"牺牲"的一代。这是国家和社会环境造就的人才波峰波谷现象，"60后"在波峰，"70后"在我国人才的波谷，下一个"80后"的波峰很快就到了。这也是我院人才队伍建设面临众多问题的社会因素。目前我院在职称晋升、畅通人才选拔渠道等方面不断激励"70后"干部职工，同时也要高度警惕，切勿因为一时的人力资源短缺，一窝蜂引进"80后"员工，要做好梯队谋划，以防几十年后历史重演。

3.地域因素的影响

我院地处首都北京，在引进人才方面原本有较大的地域优势，然而随着社会发展，随之而来的高房价、子女上学难、配偶就业难等现实问题，使北京完全丧失地域优势，其高生活成本让我院急需的人才望而却步，地域优势反倒成了人才引进的极大障碍。

（二）新的形势

1.新时代治水思路对人才队伍建设提出新挑战

习近平总书记提出的"节水优先、空间均衡、系统治理、两手发力"治水思路，是做好新时期水利工作的根本遵循。水利人才是推动水利事业发展的战略资源，是解决水利问题的智力支撑。这要求提高水利人才队伍建设对水利改革发展需求的反应能力，加大对重点领域、紧缺专业、薄弱环节的人才开发力度，进一步增强我院水利人才的供给能力。

2. 新阶段水利高质量发展对人才队伍建设提出新任务

"十四五"期间，按照立足新发展阶段、贯彻新发展理念、构建新发展格局，推动高质量发展的战略要求，聚焦全面提升水旱灾害防御、水资源集约安全利用、水资源优化配置、大江大河大湖生态保护治理"四个能力"提升，围绕着力完善流域防洪工程体系、实施国家水网重大工程、复苏河湖生态环境、推进智慧水利建设、建立健全节水制度政策、强化体制机制法治管理"六条实施路径"，结合我院职能，推动新阶段水利高质量发展，要求将人才工作纳入水利高质量发展总体布局，聚焦国家重大战略和水利高质量发展对高素质专业化人才的能力需求，有针对性地构建人才培养体系和专业（学科）建设体系，不断激发人才干事创业的活力，努力打造一支高水平水利人才队伍，为水利高质量发展提供有力的人才保障和智力支持。

3. 水利部人才发展创新行动方案对人才队伍建设提出新要求

水利部近年来对人才工作的重视程度、改革力度、迫切程度都是前所未有的。《新时代水利人才发展创新行动方案》的出台对水利人才队伍提出新的、更高的要求，突出强调水利人才队伍建设工作，重点加强高层次人才队伍建设，强力推进水利人才发展创新行动。下一阶段着力加快培养造就一大批具有国际视野的水利战略人才、领军人才、青年拔尖人才和高水平创新团队；进一步强化水利人才队伍创新发展和服务管理监督能力，为新阶段水利高质量发展提供人才保障。

四、新时期人才队伍建设的指导思想和总体目标

（一）指导思想

坚持以习近平新时代中国特色社会主义思想为指导，树立正确的人才观和用人观，坚持人才优先，以人为本，不断推动人才工作健康、持续地发展。

坚持以调整和优化人才结构为主线。适应我院业务发展的需要，充分发挥岗位需求在人才资源配置中的基础性作用，建立人才结构调整与我院业务结构调整相协调的动态机制。

坚持以培养和选拔党政管理干部、专业技术带头人和企业经营人才为重点，推动人才队伍建设全面发展。

坚持以改革创新为动力，继续深化干部人事制度改革，不断完善和健全人才工作体制和机制，将改革创新贯穿于人才队伍建设的全过程。

（二）总体目标

根据我院发展目标和中心任务，培养一支规模适宜、专业齐全、素质优良、结构合理的高素质人才队伍，为我院事业的发展提供坚实的组织保障。到 2025 年，通过人才引进和培养，使我院职工平均年龄保持在 40-45 岁之间，36-45 岁年龄段的职工所占比例提高

到30%以上，硕士及以上学历人员占比达到60%以上，副高级以上专业技术人员比例提高到80%以上。通过更好地实施"四位一体"阶梯式人才培养体系以及创建院级人才创新团队等人才机制，使党政人才、专业技术人才、经营管理人才等"三支重点人才队伍"建设取得一定成绩。

五、人才队伍建设的主要目标和任务

未来五年，以培养和建设党政干部人才队伍、专业技术人才队伍和企业经营管理人才队伍为重点，以点带面，不断推动人才队伍建设全面发展。

（一）重点加强党政人才队伍建设

努力培养一批"信念坚定、为民服务、勤政务实、敢于担当、清正廉洁"的好干部。一方面，要加强对干部选拔任用工作的监督和管理，在干部选拔任用中坚持正确的选人用人导向，选拔"三严三实"的好干部。另一方面，要加大对干部人才队伍的培养，不断加强领导干部自身的理论学习和党性修养，把政治教育融入日常工作。

到2025年，干部队伍年龄结构进一步优化，平均年龄力争降至47岁以下；大力选拔青年干部，用好各个年龄层的干部，作好干部梯队搭建，推动有条件的部门配备40岁以下干部，要有35岁以下副处级干部及40岁以下正处级干部，36—45岁之间处级干部的比例提高至30%以上。

（二）重点加强专业技术人才队伍建设

在专业技术人才队伍建设中重点加强"一高两专三总师"人才的培养。

1."一高"——高层次人才队伍建设

高层次人才是知识创新和科技创新的核心力量，是我院专业技术人才队伍建设的重中之重。到2025年，力争在院士、大师评选中有所突破；有5—8人次入选享受国务院政府特殊津贴、百千万人才工程国家级人选、5151人才工程部级人选等省部级及以上人才称号和荣誉，再有3—5人次入选中国青年科技奖、水利青年科技英才、张光斗优秀青年科技奖、部级青年拔尖人才等青年人才称号和荣誉。

2."两专"——青年拔尖和专业技术骨干队伍建设

利用两个人才选拔制度，结合学科（专业）发展规划，重点培养水工、水利规划、水资源、水生态等领域的青年拔尖人才和专业技术骨干人才。到2025年，我院各专业领域均拥有2—3名专业带头人；对于水工、水利规划、水资源、水生态等主要专业领域要形成有10名左右业务熟练、知识全面、能够独当一面的专业技术骨干人才队伍。

3."三总师"——总师（副总师）人才队伍建设

以总院的核心专业领域为基础，以现有的总工程师、总经济师、副总工程师、副总经济师等技术专家和有潜力的专业骨干为培养对象，通过外引内培，着力打造一批在各自专业领域站在技术前沿，具有前瞻意识和关注战略性问题能力。到 2025 年，重点在水工、水利规划、水资源、水生态、水利经济等主要专业领域形成 9—11 人的总师级规划咨询和技术把关决策智库。

（三）重点加强经营管理人才队伍建设

以提高企业经营管理水平和效益为目标，努力建设一支适应市场发展的高层次、复合型经营管理人才队伍。逐步建立企业经营管理人才培养机制，打破身份、地域限制，积极探索建立市场化的企业经营管理人才引进机制，营造吸引优秀管理人才的良好环境，促进优秀人才向企业集聚。到 2025 年，形成以 2—3 人为核心，5—10 人为骨干的经营管理人才队伍，其中下属全资企业从外部引进的非编制内经营管理人才要有一定比例。

六、人才队伍建设体制机制及措施

（一）"四位一体"阶梯式人才培养体系

依托"四位一体"阶梯式人才体系，全力推动人才引进、人才选拔、人才培养和人才使用工作。将全院各类人才全部纳入培养体系，实现人才分类管理、分类培养的目标，使总院每一位职工都能在体系中找准定位、找到目标。

1. 第一阶梯：应届毕业生

依托《水规总院专业技术岗应届毕业生培养方案》，加强高校应届毕业生的选拔和培养工作。

以项目和课题为媒介，积极与各高校和科研院所建立长期合作关系。在培养方面，将专业技术岗应届毕业生统一安排至设计、建设管理、施工管理等具体水利工程一线岗位进行锻炼。为应届毕业生选配经验丰富的专家作为指导老师进行专业能力"传帮带"。在一线岗位锻炼期间，由锻炼所在单位选配专家进行指导。

2. 第二阶梯：青年拔尖人才

依托《水规总院青年拔尖人才管理办法（试行）》，采用部门推荐和专家评审模式，每 3 年组织一次选拔，维持 7 名左右的青年拔尖人才规模。在培养方面，优先推荐青年拔尖人才参加水利青年科技英才、部级青年拔尖人才及青年托举工程等评选；所在部门每年至少安排 1 项以上重大项目吸收有关专业的青年拔尖人才为项目主要负责人或主要成员。通过以上措施，使青年拔尖人才迅速成长起来。

充分发挥博士后科研工作站在人才引进、科学研究、技术创新等方面的优势，与北京师范大学、清华大学等双一流高校保持长期稳定的合作关系，共同开展多方位项目和课题研究，努力汇聚优秀青年进入我院人才队伍。到 2025 年再招收博士后 5—8 人左右，实现年在站博士后 3-5 人，每年均有博士后出站的目标。

3. 第三阶梯：专业技术骨干

依托《水规总院专业技术骨干管理办法（试行）》，根据总院学科发展规划，按照专业领域进行选拔和培养，实现主要专业每个专业均有 1-2 名技术骨干，整体保持 10 人左右的数量规模。

适当提高选拔条件，对入选人员的经历能力和业绩成果严格把关，对专业技术骨干培养年轻人的能力提出要求。在科研立项、成果报奖、奖励分配等方面给予大力支持与倾斜。

4. 第四阶梯：高层次人才

依托《水规总院高层次人才培养实施方案》，统筹利用各类资源加大高层次人才培养力度，推进高层次人才培养工作，力争在评选院士、大师等方面取得突破。具体举措为：一是动态编制高层次人才培养和申报规划。统筹考虑高层次人才申报要求和我院专业技术人员实际，对符合条件的申报人员和重点培养对象进行排序，建立人才培养梯队。二是定向培养和团队支持。通过在专著出版、学术调研等方面给予重点资助和支持等方式，对具有培养前途的人才进行定向培养和团队支持。三是我院各类课题、奖项申报和岗位聘任工作应考虑高层次人才培养规划，从有利于高层次人才培养的角度开展科研课题申报、奖项申报和岗位聘任工作。

（二）院级人才创新团队

加快创新团队建设，着力打造"人才 + 项目"的培养模式，计划到 2025 年创建 2-3 支特色鲜明的院级创新团队，强化技术支撑保障作用和重大技术攻关能力，提升我院在核心专业领域的科技创新能力，推动人才创新团队"出人才、出成果、出影响力"。

充分发挥我院高精尖专业技术人才集聚高地效应，把团队建在"项目"上，以"自下而上"申报为主、结合"自上而下"，按需组建。强化人才、团队和项目的精准对接，在全国性综合及专业规划编制、规划设计审查和水利勘测设计咨询等方面，开展共性问题和应用技术研究，集智协同攻关，集成攻克一批关键核心技术和管理难题。

团队负责人、核心成员原则上为获得省部级以上荣誉高层次人才，40 周岁以下成员须有一定比例。团队负责人主持制定内部考核办法，对团队成员的考核采用定性与定量相结合的方式，在期初、期中和期末，分别对团队成员进行考察。人才创新团队要定期召开团队研讨会、项目汇报会、团队例会，加强团队成员间信息交流共享，有利于形成交叉学科的研究氛围。

根据工作实际，进一步健全和完善分配激励机制，重实绩、重贡献，向团队优秀人才和关键岗位倾斜，对团队攻关取得重大研究成果的，给予一定奖励。院级人才创新团队可优先选择承担重大问题研究和其他重点任务，优先支持参评国家重点领域创新团队，创新团队成员优先申报高层次人才工程，研究成果优先申报省部级及以上科技奖项。通过一系列体制机制及措施，进一步鼓励我院各处室在团队组建中加强横向合作、协同创新，争取纳入水利部人才创新团队。

七、组织保障

（一）加强人才组织领导

树立人才资源是第一资源的理念，从战略高度认识人才工作的紧迫性和重要性，将人才发展作为事业发展的首要任务，摆上突出位置。成立水规总院人才工作领导小组，统筹水规总院人才发展改革大方向，协调并组织实施人才队伍建设具体工作，及时研究解决发展中出现的新情况、新问题。要求各业务处室建立人才培养定期报告制度，针对应届毕业生、青年拔尖人才、专业技术骨干、在站博士后、高级专家等进行跟踪管理工作。将科技创新和人才工作列为年度考核述职重要内容，把人才指标纳入考核体系，积极探索引入现代测评技术，强化对人才评价结果的使用，将人才评价结果作为处室评优、干部评价的重要依据，与干部任免、教育培训、评优推先、绩效奖励等结合，正确引导人才的政绩观和事业观。

（二）加强人才经费保障

坚持创新人才投入机制，不断加大对人才资源的开发和投入，拓宽经费投入渠道，逐步提高人才工作经费投入比例，有效推进人才工作的开展。加大对高层次专业技术人员的激励，采取多种表彰奖励形式，对取得省部级以上科技成果以及获得省部级以上表彰的人员及时给予奖励。逐步探索人才发展基金设立规则，用于高层次人才和紧缺人才引进培养、拔尖人才奖励以及人才开发项目资助，探索通过提供免息贷款买房或租赁住房等形式解决高层次人才安居问题，集中资金激励和支持优秀人才、优质项目。加强对人才投入资金使用的监督管理，切实提高人才投入效益。

（三）营造人才成长氛围

深入贯彻落实中央人才工作会议精神，加强我院人才工作宣传力度，及时总结报道先进经验、典型做法和优秀人才事迹。人事部门要充分发挥职能作用，与各部门密切配合，共同抓好落实。建立领导干部、技术专家上讲堂制度，定期开展业务培训。关心优秀人才的工作、学习和生活，不断优化工作环境，营造有鼓励创新、宽容失败的良好氛围，激发起干事创业积极性。通过我院官方公众号等新媒体开展各种形式的宣传活动，提高总院人才影响力和知名度，营造人才成长良好氛围。发挥群团组织联系群众的特点，积极开展各种文体活动，调节人才队伍的业余生活。做好后勤保障，向人才传递集体关怀，进一步落实带薪年休假、定期体检、生日慰问等关怀行动，为人才提供坚实的服务保障，确保人才的各项权益得到落实。

（四）实施人才发展动态评估和监测

实施人才发展动态评估和监测机制，全面、及时把握人才队伍建设进展情况，推动人才队伍建设任务、目标和措施全面落地。明确人才动态监测评估工作在人才队伍建设实施中的地位和作用，确立动态评估和监测的基本原则、适用范围、指标体系、评估模式以及评估结果反馈等全过程实施机制。组建专业化、权威性的人才队伍建设评估监测专家团队，通过增加知晓度和参与度提高监测评估的公开性和透明度。采用先进、科学的评估手段，选取合理评价指标，使人才队伍评价标准对标水利部、对标国家人才发展大趋势。

（五）抓好人才队伍思想政治建设

提高政治站位，强化政治担当，把人才队伍的政治建设放在首位。深入学习贯彻习近平总书记关于人才工作的重要论述和指示批示精神，深刻把握进入新发展阶段的重大意义，不断提高各类人才的政治判断力、政治领悟力、政治执行力。从思想政治教育着手，对标对表，不断加强人才队思想政治建设。注重开展常态化警示教育工作，采取多种形式，从多方面、多角度开展思想政治警示教育工作，引导各类人才筑牢思想防线，夯实思想基础；注重加强思想引领，大力宣传科学家精神、水利行业精神及总院精神，在全院形成尊重知识、尊重人才的浓厚氛围，进一步鼓舞和激励各类人才发扬以国家民族命运为己任的爱国主义精神，以心系"国之大者"的政治自觉守牢人才队伍建设阵地，着力打造一支具有崇高思想品格的人才队伍。

（作者单位：水利部水利水电规划设计总院）

加强教育管理监督
打造忠诚干净担当的高素质专业化水文年轻干部队伍

蒋　纯　侯　春　梁绮云　欧阳骏　王　静
冯传勇　苏晓玉　袁雄燕

习近平总书记高度重视年轻干部工作，对加强年轻干部培养和教育管理监督作出一系列重要论述、重要指示，特别是在党的十九届六中全会上强调必须抓好后继有人这个根本大计，在十九届中央纪委六次全会上强调要从严从实加强年轻干部教育管理监督，为科学把握年轻干部成长成才规律、加强年轻干部队伍建设提供了根本遵循。长江委水文局党组深入贯彻新时代党的组织路线和《水利部党组关于贯彻落实 <2019–2023 年全国党政领导班子建设规划纲要 > 的实施意见》（以下简称实施意见）《长江委党组关于进一步加强领导班子建设的指导意见》（以下简称指导意见），坚持把年轻干部工作放在全局高度谋划推动，相继制定印发《领导干部能上能下实施细则》《关于适应新时代要求进一步加强年轻干部培养选拔工作的意见》等制度办法，大力加强年轻干部队伍建设，努力培养造就一支可堪大用、勇担重任的优秀年轻干部队伍。

一、深入贯彻"两个意见"，科学谋划年轻干部工作

部党组《实施意见》和委党组《指导意见》印发后，水文局党组高度重视，及时组织专题学习，针对干部队伍存在的年龄结构普遍老化、近五年退休比较集中、年轻干部整体偏少等突出问题，研究制定了《领导干部能上能下实施细则》《关于适应新时代要求进一步加强年轻干部培养选拔工作的意见》，探索建立了领导干部退出机制，明确了年轻干部队伍建设的指导思想、总体要求和主要目标，从加大优秀年轻干部培养力度、拓展年轻干部成长空间、持续做好优秀年轻干部选育管用工作等方面提出了具体工作措施。

（一）明确干部队伍建设目标

水文局下设 12 个管理部门、6 个直属机构、8 个外业勘测局以及 1 个公司，全局正处级干部职数 35 人，副处级干部职数 144 人，正科级干部职数 291 人，副科级干部职数 127 人。围绕年轻干部队伍建设总体要求，针对当前干部队伍存在的突出问题，重点在优化干部队伍年龄结构上实现突破，制定的办法明确提出：3 到 5 年内，全局 40 岁以下的处级干部

比例由 10% 提升到 20% 左右；35 岁以下的科级干部比例由 20% 提升到 40% 左右。同时，积极为年轻干部成长创造空间，明确各单位（部门）提拔干部，原则上对年龄超过 40 周岁的，不再提拔为副科级干部；年龄超过 45 周岁的，不再提拔为正科级干部；年龄超过 50 周岁的，不再提拔为副处级干部，年龄超过 55 周岁的，不再提拔为正处级干部。

（二）探索完善领导干部退出机制

《领导干部能上能下实施细则》明确年龄满 58 周岁的处级干部和年龄满 55 周岁的科级干部，原则上退出领导岗位，根据自身专业技术水平和任职条件等情况，转到相应专业技术岗位或职员管理岗位。通过采取满足一定年龄条件的领导干部不再担任领导职务，转任非领导职务或其他专业岗位或管理岗位，承担工程项目、检查督导、咨询服务、培训指导、政策研究等专项工作任务，同时保持相关收入待遇不降低的方式，能够顺利地让年龄较大的领导干部退下来，让优秀年轻干部尽快成长起来，加快改善干部队伍年龄结构，不断提高干部队伍的整体效能。

（三）大力培养选拔年轻干部

水文局党组坚持"党管干部"原则和"好干部标准"，始终将政治标准放在首位，注重加强对年轻干部的思想淬炼、政治历练，打牢健康成长进步的思想政治根基。坚持成熟一个、使用一个，将年轻干部选拔融入领导班子日常调整，明确局管领导班子出现岗位空缺时，同等条件下优先使用年轻干部，形成年轻干部优先培养的战略布局，有效改善了干部队伍结构。一是优化干部队伍年龄结构。统筹处理好选拔年轻干部与用好各年龄段干部的关系，坚持老中青相结合的梯次配备，注重调动各年龄段干部的积极性。2019 年以来新提拔的 56 名处级干部中，45 岁左右的干部 32 名，其中 80 后干部 19 名，一批年富力强、充满活力的干部走上领导岗位。截至 6 月，全局 40 岁左右的处级干部占比从 10% 提升至 19%，35 岁左右的科级干部占比从 20% 提升至 30%，近 7 成的局管班子配备有 45 岁左右的班子成员，干部队伍的年龄结构得到进一步优化，整体功能进一步提升。二是完善干部队伍专业结构。围绕长江水文高质量发展需要，把专业素养作为干部选任重要标准，本着"缺少什么、需要什么、补齐什么"原则，着重选用懂专业会管理的干部。近年新提拔干部的专业涵盖水文监测、水质监测、河道勘测、水文预报、水资源分析计算、水文技术研究等各个领域，目前全局科级以上干部中 430 人拥有本科及以上学历，比例从 2019 年的 86% 提升到 94%，其中 102 人拥有硕士及博士研究生学历，比例从 2019 年的 17% 提升到 23%，干部队伍专业知识结构日趋完善。三是丰富干部队伍来源结构。注重选拔来自基层一线、经受急难险重任务考验及具有专业学术背景的技术型年轻干部，同时女干部、少数民族干部以及党外干部的选用比例稳步增长。

二、加强年轻干部培养的主要举措

（一）加强思想政治引领，筑牢年轻干部的信仰基石

水文局党组突出选人用人政治标准，注重从政治上培养年轻干部，把思想淬炼、政治历练、党内政治生活锻炼贯穿培养工作全过程。一是始终以习近平新时代中国特色社会主义思想武装头脑。坚持个人自学、集中培训、专题研讨相结合，通过多种方式，引导年轻干部读原著、学原文、悟原理、知原义，以党的创新理论指导实践。二是坚持用百年党史筑牢信念理想之基。建立党史学习教育常态化长效化机制，把党史作为年轻干部的必修课、常修课，举办党史学习教育专题培训班，利用红色教育资源开展现场教学和专题讲座，通过征集"老党员的故事"和"我的入党故事"、举办红色经典诵读、主题征文等活动，引导年轻干部传承红色基因、永葆政治本色。三是坚持用严格党内政治生活锤炼党性。认真落实党员学习制度，局党组成员深入各基层支部讲授专题党课，通过党务干部培训班、"纪法同行"集中学习，综合运用"三会一课"、主题党日等形式，深入开展对党忠诚教育、党章党规党纪教育，引导年轻干部坚定拥护"两个确立"、坚决做到"两个维护"，打牢健康成长进步的思想政治根基。

（二）强化教育培训，提升年轻干部能力素质

水文局党组高度重视年轻干部能力素质建设，把加强年轻干部教育培训作为保证长江水文事业可持续发展的重要基础，围绕新阶段水文事业高质量发展需要，按照"干什么训什么、缺什么补什么、弱什么强什么"的原则，开展精准化专业化培训，有针对性地开展智慧水利、水文现代化、水文测报能力提升、水生态监测、水文基础建设以及经营管理等方面专题培训，平均每年举办局级专业化能力培训班和各类专业讲座近30期，帮助年轻干部弥补知识短板、能力弱项和经验盲区，提高解决实际问题的能力。

（三）强化实践锻炼，优化年轻干部成长路径

先后制定《长江委水文局工作人员内部调动暂行管理办法》《长江委水文局机关借调人员暂行管理办法》等制度，建立年轻干部轮岗交流和挂职锻炼工作机制，坚持"好干部是干出来的"的理念，充分发挥点多线长面广的特点，把有培养前途的优秀年轻干部放到基层一线、偏远站点、复杂局面中去强党性、提素质、解难题。水文局机关和各勘测局机关每年均安排新招录人员到基层测站进行至少一年的实践锻炼，近年还有计划地安排数十人参加援疆援藏、扶贫挂职和地方政府的各级各类干部人才服务计划，选送20余名年轻干部到水利部、长江委相关单位（部门）交流锻炼，安排30余名年轻干部进行内部岗位交流。此外，对经过长期考验、岗位经验丰富、各方面比较成熟的优秀年轻干部，大胆放到重要和关键岗位上使用，并让一批经验丰富、业务能力突出的老干部与年轻干部结对，

通过工作示范、口头传教、实践指导等方式，快速提升其工作能力。通过多种锻炼形式，使年轻干部经历更丰富、阅历更完整、能力更扎实，促进他们在实践中苗壮成长、脱颖而出。

（四）拓宽选人用人视野，营造年轻干部成长空间

水文局党组坚持把优秀年轻干部选拔配备融入日常、抓在经常，坚持发现一个、培养一个，成熟一个、使用一个，健全完善年轻干部选拔、培育、管理、使用环环相扣又统筹推进的全链条机制。一是建立健全有效管用、简便易行的选人用人机制。注重把功夫下在平时，注重从党员干部和群众口碑中了解干部，注重从干部的作风、一贯表现和关键时刻的表现上识别干部。完善谈心谈话、基层调研、民主测评等多渠道多领域发现、识别、举荐优秀年轻干部的办法。二是树立重实干重实绩导向。注重选拔在基层一线、关键重点岗位，善于攻坚克难、破解棘手问题，业绩突出、群众公认的干部，把工作业绩和担当作为情况作为干部选拔任用的重要依据，对援疆、援藏定点帮扶等援派挂职工作中做出突出成绩的干部，及时选拔使用或重用，一批在急难险重任务中、在推进新阶段水文高质量发展中担当作为、业绩突出的干部得到提拔使用。近年来，在基层一线站队提拔使用干部21人，多名表现优秀的干部交流至局机关任职，新提拔的56名处级干部中，6名具有援派挂职经历，大部分干部也都具有基层单位工作经历。三是注重后备干部队伍建设。探索建立健全培养锻炼、适时使用、动态管理的后备干部机制。及时发现培养政治素质好、工作实绩突出、群众公认度高、发展潜力大的优秀年轻干部，积极为年轻干部"搭梯子"，通过设置领导助理、项目负责人，推选担任支部委员、重点工作专班成员等方式，让年轻同志积极参与本单位（部门）相关工作及专项活动，促进年轻干部快速、健康成长。

（五）从严干部管理监督，激励担当作为

好干部既是"选"出来的，更是"管"出来的，坚持严管厚爱，才能保证优秀年轻干部健康成长。一是突出选人用人政治标准。严格执行政治素质考察和测评，大力选拔政治素质好、工作能力强、作风建设硬的干部，坚决把政治素质不合格的干部排除在外。近年我局提拔干部开展的政治素质专项考察测评中，考察测评结果均符合选拔任用的标准要求。二是发挥政治监督的利刃作用。开展重点工作督查，加强全过程全方位监督，建立信息互通、监督互动机制，积极与纪检部门沟通联系，发挥群众监督作用，多渠道了解干部八小时内外的言行作风等，坚持抓早抓小、防微杜渐，加强日常了解，及时发现苗头性倾向性问题。三是进一步完善落实谈心谈话制度。坚持新任干部集体廉政约谈制度，开展领导干部勤政廉政约谈，严格落实干部任前谈话，对近年来"一报告两评议"满意度较低的部分勘测局干部，及时向其反馈具体情况进行提醒。四是注重干部日常管理。人事部门结合每次到基层干部考察，开展干部工作调研，了解掌握基层单位政治生态和干部队伍现状，倾听基层职工意见，改进干部工作。每年根据干部平时考核和年度考核等情况，推进干部能上能下、优进绌退，形成良性循环。贯彻落实干部个人有关事项报告的重点抽查核实工作，保证相关工作要求宣贯到位、学习到位、警示到位、查处到位，以此进一步加强领导干部监督管理，促进领导干部廉洁自律。

三、年轻干部工作中存在的问题及思考

（一）干部队伍建设的前瞻性、系统性谋划还不够

年轻干部队伍建设是一项系统性工程，既要立足当下谋长远，更要身处一域谋大局。一是要立足长江水文高质量发展谋划年轻干部队伍建设工作。目前局属各单位的年轻干部配比还不够均衡，要结合实际工作需要，统筹研究谋划，制定详细的计划安排，针对年轻干部配备比例较低的单位，应拿出职位专门充实年轻干部，暂时没有合适人选的，应加强培养并尽快补充，或从其他干部资源充足的单位或部门交流配备。二是要加强系统性、前瞻性思考分析，干部工作牵一发而动全身，调整一名干部可能涉及多名干部的后续系统安排与谋划，必须要对干部进退情况、配备需求情况和优秀年轻干部储备情况做好常态化分析研判，有序推动落实。三是要在制度机制上进一步守正创新，在干部发现、培养、选拔、管理上努力寻求突破，在扩大选人用人视野、打破论资排辈和单位（部门）地域限制等方面积极探索，干部轮岗交流也还需进一步强化推动，为优秀年轻干部成长提供舞台和空间，促进优秀人才脱颖而出。

（二）复合型优秀年轻干部培养选拔还需进一步加强

总体而言，干部人才总量整体富余与结构性短缺的矛盾仍然存在，基层一线的年轻干部实践经验丰富、业务能力较强，但由于平时缺乏系统性专业性的政策理论培训，或多或少存在政策理论水平不足、管理能力欠缺的短板，懂技术、善管理、会经营的复合型干部较为匮乏。一方面要积极探索完善后备干部培养机制，把培养复合型干部作为干部教育培训工作的主要目标，通过线上线下多渠道，搭建灵活多样的学习研讨平台，通过学习和实践两条途径，引导干部不断提高自身政治素质、专业素养和管理水平。另一方面要完善干部考核选拔机制，完善能全面反映复合型干部综合素质和能力的考核评价办法，持续关注政治立场坚定、善于带队伍、民主作风好、清正廉洁的优秀年轻干部，注重选拔有单位（部门）"一把手"工作经历和既懂业务又善管理的复合型干部。

（三）干部工作信息化水平还有待加强

传统的存储、查询、处理干部信息手段已经无法适应干部队伍建设现代化工作的要求，需要运用信息化手段，为后备干部力量的持续发现、加快培养助力，推动干部队伍建设提质增效。结合水文工作特点，要进一步建立完善水文干部人才信息数据库，全面动态掌握各层次干部能力、特长、业绩、岗位匹配度及实际表现情况，做到了信息管理全覆盖，信

息内容全面翔实，信息查阅"随调随查，随查随用"，为干部队伍建设工作提供了精准高效的信息技术支持。

下一步，我们将继续深入贯彻落实党中央、上级党组织关于加强年轻干部培养选拔工作的有关要求，进一步加大年轻干部培养选拔力度，不断优化局属单位（部门）班子配备，不断优化干部队伍结构，逐步构建老中青年龄梯队合理、整体素质优秀、专业结构科学的干部队伍，为推动新阶段长江水文高质量发展提供有力组织保证。

（作者单位：长江水利委员会水文局）

甘肃省水利厅关于加强专业技术人才
队伍建设促进科技创新工作的调研报告

朱泓霖　曹希英　许　军　颉文伟　吴有麟

按照甘肃省水利厅党组和全省水利工作会议关于专业技术人才队伍建设和激励专业技术人才科技创新有关工作要求，水利厅人事处组成调研组，采取座谈交流、听取汇报、收集资料等形式，对甘肃省水科院、省水文站、水利厅规费中心、水利厅水保站、兰州大学、甘肃省委党校（甘肃行政学院）、甘肃省文物局、敦煌研究院、甘肃畜牧工程职业技术学院、甘肃省水利水电工程局、大禹节水集团等 11 家单位进行调研，并采取"解剖麻雀"、集体会诊方式对调研结果进行综合分析，形成了一些基本判断、意见和建议。

一、基本情况

（一）专业技术人才现状

截至 2021 年底，厅系统共有在职职工 3745 人，其中，大学本科及以上学历 2174 人，占比 58%；专业技术人员 2381 人，占比 64%，其中博士 9 人，硕士 134 人，大学本科 1747 人，大学专科及以下 474 人，本科及以上学历占比 79%；高级职称 689 人（其中正高级职称 117 人），中级 1058 人，初级 617 人，副高级职称以上占比 29%。目前，享受国务院政府特殊津贴 2 人，入选省领军人才 9 人，省级优秀专家 4 人，水利部"5151"人才工程 1 人，水利部"水利青年拔尖人才"1 人，享受省高层次专业技术人才津贴 6 人，持有"陇原人才服务卡"77 人。

（二）近 5 年科研项目开展及成果转化情况

近 5 年来，厅属单位实施各类科技项目 120 项，其中省科技支撑计划项目 30 项，水利部技术推广示范项目 5 项，水利部技术推介培训项目 4 项，省水利科学试验研究与技术推广计划项目 81 项。完成各类科技项目 110 项，获得省科学技术奖 23 项，其中获得省科学技术奖二等奖 9 项，三等奖 14 项；获得水土保持科技进步奖 3 项；获得地厅级科技进步奖 83 项。制定修订《农业用水定额》《工业用水定额》《生活用水定额》《淤地坝设计标准》《农村雨水集蓄利用工程技术标准》等 5 项地方标准。全省水利专业技术人员在各类学术期刊上发表专业论文 600 多篇，出版专著 30 多部，取得国家专利 40 多项。特别是省景电中心完成的"大型渠道刚柔耦合防冻胀衬护结构创新及示范"项目，省引洮中心完成的"寒旱地区长距离引调水工程全水网联合监控及多目标闭环调度关键技术研究"等项目，紧密服务全省水利工程建设管理，产生了较好的社会和生态效益。

二、主要特点和问题

总体来看，目前我厅专业技术人才队伍规模不断壮大，软硬环境不断优化，有研究院所，有技术推广转化的平台，也有国内、国际交流的渠道，并呈现出积极向好的态势。主要特点：一是人才队伍规模不断壮大。截至2021年底，厅系统副高以上职称专业技术人员占专业技术人员总数的29%，较"十二五"末提高近5%。2021年取得高级职称人员平均年龄46岁，较"十二五"平均下降2.5岁，且副高级职称人员逐步年轻化。如省水科院正高级工程师21人、高级工程师15人，高级职称人员占在职人员75%；省水保所正高级工程师16名、高级工程师38名，占在职人员51%。专业技术人才队伍呈老中青梯次搭配，整体年龄结构基本趋于合理，并逐步向年轻化方向发展。二是人才发展软环境不断优化。制定了人才培养、职称评聘、评价考核、教育培训等10余项制度。健全完善了水利工程专业职称评价标准和评审制度体系。省景电中心等4家厅属事业单位落实了奖励绩效工资。省水科院建立了科研人员职务科技成果转化现金奖励绩效工资制度体系，进一步促进人才发展活力。三是人才创新载体平台不断丰富。先后建成高效节水灌溉试验推广示范基地5处，国家水土保持科技示范园区1处，市县水土保持科技示范园区12处。中国农业大学、清华大学等高校在甘设立了水利灌溉试验站、水沙试验站和教育实训基地。疏勒河中心引进澳大利亚墨尔本大学、潞碧垦公司联合开展了科研与技术示范。水利系统产学研一体化程度逐年提高。

综合分析，目前还存在一些突出的问题，主要表现：一是专业技术人才内生动力明显不足。从调研座谈中发现，厅属单位在调动专业技术人员参与科研方面，普遍存在思想认识不足，主动作为、主动担当的意识不强，过分强调客观制约因素。特别是2015年事业单位改革后，公益一类事业单位不能对外从事经营活动。各单位做项目、做科研的积极性明显减退，热衷于与高校、科研机构"外包式"合作；部分已取得高级职称的专业技术人员热衷于开展项目评审，部分存在"躺平"思想；还有一部分专业技术人员，热衷于开展小型科研项目，为个人职称评定积累业绩。二是高层次专业技术人才不足。厅系统专业技术人才占比呈上升趋势，但对标甘肃水利高质量发展目标要求，高层次领军人才不足，高精尖人才、有影响力、有"话语权"的专家、省部级层次专家严重短缺。专业技术人员集中在传统的农业灌溉、工程管理、水文水资源，创新型专业技术人才，尤其是战略性、数字化、水文化等新兴专业领域人才结构性短缺，引领和带动行业发展的能力不足。三是科研专项经费投入不足。目前，我厅每年专项科研经费仅80万元，立项20个左右的课题，平均每个项目支持4万元，其余均由各单位从行政经费或项目经费中自筹。2021年全厅部门预算中科技经费支出仅84万元，占一般公共预算的0.04%，是全省平均水平0.77%的1/20，距离我省强科技目标"今年省级预算安排的科技支出占省本级一般公共预算支出2.52%，提前达到'十四五'末投入目标"差距巨大。厅属单位中，除省水科院属科研系列单位，预算归口省水利厅和省科技厅双重管理，可以申请的项目经费范围较广外，其他单位申请科研经费渠道有限。四是绩效考核制度不够完善。厅属单位中简单套用行政办法管理专业技术人员的现象比较普遍。专业技术人员聘期或年度工作目标差异化考核配套政策相对滞后。除省水保所出台专业技术人员绩效考核办法外，其他单位还在探索中。各单位不同程度存在一聘定终身、能上不能下、聘约管理弱化、竞争聘任能力不够、任期考核简单等现象，致使竞争聘任机制未能真正形成，甚至部分聘任到高级职称的人员产生"到顶"思想，工作积极性减退，业绩平平。五是专业技术人才正向激励方式单一。多年来，我厅专业技术人员除申报国家、水利部、省上人才培养计划、领军人才、科研项目申报科技进步奖，申请政府特殊津贴等获得荣誉薪酬奖励收益外，其他渠道狭窄。厅属公益一类事业单位，绩效奖励分配"平均主义"现象普遍。防止人才流失、吸引高层次人才更是难上加难。六是人才工作经费保障不足。我厅每年除培训经费外，再无其他人才工作经费。专业技术人才培训以网络培训和以会代培为主。一些有培养前途的专业技术骨干基本没有机会到高等院校和发达地区学习深造，知识更新速度跟不上新要求。2013年前，我厅对攻读硕士、博士研究生人员，获得相应学位的，报销学费总额的50%。部分厅属单位对发表论文、获得专业证书均有奖励政策。后因财务支出政策调整，全部取消，一定程度影响人才队伍继续教育。

三、厅系统外单位专业技术人才发展做法

（一）引进高层次人才方面

兰州大学、省委党校、敦煌研究院、甘肃畜牧工程职业技术学院出台了引进急需紧缺高层次人才方面政策，涵盖人才的识别、引进待遇、引进程序、管理服务等四个方面。兰州大学、敦煌研究院、省委党校通过采取领导带队赴高校宣讲，提高紧缺高层次人才保障措施等，取得实质性进展。甘肃畜牧工程职业技术学院出台政策多年来，受地理区位、发展水平和保障能力限制，未能引进到期望的紧缺人才。

（二）专业技术人才培养方面

兰州大学、敦煌研究院等单位制定人才发展计划，分层次提出了人才的支持计划。如兰州大学制定了萃英学者发展计划，敦煌研究院制定了莫高学者支持计划，分别从人员聘

期、薪酬、岗位职责、考核标准等方面做出明确规定，加强高层次人才队伍建设。省委党校、敦煌研究院、兰州大学依托重大工程、重大科研项目、学术交流合作项目，加强创新创业人才培养和科研创新团队建设。省委党校、甘肃畜牧工程职业技术学院制定了提高学历（学位）管理办法，职工教育培训办法，建立源头培养、跟踪培养、全程培养的素质培养体系，通过学费补贴措施，鼓励干部职工通过攻读硕士、博士研究生更新、补充、拓展知识，提高业务素质。如：省委党校《教职工教育培训办法》规定"攻读硕士、博士研究生人员，在规定学制内按期毕业并取得相应学位的，硕士研究生报销学费总额的50%，博士研究生报销全额学费，其他费用自理。学历深造相关费用均由本人先行支付，按期毕业后予以报销。一般情况下，每名教职工只能享受一次学费报销，个别特别优秀者，经校（院）委研究同意后可享受二次学费报销。"

（三）专业技术人才管理改革方面

调研的7家单位均未实行职称评聘分离。兰州大学正在探索建立"三无教授"（无项目、无经费、无研究生）解聘改革。省委党校依据省人社厅《关于进一步优化事业单位岗位管理和公开招聘工作的通知》（甘人社通〔2020〕208号）"全面落实人员聘用自主权，在核准的岗位总量、结构比例和最高等级内，事业单位自主制定岗位设置方案和管理办法，在岗位有空缺的条件下自主认定岗位等级，自主择优聘用人员"要求，制定了《省委党校专业技术人员岗位聘用管理办法》《省委党校2021年专业技术人员岗位聘用工作实施方案》，专业技术岗位分高、中、初3个层级12个岗位等级，采取竞岗聘用和降岗聘用的方式实施，突出业绩导向和竞争激励机制，有效调动了专业技术人员的工作积极性。

（四）专业技术人才评价激励方面

兰州大学、省委党校、敦煌研究院通过细化考核指标，健全分类分层次评价标准，进行了考核改革。兰州大学从教育教学、科学研究、社会服务三个方面明确了教学科研正高职人员年度工作任务基本要求，分年度考核、聘期考核和团队考核三个层次开展考核。省委党校以考核对象在考核期内履行岗位职责和德能勤绩廉学表现为基本依据，重点考核工作实绩。工作实绩量化为具体分值，考核打分后，分岗位层次排序，确定等次，作为岗位聘用的依据。大禹节水集团采取价值观考核和业绩考核，季度考核和年度考核相结合，业绩考核以订单、回款、产值、清欠四项指标作为标准，实行人员20%加薪，70%合格，10%末位淘汰管理。

四、对策建议

加强人才工作，充分发挥现有专业技术人员作用，是推进新时代水利高质量发展的必要之举。建议近期与长远结合，借鉴兰州大学、省委党校等兄弟单位做法，从转变思想观念入手，加强现有人才培养、使用、激励，加强高层人才引进力度，推进科技兴水。

（一）用好用活现有专业技术人才

一是深化人才工作的认识。认真学习贯彻习近平总书记人才工作重要论述，牢固树立"人才是第一资源"的理念，进一步明确各级党委在人才工作中的领导责任，强化"一把手"抓"第一资源"责任。进一步健全完善人才培养开发、引进、培训、考核激励机制，逐步加大人才工作投入，把人才工作纳入厅属领导班子年度考核。开展专业技术人员"不想干、不愿干、不会干"专项整治，扭转消极思想，唤醒"躺平"人员干事热情，为推动新阶段水利高质量发展提供人才保证和智力支持。

二是实行岗位竞聘管理。深化专业技术人员人事制度改革，一方面，严把职称评审入口关，倒逼提升专业技术人员素质。另一方面，工程系列专业技术人员实行竞岗聘用，聘期考核和聘用等级挂钩，建立"能上能下、优进绌退"岗位聘用机制，增强专业技术人员内生动力。

三是实行分类绩效管理。破除专业技术人员简单套用行政人员考核制度，健全完善以创新价值、能力、贡献为导向的基础研究、应用研究和项目管理技术人员绩效考核管理办法。各单位分类制定聘期工作目标或年度工作目标，实施差异化考核。聘期内年度考核结果及工作完成情况为岗位聘用的重要依据。

四是推行"揭榜挂帅"机制。积极拓展水利科研资金投入渠道，聚焦重大水利改革、基础科学研究需求，建立水利系统"首席专家"制度，以重大项目为依托，有序推进科研项目"揭榜挂帅""赛马"机制，"军令状"制度。厅业务处室梳理工作"瓶颈"和难题，每年确定 1～2 重点研究课题，保障经费，张榜发布。专业技术人员单独或组团组建项目团队，选帅揭榜，参与省内重大水利工程项目规划、建设和科研工作。项目实行关键节点管理和中期评估，依据项目建设进度给予资金支持。力争通过项目、课题锻炼专业技术人才，锻炼科研团队，提升科研能力，争取上水平、出成果。

五是提升培训实效。根据业务发展要求，进一步完善专业技术人员教育培训体系，建立带薪学习制度和奖励制度，鼓励专业技术人员在职提升学历。以重大项目、重点课题为载体，通过跟班学习、挂职锻炼，"走出去"观摩交流等方式，加大对专业技术人员培训力度；以省水科院、水保所、水文站为依托，定期邀请专家，围绕水旱灾害风险管理、智慧水利、河湖空间管护、水利工程运行管理、水土保持监测等重点领域和重要需求，有针对性开展学术讲座和交流，提升培训实效。

（二）营造专业技术人才发展良好环境

一是完善人才激励机制。建立健全以创新能力、质量、实效、贡献为导向的人才评价体系。有序推进科研经费管理方式和科研人员薪酬分配方式改革。探索建立全省水利系统科技创新激励机制，召开水利系统科技创新大会，对专业技术人员进行激励。

二是加强育才载体建设。加强与中国农业大学、清华大学、兰州大学等院校合作，积极吸引中科院、河海大学、黄河勘测设计研究院等知名院校、科研机构，大禹节水集团等知名创新型企业共建研发机构。着力加强中国农业大学石羊河试验站、省水科院民勤试验站等国家和省重点实验室、工程实验室、工程技术中心等重要平台建设。

三是创新柔性引才方式。鼓励厅属各单位建立"人才驿站"，支持采取兼职挂职、技术咨询、项目合作、周末教授等方式，集聚省内外水利专家智力。通过技术指导、决策咨询、项目合作、联合攻关以及推广新技术、新品种、新工艺、新方法等形式，引导和支持高层次专家向我省水利行业流动。

（三）加大高层次人才支持培养和引进力度

一是完善高层次人才选拔培养体系。主动衔接省部级人才引育方向，把握好高层次专业技术人才推选培养方向和选拔标准。实行高层次专业技术人才"一事一议""一人一策"，加大综合支持和推荐力度，推动水利高层次专业技术人才不断涌现、脱颖而出。

二是实施水利领军人才支持计划。围绕水资源开发利用、节水灌溉技术、黄河流域高质量发展、河湖治理保护、智慧水利、水网建设等重点领域，水利重大关键技术，重点培养省内外一流水平，在水利改革发展有战略性、重大突破、重要科技成果转化，产生较大经济效益、引领作用的领军人才。

三是实施水利英才培育计划。依托清华大学、河海大学、中国水利水电科学研究院、兰州大学等省内外知名院校，以项目为载体，择优遴选一批"留得住、讲奉献"的专业技术人员攻读博士学位和博士后资格，搭建我省水利专业人才与国内外科研院所水利知名教授学者交流平台，加速培养一批有知名度，国内领先的创新型水利英才。

四是实施水利领军人才引进计划。通过"特设岗位＋项目研究＋创新人才团队培养""项目＋人才＋资金"等形式，加大水利专业技术领军人才和通晓水利投融资规则、善于运作水利资本的金融领军人才（团队）引进力度，实现人才队伍数量和质量"双提升"。

（作者单位：甘肃省水利厅）

打造"三大人才工程" 推动人才拔尖领跑

——基于江都水利枢纽高层次人才培养的实践与探索

夏　炎　许　媛　商梦月

2021年9月，习近平总书记在中央人才工作会议上强调，当前，我国进入了全面建设社会主义现代化国家、向第二个百年奋斗目标进军的新征程，我们比历史上任何时期都更加接近实现中华民族伟大复兴的宏伟目标，也比历史上任何时期都更加渴求人才，必须深入实施新时代人才强国战略，全方位培养、引进、用好人才，加快建设世界重要人才中心和创新高地。推动新阶段水利高质量发展任务繁重艰巨，亟需更多高素质专业化水利人才。要完整、准确、全面贯彻习近平总书记关于新时代人才工作的新理念新战略新举措，全方位培养、引进、用好水利人才，让水利事业激励水利人才，让水利人才成就水利事业。

江苏省江都水利工程管理处（以下简称管理处）为江苏省水利厅直属管理单位，所管辖的江都水利枢纽工程始建于1958年，主要由4座大型电力抽水站、12座大中型水闸等组成，具有抽江北送、自流引江、抽排涝水、分泄洪水、余水发电、保障航运、改善生态环境等主要功能，是南水北调东线工程的源头，也是目前我国规模最大的电力排灌工程、亚洲最大的泵站枢纽。作为中国第一座自行设计、制造、安装和管理的大型泵站群，江都水利枢纽从规划布局、设计施工，到运行管理，堪称江苏乃至全国治水的典范，被誉为"江淮明珠"。工程先后荣获"国家优质工程金奖""百年百项杰出土木工程"，管理处连续六届被授予"全国文明单位"，先后荣获"全国先进基层党组织""全国爱国主义教育示范基地""中国质量奖提名奖""全国五一劳动奖状"等称号。先后有120多个国家和地区的国家元首、政府官员、专家学者和社会各界人士来此参观考察，并给予高度评价。

2020年11月13日，习近平总书记视察江都水利枢纽，详细了解南水北调东线源头工程和枢纽建设运行等情况，并发表重要讲话、作出重要指示。深入学习贯彻习近平总书记视察江苏特别是视察江都水利枢纽重要讲话重要指示精神，是当前和今后一个时期重大政治任务，这要求管理处必须聚焦培养高层次人才、着力打造一流人才队伍，以人才赋能助推江都水利枢纽在江苏乃至全国水利现代化建设的新征程中继续争做示范、争当表率、走在前列。为此，本文基于江都水利枢纽高层次人才培养研究实践，对水利工程管理单位高层次人才培养问题进行初步探索。

一、高层次人才培养研究背景

（一）培养高层次人才是推进水利现代化建设和高质量发展的必然要求

高层次人才是整个水利人才队伍的核心，起着基础性、战略性、决定性作用。培养和使用好高层次人才，可以带动整个水利人才群体发展，对水利人才队伍建设具有重要的导向作用。近年来，管理处坚持以习近平新时代中国特色社会主义思想为指导，紧紧围绕中央、江苏省委和厅党组各项决策部署，深入实施人才强处战略，着力加强人才工作统筹，高质量推进人才队伍建设，持续优化人才发展生态，人才工作的科学化、规范化、制度化、品牌化水平不断提高，培养出一批综合素质好、业务能力强、专业化程度高的高素质人才，为江都水利枢纽现代化建设和高质量发展提供了有力的人才支撑。但对照水利现代化建设和高质量发展的新要求，对照单位改革面临的新情况，其人才队伍特别是高层次人才队伍建设与水利工作需要还存在一定差距，必须聚焦重点队伍建设，进一步加强高层次人才的选拔培养，努力造就一支具备先进治水理念、掌握科学治水方法的高层次人才队伍。

（二）培养高层次人才是打造创新创优人才高地的应有之义

习近平总书记在中央人才工作会议上明确要求，要把握战略主动，做好顶层设计和战略规划，加快建设世界重要人才中心和创新高地。国家发展靠人才，民族振兴靠人才，水利改革靠人才。《"十四五"水利人才队伍建设规划》主要任务之一，就是要重点突出高层次创新型人才培养，畅通高层次人才发展路径，加强高层次人才选拔培养，加大水利国际化人才培养力度，强化青年人才培养。当前，我国正处在一个必须依靠创新才能更好发展的新时代，人才是创新的主体，创新创优人才高地是集聚创新主体、提升创新浓度、促进知识和价值流动的关键。江都水利枢纽作为江苏乃至全国水利现代化的先行区、试验田，成为江苏水利形象示范带、展陈地，要打造具有江都水利枢纽特色的新时代人才创新创优高地，必须更加重视水利人才特别是水利高层次人才培养，加快建立人才资源竞争优势，更好发挥高层次人才引领作用。

（三）培养高层次人才是建设"世界一流、国内领先"现代化水利工程榜样的迫切需要

为深入学习践行习近平总书记视察江都水利枢纽殷殷嘱托，把握新发展阶段，贯彻新发展理念，构建新发展格局，在水利现代化建设新征程中争当表率、争做示范、走在前列，江都水利枢纽必须立足跨世纪的亚洲最大电力排灌工程定位，面向大江大河，服务南水北调，以高质量发展为核心，实现精细化数字化管理全覆盖，打造"世界一流、国内领先"的现代化水利工程榜样。"工程榜样"建设目标的提出，要求我们必须找准发展定位、扛起责任担当，以更强烈担当、更务实举措、更过硬作风固巢留凤，尽快培养建设一支善于

引领水利科技发展，学术技术达到世界一流、国内领先水平的高层次水利人才队伍。

二、高层次人才培养面临的现实困境

（一）水利行业还需加强宣传

水利属于艰苦行业，基层水利工程管理单位属于艰苦事业单位，所管辖的各工程通常地处偏远、较为分散，其水管单位对优秀高校毕业生吸引力不够大，人员招聘的途径也相对单一。以江都水利枢纽为例，随着单位的发展和水利改革的推进，江都水利枢纽承担的职责和义务越来越多，对于高素质、高技能、专业化的复合型人才需求也越来越迫切。虽然在加深同高校产学研合作、加大单位品牌宣传力度等方面已有一定探索，但由于现有的招聘、考核、管理方式很难兼顾到人才专业经验和综合能力，也缺乏对高层次人才的引进渠道，导致具备水利前沿知识技能和学术研发能力、能够结合水利行业特点创造性开展工作的高层次人才只能靠自身培养，一定程度上制约了基层水利工程管理单位的高质量发展。

（二）人才创新能力还需提升

人才是创新的根基，是实现创新引领的关键。目前，人才创新能力欠缺仍然是制约基层水利工程管理单位发展的主要短板之一。多年来，江都水利枢纽坚持以创新能力、质量、实效、贡献为导向，致力培养年轻高层次人才，积极开展科技创新、技术攻关、课题研究、"五小"创新等项目，不断提升人才创新能力，取得了一系列成果，但对照新时期水利高质量发展的要求，江都水利枢纽在主要科技领域、新兴前沿交叉领域和省部级科技创新课题上的开拓仍显不足，年轻的高层次人才仍紧缺，创新能力还需提高。

（三）人才发展空间还需拓展

合理的发展空间是基层水利工程管理单位在激烈的市场环境中吸引人才、用好人才、留住人才的关键因素之一。"明尼苏达工作适应论"认为，个体在从事工作后，会在个体和工作环境之间寻求一种契合点，即个体既能顺利完成工作，工作环境也能满足个体的需求，这两个因素的满足度越高，其工作的持久度就越大；相反，在环境不能满足个体心理预期，且工作任务无法有效完成时，工作的持久度就会大打折扣。江都水利枢纽是公益Ⅰ类事业单位，公益属性强，有着与行政机关相似的职务晋升、职称晋级标准和工资制度，由岗位设置数固定稀缺导致的晋升通道较为狭窄、评聘矛盾略显突出，在一定程度上局限了高层次人才的晋升晋级、选拔任用，对于高层次人才的个人成长有一定影响。

三、江都水利枢纽高层次人才培养的创新实践

为深入学习贯彻习近平总书记关于人才工作的重要论述和视察江都水利枢纽重要讲话重要指示精神，高水平实施人才强处战略，开展高技术人才"英才工程"、高技能人才"头

雁工程"、青年人才"拔尖工程",固巢留凤,实现选树一个、培养一批、带动一片的良好效果,为打造"世界一流 国内领先"现代化水利工程榜样提供人才支撑。

(一)实施高技术人才"英才工程"

以副高及以上专业技术人员为对象,以知识更新、择优选英、英才引领为抓手,以创新能力、质量、实效、贡献为导向,实施高技术人才"英才工程"。一是"知识更新"行动。以高技术人才能力建设为核心,积极融入国家专业技术人才知识更新工程。立足工程现有资源,深化同高校协同育人和业务创新,签订定向培养方案,邀请高校教授定制培训计划开班授课,促进高校人才供给与单位人才需求有效衔接。二是"择优选英"行动。突出政治标准,严格遴选程序,对高技术英才在项目课题、晋升聘任、"333高层次人才培养工程"建议人选等方面给予一定鼓励,同时,做好宣传氛围营造,进一步培育归属感、成就感、幸福感。三是"英才引领"行动。坚持高标准立项、高强度支持、高质量组建以"英才"为核心的创新团队,通过重大科技创新攻关项目,磨砺培养一支爱党报国、敬业奉献、具有突出技术创新能力、善于解决复杂工程问题的英才队伍。

近年来,管理处与多所高校签订全面战略合作协议,获得"国家水情教育基地""全国爱国主义教育示范基地""水利干部培训机构"等一系列荣誉;副高及以上高技术人才共130人,在管理处专业技术人才中的占比达62%,其中"333高层次人才培养工程"培养对象4名;参与完成多项省水利科技项目,取得发明专利3项、实用新型专利30余项、计算机软件产品证书16项;完成"五小"项目50余项,获江苏省水利科技进步一等奖1项、教育部高等学校科学研究优秀成果奖1项、水利职工创新活动成果奖6项、中国水利工程优质(大禹)奖2项、全国"五小"创新成果推广1项。

(二)实施高技能人才"头雁工程"

以省级及以上技能竞赛获奖人员和技师及以上工勤技能人员为对象,以"雏雁孵化""头雁选拔""群雁齐飞"为抓手,实施高技能人才"头雁工程"。一是"雏雁孵化"行动。融合建设水利技能培训鉴定站、全国水利行业首席技师工作室、江苏技能大师工作室、江苏工匠工作室,深入推进每周一题、每月一课、每月一试、每年一赛等"四个一"活动,定期开展继续教育,主动选送一线优秀人才参与高校学历提升教育。二是"头雁选拔"行动。以3年为培养期,定期遴选高技能"头雁"人才,在学习深造、晋级聘用、"111人才工程"建议人选等方面给予一定鼓励,并加强入选人才后期考核管理,组织签订双向目标责任书,建立动态退出机制。三是"群雁齐飞"行动。坚持开展岗位练兵、技能竞赛活动,着力打好技术攻关、项目落地、成果转化"组合拳",真正发挥"传帮带"作用,鼓励"头雁"担任教师走上讲台,不断壮大高技能人才队伍,以"头雁领航"带动"群雁齐飞"。

管理处共有技师及以上高技能人才113人,在技能人才中占比达45%,其中"111人才工程"高技能人才培养对象 22 人次；先后组织职工参加全国、全省职业技能竞赛 30 余次，覆盖面涉及泵站、闸门、水文、水工监测、水行政等各工种，共有 5 名选手先后荣获全国水利行业职业技能竞赛一等奖，13 名选手先后在省级技能竞赛中夺冠，在历届全国、全省技能竞赛中脱颖而出取得优异成绩的选手累计达 63 人次，多次荣获"优秀组织奖"。

（三）实施青年人才"拔尖工程"

以 40 周岁以下青年为对象，以"引苗""润苗""选苗""用苗"为抓手，以青年之家、青年学堂、青年论坛为平台，实施青年人才"拔尖工程"。一是"源头引苗"行动。主动参加"双一流"高校校招会，宣传推介江都水利枢纽品牌，统筹开展线上线下相结合的引才系列活动，完善高校产学研基地、九三学社专家工作站、张謇水利思想研究实践教育基地等高能级载体平台，不断扩大招才引智、协同育人"朋友圈"。二是"源头润苗"行动。建立青年之家，作为青年工作 8 小时外集中活动场所，关心关注青年生活、心理状况；用好青年学堂，鼓励拔尖青年担任学堂主讲人、组织者，将"线上"同"线下"、"三尺讲台"同"工作一线"有机结合；开展青年论坛，聚焦水利发展、品牌建设、科技创新、青年作为等主题，充分发挥青年生力军作用。三是"源头选苗"行动。以政治为引领，以实绩为导向，层层选拔青年拔尖人才，在推优、晋升晋级、物质激励等方面给予一定鼓励，并结合平时考核、年度综合考核，每年对入选的青年"拔尖"人才的工作表现、课题项目、专利论文、业绩成果等进行严格考核。四是"源头用苗"行动。支持青年人才揭榜挂帅，担任加固改造、代管运行、安装施工、技术服务等项目负责人，主持创新课题研究，列席部门（单位）相关会议，给予拔尖青年更多带领团队、参与部门重大事项决议、创新解决难题等方面工作锻炼机会。

管理处 40 周岁以下青年中，共有"全国技术能手"3 人、"全国五一劳动奖章"获得者 2 人、"全国水利技能大奖"获得者 4 人、"江苏省五一劳动奖章"获得者 3 人、"江苏省杰出青年岗位能手""江苏最美职工"各 1 人。

四、体会与收获

（一）规划引领，顶层设计是关键

人才是实现民族振兴、赢得国际竞争主动的战略资源。"十四五"时期是江苏省水利事业转型发展、高质量发展的重要历史机遇期，也是管理处打造"世界一流、国内领先"现代化水利工程榜样的关键时期。江都水利枢纽结合中央、水利部和江苏省委人才工作会议精神，统筹全处发展前景和队伍建设现状，制定"十四五"人才发展规划，瞄准数字水利、精细管理、安全管理、河湖管控、水文测报等重点领域引进人才，在核心技术攻关、成果转化应用等创新前沿培养人才，在防汛抗旱、对外服务、急难险重等一线岗位使用人才，围绕工程管理信息化、智能化、现代化，与水利行业高手和水利高校、科研院所深度合作，在基础科研项目推进、技术创新中磨炼人才，通过全方位培养引进用好人才，不断加强干部人才队伍、专业技术人才队伍和工勤技能人才队伍建设。同时，结合人员情况和岗位需求，开展科学设岗研究，深化"定岗定员定责"，做到因事设岗，因岗择人，人尽其才，才尽其用。

（二）机制保障，良好生态是基础

完善的工作机制、良好的人才发展生态是推动人才拔尖领跑的基础保障。管理处围绕高水平实施人才强处战略，制订《人才建设"三大工程"实施方案》，实施人才分类管理，构建以品德、创新能力、贡献为导向的人才评价体系，充分释放各类人才的创新创造活力。深化名师带徒结对，完善《师徒结对管理办法》，建立长效工作机制，明确高技能人才"传帮带"责任，通过师带徒、徒促师，让老一辈水利工作者的工匠精神、精湛技艺薪火相传。强化竞争激励机制，修订《中、高级专业技术职称职务评聘管理办法》《技师、高级技师评聘管理办法》，把高层次人才一贯工作表现、传帮带作用发挥、技术创新成果等各方面情况同岗位聘用紧密结合，切实发挥引领带头作用。坚持需求和实用导向，印发《工作人员平时考核实施办法》《年度综合考核实施办法》，突出人才评价"实绩标准"，强化考核结果运用。制定《职工教育管理办法》，进一步促进职工教育培训工作规范化、制度化、科学化。不断完善的人才培养机制，保障了高层次人才队伍建设，优化了人才发展生态。

（三）典型带动，正向激励是抓手

先进典型是有形的正能量，也是鲜活的价值观。多年来，管理处注重加强领军型、攻坚型、复合型人才培养，积极探索适应水利高质量发展需要的人才培养路径，不断创新培养模式，健全工作机制，高层次人才队伍持续壮大。截至目前，共有国务院"政府特殊津贴"获得者、全国技术能手、全国五一劳动奖章获得者、全国水利行业首席技师、最美水利人、江苏省有突出贡献的中青年专家、江苏大工匠等省部级以上荣誉获得者60余人次。为了充分尊重、保护高层次人才，江都水利枢纽积极搭建平台，结合省部级以上荣誉获得者的身份和实际开展精神激励，建立长效化的正向激励机制，帮助他们实现自我价值。一方面，加强谈心谈话和正面沟通，召开全国（全省）职业技能竞赛获奖选手座谈会，制订出台《省部级以上荣誉获得者发挥示范引领作用管理办法》，促进高层次人才成长，激发内生动力，满足人才的内在精神需要。另一方面，通过网页、微信公众号、宣传展板等，大力宣传高层次人才的先进事迹，主动推荐高层次人才参加上级评优评先工作，传递榜样力量，激发使命担当，营造了学习先进、崇尚先进、争当先进、赶超先进的浓厚氛围，为高层次人才发挥潜能提供了良好环境，有力保障了江都水利枢纽高效有序发展。

（作者单位：江苏省江都水利工程管理处）

试析基于岗位胜任力的员工培训

刘朝锋 马红丽

一、员工培训理论

根据现有的调查研究，员工培训主要围绕相关的需求，找寻适合的模式与方法，建立一套体系化、科学化的评价体系，才能体现培训效果。然而，不同的培训对象，需要不同的方法措施，在这一方面，很少有人去研究归类，划分不同培训类型。

从培训体系理论内涵中看到，胜任力模型很好的帮助企业集中高效的开展人员培训，制定切实可行的培训计划，企业按照模型中各要素精确的设定相关课程，提高员工自身能力。同时，一些重点内容也被集中处理，达成一个精简集成的目标，培训效果可以得到有效保障。培训费用也能做到合理开支，受训者的相关潜能得到开发，环境适应力得到提升，企业生产效率自然会增加，最大化的实现了成本和收益的互利共赢。企业从自身实际出发，在模型的帮助下通过相应的培训手段提高员工的工作能力，充实员工学识水平，员工个人能力和工作相应结合起来，以期现在以及未来在绩效方面做出较大的成绩，达到一个可持续发展状态。

和传统培训体系相比，以胜任力模型为基础的相关培训在结构上并没有不同之处，需求的分析和相关的设计研讨，主要是针对课程、方法以及计划方面的设计，最终及时开展效果评估，检验成效。不同点在于，培训开始前，要基于胜任力进行需求搜集；需求确定后，围绕胜任力进行内容和课程设计并围绕胜任力进行效果分析。

二、员工培训需求分析

目前基于胜任素质的培训需求分析融合了传统的培训需求分析的三层次结构，它以胜任素质模型为基本框架，通过对组织环境，组织变量与优秀员工的关键胜任素质来确定岗位的培训需求，就是找出目前的胜任素质和理想的胜任素质之间的差距，来确定培训需求。使企业培训一方面能够满足企业当前对岗位的需要；另一方面适应企业未来战略发展的需要。围绕相关的胜任素质，构建需求分析思路以及系统的流程图（见图1）。

依据图1基于胜任素质培训需求分析整体思路和流程所示，员工培训需求分析总体上分三个步骤进行：

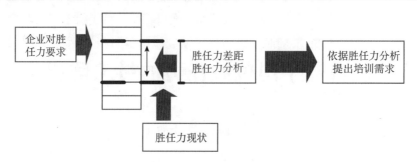

图1 员工培训需求分析

①收集目前胜任素质数据，进行胜任素质现状进行评估，与胜任力模型理想的知识、能力水平比较，找出差距。

②找出产生差距的原因，导致差距产生的原因有很多，并不是所有的原因都可以通过培训的手段加以解决。

③确定培训需求，就能判断是否能够通过培训来消除差距，那些能够通过培训消除的差距就是培训需求的重要组成部分。

根据以上内容了解到，要想顺利地对胜任力模型进行相关培训需求的分析，首先要做的是对胜任力概况进行一个预估，经常使用的方法有基本的问卷法、纸笔测验，围绕小组展开相关问题的讨论，下面单就以上几种方法简要说明：

①纸笔测验。设计一套标准化的题目或者是相关的项目，围绕受测者，对其进行能力、人格特质的测试。纸笔测验的题目通常都是客观化选择题形式呈现的心理测验，可以用纸笔方式作答，也可在计算机上进行，适用于大规模团体施测，因此不但省时省力，而且节约成本。

纸笔测验大致分三项内容，第一种是"情境题"，这一部分在推行中不太容易编写，但是可信度很高，效果也很明显，其次是智力测试，最后是心理方面的测试，这三种方式配合使用，主要目的在于确保测试可实行，可推广，合理高效。必须注意的是，丹江电厂在对员工进行素质测评时具体编制的情景题，答案不"唯一"，计分不一样，日后测评时，可循环利用。

②无领导小组讨论。无领导小组讨论是要求一组被评价人员（5−8 个人）在不指定组长的情况下，围绕给定的问题进行讨论，来检测受测者的组织协调能力、口头表达能力、情绪稳定性、处理人际关系的技巧、非语言沟通能力等各个方面的能力素质，从而判断受测者是否符合其担任岗位的用人要求，以及自信程度、进取心、责任心、灵活性等个性特点和行为风格是否符合公司的企业氛围。在无领导小组讨论进行的过程中，主考官（也称评分者或观察者）不参与受测者的讨论，他们的工作是观察和记录受测者在讨论过程中的行为表现，并根据相应的评价标准对其进行评分。

③问卷调查就是依据胜任素质模型设计调查问卷。通过自我打分和互相打分，对每一素质项进行打分，然后对打分结果进行汇总、统计，因为问卷的成本较低，操作方便，可以做到普查。所以，选择的对象尽可能覆盖岗位所有人员。

④丹江电厂胜任素质测评还用到了其他测评工具，比如观察法，这里不再详述。通过问卷调查的形式，对丹江电厂各岗位的基于胜任素质模型的培训需求进行分析，找出差距值。差距值是培训需求中的重点，也是培训的重点。通过评估发现丹江电厂发电分场员工在团队合作、有效沟通、计算机应用，设备故障分析等方面离目标值差距比较大，培训重点也由此产生。

三、员工培训方法设计

依据有关学者研究结论，胜任特征可被分为基准性胜任特征和鉴别性胜任特征。基准性胜任特征主要包含知识、技能这两部分内容，因为知识、技能是显性的，属于胜任素质"冰山"模型的水面以上部分，所以又被称为显性胜任特征；鉴别性胜任特征，主要包含价值观、态度、自我形象、个性品质、动机等内容，是潜在的胜任特征，是内隐的，所以被称为内隐性胜任特征。针对不同的胜任特征应选择不同的培训方法（见表1）。

表1　丹江电厂胜任力类别培训方法表

胜任力分类	内容说明	培训方法
外在胜任力	主要有专业知识、技术能力等两项内容，可在工作中直接观察与衡量	现场设备技术讲课、通过视听技术（如投影仪等）进行员工培训、事故案例分析法、参加各种商业活动、网络学校等
内在胜任力	包含性格与个人形象、道德素养、工作态度、思维方式，不容易觉察，内隐，传统学习的模式教学方法很难取得较好的效果	1.借助交流、讨论、观察手段对隐性胜任素质拥有者和受训者发生影响，转移隐性胜任素质（导师带徒制、分组讨论教学方法法） 2.通过现代技术手段，例如现场录像，录制隐性的信息，针对受训者进行传播（录像回放法） 3.参照胜任素质模型，通过受训者自查自纠找差距，传播胜任特征（纠错法）

下面对丹江电厂主要采用的几种培训方法进行简单说明（见表2）。

表2　丹江电厂培训统计表

	培训分类	情况简介	涉及范围	胜任素质的应用
1	课堂授课	方式普通，仅学习者一方参与，传统的阅读、PPT讲解、课堂学习、专家讨论等，知识传授为重点，涉及范围广	学习专业知识理论、技术技能的提升	逻辑思维、工作目标、创新能力、学习能力等
2	导师带徒制	新员工和优秀老员工签订导师带徒合同，老员工言传身教	主要是现场操作技能的培训及相关企业文化、工作态度等胜任力的提高	学习能力、责任心、工作目标、主动性等

	培训分类	情况简介	涉及范围	胜任素质的应用
3	分组讨论	通过集体会议讨论形式进行，参培员工集中，各抒己见，重在个人感受、技巧传递、能力学习	逻辑思维、人际理解能力、表达能力的培训	逻辑思维、沟通能力、关系建立等
4	角色扮演	参与人员角色扮演，实践中发展技能。完成后，分享，摸清问题脉络，客观解决问题	表达能力、语言技巧、业务能力、创新性的培训	创新能力、逻辑思维、服务精神等
5	现场模拟	依照实际工作及相关工作内容现场模拟，考虑工作现场可能遇到的问题，做好处理的预案，最后请有经验的技术人员点评	技术技能、实际工作能力的学习提升	学习能力、工作目标、责任心、创新能力等
6	网络教学	借助内网，学习文字、影音资料	知识技能和管理、沟通等多方面全方位的培训	学习能力、诚实正直、沟通能力、适应能力等
7	自修	通过读书、看图纸、网络视频等各种形式，制定目标等员工的自我培训	根据实际情况使各种素质得到提升	服务精神、责任心、坚韧性、学习能力等

结合需提升的胜任素质，以及依据该胜任素质开发的培训内容，确定培训方式，使胜任素质、培训内容、培训方式有机结合，保证了培训效果。

四、员工培训计划制定

培训计划是培训实施的前提条件，培训计划制定的好坏直接影响培训效果。要想达到预期的培训效果，在进行完备和详尽的培训需求分析和培训课程设计后，制定细致可行的培训计划是保障员工培训成功实施的重要环节。

（一）培训目标

根据培训的目的和配置的培训资源情况，进一步确定培训目标所要达到的标准，将培训目的具体化、数量化、指标化和标准化。这将有效的指导培训者和受训员工掌握衡量培训效果的尺度和标准，解决培训过程中出现的复杂问题，同时使自己进一步了解在组织中所起的作用，明确今后发展和努力的方向，为培训计划的贯彻实施打下了基础。

（二）对象和内容

丹江电厂的培训计划中将明确培训对象，培训内容，培训手段，培训的形式和类型。培训内容将体现培训需求，培训需求将与培训对象紧密相连，培训对象将和培训内容相辅相成。

（三）规模

丹江电厂的培训计划将阐明培训规模，以便为培训活动的安排（如：场所、师资、工具以及费用等）提供参考依据。

（四）时间

对于培训时间，主要坚持合理的原则，一是要保证效果达成，二是要兼顾单位作息和企业生产运营。

（五）地点

丹江电厂培训用内部厂区教室。

（六）费用

丹江电厂的培训计划将按照直接和间接成本进行整体核算，从资金上确保培训活动中各项目标的实现。

（七）方法手段

培训的方式手段是实现各项培训目标的重要保障。丹江电厂在培训计划制定中将根据培训资源的配置情况，正确选择适当的培训方法和手段，从而更好的达到培训目的，完成培训的目标。

（八）讲师

培训师的作用至关重要，讲师是培训活动的主导者，教学活动的组织者，专业知识的传输者，专业技能的教练者。因此，丹江电厂将根据培训的目的和要求，充分全面考虑培训师的选拔和任用问题，合理配置内部讲师。

（九）计划推行

丹江电厂的培训计划将提出具体的实施程序、步骤和组织措施，以保障培训计划的顺利实施，包括：做好相关部门的协调工作，使受训员工明白培训目的、要求、内容和程序，确保培训的时间、参加培训人数及资金投入，定期进行培训评估，以及改进培训活动，保证培训质量的措施等等。根据员工的实际需求每月制定培训计划，并按培训计划严格执行保证培训工作的正常开展。

五、基于胜任力的员工培训效果评估

柯氏四层次培训评估模型对丹江电厂胜任力模型评估提供了参考（见表3、表4）。

围绕柯克帕特里克四层次培训评估运用，具体表现为：

①反应层。这一层级主要围绕受训者，看接受培训人员对受训内容有着怎样的初步感受，对讲师有着怎样的印象，一般用问卷或访谈方式，多采用问卷，按等级于结束后打分，各部门整理，统计，得出评估成绩。

②学习层。围绕参培者，看其在具体的培训中掌握了多少内容，针对相关的原理、事实、技术，主要是笔试和实际操作场景模拟，技能操练主要围绕设备运维人员。

③行为层。本层次主要是评估受训者胜任素质的掌握情况，评估受训者行为是否发生了改变，丹江电厂一般采用的是问卷调查法，再辅以访谈和观察，一般在培训结束 3 个月后进行，评估结果和培训需求分析时所得结果进行对比，分析经过培训后，受训员工是否具备或者是提升了胜任素质模型中所要的胜任素质或胜任素质水平，通过对比，可发现哪些能力得到改变，以及改变的人数有多少。

④结果层。这一层围绕的核心内容是员工的绩效考核，具体分析绩效变更和培训有着怎样的关系。丹江电厂对于此项的评估也是在距离培训结束 6 个月之后，借助一系列指标进行，主要是安全发供电的完成情况，设备故障率降低，各项工作任务的完成情况，员工对企业有着怎样的满意度等。

表3　柯氏四层次培训评估模型

分层	名称	重点工作
第一层	反应层	围绕接受培训员工，根据满意程度，观察员工的不同态度
第二层	学习层	接受培训员工具体掌握知识技能，态度、行为等各方面的收获
第三层	行为层	怎样运用知识，受训者具体行为能力的提升
第四层	结果层	保证安全发供电，减少故障率，促进生产效率的提升

表4　基于胜任力培训体系培训效果评估模型

分层	具体内容	操作方法	负责单位	实施时间
反应层	调查接受培训员工满意度	发放问卷、员工现场交流	人力资源部（培训科）	相关培训进行中或结束后
学习层	接受培训人员在技能技术、专业知识、工作态度、行为准则等方面收获	笔试与实操及现场模拟	人力资源部（培训科）	相关培训进行中或结束后
行为层	接受培训人员的胜任力素质显著提升	小组交流、跟踪观察、个人问卷、谈话等	分管领导、部门领导、各级新老员工及群众意见	相关培训完成后
结果层	接受培训人员工作业绩提升情况	统计生产效率、事故发生率、不合格产品率、厂用电损率、迟到早退次数	主管领导及考核相关部门	培训结束半年后

六、结束语

在对胜任力理论、企业培训理论进行综合研究后，认为基于胜任力模型的企业培训就是对员工进行特定职位所需的关键胜任能力的培养，培训的重点内容是开发管理优秀员工比一般绩效员工表现突出的胜任能力特征，再将个体与胜任力模型中差异较大的特征列为个体最具针对性的关键内容，该培训的最终目的是增强员工取得高绩效的能力，以增强适应企业未来环境的能力和胜任素质发展的潜能。

在建构胜任力培训体系中，还需要更加深层次的研究，在接下来的系列研究中，还需要进一步深入挖掘发展。胜任力模型在应用上具有广泛性，它不仅是人力资源管理方面广泛运用的一项基础工具，同时，它还可以用于相关的系列招聘、培训中，对于人员方面的绩效考核，也有很大的作用，在今后的研究中，还需进一步对其加以完善，基于胜任素质理论，作更加深入的研究。

（作者单位：汉江水利水电（集团）有限责任公司丹江口水力发电厂）

"十四五"期间流域机构人才队伍建设
对策分析

刘　园　赵云鹏　郭佳宜　田宝平

一、加强流域机构人才队伍建设的重要性和紧迫性

中央人才工作会议上习近平总书记对深入实施新时代人才强国战略、全面贯彻落实新时代人才工作、加快建设世界重要人才中心和创新高地等作出系统谋划和全面部署。水利人才是我国人才队伍的重要组成部分，水利人才工作必须要聚焦水利高质量发展对人才的需求，加大工作力度，完善措施举措。流域机构作为水利改革发展的主战场之一，对表对标新阶段水利高质量发展对人才的需求，还存在高层次、重点领域和基层人才短缺，队伍能力素质有待提升等不同程度的问题，部分基层水管单位对人才工作还不够重视，人才培养平台不够丰富，人才发展体制机制还不够健全。这表明，流域机构需要进一步提升对加强人才队伍建设重要性和紧迫性的认识，认真落实《"十四五"水利人才队伍建设规划》，努力建设一支与流域机构高质量发展要求相匹配的高素质人才队伍。

二、流域机构人才队伍发展现状

以海河水利委员会直属的正局级水利工程直管单位海河下游管理局为例，近年来，通过招聘引进、专项培训、培养推荐、干部交流等工作，人才队伍素质得到了有力提升。"十三五"期间，本科及以上学历人才、具有中级及以上职称人才在数量上实现大幅增加，人才年龄梯次逐步形成，人才培养机制不断优化，人才质量实现稳步提升。但与水利事业高质量发展的需要还有一定差距，人才队伍结构不尽合理、人才作用发挥不充分，突出表现在：

一是内设机构处级领导干部存在不同程度的缺编，加上"十四五"期间还将有多名处级以上领导干部陆续退休，领导干部配备任务十分艰巨。二是专业技术人才不仅数量少，而且各类高级专家短缺，缺乏高素质、高层次人才，中青年专家培养方面存在较大缺口。三是人才队伍结构不尽合理，干部队伍"两头大、中间小"，中间力量薄弱，有较为明显的年龄断层。四是保障人才发展的体制机制滞后，提供的时间、经费等方面的支持有限，对人才缺乏系统有效的培训，导致人才多侧重于自我封闭的学习，知识更新和继续教育跟

不上，人才层次提高较慢，另外缺乏科学的评价体系和激励约束机制，在专业技术人才评聘方面，存在重学历、重专业、轻能力、论资排辈的问题，不能适应形势和事业发展需要。五是事业人员绩效工资分配制度不完善，缺乏合理的正常绩效工资增长机制，事业编制人员干事创业热情不高。

三、"十四五"时期流域机构人才队伍建设的对策建议

坚持以习近平新时代中国特色社会主义思想为指导，全面贯彻新时代党的建设总要求和新时代党的组织路线，抓好执政骨干队伍和人才队伍建设。坚持德才兼备、以德为先，五湖四海、任人唯贤，事业为上、人岗相适，大力选拔忠诚干净担当、科学求实创新的新时代好干部。进一步加大优秀年轻干部选拔力度，着力打造政治坚定、本领高强，结构合理、作风优良、清正廉洁领导班子和干部队伍，为推动新时代水利事业发展提供有力组织保障。

（一）坚持好干部标准，树立正确的选人用人导向

一是坚持德才兼备。以德为先，坚持五湖四海、任人唯贤，坚持信念坚定、为民服务、勤政务实、敢于担当、清正廉洁的好干部标准。坚持分类考察评价干部，坚持用当其时、用当其才，努力做到人岗相适、人尽其才。

二是严格选拔任用条件。严格把握选用干部的基本条件和基本资格，注重选用有强烈事业心和责任感，执行力强，业务精湛，群众公认的干部，把"愿干事、敢干事、能干事、干成事"的干部充实到各级领导班子中。

三是树立注重基层的选人用人导向。注重选拔在关键时刻或承担急难险重任务中经受住考验、表现突出的干部，注重选拔长期在基层工作、成绩突出、默默奉献和交流锻炼中表现优秀的干部，逐步建立来自基层的干部培养选拔链。提任处级领导职务的，应当具有两年以上基层工作经历，一般应当具有在下一级两个以上职位任职的经历。

四是营造风清气正的选人用人环境。坚持事业为上、公道正派，保护作风过硬、敢于担当、锐意进取的干部，对那些想干事、能干事、干成事、善作为的干部要旗帜鲜明地撑腰鼓劲、大胆使用。探索建立容错纠错机制，宽容干部在推进改革中，因缺乏经验、先行先试中，在上级尚无明确限制的探索性试验中，在为推动发展过程中出现的失误和错误。坚决禁止跑官要官、买官卖官、拉票贿选、不服从组织决定以及伸手向党要职务、名誉或待遇等行为，对违反组织人事纪律的行为发现一起查处一起。

五是健全干部能上能下工作机制。严格执行干部到龄免职（退休）和领导干部问责等制度规定，对不适宜担任现职的干部及时予以调整，对因健康等原因不能正常履职的干部及时进行调整，对违纪违法应当免职的干部按照规定程序及时予以免职，推动形成能者上、庸者下、劣者汰的用人导向。

（二）注重培养锻炼，健全完善干部交流工作长效机制

一是加大教育培训力度。宣传贯彻《干部教育培训工作条例》，围绕事业发展需要，结合干部岗位职责和健康成长需求，分级分类开展教育培训。把教育培训作为干部培养的重要手段，注重选派政治素质好、业务能力强、发展潜力大的年轻干部参加党校等脱产培训，增强培训的针对性，提高培训质量和效益。

二是注重多岗位锻炼干部。把干部交流与干部培养锻炼、领导班子建设、党风廉政建设、推进水利中心工作结合起来，加强干部交流和挂职锻炼，拓宽干部培养锻炼渠道，积极推进部门单位之间的干部交流工作。

三是重视年轻干部培养。通过援藏、援疆、扶贫等多种形式，选派优秀年轻干部到基层特别是环境复杂、条件艰苦地区任职、挂职，进行培养锻炼。加快推进基层单位年轻干部的引进、培养和后备干部队伍建设，完善基层干部队伍结构。

四是建立交流工作长效机制。完善干部交流配套制度，建立干部交流登记制度，规范交流程序，严肃工作纪律，落实保障措施，推动干部交流工作的规范化、制度化。

（三）深化人事制度改革，优化政绩考核和奖惩机制

一是完善考核评价体系。坚持科学合理设置考核内容的基础之上，还要引入合理的科学评价体系，全面准确地评价干部并将考核评价结果加以充分运用，不但要对被考核对象的工作表现进行考核，还要结合其思想品德、党性修养、心理素质等方面进行综合评价，并适当采取竞争性选拔干部的办法，营造唯才是举、开放用才的浓厚氛围，真正把德才表现好、群众口碑好的干部选拔出来，调动各级干部积极性、主动性、创造性。

二是合理探索薪酬激励机制。完善绩效工资分配办法，进一步改进完善事业单位绩效工资分配办法，更好体现地区经济发展水平、物价水平、岗位职责等因素。逐步建立稳定、健康的绩效工资总量增长机制，逐步缩小中央有关事业单位事业编制人员的收入与属地同类人员和同单位行政执行人员收入差距，提升事业人员工作积极性和干事创业热情。

（四）加快实施人才发展工程

一是实施科学合理的人才发展计划。根据每个单位的实际情况，"一单位一策"建立干部梯次发展人才库，实行"四个十"人才优先发展计划，即每年培养老中青结构合理的人才储备（50 岁左右 10 名、45 岁左右的 10 名、40 岁左右的 10 名、35 岁左右的 10 名），作为选拔使用的参考。

二是实施工程管理人才发展计划。建立工程管理人才库，制定突出主业加强队伍建设的计划。根据人才结构优化岗位调整需要，培养造就一批具有长远眼光、开拓思维和创新精神的管理人员。到 2025 年，基本形成人、岗、责、历相一致的工程管理机制。

三是实施专业技术人才发展计划。以提高专业技术水平和创新能力为核心，以培育高

层次人才和紧缺人才为重点，打造一支素质优良、结构合理的专业技术人才队伍。围绕水利工程建设、运行与维护、水文测报、水质监测、水资源保护等领域，开展大规模的知识更新教育，实际演练操作竞赛和论文体会成果交流，推动产、学、研结合。

四是实施工勤技能人才发展计划。加大工勤技能人才培养力度，推行实施"名师带徒"传帮带计划，支持在职职工参加提升培训。推行技能人才基层一线单位自主评价，提升工勤人员的工作积极性。完善常态化的竞赛选拔评聘机制，实行宽进严出、严进宽出相结合，鼓励科技创新，不断提高技能人才评价与管理的科学化水平。

（作者单位：海河水利委员会）

"整合式案例教学模式"在高职水利类专业教学改革中的实践研究

郭丽朋 朱 强 侯林峰 段凯敏
汪繁荣 潘永胆 李秋玉

一、研究背景

（一）时代发展和高职教育背景

在当前鼓励创新、尊重个性、多元自主的时代，学习者需要摒弃统一的思维方式和标准的行为模式，重视学习体验的生成及实践智慧的获得。由此，高职教育要求要注重学生对实际问题解决能力的培养，让学生们能学以致用，学有所用，成为应用型、实践型和创新型的人才。它的整个教学组织形态就需要冲破传统的教育教学模式，合理选择适当的教育教学手段和方式。

（二）水利水电工程管理专业学科背景

水利水电工程管理专业的特点一是理论知识本身偏多，学生们学习起来比较枯燥无味，比如说《管理学原理》这门课，整门课全是原理方面的理论知识；特点之二是没有影像资料等多媒体作为支撑，教师在讲授的过程中想通过视频的途径加深学生们的理解都难，比如说《工程经济》这门课，无法用通俗易懂的视频呈现出。而当今的高职院校学生又务实倾向比较明显，他们较多地去关注具体的、感性的事物，对枯燥的理论知识缺乏学习兴趣。

基于以上分析的水利水电工程管理专业学科本身的特点，案例教学模式无疑是一种打开渠道。工程管理学科的理论知识长久保持不变，但工程实际却日新月异，案例教学模式的运用有利于提高课程教学内容的现实针对性，促进教学内容与时俱进。同时，案例教学模式以案例为载体，案例的内容来自具体工程，是社会现实具体情景的描述，具体的教学情景更能引起学生的学习兴趣，更能让学生感受到亲和力。教师给学生呈现一个案例，学生通过自己分析案例、查找资料、分析讨论案例等环节，自主对解决问题的最佳方案作出设想和假设，在此过程中充分调动学生的积极性和主动性，激发学生理论学习的兴趣。

（三）高职院校人才培养背景

高职院校水利水电工程管理专业培养的人才最终是要投入到真实的工程管理实践中去检验，因此它的教学过程必然不能只关注理论传授，更应该注重学生的实践操作能力。水利水电工程管理专业的教育不是以理论为逻辑起点展开的"知识传授型"教学模式，而是以实践为逻辑起点展开的"职业和实践导向型"教学模式。

（四）高职院校水利水电工程管理专业教学模式改革背景

高职水利水电工程管理专业以往的教学模式多为传统的教学模式，即"知识传授型"教学模式，传统教学模式的教师采用灌输式、口头式的教学模式，教师讲解知识学生被动接受知识，而当今的高职院校学生自主意识、独立意识明显增强，思维也较活跃，他们不满足于教师既定理论的传授，他们渴望通过在自主发现问题、解决问题的过程进行发现探究学习。因此，近年来传统教学模式的培养效果不尽如人意，学生们的学习积极性逐年降低。

此外，当前虽然高职水利水电工程管理专业教学中有些课程老师讲授过程中举例过工程案例，但未将案例教学模式常态化，也未构建出一体化的整合式案例教学模式。此外，能直接拿来为课堂所用的案例库没有形成，案例资源比较匮乏；且当前案例教学模式涉及的层面很多都是基于现象谈解决，缺乏一线实践操作中获得的经验和感悟。

二、研究目标与研究内容

（一）研究目标

整合式案例教学模式是以学生为中心建构的新型学习模式，是针对高职院校水利水电工程管理专业教学展开的课程改革实践。具体研究目标如下：

1. 在高职院校水利水电工程管理专业教学中实现以学生为中心、教师为主导的教学改革新模式

和传统讲授式教学模式相比，案例教学模式中师生角色发生重置。教师不单是知识的单向传授者，更是学生自主积极学习的引导者、促进者和合作者。而学生则对自己的学习负责，积极主动进行知识建构，并在识别和解决问题的过程中对学习过程进行评估反思，逐渐成为自我控制、自我指导和自我反思的学习者。

2. 在高职院校水利水电工程管理专业教学中实现以案例为导向、循环建构的学习过程

案例教学模式在课程教学过程中，课前，每个知识点学习之前，教师以实际工程案例引入，学生需要通过对案例的理解，识别与界定即将学习的理论知识。通过老师讲解之前的查阅资料、分析交流、行动训练等形式达成实际工程问题的解决。课中，教师根据学生们对实际工程案例的解决情况开展教学，调整教学重难点，帮助同学们加深知识点的理解。课后，同学们开展更多实际工程案例的练习，巩固所学知识。如此反复，形成课程教学的小循环。在此过程中，学生不仅能应用已学到的理论知识和技术方法，也能在过程中得到超越某一领域知识的学习，形成新的发现。此过程使学生认识到学习领域内容可以不断有更高更深广的指向，也可以掌握跨越多个领域的综合性学科知识，形成"教为主导，学为主体，疑为主轴，练为主线"的创新学习教学模式。

3.在高职院校水利水电工程管理专业教学中构建一个融"案例开发－教学－行动－评价"为一体的整合式案例教学模式

除了在具体每门课的课程教学过程中实现案例教学小循环之外，本课题研究的最终目标是在高职水利水电工程管理专业教学中构建一个"案例研究－案例教学－案例实训"为一体的案例教学体系，该体系将案例研究开发、课堂案例教学、综合案例课堂、全员案例大赛、多形式工程案例实训等培养环节联系起来，将高职院校旨在培养技能型人才的育人目标渗透于各个环节中。

（二）研究内容

本课题通过文献分析等对国内案例教学的实施现状和发展走向进行分析，提出在高职院校水利水电工程管理专业教学中实施整合式案例教学模式的理论假设，并通过对案例本身和案例教学及应用这两个整合式案例教学模式构建的重点部分的实证分析来探究整合式案例教学模式构建的具体举措。具体研究内容如下：

1.高职院校水利水电工程管理专业教学中整合式案例教学模式的构建

此研究阶段，课题组根据对高职院校水利水电工程管理专业人才培养目标及案例教学法内涵特征分析，构建出基于学生技能提升的整合式案例教学模式。

此阶段是对高职教育教学理论的研究，能够对高职教育发展起到推动作用。

2.高职院校水利水电工程管理专业教学中整合式案例教学模式的案例开发及应用研究

此研究阶段，课题组老师们负责通过企业调研、工程现场走访等形式收集大批量的工程实际案例。通过筛检、汇总等方式分类整理这些案例形成初步的案例集和案例库，案例集和案例库中的案例可以逐年增加。

此外，依据案例库中的案例，针对具体的科目，此研究阶段课题组老师们公开出版以案例引入知识点教学的教材。

3.长江工程职业技术学院水利水电工程管理专业教学中整合式案例教学模式的实施研究

2020—2021学年，即从2020年9月开始至今，在长江工程职业技术学院水利水电工程管理专业教学中，课题组建立的以上整合式案例教学模式得到采纳实施。教学过程中，课题组收集了教学过程中的一手资料作为下一阶段的研究依据。

这一阶段，以上研究过程中构建的整合式案例教学模式得到采用，教学过程中形成"多元化的课堂案例教学'小循环'、整合式的综合案例课堂'大整合'"为特色的案例教学模式。

4.长江工程职业技术学院水利水电工程管理专业教学中整合式案例教学模式实施效果的分析与检验

依据上一阶段收集的过程资料，课题组通过问卷调查法等形式展开研究，分析、检验案例教学模式实施效果。

三、研究方法

（一）文献研究法

查阅大量关于案例及案例教学的起源、发展、特征及案例教学国内外实施现状的文献，通过文献分析对国内案例教学的实施现状和发展走向进行分析。

（二）调研法、教师访谈法、专家评议法、资料收集法

以上方法主要应用于案例的开发及应用研究过程中。旨在保证收集、汇总到能用于水利水电工程管理专业教学中的典型案例。

（三）个案研究法

本课题选取长江工程职业技术学院水利水电工程管理专业学生作为该模式的典型个案进行剖析和研究，据此来对案例教学模式在现实实施中的效果进行检验，以此作为模式推广应用的借鉴。

（四）问卷调查法

本课题通过学生问卷调查来进行个案的应用效果研究，据此展开思考和进一步改进。

四、研究结果及主要成果

（一）研究结果

1.理论研究方面：构建出了"整合式案例教学模式"模型

构建出的"整合式案例教学模式"是一个系统化的、在教学过程中集案例采编研究、课堂案例教学及综合案例课堂为一体的整合式教学模型。这个模式里几个环节都是相互影响和贯通的，既是具体环节之间的小循环，也是模块之间的大整合，以获得持续性、系统性、综合性的案例教学效应，形成完整的案例教学全生态运作。具体模式如下：

①案例采编研究方面,课题研究决定借助网络教学平台建立可不断更新的"教学案例库"。

②课堂案例教学方面,课题研究建立起了课堂案例教学"小循环"模式（图1）。

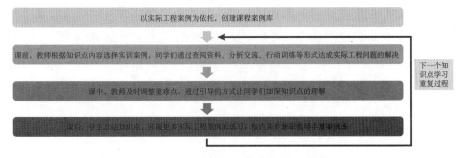

图1 课堂案例教学"小循环"示单图

③综合案例课堂方面，这一课堂以综合案例为切入点，是对之前所学知识的综合，是多项专业知识的汇总，是对专业综合技能的考验。此课堂探讨不同专业课的知识不同专业课教师来指导，课程之间实现大整合，实现一课多师。以水利水电工程管理专业的《水利工程施工组织设计与投标报价实训》课程为例，建立了综合案例课堂"大整合"模式（图2）。

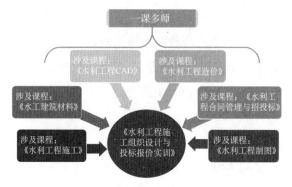

图2　综合案例课堂"大整合"示意图

2. 实践研究方面：开发并丰富了高职院校水利水电工程管理专业教学案例

（1）超星网络教学平台建立起了"水利水电工程管理专业的教学案例库"

根据"整合式案例教学模式"模型中提出的借助网络平台建立"教学案例库"的理论，课题研究在超星网络教学平台建立起了"水利水电工程管理专业的教学案例库"。此案例库已经收集到大批量的工程实际案例，有单一科目的案例，也有综合性的案例，并安排专人负责维护管理。后期，此案例库将做到逐年不断更新。

（2）案例引入式教材《水利工程经济》一书的出版应用

课题组中《水利工程经济》课程组的老师们重新编制公开出版了教材，此教材打破以往纯粹的理论教学，而将理论知识分为若干情境，每个情境以先导案例引入，通过案例展开知识点的教学。此公开出版教材目前已在《水利工程经济》课的教学中得到应用。

3. 实践研究方面：在长江工程职业技术学院水利水电工程管理专业顺利实施"整合式案例教学模式"

目前，长江工程职业技术学院的水利水电工程管理专业教学过程中，"整合式案例教学模式"已得到应用。在专业核心课程《水利工程造价》《水利工程经济》《水利工程合同管理与招投标》等的教学过程中已形成"多元化的课堂案例教学'小循环'"，在综合实训课程《水利工程施工组织设计与投标报价实训》《水利工程施工组织设计与概算编制实训》《水利工程造价软件》《顶岗实习》等的教学过程中已形成"整合式的综合案例课堂'大整合'"。

此外，课题组老师们还通过发散思维，鼓励水利水电工程管理专业学生开展年度案例大赛，此内容将整合式案例教学法由课内延伸到课外，让学生们以比赛的形式开展案例分析学习活动。

课题组的老师们在开展"整合式案例教学模式"实施时，具体方法（表1）为：

针对具体的每门课程，在开展"多元化的课堂案例教学'小循环'"时，依据已经建立起的"水利水电工程管理专业的教学案例库"，提取本门课程相关的案例资源，在超星网络教学平台建立起课程案例资源，每个知识点开始之前，采用案例引入的方式展开教学。

学校在第五学期，即大三第一学期学生毕业前，为水利水电工程管理专业学生安排有为期8周的整周综合大实训。针对这些综合实训课程，为了保证实训效果，除了超星网络教学平台建立起课程案例资源外，课题组的老师们组建校内外专兼职教学团队，集思广益从案例库资源中提取优质的综合性案例，以案例为依托，校企合作共同编制了仅供校内使用的纸质活页实训教材。借助这一教学资源，实现一课多师，多名校内外教师共同完成"整合式的综合案例课堂'大整合'"的实现。

后期，活页实训教材中所选用的案例可以做到更新。

表1　典型课程案例教学"小循环、大整合"一览表

	课程名称	教学内容	建成案例资源
多元化的课堂案例教学"小循环"	水利工程经济	工程经济基本要素，P、F、A三值六式，工程经济评价指标，多方案比选，不确定性分析等	课程案例库
	水利工程造价	定额的使用，材料预算价格，机械使用费预算价格，风、水、电预算价格，混凝土（砂浆）半成品预算价格，土方单价计算，石方单价计算，混凝土单价计算等	课程案例库
	水利工程合同管理与招投标	水利工程招标，水利工程投标，水利工程开标、评标、定标，水利工程招投标综合实训，工程索赔等	课程案例库
整合式的综合案例课堂"大整合"	水利工程施工组织设计与投标报价实训	编制具体工程水利工程施工组织设计，在施工组织设计基础上编制投标报价	活页实训教材
	水利工程施工组织设计与概算编制实训	编制具体工程水利工程施工组织设计，在施工组织设计基础上编制设计概算	活页实训教材
	顶岗实习	咨询公司（造价、招投标等）、施工企业、监理企业等跟岗锻炼	顶岗实习指导平台

4.实践研究方面：对长江工程职业技术学院水利水电工程管理专业18级、19级学生采取问卷调查，检验案例教学模式实施效果

课题组的教师们设计了"整合式案例教学模式在长江工程职业技术学院水利水电工程管理专业教学中应用效果的调查"问卷调查表，采用整合式案例教学模式授课完之后，在班级中开展问卷调查。目前，接受调查的学生为本校水利水电工程管理专业18级、19级189名学生。

通过调查发现，同学们对整合式案例教学的效果总体满意度评价较高，对目前实施的课堂案例教学的编排与设计较满意，对于目前课堂所选取的案例质量也比较认可。同时，通过调查也反馈出一些问题，具体研究中存在的问题及今后的研究设详见本文中第六部分内容。调查结果个别反馈统计见图 3、图 4。

12.您对整合式案例教学的效果总体满意度如何 [单选题]

选项	小计	比例
A、非常满意	154	81.48%
B、比较满意	23	12.17%
C、基本满意	11	5.82%
D、不满意	0	0%
E、很不满意	1	0.53%
本题有效填人次	189	

图3　学生们对整合式案例教学的效果总体满意度示意图

10.您对于目前课堂所选取的案例质量表示 [单选题]

选项	小计	比例
A、非常满意	153	80.95%
B、比较满意	22	11.64%
C、基本满意	14	7.41%
D、不满意	0	0%
E、很不满意	0	0%
本题有效填人次	189	

图4　学生们对案例质量满意度示意图

（二）主要成果

① "整合式案例教学模式"在高职水利类专业教学改革中的实践研究——基于长江工程职业技术学院水利水电工程管理专业课题研究总报告；

② 水利水电工程管理专业教学案例库；

③《水利工程经济》教材；

④ "高职院校水利水电工程管理专业教学中整合式案例教学模式的构建研究"论文；

⑤ "整合式案例教学模式在高职院校水利水电工程管理专业教学改革中的应用及效果分析研究"论文；

⑥ "整合式案例教学模式在长江工程职业技术学院水利水电工程管理专业教学中应用效果的调查"问卷调查表；

⑦ "整合式案例教学模式在长江工程职业技术学院水利水电工程管理专业教学改革中的应用过程"分析报告。

五、学术价值

本课题建立的"整合式案例教学模式"为高职水利类专业教学改革中的理论研究，"多元化的课堂案例教学'小循环'、整合式的综合案例课堂'大整合'"等对探索有中国特色的高职教育教学理论，充实完善我国高职教育教学改革中的理论尤为重要，具有较为重要的理论价值。

本课题研究的"整合式案例教学模式"作为一种探究式、参与式的教学模式应用于高职水利水电工程管理专业，它解决了水利水电工程管理专业教学过程中理论知识偏多、学习比较枯燥无味、缺乏影像资料等多媒体作为支撑等的弊端，充分调动了教师和学生两方面的积极性，教师和学生呈双向互动关系，促进学生在自主探究和与教师的交流探讨中提高自身的理论知识素质和技能素养，推动了高职水利水电工程管理专业教学模式的改革。

研究成果已在长江工程职业技术学院水利水电工程管理专业教学中得到了实践应用。目前，研究成果正在该校其他水利类专业以及兄弟院校水利类专业教学中推广应用。实践表明，课题组构建的"整合式案例教学模式"、建立并在逐年完善的"教学案例库"以及整合式案例教学模式应用过程中的经验方法等研究成果，对推进高职院校水利类专业教学改革，创新教学模式方法等有很好的借鉴作用。

六、研究中存在的问题及今后的研究设想

（一）研究中存在的问题

案例采编方面，水利水电工程管理专业"教学案例库"的建立需要更多的校内外专家参与进来，"教学案例库"需要不断完善和拓展案例。

"整合式案例教学模式"应用方面，虽然目前《水利工程造价》《水利工程经济》《水利工程施工组织设计与投标报价实训》《水利工程施工组织设计与招标控制价实训》《水利工程造价软件》等课程在教学过程中已采用"整合式案例教学模式"，但该模式的推广应用需要更多的教师、更多的课程参与进来。

目前，研究成果已经在长江工程职业技术学院其他水利类专业推广应用，但仍需要继续加大在兄弟院校水利类专业教学中推广应用力度。

（二）今后的研究设想

让更多的企业专家、兄弟院校教学团队等校内外专家同行参与进来，不断丰富完善水利水电工程管理专业"教学案例库"。

进一步在《管理学原理》等课程中实践案例教学模式，让更多的教师、更多的课程参与到案例教学的研究，以推进高职水利水电工程管理专业教学改革。

进一步推广研究成果在其他兄弟院校水利类专业教学中的应用。

（作者单位：长江工程职业技术学院）

校企协同育人视角下高职院校水利类专业群
"七个共同"建设的研究与实践

廖明菊 李小莲 张宪明 赖永明
赵 静 余金凤 覃曼丽

一、课题研究背景与意义

党的十八大、十九大以来,国家高度重视职业教育的改革发展。2019年1月国家出台的《国家职业教育改革实施方案》(国发〔2019〕4号)提出职业教育由追求规模扩张向提高质量转变,标志着当前我国高等职业教育发展进入了追求高质量发展的新阶段,也由此启动了中国"双高"建设步伐。

"双高"建设计划的核心与关键就是要引领高职改革,破解高职发展难题,立足于区域经济发展和产业集群人才需求,培养高技能型人才,更好地服务于产业发展。《国家职业教育改革实施方案》中提出要"深化办学体制改革和育人机制改革,以促进就业和适应产业发展需求为导向,鼓励和支持社会各界特别是企业积极支持职业教育,着力培养高素质劳动者和技术技能人才。"特别提出要"推动校企全面加强深度合作",也就是"职业院校应当根据自身特点和人才培养需要,主动与具备条件的企业在人才培养、技术创新、就业创业、社会服务、文化传承等方面开展合作,推动职业院校和行业企业形成命运共同体"。

当前,传统水利向现代水利转化及产业升级,推动了水利行业治理体系和治理能力现代化发展。新发展阶段对水利提出了新需求,对水利类人才提出了新目标和新要求。在我国水利高质量发展关键时期,岗位单一技能人才已不能满足新形势下水利行业岗位群复合能力的需求,需要培养一大批综合能力和专业能力强的水利高素质技术技能复合型人才。

服务水利基层的人才50%是大专学历。破解水利基层人才特别是高素质技术技能人才的紧缺难题,创新基层水利人才培养开发是水利职业院校办学的职责和使命,是职业教育服务水利基层人才发展双赢的价值需要,是服务区域经济社会发展现实需要。本项目旨在结合当前高职院校实际情况,以高职院校水利类专业开展高水平专业(群)建设为切入点,在水利类专业建设中创新校企合作模式,全面推进校企合作协同育人,深化"七个共同":校企共同研究专业设置、共同设计人才培养方案、共同开发课程、共同开发教材、共同组建教学团队、共同建设实训实习平台、共同走出去开展国际化办学，改进专业培养目标，升级人才培养方案，重构专业群课程体系，构建核心课程群，积极进行教育教学改革、课程和教材建设、协同创新"双师"队伍建设和实训实习平台建设，推进水利类专业校企合作的力度和深度，形成一套适合于在高职教育推广和参考的经专业群建设的经验和方法。从而推进高水平校和高水平专业（群）内涵和特色建设，创建特色品牌专业和品牌专业群，提升人才培养质量，培养二十一世纪现代水利人才，更好地为区域经济社会发展服务。

二、校企协同开展"七个共同"水利专业群建设方案

（一）新时代构建以产业学院为抓手的命运共同体

全面贯彻落实习近平总书记提出新时期治水思路，聚焦广西"九张创新名片"产业发展需求，满足传统水利向现代水利升级转化对人才培养的新要求，政行企校联合建设特色产业学院，充分发挥行业企业指导和参与办学的作用，构建校企命运共同体，实现专业设置与产业需求对接、课程内容与职业标准对接、教学过程与生产过程对接，提升了人才培养与产业发展的契合度。

2020 年，广西水利电力职业技术学院与中国能源建设集团广西水电工程局有限公司等 9 家广西水利行业企业签署战略合作协议，成立八桂水利产业学院（见图 1）。八桂水利产业学院重点围绕物联网＋水利、人工智能＋水利，将遥感、大数据等新技术与水利产业链深度融合，设置智慧水利、水治理、水经济 3 个方向，包含水利水电建筑工程等 10 个专业；八桂水利产业学院将聚合产业链的优势资源，培养高素质高技术高技能人才，全力助推广西水利事业发展。

图1 八桂水利产业学院共建单位签署合作协议

（二）命运共同体共同推进校企七个共同实现

1. 共同研究专业设置

专业设置规划应适应产业结构调整节奏。但是，部分高职院校对区域经济和产业发展

趋势缺乏系统分析和调研，导致专业设置缺乏规划，引发专业同质化发展倾向，不能很好地跟上区域产业结构调整的节奏。

如何立足区域发展设置专业，培养适应新时代要求的高素质技能型人才成为亟待解决的问题。广西水利电力职业技术学院秉承"服务社会设专业，依托行业建专业，校企合作强专业"的专业设置理念，建立校、政、企、行之间的内在命运联系，有效地实现高职院校专业设置与区域经济发展的良性互动。

（1）深化校企协同治理模式，校企共同研究专业设置

专业设置上，首先应遵循国家的产业政策。应紧密围绕经济社会和产业发展实际需求，注重结合自身的办学优势，重点发展与学校办学定位和特色相一致的专业；其次，专业设置要拓宽专业的服务面向，尽量扩大专业的服务范围，同时增强专业的服务功能；再次要严格专业设置程序，为了确保新专业开设的科学、合理，必须进行社会调查，组织专家论证，进行专业设计。

2019年-2021年，通过走访调研广西开设有工程检测专业、摄影测量与遥感类专业的广西建设职业技术学院、广西交通职业技术学院等兄弟院校和具代表性的广西建工集团海河水利建设有限责任公司、广西尺度测绘地理信息有限责任公司、广东源天有限责任公司等检测行业相关企业，通过这些调查，明确本区域的产业政策，搞清楚哪些是主要产业，哪些是支柱产业，哪些是新兴产业；发挥行业企业人才需求，形成工程检测技术专业和数字测量与遥感专业方向的人才需求调研报告；发挥企业用人单位职业能力评价作用，把市场供求比例、就业质量作为学校设置调整学科专业、确定培养规模的重要依据，形成了广西水利电力职业技术学院工程测量（数字测量与遥感方向）、水利水电建筑工程专业（工程检测技术方向）专业设置调研报告；最后由专业设置委员会的教育界专家、企业界专家联合学院对社会调查所得的各种材料、数据和信息进行深入分析论证，力争得出真实的结论和科学的意见，形成明确的专业设置方向。同时要明确专业人才培养目标，制定工程测量（数字测量与遥感方向）、水利水电建筑工程专业（工程检测技术方向）专业人才培养方案。

（2）建立专业设置动态调整机制，促进高职专业建设的可持续发展

专业动态调整机制的建立应涵盖专业的规划、准入、评估、调整等各方面。首先在学校内部质量保障体系框架下，建立本校的专业质量评估制度，并借助第三方专业评估机构，定期对专业建设质量进行动态监测和评估，将专业划分成绿牌、预警、黄牌和红牌4种类型，实现动态的专业评估及诊断；根据专业诊断结果，科学制订现有专业"调、停、并、转"的调整优化方案，严格实行专业预警和退出机制，对产业匹配度不高、社会认同度较低、市场需求量明显下降、就业率和对口率低但布点较多的专业实行调减招生计划，甚至

停招、退出。

2. 共同设计人才培养方案

专业人才培养方案是职业院校落实党和国家关于技术技能人才培养总体要求，组织开展教学活动、安排教学任务的规范性文件，是实施专业人才培养和开展质量评价的基本依据。当前，在实际工作中还一定程度存在着专业人才培养方案概念不够清晰、制订程序不够规范、内容更新不够及时、监督机制不够健全等问题。产教融合、校企合作是办好职业教育的关键所在。让企业参与人才培养方案的制订中来，从企业角度，让企业在培养目标、课程体系、课程内容、教学方式、质量评价等方面给予意见和指导，让企业真正参与学校的人才培养中来，是深化校企水平的一个重要举措。

（1）校企合作明确专业定位与人才培养目标

人才培养方案应当体现专业教学标准规定的各要素和人才培养的主要环节要求，包括职业面向、培养目标、培养规格、课程体系设置、教学内容、教学紧跟产业发展趋势方式、实践教学、实施保障、毕业要求等内容。专业建设的核心内容就是要不断制定、优化、完善专业人才培养方案。

通过对广西全区 14 个市及部分县水利局、30 多家企业开展水利行业人才需求和人才培养质量调研，了解水利生产第一线对人才培养的要求，形成人才需求调研报告，通过召开专业建设委员会制定和完善人才培养方案，切实培养社会需求的水利人才。制订与优化人才培养方案，要紧跟产业发展趋势，根据岗位知识、技能要求，确定各专业的培养规格；根据行业对各类人才的需求、行业发展及新技术新工艺新标准的应用，确定人才培养目标；根据"课程思政"要求，联合企业，推进职业技能培养与劳模精神、工匠精神和职业精神高度融合。建立有用人部门参与方案的研究制订的有效机制，发挥企业在人才培养中的协同作用。校企共同研制专业人才培养方案建设流程如图 2 所示。

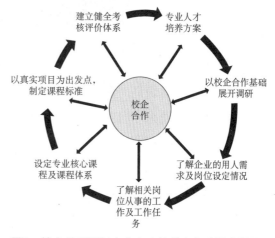

图2　校企共同研制专业人才培养方案建设流程图

（2）校企合作，建立工学结合的专业人才培养方案

施行校企合作工学结合"双元"育人模式。坚持"育人为本，德育为先，能力为重，全面发展"学生培养理念，以产教融合和校企合作为抓手，打造校企命运共同体，成立职业教育集团和特色产教学院，充分发挥行业企业在人才培养中的主体作用。成立由行企业专家、一线教师组成的专业建设委员会，制定和优化专业人才培养方案，对接专业与行业、

企业、岗位标准，对接教学过程与生产过程，突出专业特色，与企业共同研究专业设置、共同设计人才培养方案、共同制定人才培养质量标准，动态调整专业培养目标和专业定位，优化专业人才培养方案和课程体系，重构人才培养规格、课程体系、教学内容、教学方式和学生学业考核评价方法，完善质量保证体系，做好企业参与的人才培养质量评价与反馈。

校企共同开展"订单培养"。与中国能建广西海河水利建设有限责任公司校企合作成功举办了两期"水利施工订单班"，为企业输送"留得住、用得上"的企业急需人才60余人；与广西水利厅共同举办基层水利人才"订单班"，第一期招生90人，在全国率先实现全额减免学费、书费和住宿费，助力广西少数民族贫困地区基层人才培养（见图3）。

图3 广西首届基层水利"订单式"人才培养订单班开班

探索实施"1+X"证书制度，将证书培训内容有机融入专业（群）人才培养方案。积极发挥职业技能等级证书在人才培养、职业技能水平评价等方面的优势，将证书培训内容有机融入专业群里人才培养方案中，优化课程设置和教学内容，学生在获得学历证书的同时，积极取得多类职业技能等级证书，拓展就业创业本领。同时坚持立德树人，弘扬劳模精神，劳动精神和工匠精神，融入企业文化和企业精神，强化职业精神培养，培养德智体美劳全面发展的高素质技术技能型人才。

3. 共同开发课程

职业教育目标的实现有赖于系列课程目标的落实。高职院校作为人才培养的供给主体，课程的内容决定了其人才培养的质量与方向；企业是人才的需求主体，只有自身参与了课程的开发，在满足自身需求的课程体系下培养出来的人才才是企业所需的人才。这种人才供需两侧的需求对接，决定了高职院校与企业具有更紧密的合作空间。

（1）校企协同构建完善的课程体系

通过对行业企业的调研和企业专家的座谈分析，匹配产业链和岗位需求，及时了解并掌握水利行业企业发展动态，了解水利专业群毕业生职业岗位对能力的需求变化情况，确定专业（群）岗位核心能力及支撑核心能力的核心课程，构建理论和实践相结合、校内和校外相结合、专业素质培养与创新能力训练相结合的课程体系，实现人才培养目标。校企合作共同开发专业群课程，建设集教学设计、教学实施、教学评价、虚拟实训、职业资格考试于一体的开放共享的教学资源库，扩大优质资源受益人群的覆盖面，形成在校学生学习、社会从业人员拓展、普通公众科普、行业技术交流的共享共用平台。

（2）校企协同凝练适合现代化职教理念的课程标准和课程内容

校企协同制定课程标准时，首先要特别注重能力测评标准的规范描述，以便教学过程中对学生应学会什么、学会到什么程度，达到学会的要求与否等做出客观评价时有据可依；其次将"建筑信息模型 BIM""无人机驾驶"和"污水处理"等"1+X"职业技能等级标准有关内容及要求有机融入专业课程教学标准和教学内容，促进书证融通；将新技术、新工艺、新规范等产业先进元素纳入课程标准和课程内容，体现专业特色；

（3）强化课程思政，培养德技并修的高素质技术技能人才

高职院校培养的是培养德智体美全面发展的社会主义建设者和接班人。水利专业群根据专业特点，加强课程思政的改革。一是深挖专业课程思政元素，弘扬水利精神。一方面可以从古今水利重大事件和历史名人故事中找到相应的思政元素，如大禹治水、世界文化遗产都江堰、长江三峡大坝等等，增强学生的民族自豪感；另一方面引导学生关注社会热点问题，如新冠疫情中出现的感人事迹、水利抗洪抢险先进人物的先进事迹等，增强学生对国家的认同感。二是成立由思政部老师、专业老师、企业导师共同组建的水利类专业课程思政开发团队，结合专业课程和思政教育的特征，形成课程思政的整体教学设计，将挖掘出的思政元素融入教学内容，培养学生"求真、务实、认真、敬业"为主的工匠精神教育，提升学生职业素养；

4. 共同开发教材，推进教材和资源建设

教材是实现专业教学目标的一种重要媒介。当前高职类教材存在诸多的问题。一是教材的编写环节没有企业专家的深度参与，往往是教师通过查阅学术专著和文献资料的途径编写出来，理论性较强，实践性较弱，未体现真实工作过程；二是教材内容陈旧，内容更新跟不上时代和行业发展，没有及时将行业发展新技术、新规范纳入；三是绝大多数教材仅仅是传统纸质教材，不能满足新形势下"互联网＋教育"的需求。

（1）校企合作共同进行教材的开发和改革

水利水电建筑工程专业群依托校企合作共同进行教材的开发和改革，一是在教材内容上打破知识本位的束缚，共同探索将行业新技术、新标准、新规范融入教材中，将行业企业技术标准、工艺规范和工程典型案例引入课程教学内容，突出实践性，强化对学生职

业能力和职业精神的培养；编写具有职业教育特色的教材和紧密结合生产实际的新型活页式、工作手册式实训教材；将国赛、省赛等职业技能竞赛项目、施工员、安全员等行业职业资格证书及BIM、无人机驾驶等"1+X"技能证书标准融入教材内容中，开发"技能学习、技能训练、技能比赛、技能证书"一体模块化课程教材。

（2）校企共参与，推进教材和资源建设

基于职业教育教材标准，校企"双元"合作开发国家规划教材，完善教材形态，对经典的纸质教材，合作建设配套的线上教学资源库，建设"纸质教材+数字平台"的新形态一体化教材；校企深度融合，共建开放共享教学资源，共同开发精品在线课程，利用移动互联网、VR技术，推广虚拟工地、微课、慕课等网络学习空间的应用，构建智慧平台学习环境，促进"知识课堂"向"智慧课堂"转变，满足"互联网+职业教育"的新需求。

5.共同组建教学团队

（1）校企合作组建结构化教学创新团队，深化教师改革

教师是教育教学改革的主体，解决教学中"谁来教"的问题。没有一支高素质的师资队伍为支撑，就不会有职业教育的现代化发展。2019年《国家职业教育改革实施方案》提出要多措并举打造"双师型"教师队伍。以有理想信念、有道德情操、有扎实学识、有仁爱之心"四有"标准打造一支数量充足、专兼结合、结构合理的"双师型"教师队伍是职业教育教师改革的核心目标。

①专兼结合，建设校企人员双向交流协作共同体。

教师是推动"三教"改革的主体。水利水电建筑工程专业群利用广西水利电力职业教育集团这个平台，充分发挥职业教育集团的集团化办学优势，采取"走出去、请进来"等办法，与集团内的合作企业共同组建教学团队，搭建互动交流平台，加大"双师型"教师队伍建设力度。推进企业专业技术人员和高职院校师资双向流动、互聘互用，一是请合作企业具有创新实践经验的企业家、高技能人才等担任兼职教师或专业顾问，建立合作企业推荐技术骨干到高职院校任教的常态机制，不断优化教师队伍结构。二是针对高职院校教师因未有企业经历，缺乏实践经验的情况，学院出台完善教师定期到企业实践制度，把教师去到企业生产性实训基地进行实践锻炼纳入职称评审中来。

②传承创新，共建传帮带的产学研合作共同体。

学院成立以学院知名教授命名的名师工作室和行业知名专家主持的"技能大师工作室"，以此带动专业教学团队的建设。特别针对青年教师，秉承传承创新培养理念，为他们创造锻炼平台、一点点压担子、提供各种锻炼学习机会、资深教师和企业名家传帮带，形成"传帮带、压担子、创平台、供机会"的青年教师培养思路，快速提升青年教师在教育教学能力、实践操作能力、职业素质和责任担当等方面快速成长。同时以"八桂水利产

业学院"为平台,成立产学研合作共同体,一方面吸引企业技术骨干参与专业建设与人才培养改革,校企合作申报教学改革成果和教学研究项目;一方面组建技术创新和科技服务团队,主动为企业提供技术服务和技术支持,增强校企合作的紧密度,提高教师科研创新能力和社会服务能力。

③立德树人,提升双主体育人教师的育德意识和能力。

高职教育不仅要培养具有专业技能的专业人才,更要培养具有三观正确,具有高尚情操的社会建设者。作为学生的引路人,学校教师和企业导师是直接承担着对学生进行知识、技能及综合素质教育的任务,必须首先加强师德师风建设,提升教师自身的育德意识和能力。其次要秉承立德树人理念,在联合育人过程中,注重劳模精神,劳动精神和工匠精神的弘扬、企业文化和企业精神的融入,强化职业精神培养,培养德智体美劳全面发展的高素质技术技能型人才。

(2)校企联动、育训结合,深化教法改革

教学是人才培养的方法和手段,解决教学中"怎么教"的问题。任何先进的办学理念、课改模式都需要通过教学活动才能够最终落实。"职教 20 条"中明确提出要适应"互联网 + 职业教育"发展需求,运用现代信息技术改进教学方式方法。

①以校企合作、育训结合为切入点创新知行合一的教学手段。

校企合作、育训结合是高职院校教学的基本特征,教法改革的重点是教学过程的实践性、开放性和职业性,通过实验、实训、实习三个关键环节的改革,带动专业调整与建设,引导课程设置、教学内容改革。通过改革考试方法,完善学生学业考核评价方法,完善质量保证体系,做好企业参与的人才培养质量评价与反馈,注重学生过程性考核,鼓励学生知行合一、学以致用,提高学生解决实际问题的能力,促进学生全面发展。

②信息化助推校企探索推广新型教学模式。

办学模式的校企合作,培养模式的工学融合,表明职业教育的教学,至少包括学校和企业两个不可替代的学习地点。离不开学校又离不开企业的职业教育如何克服空间和时间的问题呢?将信息化融入课堂教育教学便能很好地解决问题。利用信息化环境和现代化的教学手段、教学工具、教学方式,校企共建智慧课堂,让企业兼职教师参与课堂教学中来,共同探索"互联网 +"平台下的线上线下混合式教学、理实一体教学、模块化教学等新型教学模式,助推课堂教学革命,课堂真正呈现双元育人的"双师效应",提高人才培养质量。

6.共同建设实训实习平台

按照"校企共建、产业引领、创新发展、共享互惠"的原则,打造了融"实践教学、技能训练、技术创新、业务培训、科学研究"的高水平职业教育实训基地。

与中国能建广西水利工程局有限责任公司等企业共建水利施工实训场,实训场建筑面积近 4000m²，建成"一部一馆八平台"的生产实践情景，即一个模拟经理部，一个安全教育馆和包含导截流、重力坝、水闸、水工隧洞、渡槽、钢筋通病、混凝土通病和模板安装工程等组成的八个施工实训平台。开展安全生产、施工识图、混凝土施工、钢筋模板施工、地下工程施工及施工组织与管理等水利工程建设中常见的项目施工场景，模拟水利施工全过程，突破常规教学局限性，实施情景化项目化教学育人新模式，提升学生学习兴趣，知行合一，提升教学效果，同时培养学生劳动精神，提升学生职业素养和职业技能。

与广西－东盟经济技术开发区仙湖水库管理中心共建校内水利集控中心和校外大坝监测实训场。在仙湖水库管理中心设专业实践教室，将课堂带进企业生产第一线，在大坝现场完成巡视检查、位移监测等运行管理方面的实践教学，实现现场教学，现场实践，现实操作的一体化教学；在校内水利集控中心，利用"互联网＋"技术，将仙湖水库管理中心所有水工建筑物状态实时数据传递到水利集控中心教学资源库系统，教师根据实时数据诊断水库运行状态，分析建筑物安全性，提出改进运行控制措施，实现专业课程的"互联网＋"远程在线教学。

与广西水利电力勘察设计研究院等企业共建大数据地理信息系统实训中心，将水利信息化建设标准和无人机驾驶"1+X"证书制度标准的要求有机融入实训建设方案，企业典型项目与实训内涵建设相融合，获得全国"1+X"证书制度试点3个；与广西水文中心等企业共同新建河道防洪管理实训基地等，开发防洪抢险演练、大堤滑坡等项目技能实训，为基层水利开展技术培训；与粤港澳大湾区供水保障工程大藤峡水利有限责任公司等企业合作共建校外实训基地10个，为学生实习实训和就业提供更有力的支撑。

7.共同"走出去"开展国际化办学

学院积极进行主动跟进国家"一带一路"倡议，与广西福沃得农业技术国际合作有限公司合作，结合当地社会发展和市场需求，利用学院专业优势，面向柬埔寨等东盟国家开展对外交流，成功举办国内柬埔寨节水灌溉水利技术和供水技术培训、柬埔寨短期留学生水利培训班、国外柬埔寨水利技术培训班（见图4、图5），有效地促进了学院国际合作和对外办学的发展，提升学院国际影响力。

图4　2019年柬埔寨水利职工培训

图5　2019年柬埔寨留学生班培训

三、项目成果、成效及应用推广

（一）项目研究成果

①项目主持人廖明菊以第一作者发表的与本项目课题相关，且注明为该课题项目名称和立项编号的教育教改论文 3 篇：《校企协同育人视角下水利类专业群"三教"改革探索》《校企协同育人视角下高职院校水利类专业群建设途径探索——以广西水利电力职业技术学院为例》《新形势下＜水利工程造价＞课程教学设计探讨》。

②公开出版教材 1 本。由项目负责人廖明菊主持，多名企业专家参与的高等职业课程改革教材《建筑工程招投标与合同管理》于 2020 年 5 月由中国水利水电出版社公开出版。

③校企合作编制《水利工程施工技术》《水利工程造价》2 门活页式实训任务指导书 2 本。

④高职水利类专业群建设方案 1 份。

⑤水利职业教育"校企合作、产教融合"典型案例 3 个。

（二）教改实践成效

1. 专业群影响力扩大

通过实施水利专业群校企七个共同建设，推进水利类专业校企合作的力度和深度，推进学院高水平校和高水平专业（群）内涵和特色建设，提升人才培养质量，创建特色品牌专业和品牌专业群，扩大了学院和专业群的知名度。2019-2021 年期间，广西水利电力职业教育集团获国家级示范性职业教育集团、节水灌溉实训基地获国家级生产性实训基地、水利部全国少数民族地区水利人才培养基地、八桂水利产业学院获自治区级示范性产业学院、自治区级虚拟仿真实训基地、广西职业教育水利类专业群发展研究基地、全国水利优质专业等荣誉。《灌溉与排水技术》获国家级课程思政示范课、首届国家教材建设成果奖二等奖，《水土保持技术专业》自治区级教学资源库 1 个；《灌溉排水工程技术》《水利工程材料检测与应用》等自治区级课程思政示范课程 2 门、中国慕课在线开放课 2 门。

2. 打造了高水平创新教学团队

通过实施水利专业群校企七个共同建设，以校企合作、产教融合为基础，以学校名师和行业技能大师为领军人物，打造了一支高水平创新教学团。2019-2021 三年期间，获全国课程思政教学团队 1 个、课程思政教学名师 10 人、首批全国水利教育教学创新团队 1 个——水利水电建筑工程专业群教师团队。《微灌的设计与应用》《常态混凝土大坝浇筑》获全国职业院校技能大赛教学能力比赛三等奖 2 项；教师参加自治区级教学能力大赛获一等奖 6 项，二等奖 4 项。

3. 人才培养质量得到提高，学生技能高

通过实施水利专业群校企七个共同建设，校企合作协同育人，学生技能水平高。

2019—2021 三年期间，获全国职业院校技能大赛《水环境监测与治理技术》赛项一等奖、《大气环境监测与治理技术》三等奖 1 项，实现了广西在该赛项上的零突破，是西南和华南地区唯一获此殊荣的院校；赛项《水环境监测与治理技术》《工程制图》《水处理技术》《水利工程成图技术》《坝工土料试验工（常规土工检测）》等获广西壮族自治区级职业院校技能大赛一等奖 12 项。

（三）应用推广情况

辐射兄弟院校，成效显著。广西建设职业技术学院、云南水利水电职业学院、贵州水利水电职业技术学院、吉林水利电力职业学院、浙江同济科技职业学院等兄弟院校到校交流学习。

辐射东盟国家，影响扩大。与柬埔寨工信部、西哈莫尼国王学校等深入合作，开发双语活页式教材，开展供水安全等国际化技术培训，输出节水灌溉中国技术，提高了专业群的国际影响力。

权威专家高度评价，示范作用凸显。水利部人事司王静副司长高度评价：广西水电职院实施水利水电工程智能管理技术专业的基层水利人才"订单班"人才培养模式，服务现代农业发展，落实了习近平总书记对大学生提出的"到基层和人民中去建功立业"重要讲话。

（作者单位：广西水利电力职业技术学院）

四川水利职工心理压力现状分析

马 岚 陈万霞 巩清林

党的十九大报告明确指出，要加强社会心理服务体系建设，培育自尊自信、理性平和、积极向上的社会心态。为响应中央号召，切实摸清四川水利职工的心理压力现状，特开展本次调研活动，为下一步把心理服务引入水利系统奠定基础。本次调研活动是由四川省水利厅工会牵头，抽样调研 21 个不同层级、性质、区域单位，共计 300 余人参与，旨在了解水利职工的心理压力情况，为下一步更好地开展心理服务工作提供参考。

一、对象与方法

本次调研将对象分为厅机关、厅直属单位、地方水利三个层次，其中包含行政单位 4 个、事业单位 13 个、企业 2 家和院校 2 所四种类型共 21 个单位，涵盖成都市、成都市周边和地方市州几种区域，抽样对象包括行政管理人员、科研人员、技术人员、一般管理人员和工人，共计 300 余人，比较全面地覆盖了水利系统各个门类，具有一定代表性。

调研采取了心理测量和问卷、座谈等方式相结合，有效地弥补了单一方式的不足，增强调研的准确性。心理测量采用了 Osipow 编制并经国内学者李健等多次修订的职业紧张量表修订版。该量表已在 20 多个国家广泛的应用，量表包括职业紧张任务、个体紧张反应和个体应对资源三个问卷，共计 140 个条目。针对四川水利行业自身特点，调研组编制了相应的调查问卷，开展部分座谈，确保调研情况准确全面。

二、结果

本次测量所使用的是职业紧张量表修订版西南地区职业紧张常模，该常模由杨新伟等 2007 年发表于《中国心理卫生杂志》。常模采取分层随机抽样的方法，在成都、重庆、南充等地 30 多个单位，抽取 4278 例，年龄 19-66 岁；男性 2353 人、女性 1925 人。对不同职业人群的职业紧张进行调查，制定出总体、不同性别人群职业紧张常模及应用图表，研制了群体、个体职业紧张判断标准，提出参考范围，以及判断职业紧张及程度，和本次调研具有高度契合度，用该常模作为对照具有现实意义。

从汇总的数据来看，本次调研水利行业整体标准分平均值职业紧张任务为 41.7 分、个体紧张反应为 47.7 分、个体应对资源为 47.4 分，均处于常模中位数 50 分以下、适度区域——即从平均水平来看，本次调研职工的职业紧张任务和个体紧张反应处于中等稍偏下的正常水平，个体应对资源处于中等稍偏欠缺的正常水平。具体分布情况如下：67% 处于适度职业紧张区域，30% 处于缺乏职业紧张区域，3% 处于中度职业紧张区域；73% 处于适度紧张反应，21% 处于缺乏紧张反应区域，6% 处于中度紧张反应；79% 处于具有适应的应对资源区域，12% 处于有很强的应对资源，9% 处于中度缺乏应对资源区域（见图1、图2、图3）。总的来看，广大水利职工心理压力现状良好，基本排除极端案例，绝大部分职工处于适度的压力状态下。但是水利细分行业众多，单位区域分布广泛，不同性质职级的单位、不同人员类别，心理压力分布呈现差异化。

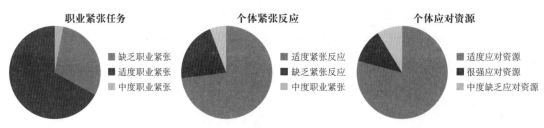

图1　职业紧张任务程度比例图　　图2　个体紧张反应比例图　　图3　个体应对资源程度比例图

从单位职级看。呈现较为明显的"上高下低"的分布状态。厅机关标准分平均值职业紧张任务为 45.7 分、个体紧张反应为 54.9 分、个体应对资源为 48.1 分，职业紧张任务和个体紧张得分均明显高于水利行业平均值41.7 分和 47.7 分，个体应对资源稍高于水利行业平均 47.4 分（见图4）。说明水利厅机关职工职业压力要高于水利行业平均水平，个体应对资源稍高于水利行业平均水平。

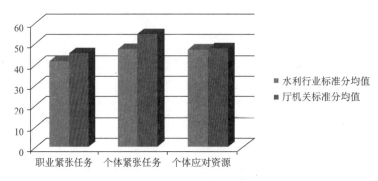

图4　职业紧张量表对比图（单位职级类）

从单位性质来看。除水利厅机关以外的行政单位情况与事业单位基本一致，企业职工得分均值略高于其他性质单位和水利行业平均值。本次调研的水利行业平均值标准分为职业紧张任务 41.7 分，个体紧张反应 47.7 分，个体应对资源 47.4 分；企业平均值标准分为职业紧张任务 48.6 分，个体紧张反应 53.1 分，个体应对资源 45.6 分。可以明显看到，在职业紧张任务和个体紧张反应中，企业分值明显高于水利行业平均值，显示了明显其职工职业压力和个体紧张程度明显要高于其他性质单位，而在个体应对资源方面，企业分值明显低于水利行业平均值，显示出企业职工在遇到压力和问题时，应对资源低于水利行业平均水平。

从年龄结构看。整体呈倒U状分布，30岁以下标准分均值为职业紧张任务40.1分、个体紧张反应为42.6分、个体应对资源44.3分，30-50岁标准分均值为职业紧张任务52.6分、个体紧张反应为56.4分、个体应对资源48.6分，50岁以上标准分均值为职业紧张任务41.2分、个体紧张反应为44.1分、个体应对资源48.5分（见图5）。可以看到：30岁以下和50岁以上职业紧张任务和个体紧张反应稍低于水利行业平均值，30-50岁职业紧张任务和个体紧张反应明显高于水利行业平均值，压力值达到顶峰；个体应对资源基本呈早年随年龄增长逐步上升而后基本保持不变的总体趋势。

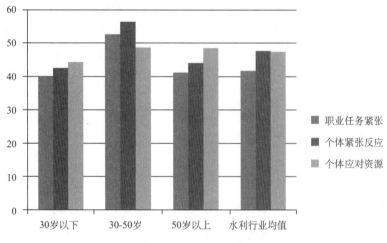

图5 职业紧张量表对比图（年龄结构类）

从职级分布来看。总体来看不同职级职工压力分布状态与不同年龄职工压力分布状态具有正相关联系，即科员得分均值稍低于行业均值，科级干部得分均值最高，明显高于行业均值，科级和处级干部的副职得分均值与行业均值基本持平。有一点值得说明，由于本次调研采取的是抽样测评的方式，参与测评的科级和处级实职领导人数占总样本比例偏低，对测量结果的精准性有一定程度影响。

三、讨论

本次调研结果表明，水利行业职工心理健康状况总体良好。绝大部分职工处于适宜压力状态，并有足够应对压力资源，少数职工压力偏大和压力不足状态，总体状况符合正态分布，调研结果与现实状态保持良好对应关系。结合问卷调查和座谈，有几点情况值得注意：一是本次调研虽然涵盖了不同性质的单位、不同身份的人员，但还是呈现出在单位性质上以行政、事业单位为主，在人员构成上以公务员、事业单位干部为主，企业一线职工占比偏低，个别机关干部"报喜不报忧"的工作作风会降低测评准确性，这一点在量表测量中部分参与者勉强通过测谎试题可以得到侧面印证。

关于水利厅机关职工压力均值高于行业均值的问题。四川省水利厅机关作为四川水利建设的首脑机关，担负贯彻中央和省委的决策部署、负责全省水利发展规划和重大工程任务实施的职责，责任重大，事务繁杂，身处其中，也自然会感到任务繁重，时间紧迫，分身乏术。

关于企业职工压力均值高于行业均值的问题。企业要适应市场经济运行规律，就一定会有竞争和运营的压力，这种压力最终还是会以各种方式分摊到每一名职工身上，这种只看结果不问过程的压力方式，让身处其中的职工更易有无力感。

关于30-50岁职工和科级干部压力均值高于其他年龄段的问题。科级干部和30—50岁年龄段职工压力较大具有重叠意义，也是现实情况写照。上面千条线，下面一根针。这根针更多的是指科级实职领导人和一线员工，上面的所有政策、措施最终都要落到他们的身上去实现，确实加大了一线职工和科级干部的压力，科级干部不仅要带着职工干，还要居中协调、对结果负责，且大多数科级干部的年龄也正处于家庭生活负担较重的时期，多种因素叠加势必造成其心理压力增大。

四、建议

总体看来，水利行业职工心理健康保持了较高水平，这得益于行业的健康发展和各单位的不懈努力。但也存在一些不足之处，需要做更多更细致更精准更长效的工作，

及时弥补已经发现的短板。针对本次调研所暴露出的几个短板，要及时有效的补足，防患于未然。核心建议总结成两句话就是：从面上说越是首脑机关、越是忙碌部门、越是产生效益的单位越要"不务正业"，越要重视挤出时间关注干部职工的心理健康，可以采取组织关怀、团体辅导、拓展训练等方式有效缓解职工的职业压力和焦虑情绪；从点上说要关注个体，心理健康涉及每个人的方方面面，每名职工的具体情况差异很大，需要单位管理层和职能部门精确聚焦，因人而异，采取全方位摸排情况、定点送温暖等方式，把有困扰的职工找准、把具体困难有效化解、把问题解决于未然。

大力开展心理健康知识普及工作。从问卷调查和走访结果来看，目前广大职工获得心理健康知识的有效渠道还比较有限，大多是看各类公众号推送的文章和消费级的书籍，但受限于公众运营号和作者的专业水平，这些文章水平良莠不齐，甚至传播的知识有对有错，且针对性不强，有时还会起到反作用。在这种情况之下，我们管理部门要重视起来、行动起来，发出官方的声音，主动占领阵地，抢占先机。前期可以依托资质良好的专业机构，

大力开展知识讲座、沙龙活动体验等方式让大家关注自身的心理健康，不断完善身心健康理念。

逐步做好心理服务引入工作。首先要摸清情况，本次调研虽然是面对整个四川省水利行业，但受时间、人员、物资等方面因素制约，还是存在不够深入细致的问题，主要起到抛砖引玉的作用。下一步各个单位要以此为契机，借用本次调研的经验教训，各自对本单位情况进行细致深入的摸排，切实把情况搞准、把问题查实，为有针对性地在本单位开展工作奠定基础。其次做好规划部署，在摸清本单位情况的基础上，针对本单位性质任务和现实状况，参考专业人士意见，制定符合实际的制度、计划，把长远发展规划和解决近期突出问题结合起来，把机构制度建设和职工关心的具体问题集合起来，做到有的放矢、劳有所获。最后逐步引入服务，遵循上级单位和本单位的规划部署，按照轻重缓急、先易后难等原则，有序引入心理服务机制，为职工提供解决困扰的新途径，为单位全面建设提供新的抓手。

（作者单位：四川省水利发展集团有限公司）

基于 CBE 模式的水文职工教育培训研究与实践

成 立 李 薇 李 帆

一、前言

党的十八大以来，以习近平同志为核心的党中央高度重视技能人才队伍建设工作。习近平总书记强调："各级党委和政府要高度重视技能人才工作，大力弘扬劳模精神、劳动精神、工匠精神，激励更多劳动者特别是青年一代走技能成才、技能报国之路，培养更多高技能人才和大国工匠，为全面建设社会主义现代化国家提供有力的人才保障。"2018年 5 月，国务院印发了《关于推行终身职业技能培训制度的意见》，明确了推行终身职业技能培训制度，大规模开展职业技能培训等要求。水利部《"十四五"水利人才队伍建设规划》中明确了"十四五"期间人才队伍建设六大任务，其中一项任务就是"着重加强基层水利人才队伍建设"，要加快推进技能人才培养。

扬州大学作为一所具有 120 年办学历史的地方综合性大学，在加快建设高水平研究型大学的同时，始终秉持服务社会的初心，开展各类职工培训工作，最大程度为各行业职工队伍建设提供强有力支撑。扬州大学设有继续教育处，依托百年老校深厚的学科基础、高水平的人才队伍、丰富的行业工程实践、完善的继续教育管理机制，为我国在职人员继续教育工作作出了重要贡献。

扬州大学水利科学与工程学院面向全国水利行业开展继续教育工作，包括在职人员的学历提升和专业培训。学院的前身是 1950 年春，遵照毛主席根治淮河的指示，由原苏北建设学校水利科与南京华东水利部水文技术人员训练班合并成立的"水利部淮河水利专科学校"。1982 年，原水利电力部将水利部水文培训中心设在原扬州水利学校。同年，江苏省人民政府在扬州水利学校开办江苏水利职工大学。1992 年，水利部水文培训中心随扬州水利学校并入扬州大学，职工培训工作持续至今。如今，水利行业已进入高质量发展新阶段，为了以更大力度服务、支撑行业人才队伍建设，推动我国水利事业高质量发展，学院不忘初心、牢记使命，在水利职工培训工作方面与时俱进地开展创新实践与研究。

水文培训中心自成立以来，先后为全国、江苏省水利系统举办各种层次、各种专题、各种形式的职工培训班千余期，培训专业技术人员及管理干部累计 5 万余人，为我国水利行业人才队伍建设作出了重要贡献。就业务而言，有培养高技能人才的水文勘测技师培训班、为非水文专业背景的水文新职工举办水文水资源进修班、水文新技术高级研讨班、水资源及其利用培训班、地下水资源研讨班、水文预报培训班，以及站网、站队结合、水文通信、管理、宣传等研习班、培训班；培训对象既有生产一线的职工，也有省市水文管理干部和管理人员；培训时长也从一个月到 100 天、半年、一年不等；还受水利部人教（事）司的委托，举办"如何办好水利职工培训"的专题研讨班。总体而言，培训项目都取得了优良的效果，得到了委托单位、上级部门和学员们的一致肯定，在水利职工培训领域树立了品牌，获得了良好的口碑。

2014 年起，在水利部信息中心的委托下，学院在水文高技能人才培养方面开展了系统的创新研究与实践。在基于 CBE（Competency Based Education，即"能力本位"）模式下，水文职工教育培训工作的研究与实践中，积累了丰富的经验，取得了良好的效果。本案例系统地阐述培训中心在水文高技能人才培养方面开展创新研究与实践的过程及成效，可为全国水利技能人才培养提供借鉴。

二、CBE 模式

CBE 是加拿大职业教育以培养学生的能力为宗旨，在专业开发和课程设置上形成的一套能力本位教学模式。所谓"以能力为本位的教育"就是：要使受教育者在学习期间就具备某种职业所必需的实际工作能力，而且把是否具备这种能力作为评价学生和教师，乃至学校办学质量的标准。CBE 教学模式在加拿大的职业教育中得到广泛而成功的运用，产生了良好的效果，对于我们进一步思考和改进职业教育教学实践具有一定的参考价值。

CBE 实践教学模式分为四个阶段：职业分析形成 DACUM 图表、学习资源的开发、实践教学实施与管理、实践教学评价。CBE 教学模式的主要特征有：

①以综合职业能力作为培养目标和评价标准，以通过职业分析确定的综合能力作为学习的科目，以职业分析表所列的专项能力从易到难地安排教学和学习计划。

②以学生个人能力实践教学为基础，对于学生原有的经验和能力，经考核给予承认，可缩短学习时间。

③强调学生自我实践学习和自我评价能力的培养。CBE 模式采用了"自我培训评估系统"，强调学生的自我评估，重视学生反馈能力的培养。教师是学习过程的管理者和指导者，负责学生按职业能力分析表所列各项能力提供学习资源，指导学生制订适合自己的学习计划，学生对自己的学习负责。完成学习后，先进行自我评价，认为达到要求后，再由教师进行考核评定。

④教学上灵活多样，管理上严格科学。CBE 强调岗位需求和学生在学习过程的主体

作用，课程可以长短不一，学生程度可以不同，学习方式全日、半日、业余等可以由学生决定，结业时间也不要求一致，易于做到小批量、多品种、高质量。在教学手段上。CBE综合运用了演示法、读书指导法、练习法、参观法、讨论法、模拟法、实习实验法及现代化电教手段，体现了个体化教学，使学生的积极性得到了最大限度的调动，学生的独立思考能力、创新能力均得到了全面的提高。

三、基于 CBE-DACUM 的培训教材建设

"教本，乃教学之本"。任何一种教学活动，最根本的是教材，培训也是一样。技能人才培养创新首先必须进行教材建设，以教材建设为龙头，带动培训方式的改革与创新。2014 起，学院受水利部水文司、信息中心委托，承担了水文勘测技能人才培训教材体系研究与教材编写的任务，8 本教材于2018 年全部正式出版发行（图 1）。

该项目实施之前，面向全国基层水文职

图1 全国水文勘测技能培训系列教材

工正式出版的教材有三轮：第一轮《水文职工培训教材》编写于 20 世纪 80 年代，全套教材 6 本。第二轮水文职工培训教材编写于 20 世纪 90 年代，分别是《水文勘测工》和《水文勘测船工》，由黄河水利出版社于 1995 年出版发行。第三轮水文职工培训教材编写于2007 年前后，水利部成立了"水利行业职业技能培训教材及试题集编审委员会"。2011 年，《水利行业职业技能培训教材—水文勘测工》和配套的《试题库》由黄河水利出版社正式出版发行。上述 3 轮教材都是在特殊的历史背景和行业需求下编写的教材，很好地满足了各个时期的人才队伍建设需求，但是在知识的系统性、先进性、全面性方面都已无法满足当代水文高质量发展对技术技能人才培养的需要。

鉴于上述背景，项目组通过对我国水文职工培训工作和已往三轮水文职工培训教材的回顾，以及对国内外职业教育模式、课程开发方法的综合比较，研究出一种更适合于水文勘测技术技能培训教材课程体系开发的方法，就是基于 CBE-DACUM（Competency Based Education—Developing A Curriculum，即能力本位的课程开发）课程体系开发模式形成的"以国家职业技能标准为核心的职工培训课程开发方法"。历时 4 年编写了一套以提高水文基层职工队伍技术技能整体水平为主旨、特色明显、体系完整、结构合理、针对性强、宜教宜学的培训教材。这种教材编写方法不仅能对水文勘测技能培训课程体系的开发与教材编写提出指导性建议，而且还能推广至其他行业的职工培训课程开发。

CBE-DACUM 课程体系开发的主要内容包括：

①岗位群（读者群）分析：即培养对象经过学习后将从事哪些岗位的工作；

②岗位职责分析：岗位职责，决定着培养目标的主要着力点；

③职责任务分析：对应于每一项职责，有许多具体的工作任务，每一件工作任务，都可以用知识、操作、工具（仪器设备等）、步骤、安全（人身、设备、产品等）、工作态度等六个要素来描述，每一个要素都会牵涉着必须学习的内容；

④教学分析：针对各项任务，进行教学分析，即由教育专家逐项按照任务所需要的知识、技能和需要培养的能力等等安排教学内容；

⑤课程开发：将所有教学内容分门别类，组合为一系列课程，包括各门课程的理论教学和实践教学内容、学时、教学进程、考核，等等。

CBE-DACUM 模式开发课程体系的思路，虽然符合职工的职业技能培训教育，但是将 CBE-DACUM 法用于水文高技能人才培训课程和教材体系开发的时间过程中，为适应水文职工培训的特点，项目组对以下三个方面其进行了改进：

①以读者群的概念取代岗位群；

②紧密结合职业技能国家标准；

③教学分析时需考虑读者群中各职工的"起点"（学历、专业、技术等级、职称、岗位、任务等）有较大的差异。

根据水文勘测技能人才培养的具体特点，以下几个方面的内容，在进行课程体系开发和教材编写过程中需要重点关注：

①读者群。水文职工培训的对象即读者群，是水文基层职工，以及非水文专业毕业生的新职工，其基本情况需要通过广泛地调查获得，切忌闭门造车。

②培训课程（教材）内容的上下限。根据水文勘测技术技能培训规划、实践调查和水文勘测队伍的建设需求，设定的边界条件是以高中或中专毕业文化为起点，高等专科学校水文专业所具有的专业知识为终点。安排少量超上限的内容，作为满足部分职工学习需求的发展空间。作这样安排，也符合水文勘测工的职业技能国家标准。

③职责任务分析。职责任务分析，不能仅向水文生产部门的专家咨询，还必须要从大量的实践中进行广泛的调查，获得第一手资料，特别是整个工作流程都保持生产单位和高校的紧密合作，从一开始的调查研究，直至以后各个分析工作的所有步骤，都由生产单位和高校共同进行，以便更加凸显贴紧生产实践和理论与实践的结合。

④结合水文勘测工职业技能国家标准。水文勘测工作的主要内容，已经包含在水文勘测工职业技能国家标准内，课程开发需要把调查资料与其结合起来，不能单独以调查结果或国家标准作为唯一依据进行课程开发和教材编写，否则会造成不符合标准或脱离实际的

情况。

⑤注意课程体系的整体优化。课程体系开发要注意到整体优化，不能单纯以局部的优劣为最终目标。因此，课程与教材体系的开发，最重要的工作就是教学分析，其核心是在职责任务的框架内科学地将水文等学科知识、技术和技能和教育教学技术这两方面通过科学合理的整合、安排，使其有机地融合在一起，在此基础上形成课程体系的结构，即教材体系的框架，再进一步细化，才能开发出一系列比较理想的课程。

基于上述方法与实践，项目组历时四年编写出版了《全国水文勘测中高级技能培训教材》，教材全套共 8 本，包括《水文学概论》《水文测量》《水力学基础》《实用水文统计》《水文情报预报》《水文测验》《水文资料整编》和《水文水资源分析计算》。教材出版后，经过几年的推广与使用，效果良好，为全国水文系统的职工培训和自学创造良好的条件，使水文职工培训工作逐步走上规范化的轨道，提高水文职工队伍技术技能水平，成为水文人现代化建设的技术支撑之一。

四、基于 CBE 的水文职工教育培训

学院自 2019 年起，承办全国水文中高级勘测技能人才培训班，为全国水文行业培养中高级技能人才，在教材编写与培训工作中，逐渐形成了一套成熟、完整、有效的基于 CBE 模式的水文职工教育培训与管理模式。在培训的各个环节中充分体现能力本位的培养方式，包括培训方案的制定和落实、培训班的日常管理和后勤保障、培训项目的质量监控、培训反馈等各个环节，并且每个环节都有科学规范的管理制度。

随着职工培训国际化深入发展，学院的

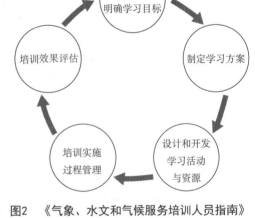

图2 《气象、水文和气候服务培训人员指南》
培训标准流程图

水文培训项目开始结合世界气象组织《气象、水文和气候服务培训人员指南》（WMO-No.1114）的标准体系（图2），进行培训工作的组织实施。下面以水利部全国水文中高技能人才培训班为例介绍培训组织实施全流程。

（一）培训需求与目标

通过现场调研和发放调查表的形式，对水文从业人员岗位职责任务及学习需求进行调研（图3、图4）。通过对调查结果的系统分析，得出水文技能人员职责及能力素质现状，围绕国家水文高质量发展需求，分析技能人员能力素质差距，为确定学习需求提供必要的参考。

图3 甘肃、新疆等地水文局现场调研

图4 基层水文站调研

培训正式开始之前，培训中心根据往期培训班的成功经验和存在的问题，认真调研、分析当前全国水文事业发展新形势、新内涵以及参训学员基本情况，及时跟踪当前水文行业对水文职工的素质和能力需求，在水利部人事司、水利部信息中心的指导下，最终确定以能力培养为导向的培训目标。比如2021年的主要培训目标是提高水文职工的水文测报业务能力。

（二）制定培训方案和教学计划

培训中心成立培训方案制定小组，根据培训需求与目标，以能力培养为核心理念，设计具体的培训方案。并成立培训方案审查组，审查培训方案合理性、可行性，形成最终培训的方案（见表1、图5）。

表1 教学安排

序号	课程名称	学时（h）		
		总学时	讲课	实习（验）
1	水文统计与误差理论	54	54	
2	水力学基础	39	32	7
4	计算机技术水文应用	48	28	20
5	径流形成与水文预报	42	42	
6	水文测验与电算整编	54	34	20
7	数据库技术	39	20	19

续表

序号	课程名称	学时（h）		
		总学时	讲课	实习（验）
8	水文自动测报系统	18	14	4
9	水文水资源分析计算	42	42	
10	水文测量	48	30	18
11	综合技能考核	32		
12	现场教学	60		
13	专题讲座	44		
14	拓展训练	16		
15	主题班会	16		
	小计	552	356	

（三）教学资源

根据培训方案与教学计划，安排教学进度表，选取培训教材、设计教学内容、开发教学资源。安排具有丰富教学经验和长期工程实践经验的教师担任理论课程讲授老师，邀请校内外该领域有所建树的专家担任专题讲座讲授。课堂教学注重能力培养，并采取现场教学、专题报告、内部交流等多种培训手段（见图 6 − 图 9）。

图5 讨论教学计划

（四）培训实施与管理

为保障培训质量，实现培训目标，在教学管理方面，建立考勤、请假制度，通过与委托单位共同管理，保证学员学习参与度。并通过设立专职班主任和成立班委会的形式进行日常管理。在培训过程中还会组织丰富多彩的文体活动，达到劳逸结合，提高学习效率的目的（见图 10）。并通过评优的手段，提高学员们的学习积极性，形成比学赶帮超的学习氛围（见图 11）。

（五）培训效果评估

学员填写培训评估表，对培训设计、培训实施、课程效果和自身能力的获得等方面进行评估。委托方和培训中心不定期召开学员座谈会。项目结束后由委托方组织项目验收，对培训的预期目标的达成情况作综合评价，并作为后续培训质量提升的重要参考。

图6　教学实习

图7　专题报告

图8　现场教学

图9　片区业务交流专题班会

图10　丰富多彩的课外活动

图11　优秀学员评选

五、职工培训工作展望

通过近几年承办的全国水文勘测中高级技能强化班，基于CBE模式的人才教育培养模式取得了明显的效果。参加培训的学员大部分成了所在单位的技术骨干、管理骨干，为推进新时代水文事业高质量、高水平的发展提供了大量的人才储备。

面对水利高质量发展的新时期、新阶段，扬州大学水利科学与工程学院、扬州大学水文培训中心将全面总结70年的职工培训经验，瞄准当下国家战略和水利行业发展需要，将职工培训的研究与实践推向更广阔、更深入的空间，为我国水利行业人才队伍建设提供更强有力的支撑。学院也将把水文高技能人才的培养研究成果进行更广泛实践，为推动我国水文高技能人才队伍建设贡献更大的力量。

为了推进水文职工培训国际化、标准化，2018年下半年，扬州大学和水利部南京水利水文自动化研究所联合申报世界气象组织（WMO）亚太地区水文测报培训中心，申报材料已上报世界气象组织并被受理，目前正等待专家现场核查。世界气象组织（WMO）亚太地区水文测报培训中心将立足亚太，辐射"一带一路"沿线国家，提升亚太地区水文测报人才培养培训质量。中心将培育和优化水文气象的"留学中国、中国培训"品牌；创造性地开展合作办学，为中国教育培训"走出去"搭建平台；整合区域现有水文测报科技资源，积极开拓和推进与世界气象组织各国在水文测报职业技能培训领域的务实合作。

（WMO）亚太地区水文测报培训中心的申建将进一步推进扬州大学水文培训中心职工培训的国际化、标准化建设，进一步加强扬州大学职业教育工作力度，提升扬州大学职业教育工作水平。

（作者单位：扬州大学水利科学与工程学院）

汉江集团公司专业技术人员评价体系研究

周　勇　郑　飞　王盈盈　赵跃程　汪　洋

专业技术人员评价工作一直是集团公司人力资源管理工作的重要组成部分，在集团公司人力资源管理过程中，专业技术人员评价体系和所使用的评价方法能直接反映出一个单位的人才综合素质和能力。构建多层次、多元化的人才评价方法，注重评价的实践性、科学性、指导性，实现岗位与人才素质水平的有效匹配，保持企业的生命力，更好地为企业发展服务，一直是人才评价体系所发挥出的作用。在此种情况下，结合"十三五"集团人力资源发展现状和集团专业技术人员评价体系存在的问题，通过查阅资料、开展调研等方式，对评价体系进行了研究，制定了专业技术人员的评价标准，明晰了评价体系的改革方向。

一、研究概述

（一）开展专业技术人员评价的背景

2018 年 2 月，中共中央办公厅、国务院办公厅《关于分类推进人才评价机制改革的指导意见》指出：建立科学的人才分类评价机制，对于树立正确用人导向、激励引导人才职业发展、调动人才创新创业积极性、加快建设人才强国具有重要作用。在此背景下，汉江集团公司在 2021 年重点工作中提出"深化专业技术人员全员考核，形成有活力的人力资源体系"、汉江集团贯彻落实国企改革三年行动实施方案"深化专业技术人员年度考核机制，研究考核结果与其薪酬挂钩"要求。

2021 年 9 月，中央人才工作会议强调要完善人才评价体系，加快建立以创新价值、能力、贡献为导向的人才评价体系，形成并实施有利于科技人才潜心研究和创新的评价体系。

（二）汉江集团公司专业技术人员现状

集团公司"十三五"期间将在岗人员按职能分为党群管理人员、经营管理人员、专业技术人员、技能人才四类，持续加强人才引进，强化人才培养，优化人才队伍结构。遵循"严格定编、满足需求、所控质量、分类管控、重点优化、精准实施"的工作思路，充分发挥集团总部搬迁的区位优势，统筹实施人才引进。"十三五"期间，引进人才 233 人，363

人晋升专业技术职称，158人晋升职业技能等级，累计培训超过11万人次、干部选学超过4.4万人次，人才队伍整体的年龄、学历、专业、技能结构进一步优化。截至2022年5月，汉江集团公司在岗员工总量为6011人，其中具备专业技术职务的在岗人员数量为1423人。数据显示，专业技术人员占比为23.67%，接近在岗员工总量的四分之一。

如何将职称制度改革与企业自身的专业技术人员队伍建设相结合，将人才评价"指挥棒"作用具体化，坚持问题导向，直面职工反映的堵点、难点问题，在制度体系、评价标准、评价方式、管理服务等方面有所突破，不断增强专业技术人才的获得感、成就感成了我们亟待解决的问题。

（三）研究方法

为解决集团专业技术人员评价标准单一、评价手段趋同、用人主体自主权落实不够等问题，通过深化改革，破除思想观念和体制机制障碍。此次主要采用调研、文献资料研究的方法开展研究。为了解二级单位对开展评价工作的看法，我们在调研、分析、查阅资料后，开始收集分析有关文件、办法，收到了较好的效果。在收集数据的基础上，我们基于人员总量、各单位以岗定薪工作，对开展评价工作的政策影响进行分析，从定性和定量的角度综合考量各类指标的设置，通过科学合理的研究方法反映问题的本质。

二、围绕各单位专业技术人员评价工作的调研分析

为充分结合汉江集团公司的实际情况，2021年6月，集团人资部围绕深化专业技术人员年度考核工作，向机关各部门、内设管理单位及分子公司等单位展开了调研访谈。

（一）调研样本

本次调研共成功收集了18家单位及部门对专业技术人员考核工作的相关意见和建议。根据汉江集团公司当前业务板块的特点，可将分子公司分为水电企业、制造业企业、服务企业三类。为广泛获取不同业务类型企业对专业技术人员考核评价工作的意见，本次调研分别从水电企业、制造业企业、服务企业中抽取了5家、2家和3家具有代表性的公司，并从机关及中心单位抽取了8家单位，所涉及的样本量较为充足，样本信息来源较为全面。参与本次调研访谈的具体单位如表1所示。

表1 调研对象

分类	单位名称	样本量
水电企业	丹江电厂、水电公司、小水电公司、王甫洲公司、孤山公司	5
制造业企业	铝业公司、昆山铝业公司	2
服务企业	地产公司、博远置业公司、文旅公司	3
机关及中心单位	财务部、宣传新闻中心、文体中心、档案馆、水调中心、网信中心、保卫处、安置中心	8

（二）调研分析

根据各单位调研反馈结果，本研究结合扎根编码分析法的思路，对访谈记录进行三级梳理归纳，具体分析过程如表2所示。

表2 调研分析过程

信息来源	一级梳理分析	二级梳理分析	三级梳理分析
丹江电厂	1.建议考核结果为基本称职者，要限期改进工作，连续两年基本称职者和当年不称职者，按聘任的有关规定解聘、缓聘或低聘 2.建议在职称评审中加大考核结果的运用	考核结果的运用应与专业技术职务聘任、职称评审紧密挂钩	水电企业 1.考核结果的运用：应与职称评审、专业技术职务聘任、薪酬激励、晋升、培训等方面相结合 2.考核标准：量化，可客观衡量 3.考核指标：应体现技术成果 4.考核方式：多主体
水电公司	1.在发挥激励约束作用上效果不明显，结果运用暂未与本部门（车间）人员薪酬、任职和培训挂钩，仅在专业技术职务聘任上有所体现 2.如果本年度获得集团公司级及以上技术成果奖，则应优先评为优秀等次	1.考核指标应体现技术成果 2.考核结果运用应与薪酬、任职和培训挂钩	
小水电公司	1.现行考核要素比较笼统，专业技术人员的工作业绩不容易被衡量，考核打分主观性较大，定性内容多，难以确保公正性 2.考核方式上采取考核组、所在部门、个人自评相结合，全方位考查专业技术人员的素质表现 3.考核结果运用对年度优秀的专业技术人员进行表彰奖励，后续计划结合以岗定薪工作中关于薪酬激励的制度，与现行的绩效考核挂钩	1.量化考核指标 2.考核主体多元化 3.考核结果应体现激励性，与奖励、薪酬激励相结合	
王甫洲公司	1.专业技术人员因个人原因不参加年度考核的，当年的专业技术工龄不计入专业任职年限，并且不能参加当年晋升高一级专业技术职务任职资格的评审 2.建议在职称评审中加大考核结果的运用	考核结果应与专业技术职务晋升、职称评审紧密挂钩	
孤山公司	由考核小组对被考核者履行岗位职责情况进行全面考核，对被考核者进行民主评议	考核主体多元化	
铝业公司	1.缺乏配套的考核细则，每条考核项目均分为四个等次，但等次的确定没有明确说明 2.考核结果仅应用于职称评审和单位的争先评优工作，暂未与薪酬挂钩	1.缺乏明确的等次衡量标准 2.考核结果运用应与薪酬挂钩	制造企业 1.考核标准：制定客观、明确、可衡量的考核细则 2.考核结果的运用：应与薪酬挂钩
昆山铝业公司	按照岗位职能，由各部门制定考核细则进行考核	缺乏明确的考核细则	
地产公司	目前考核结果仅对职工个人职称评定提供支撑依据，未与薪酬直接挂钩	考核结果运用应与薪酬挂钩	服务企业 1.考核结果的运用：应与专业技术人员职务聘任、薪酬奖励、任职晋升等挂钩 2.考核标准：可量化
博远置业公司	考核评价结果不能很好运用，建议改进专业技术职务人员的考核方式，并将考核结果与奖励、晋升挂钩，以便更能发挥考核"指挥棒"作用	考核结果运用缺乏激励性，应与奖励、晋升挂钩	
文旅公司	1.建议对于专业技术人员考核有个相对量化考核指标 2.考核结果与本单位(部门)人员薪酬、任职、专业技术职务聘任挂钩	1.量化考核指标 2.考核结果运用应与薪酬、任职、职务聘任相关	

续表

信息来源	一级梳理分析	二级梳理分析	三级梳理分析
财务部	1.建议对机关部门工作人员以三年为一个考核周期 2.按照德、能、勤、绩、廉五项内容进行考核	1.考核周期三年 2.五项考核指标	机关及中心单位 1.考核方式：以三年为一周期 2.考核标准：可定量衡量，增强客观性 3.考核指标：应全面覆盖德、能、勤、绩、廉多方面，且应突出反映相应岗位的业绩与能力 4.考核结果的运用：应具备激励性，与职务聘任、薪酬分配、岗位调整、推优评先、培训开发相结合 5.考核反馈：缺乏评价后的沟通与反馈
宣传新闻中心	1.集团公司现行考核制度对专业技术人员考核做出了明确要求，但定性的内容相对较多 2.现行考核制度在考核结果运用方面的规定和指导作用较少	1.缺乏定量的考核指标 2.考核结果运用不明确	
文体中心	1.考核指标选取的科学性、合理性和公平性有待提高，应该包括专业知识、工作态度、工作业绩、能力指标四项主要内容，其中工作业绩和能力指标这两项内容所占权重至少应该达到70% 2.考核过程沟通不足，基本上没有将考核结果反馈给被考核人 3.除对评职称起作用之外，考核没有起到奖勤罚懒的正面激励作用，与薪酬分配、岗位调整、培训开发没有挂钩 4.根据考核最终得分，将考核结果分为优秀、良好、合格、不合格四个档次，每个档次具有相应的得分范围	1.四项考核指标，且应突出业绩与能力 2.考核结果应按得分划分等次 3.对考核结果的沟通及反馈不足 4.考核结果运用缺乏激励性，应与薪酬分配、岗位调整、培训开发挂钩	
档案馆	建议探索和推行部门内部工作任务单模式，即细化、量化日常工作任务，为专业技术人员年度考核提供量化支撑材料	1.量化考核指标 2.考核指标应与工作业绩相关	
水调中心	考核要素中大部分是定性指标，定量指标较少，或者不易衡量，最终考核结果主观因素较多，建议多加一些可定量的指标，以便更客观地评价考核结果	量化考核指标	
网信中心	建议专业技术人员考核与岗位绩效考核相结合，进一步密切职称、岗位、绩效、职位的关系	考核指标应与岗位绩效相结合	
保卫处	在考核结果运用上，一般与年度各项工作先进挂钩	考核结果与推优评先挂钩	
安置中心	日前的专业技术人员考核没有与职工薪酬、任职、专业技术职务聘任和培训挂钩，不能真正发挥专业技术人员的积极性	考核结果运用激励性不足，应与薪酬、任职、职务聘任和培训挂钩	

三、调研存在的问题分析

根据归纳总结，本研究发现汉江集团公司各单位及部门对专业技术人员考核评价工作的问题主要集中在五个方面。

（一）评价指标与企业发展不匹配

评价指标与企业发展战略、生产经营效果、岗位业绩等方面不相适，评价结果不够客观。

（二）评价标准不易衡量

在评价标准设置上定性指标多、定量指标少，或者不易衡量，最终考核结果主观因素较多，建议对每项指标各等次制定客观、可衡量的量化标准。

（三）考核方式较为单一

仅以专业技术人员考核测评表作为评价方式，不能全面反映出被评价者的德、能、勤、绩、廉，特别是不能反映出被考核人在专业技术水平方面的特长和工作，因此建议以考核小组评价、民主评议、自评的多元化主体对被考核人实现 360 度全方位评价。

（四）评价结果的运用未落到实处

专业技术人员考核是科学、全面衡量专业技术人员能力、绩效等方面的一项重要管理工作。集团公司现行的专业技术人员考试评价制度，对专业技术人员考核作出了明确要求，其中定性的内容相对较多，同时在考核结果运用方面的规定较少，评价结果未与职称评审、专业技术职务聘任、薪酬激励、岗位晋升、培训进修等相结合，未能有效激发专业技术人员工作的积极性和主动性。

（五）评价反馈不足

考核评价后未及时向被考核人员反馈和沟通。被考核人不了解自身的评价情况，对自身的问题认识不足，未能有效地促进企业专业技术人员进行自我改进与自我提升，不利于下一步工作的改进。

四、汉江集团公司专业技术人员评价体系优化措施

（一）明确定位，深化改革目标

"十四五"期间，汉江集团公司处于转入高质量发展的关键时期，发展向好的方向没有改变，但提质增效的要求更加紧迫。集团发展战略要求以规范化、标准化、精细化、智能化为抓手，全面提升经济质效，增强核心竞争力。为了与集团发展主线相匹配，对人力资源素质的要求逐步提升。在此基础上，我们明确"以人才队伍结构调整为主线，以创新人才评价机制为动力，以员工能力建设为核心"，实施"人才强企"战略，提高员工队伍素质，提升企业的核心竞争力，获得可持续发展动力。通过评价手段创新，加大网络安全及信息化人才的引进和培养力度，培训复合型网络安全及信息化人才，满足智慧水利和智能制造建设的需求。

（二）具体优化措施

1. 优化考核指标

以国家政策为抓手，根据中共中央办公厅、国务院办公厅 2018 年印发的《关于分类推进人才评价机制改革的指导意见》，围绕实施人才强国战略和创新驱动发展战略，以

科学分类为基础，以激发人才创新创业活力为目的，加快形成导向明确、精准科学、规范有序、竞争择优的科学化社会化市场化人才评价机制。汉江集团公司对专业技术人员的评价工作中应体现激励人才创新的导向，将"创新性"作为对专业技术人员考核的维度之一。

从调研结果入手，在优化现有考核指标时，充分考虑调研所收集的建议，确保优化形成的考核指标能够改善当前专业技术人员评价存在的问题，在各单位及部门有效落地。

从人才评价理论相关文献入手，强化斯宾塞与麦克里兰对"胜任力"的概念界定：是能够将某一岗位（或组织、文化）上表现优异者与表现平平者区分开的潜在的、深层次的个人特质，它可以是动机、特质、自我形象、态度或价值观、某领域的知识、认知或行为技能中任何可以被可靠测量和计数的，并且能显著区分工作中优秀绩效和一般绩效的个体特征。而该"胜任力"的概念与专业技术人员评价的核心理念相契合，因此本研究将胜任力冰山模型和斯宾塞编制的《通用胜任力素质词典》作为对现有考核指标进行优化的理论基础。

基于以上分析，本研究确定了汉江集团公司专业技术人员评价的 6 个考核维度及 24 项考核指标，如表 3 所示。

表3　汉江集团公司专业技术人员评价的考核维度及指标

考核维度	考核指标	指标说明
政治素质	政策理论水平	对国家政策、方针等理论和新思想的学习情况
	原则性	坚定政治立场，在关键问题上坚守原则底线
	遵纪守纪情况	遵守法律法规及公司各项制度规定，不违反纪律
职业态度	职业道德	诚实守信，不欺上瞒下，遵守职业道德要求
	敬业精神	爱岗敬业，对工作岗位具有热情
	进取心	积极向上、具有拼搏进取的奋斗精神
	团队精神	具有团结协作意识，能与他人合作完成任务
知识水平	专业知识	具备与工作岗位相关的专业知识
	办公知识	具备公文撰写、计算机软件操作等综合办公知识
	外语水平	通过外语等级考试
	一般知识	除专业知识以外的基础常识
业务能力	执行能力	处理工作的效率，在规定时间内解决问题的能力
	学习能力	具备独立的自学能力，能快速掌握行业新知识
	逻辑思维能力	思维严谨，分析问题切中要点、全面且有条理
	沟通表达能力	能有效表达观点并使人容易接受
	应急能力	思维敏捷，能随机应变、妥善处理突发事件

续表

考核维度	考核指标	指标说明
工作业绩	岗位职责履行情况	按照工作岗位要求和职责说明履行各项工作
	计划完成度	实际完成工作量与年度计划工作量的百分比
	工作质量	实际已完成的工作达到要求，且取得良好效益
	荣誉	在当年度所取得的各项荣誉奖项
创新成果	技术专利	已授权或在申请阶段的技术专利情况
	论文成果	已在期刊公开发表的论文情况
	专著	已公开发表的专著情况
	创新成果转化	新技术、新发明或新制度等创新成果的实践情况

2. 细化考核标准

基于调研反馈的问题，本研究在各项指标的考核标准上，一方面将突出业务能力和工作业绩两大考核维度，加强其在考核总体得分中占据的权重，另一方面将结合考核指标的具体情况，制定详细的评分细则，为专业技术人员的考核工作提供更明确、客观、可量化的评价标准。各项考核指标的评分标准如表4所示。

表4 汉江集团公司专业技术人员考核评分标准

考核维度	考核指标	指标说明
政治素质 （总分12分）	政策理论水平（4分）	4分：认为该项表现"优秀" 3分：认为该项表现"良好" 2分：认为该项表现"一般" 1分：认为该项表现"较差" 注：对于违规违纪行为，该项得分直接为0分
	原则性（4分）	
	遵纪守纪情况（4分）	
职业态度 （总分16分）	职业道德（4分）	
	敬业精神（4分）	
	进取心（4分）	
	团队精神（4分）	
知识水平 （总分16分）	专业知识（4分）	4分：通过相应专业技术职称考试或水利理论政策考试 3分：通过其他专业知识相关考试 2分：具备一定专业知识的 1分：专业知识掌握不足的
	办公知识（4分）	4分：通过计算机相关技能考试3门及以上或认为办公知识水平优秀 3分：通过计算机相关技能考试1-2门或认为办公知识水平良好 2分：未通过任何计算机技能考试但认为办公知识足以应对岗位所需 1分：未通过任何计算机技能考试且认为办公知识不足以应对岗位所需

考核维度	考核指标	指标说明
知识水平 （总分16分）	外语水平（4分）	4分：通过职称外语相应等级考试或认为外语水平优秀 3分：通过其他外语等级考试的或认为外语水平良好 2分：未通过任何外语等级考试但认为外语水平足以应对岗位所需 1分：未通过任何外语等级考试且认为外语水平不足以应对岗位所需
	一般知识（4分）	4分：认为具备丰富的专业外知识 3分：认为具备较多的专业外知识 2分：认为所具备的专业外知识足以应对岗位所需 1分：认为所具备的专业外知识不足以应对岗位所需
业务能力 （总分20分）	执行能力（4分）	4分：认为该项能力"优秀" 3分：认为该项能力"良好" 2分：认为该项能力"一般" 1分：认为该项能力"较差"
	学习能力（4分）	
	逻辑思维能力（4分）	
	沟通表达能力（4分）	
	应急能力（4分）	
工作业绩 （总分20分）	岗位职责履行情况 （5分）	5分：在不影响本职岗位要求的基础上，超额履行了工作职责 4分：全部岗位职责完全得到履行 3分：关键岗位职责得到履行 2分：履行了一定的岗位职责，但未履行关键岗位职责 1分：未履行任何岗位职责
	计划完成度（5分）	以实际完成工作量与年度计划工作量的百分比为系数乘以5即为得分
	工作质量（5分）	5分：工作质量优秀，且产生高效益 4分：工作质量良好，效益较好 3分：工作质量一般，效益正常 2分：工作质量较差，未产生效益 1分：工作质量很差，产生负效益
	荣誉（5分）	5分：当年取得3项及以上个人荣誉 4分：当年取得2项个人荣誉 3分：当年取得1项个人荣誉 2分：当年取得1项团队荣誉 1分：当年未得到任何荣誉 注：包含被考核人姓名的团队荣誉可按贡献百分比折算个人荣誉
创新成果 （总分16分）	技术专利（4分）	4分：成功独立申请发明专利 3分：以团队形式成功申请发明专利2分：成功独立申请实用新型专利或外观设计专利 1分：以团队形式成功申请实用新型专利或外观设计专利 注：无该项成果则不得分
	论文成果（4分）	4分：以第一作者在外部期刊成功发表论文1篇及以上 3分：以第二作者在外部期刊成功发表论文1篇及以上 2分：以第一作者在内刊成功发表论文1篇及以上 1分：未发表任何论文

续表

考核维度	考核指标	指标说明
创新成果 （总分16分）	专著（4分）	4分：以第一作者发行专著 3分：以第二作者发行专著 2分：以参与编写人员发行专著 1分：未参与任何专著
	创新成果转化（4分）	4分：认为新技术、新发明或新制度在实践过程中产生了很好效果 3分：认为新技术、新发明或新制度在实践过程中产生了较好效果 2分：认为新技术、新发明或新制度的实践效果一般，未起到改进作用 1分：认为新技术、新发明或新制度的实践效果很差，降低了工作效率 注：创新成果未转化实践则不得分

3. 优化考核方式

（1）以一年为周期对专业技术人员实施考核

根据《水利部关于印发工程、经济、会计系列职称评审条件的通知》（水人事〔2020〕313号）和《关于印发经济、会计、政工三个系列职称评审条件的通知》（水人事〔2015〕83号），各系列各等次专业技术人员参加职称评审须符合"认真履行岗位职责，申报期内年度考核职称（合格）以上"的申报要求，汉江集团公司将按照评审条件的要求对专业技术人员开展以一年为周期的考核工作。将专业技术人员考核与本单位中层领导人员、基层管理人员、工作人员年度考核工作相结合进行，落实到年度考核工作中一并进行，提高考核工作效率的同时着力减轻基层单位工作负担，避免重复考核和考核结果不集中的情况。

（2）以多元化评价主体对专业技术人员实施全方位考核

国务院在《关于分类推进人才评价机制改革的指导意见》中提出创新多元评价方式，发挥多元评价主体作用。基于此，结合调研反馈意见，汉江集团公司将采用考核小组评价、民主评议、专业技术人员自评的多元化评价主体对被考核人实现360度全方位的考核。考虑到员工自评存在较大主观影响，因此在考核结果总分计算标准方面设置较低的权重。在多元化评价主体的考核方式下，专业技术人员的最终考核结果得分计算公式为：

考核总分 = 考核小组评价得分 ×60%+ 民主评议得分 ×30%+ 自评得分 ×10%

4. 强化考核结果及运用

（1）考核结果

根据前述考核指标及评分标准，汉江集团公司专业技术人员考核的总分为100分。为实现对专业技术人员评价的意义，对不同水平的专业技术人员实施进一步管理，本研究按照被考核人员的总体得分情况，将考核结果划分为优秀、称职、基本称职与不称职四个等次，每个等次具备相应的得分范围，如表5所示。

表5　汉江集团公司专业技术人员考核结果等次划分

考核总体得分	对应考核等次
80分及以上	优秀
70–80分（含70分）	称职
60–70分（含60分）	基本称职
60分以下	不称职

（2）考核结果的运用

优化评价体系的目的是将考核结果作为评价专业技术人员的重要参考，强化考核结果在专业技术职务评聘、岗位任用及相关薪酬调整等方面的作用，推进考核结果与人员薪酬挂钩，引导专业技术人员全面提升专业胜任能力，着力通过考核工作和考核结果的运用形成发现问题、解决问题，强化专业技术人员队伍建设的良性循环。因此本研究将从以下三个方面强化专业技术人员考核结果的运用。

①与薪酬挂钩，将考核结果运用落到实处。

一是对司直机关和中心的专业技术人员：对考核结果为职称（含）以上等次的人员，职称岗级系数在岗位工资中维持不变；对考核结果连续两年为基本称职等次的人员，按照低聘一级专业技术职务后的职称岗级系数发放工资或予以解聘；对考核结果为不称职等次的人员，按照解聘专业技术职务处理，解聘后不再享受岗位工资中的职称岗级系数。

二是对各单位的专业技术人员：可参照对司直机关和中心的专业技术人员考核结果与其薪酬挂钩；或可结合各单位以岗定薪工作，将专业技术人员考核结果与个人月度、季度、年度绩效考核结果相结合，在个人薪酬上有所体现。

②以考核结果作为聘任依据，实现岗位聘用能上能下。

对专业技术人员进行考核是实行专业技术职务聘任制的基础和前提。汉江集团公司专业技术人员考核工作虽一直延续，但并未与用人制度有效衔接。为充分调动广大专业技术人员的积极性，汉江集团公司将以考核结果作为续聘、低聘、解聘和岗位任用、奖惩的依据，从而保证专业技术资格评审和专业技术职务聘任工作的科学性和公正性，真正做到专业技术职务聘用能上能下。

③为培训内容的开发提供参考，发挥评价体系的"指挥棒"作用。

提升专业技术人员的能力水平是考核评价工作的重要目标之一。汉江集团公司结合企业发展战略、各单位人才需求及员工个人成长需要，为员工制定了多样化的培训课程，丰富员工的业务知识，强化员工的业务能力。为充分发挥人才评价体系的"指挥棒"作用，汉江集团公司将通过专业技术人员的考核结果系统性分析专业技术人员在知识水平、工作能力、技术方法等各方面的不足，并针对考核结果体现的弱项，调整或开发相应的培训课程，从而推动劣势向优势的转化，整体提升专业技术人员的综合素质，改善企业经营效率。

五、专业技术人员评价工作展望

对于企业而言，必须将专业技术人员评价工作贯穿人力资源管理始终，专业技术人员评价的结果也可以广泛用于职务职级晋升、绩效考核、人才培训等方面。

企业通过评价可以全方位地感知员工的工作能力和水平，可以更好地考察人才的专业素养和工作潜能。从职务职级晋升的角度看，通过人才评价可以更好地考察人才的专业素养和工作潜能，并结合公司工作岗位的实际需要，将具有潜力的人才选拔到合适的岗位。从绩效考核的角度看，通过人才评价考核不仅能够全面反映出企业人才的工作能力和工作业绩，也可以更好地把握企业人才的工作态度和思想状态，并结合评价结果给予一定的奖励，进一步激发人才的工作积极性和主动性。从人才培训的角度看，通过人才评价机制的落实，能够更好地发现人才身上的优缺点，对培训内容、培训方式进行调整，弥补人才的不足，帮助人才更好地成长，充分发挥人才的潜能，为企业创造更多的经济价值，实现企业与人才的良性循环。总体来说，通过人才评价体系的优化和工作机制的落实，能够为企业选拔出优秀的人才，进而为企业发展奠定良好的人才基础。

（作者单位：汉江水利水电（集团）有限责任公司）

职工岗位满意度调研分析报告

王 欢 李志男 李培根 杨鸿飞 李 楠

一、调查情况简介

（一）调查目的

为了更好地了解某县级河务局全体职工的客观现状和职工的真实想法，本次调查结合岗位聘任情况及工作实际，从职工基本情况、当前工作满意度、对自我认知度等几个方面进行调研，形成的数据可以为以后人事工作的开展起参考作用。

（二）调查对象及方式

本次满意度调查对象为某县级河务局全体职工。以不记名的形式参与网上投票。

（三）问卷回收情况

某县级河务局 1 月份正式在职职工 146 人，共回收有效问卷 120 份，回收率 82%。

二、调查数据分析

（一）单个问题数据分析

从表1– 表8可以看出该局的男性占比较大，男女比例达到6.5：1；职工年龄分布主要集中在 31–45 岁之间，占参加调研人数的60%；本科学历的职工占比最大，达到62.5%，大专学历次之；一般职工从事机关内勤岗位占比53%，从事一线外业岗位的有32%；有 76.66% 的职工在现岗位工作 5 年以上，有 20% 的职工在现岗位工作超过 20 年。职工普遍清楚自己的工作职责和工作内容，认为工作中的人际关系是融洽的。

表1 性别

选项	小计	比例
男	104	86.67%
女	16	13.33%
本题有效填写人次	120	

表2 年龄

选项	小计	比例
30岁以下	16	13.33%
31–35岁	31	25.83%

续表

选项	小计	比例
36—40岁	24	20%
41—45岁	17	14.17%
46—50岁	8	6.67%
51—55岁	11	9.17%
55岁以上	13	10.83%
本题有效填写人次	120	

表3 文化程度

选项	小计	比例
高中及以下	9	7.5%
大专	32	26.67%
本科	75	62.5%
硕士及以上	4	3.33%
本题有效填写人次	120	

表4 工作部门

选项	小计	比例
局党组	2	1.67%
办公室	11	9.17%
工管	9	7.5%
水政	10	8.33%
防办	6	5%
财务	5	4.17%
人事、纪检	4	3.33%
党建、工会	6	5%
经管办	4	3.33%
运行观测	20	16.67%
养护公司	24	20%
工程公司	19	15.83%
本题有效填写人次	120	

表5 工作岗位类别

选项	小计	比例
局领导	2	1.67%
部门负责人、机关内勤岗位	5	4.17%

续表

选项	小计	比例
部门负责人、一线外业岗位	3	2.5%
副科级以上干部、机关内勤岗位	7	5.83%
副科级以上干部、一线外业岗位	0	0%
职工、机关内勤岗位	64	53.33%
职工、一线外业岗位	39	32.5%
本题有效填写人次	120	

表6 岗位工作时间（非工龄）

选项	小计	比例
2年以下	12	10%
3—5年	16	13.33%
6—10年	28	23.33%
11—15年	25	20.83%
16—20年	15	12.5%
21年以上	24	20%
本题有效填写人次	120	

表7 职工是否非常清楚自己的工作职责和工作内容

选项	小计	比例
非常了解	92	76.67%
比较了解	26	21.67%
不太了解	1	0.83%
完全不了解	1	0.83%
本题有效填写人次	120	

表8 现工作岗位的职工的人际关系是否融洽

选项	小计	比例
非常融洽	94	78.33%
比较融洽	20	16.67%
基本融洽	6	5%
不融洽	0	0%
本题有效填写人次	120	

从表9，表10可以看出有一半以上的职工认为当前本部门的工作分工是合理的，认为工作分工不合理的主要集中在同本科室其他人员对比，工作量的区分较大、工作分工没

有充分考虑职工的意愿、工作长时间不调整，削弱职工的工作积极性，还有小部分人认为科室管理混乱没有分工。

表9　科室的工作分工是否合理

选项	小计	比例
非常合理	55	45.83%
比较合理	44	36.67%
基本合理	16	13.33%
不合理	5	4.17%
本题有效填写人次	120	

表10　分工不合理的原因

选项	小计	比例
没有分工，管理混乱	2	1.67%
有分工，但工作量区分较大	30	25%
有分工，但分工未考虑职工意愿	18	15%
有分工，但领导长期不调整分工	8	6.67%
（空）	62	51.67%
本题有效填写人次	120	

表11和表12是针对职工个人前景设计，因为岗位设置的限制，有48.33%的职工认为在本岗位工作没有职务晋升的机会。近几年随着职称评审的变化，有20.83%的职工认为现岗位不能满足自己职称评审的需求。

表11　本岗位工作有没有职务晋升机会

选项	小计	比例
有	28	23.33%
说不准	34	28.33%
没有	58	48.33%
本题有效填写人次	120	

表12　工作岗位是否满足职称申报需求

选项	小计	比例
满足	95	79.17%
不满足	25	20.83%
本题有效填写人次	120	

从表13至表18可以看出大多数职工对自己的工作还是很有热情，持积极向上的心态面对当前工作，有7.5%的职工认为自己的能力与特长在工作中没有发挥出来，这说明还

需要提供更多的机会让职工发挥特长，激励职工的创新精神。从整体来看，该局的工作压力一般，大部分职工都不需要经常加班，工作完成情况能得到领导和同事的认可，工作中也能够与领导进行有效的双向沟通。

表13　职工对现工作岗位的热情程度

选项	小计	比例
非常热情	71	59.17%
比较热情	28	23.33%
一般热情	10	8.33%
基本热情	7	5.83%
没有热情	4	3.33%
比较厌倦	0	0%
非常反感	0	0%
本题有效填写人次	120	

表14　职工的个人能力与特长是否在工作中得到发挥

选项	小计	比例
得到充分发挥	52	43.33%
得到大部分发挥	28	23.33%
基本得到发挥	31	25.83%
基本没有得到发挥	6	5%
完全没有得到发挥	3	2.5%
本题有效填写人次	120	

表15　工作岗位的压力程度

选项	小计	比例
非常有压力，不得不加班	15	12.5%
有压力，经常加班	34	28.33%
一般，偶尔加班	60	50%
比较轻松，不需要加班	10	8.33%
非常轻松	1	0.83%
本题有效填写人次	120	

表16　工作是否会得到领导的认可

选项	小计	比例
非常认可	42	35%
比较认可	54	45%

续表

选项	小计	比例
基本认可	20	16.67%
很少认可	3	2.5%
不认可	1	0.83%
本题有效填写人次	120	

表17 工作是否会得到同事的认可

选项	小计	比例
非常认可	53	44.17%
比较认可	49	40.83%
基本认可	15	12.5%
很少认可	2	1.67%
不认可	1	0.83%
本题有效填写人次	120	

表18 职工是否能与上级领导进行有效的双向沟通

选项	小计	比例
完全能够有效沟通	53	44.17%
大多时能够有效沟通	38	31.67%
基本可以有效沟通	21	17.5%
很少能够有效沟通	7	5.83%
完全不能有效沟通	1	0.83%
本题有效填写人次	120	

从表19可以看出超过96%的职工对部门领导的管理水平是认可的，上下级工作关系融洽，相互尊重，可以高效、有效地开展工作。

表19 职工对部门领导管理水平的认可度

选项	小计	比例
非常认可	59	49.17%
比较认可	43	35.83%
基本认可	14	11.67%
很少认可	3	2.5%
不认可	1	0.83%
本题有效填写人次	120	

通过表20、表21可以看出，职工们对现工作岗位基本都持有积极的态度和较大的信心，有58.33%的职工满意当前的工作，有41.67%的职工对当前工作不满意，主要表现在当前工作岗位没有晋升机会和工作任务的繁重两点，均超过10%，也有职工表示由于家庭原因或者在现岗位工作时间长等因素导致无心工作、对工作不满意。

表20　职工是否满意目前的工作和岗位

选项	小计	比例
很合适，并且有信心、有能力做好	83	69.17%
我喜欢的工作，但自身的能力有所欠缺	13	10.83%
不是我理想的工作，但我能够做好	22	18.33%
不太适合自己，目前正在考虑换岗位	2	1.67%
本题有效填写人次	120	

表21　对目前工作不满意的最主要的原因

选项	小计	比例
没有晋升机会	13	10.83%
工作任务繁重	13	10.83%
工作不能体现自己的能力和价值	2	1.67%
人际关系紧张	0	0%
工作时间长已厌倦	3	2.5%
家庭负担重，无心工作	4	3.33%
领导管理水平不足	1	0.83%
工作中无法建立有效沟通	3	2.5%
分工不均	3	2.5%
其他原因	8	6.67%
（空）	70	58.33%
本题有效填写人次	120	

从表22可以看出，有更换岗位需求的职工中，较多职工想更换到的部门是本部门的其他岗位和运行观测科，从这里可以看出一个部门的工作分工长时间不更换，职工产生了厌倦心理，还有更换部门是为了职称评审的需求。

表22　职工如果有机会，希望调整到的岗位工作

选项	小计	比例
办公室	6	5%
工管	3	2.5%
水政	3	2.5%

续表

选项	小计	比例
防办	0	0%
财务	0	0%
人事、纪检	2	1.67%
党建、工会	4	3.33%
经管办	0	0%
运行观测	13	10.83%
养护公司	5	4.17%
工程公司	1	0.83%
本部门的其它岗位	14	11.67%
（空）	69	57.5%
本题有效填写人次	120	

（二）数据交叉分析

从图 1 交叉数据来看，单位女性职工全部集中在机关内勤岗位，男性职工有 39% 从事外业工作。

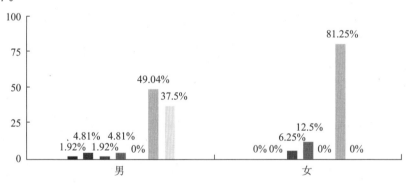

图1　性别和工作岗位类别交叉分析

从图 2 数据可以看出 31—35 岁中领导干部占 6.46%、36—40 岁中领导的干部占 16.67%、41—45 岁中领导干部占 23.52%、51—55 岁领导干部占 8.33%、55 岁以上领导干部占 38.46%，55 岁以上职工中领导干部占比偏大，建议加大培养年轻干部的力度，提升干部的活力。

图 3 数据显示大专和本科学历人数居多，其中本科学历人员从事机关内勤岗位居多，大专学历从事一线外业岗位居多。

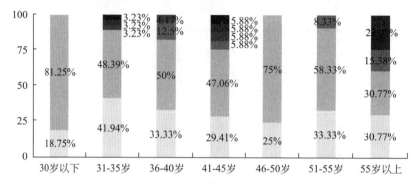

图2 年龄和工作岗位类别交叉分析

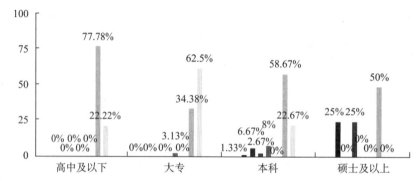

图3 学历和岗位类别

图4数据显示在现岗位工作16年以上的职工学历大多在大专和高中及以下，学历层次偏低，本科学历主要集中在6-15年之间，硕士及以上学历工作时间在10年以下，岗位工作时间越短的职工学历层次越高。

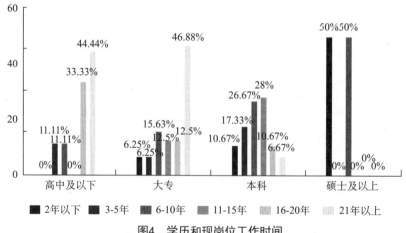

图4 学历和现岗位工作时间

如图 5 所示，单位职工认为工作分工基本合理或不合理主要体现在工作量不均、分工没有考虑职工意愿方面。

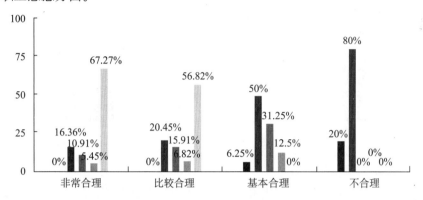

图5 工作分工是否合理及不合理原因

如图 6 所示，有晋升机会的职工工作热情非常高，非常热情达到 85.71%，机会不确定和没有晋升机会的工作热情程度明显降低，非常热情程度仅占 50% 左右。

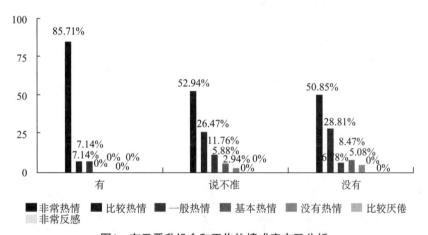

图6 有无晋升机会和工作热情成度交叉分析

从图 7 数据可以看出大部分职工认为自己的个人能力在工作中得到了发挥，但是仍然感觉自己没有晋升机会或说不准。晋升机会说不准或者没有机会的职工中分别有 5.88% 和 10.35% 的职工个人能力基本没有得到发挥或完全没有得到发挥。

从图 8 看，压力较大的部门是防办、党建、水政、养护单位、局党组等，其中防办所有人员均感觉有压力，经常加班。从图中也可以看出同一个部门中不同职工的工作量的差异。

从图 9 看，部门负责人感觉压力较大，另外一线外业岗位中近半数人认为有压力，需要经常加班。

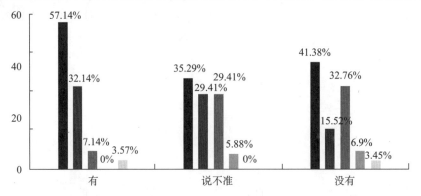

图7 有无晋升机会和个人能力的发挥程度交叉分析

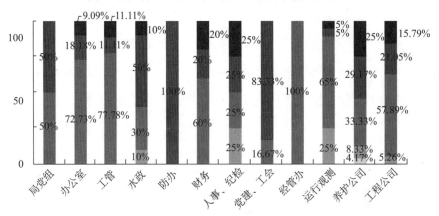

图8 所在科室和压力程度交叉分析

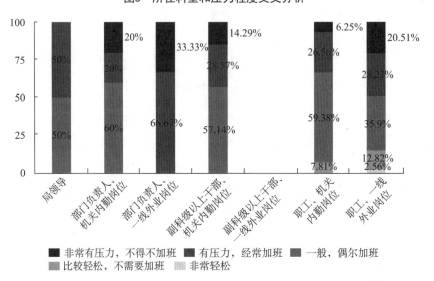

图9 岗位类型和岗位程度交叉分析

图 10、图 11 项数据显示当工作能够得到领导认可和比较认可时，职工和上级领导能够进行有效沟通或大多时能够有效沟通。当工作很少得到领导认可和基本认可时，职工和上级领导很少能够进行有效沟通或基本可以有效沟通。能否和领导进行有效沟通直接影响领导对工作的认可。

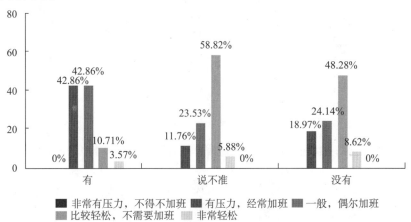

图10　有无晋升机会和压力程度交叉分析

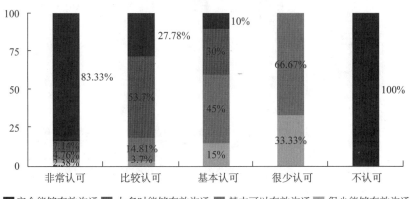

图11　是否会得到领导的认可和能否与上级领导进行有效沟通交叉分析

从图 12 可以分析出当职工可以和上级领导进行有效沟通时，基本都认可部门领导的管理水平。当职工很少或不能和领导进行有效沟通时，也不认可部门领导的管理水平。能否进行有效沟通直接影响对部门领导管理水平的认可。

从图 13 可以分析出很合适，并且有信心、有能力做好自己工作的职工个人能力可以得到充分的发挥；不是理想的工作，但能够做好的职工个人能力是基本得到发挥或者没到发挥；是否适合职工的岗位直接影响个人能力的发挥，建议按个人能力调整工作岗位。

据图 14，不是理想工作和不适合自己工作的职工压力大不得不加班，很适合和喜欢自己工作的职工压力较小偶尔加班。职工是否喜欢现工作岗位是工作压力大小的主要因素。

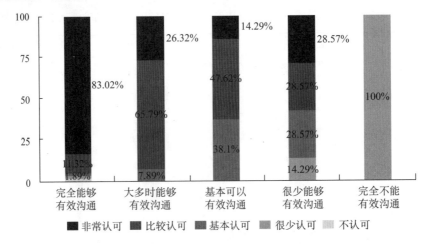

图12 能否与上级领导进行有效沟通和对部门领导管理水平的认可度交叉分析

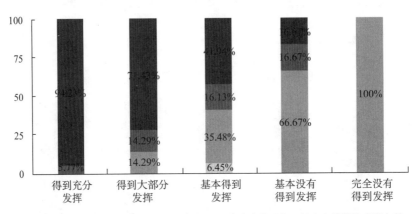

图13 个人能力的发挥程度和对目前岗位的看法交叉分析

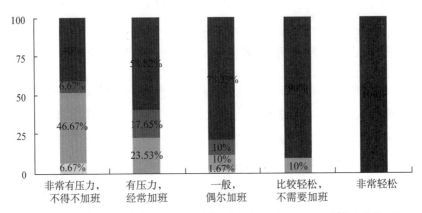

图14 压力程度和对目前岗位的看法交叉分析

据图 15 和图 16,从部门和岗位类型角度来看,职工们对目前岗位的满意度和工作积极性较高。

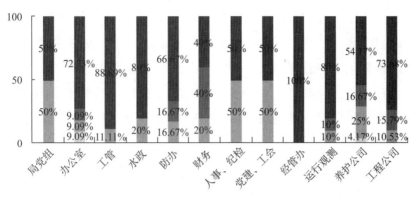

图15　所在科室和对目前岗位的看法交叉分析

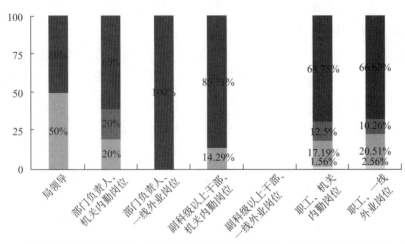

图16　岗位类型和对目前岗位的看法交叉分析

三、数据综合分析总结

通过此次满意度调查,大部分职工对单位岗位设置比较满意、对工作本身有很高的热情度,职工之间、领导干部与职工之间人际关系良好、沟通融洽,单位的整体工作氛围积极向上,前景可期。但是从数据中也反映出单位在岗位交流、工作分工、干部队伍建设等方面也存在不足,导致部分职工工作积极性不强、单位创新能力不足,主要集中在以下几个方面:

（一）职工分布不均衡

一是表现在男女职工比例差异较大，男女比例达到 6.5：1。虽然单位的机关工作分工可以不分性别，但是对于一些内业具体岗位比如：财务、人事、党群等部门较适合女性。机关一些科室全部由男同志组成，比如：工管、防办、水政，在工作分工中就缺少"男女搭配，干活不累"的协调。二是机关内勤与一线外勤岗位的人员比例差异较大，分别占 65% 和 35%。单位管辖堤防总长 34.08 公里、河道总长 25.5 公里，再加上近年对黄河流域生态保护和高质量发展提出了更高的要求，一线职工的人员匹配就显得不足。

（二）岗位交流不足

约有 3/4 的职工在现岗位工作超过 5 年，约有 1/5 的职工在现岗位超过 20 年。岗位交流不足不利于职工的全面发展，长时间的在一个岗位工作，工作新鲜感、工作热情会逐渐减少，厌倦心理会逐渐增多。该局在一个岗位连续工作超过 10 年普遍存在，包括精神文明创建、纪检监察、还有一些部门领导岗位等。这样既没有充分考虑职工的工作意愿，也不利于激励职工的创新精神。部分职工希望调整到其他岗位，发挥特长。

（三）职工晋升机会较少

职工当中约有 1/2 认为自己没有职务晋升机会，约有 1/4 对晋升机会不确定；对工作不满意的职工中，选择缺少晋升机会的职工占比 1/4；职工的晋升机会和职工的工作热情成正比；没有晋升机会的人当中有 10.35% 的人认为在工作中并没有发挥自己的个人能力。综上数据，晋升机会匮乏直接影响到了职工的工作热情和个人能力的发挥。

（四）工作量区分较大

这是这次调查问卷数据反映最突出的问题。约 60% 的职工认为工作压力一般或比较轻松，但仍有 12.5% 的职工认为工作非常有压力。同一个部门中不同职工的工作压力存在较大差异。以人劳科为例，4 个人参与的调查问卷，就有 4 种不同的工作压力感受，养护单位、水政科、工程单位和运行科的数据也都不同程度地反映了这一现象。其中，运行科属于职工人数较多的科室，有 25% 的人认为工作较轻松；养护单位有 4.17% 的人认为非常轻松。部门负责人中无感觉工作轻松的领导干部；一线外业人员的工作量差距较大，有一半人认为工作压力较大。职工工作压力较大就会出现希望调整工作岗位的想法，出现不稳定因素；职工工作非常轻松也会出现工作纪律涣散、无视工作纪律的现象。

（五）领导干部队伍出现断档

55 岁以上人员中领导干部占比 38.46%，而 46-50 岁和 51-55 岁中领导干部仅占比分别为 0 和 8.33%（见图 17）。领导干部队伍出现严重断档，没有形成科学均衡的梯次配备。

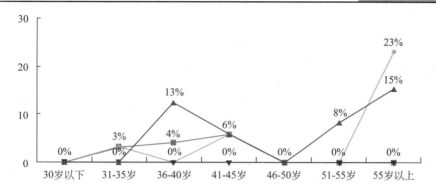

局领导 ▲部门负责人、机关内勤岗位 ■部门负责人、一线外业岗位
▲副科级以上干部、机关内勤岗位 ▼副科级以上干部、一线外业岗位 ●职工、机关内勤岗位
●职工、一线外业岗位

图17 折线分析

四、工作建议

通过此次调查发现单位目前需要从以下几个方面着手加强人事管理工作，循序渐进地解决存在的问题，逐步运用新理念、新思维、新方法促进单位快速发展。

（一）加强沟通交流，提高职工参与度

一是单位中层管理人员要不断提高沟通意识和沟通技巧。定期进行职工座谈，倾听职工的心声，了解职工的工作、生活情况，重视职工的身心健康，促进干部、职工相互认可；特别要注意及时缓解职工的工作压力，适时地给以夸奖与表扬，提高职工士气，使沟通成为单位一项重要的软性激励措施。二是畅通职工合理化问题反映渠道。给职工提供表达意愿的机会，及时反馈单位管理中出现的一些问题，为单位的管理出谋划策。三是定期举办丰富多彩的文化活动。可以以团队的形式组织开展，促进职工间合作意识和沟通配合，从而建造具有凝聚力、向心力的单位集体。

（二）适当进行岗位调整，提高职工工作积极性

一是部门内部轮岗交流。各部门领导干部要弄清楚本部门职工工作详细内容；梳理各岗位的职责。在职能交叉和无人负责的区域进一步挖掘和提升职工工作潜力，根据工作量与工作难易程度等因素，对部门岗位职责重新划分调整。让职工明确新岗位职责要求，通过实践帮助职工重新感受工作中的个人价值体现，提高职工工作积极性。岗位调整时，要保证工作的公平分配，杜绝部分职工出现混日子的工作态度，避免影响其他职工的工作士气。

二是跨部门学习成长。针对有跨部门调整工作岗位意愿的职工，综合分析其学习能力、行为能力、价值取向等个人因素，评定岗位适配度后再进行调整。对像一线外业人员短缺的岗位，也可以采取"内部选聘、一线锻炼"的方式选用人员。对于无正当理由，想通过调整工作岗位投机取巧、避重就轻的人员，给以坚决否定。对于工作积极性高、学习能力

强、想要通过岗位调整学习成才的人员，给予大力支持。

（三）加强职工培训，提升职工综合素质

不同程度发挥能力水平选项中，均存在一定比例的"喜欢现在的工作，但自身的能力有所欠缺"选项。说明职工在工作要求和个人能力间有一个差距，需要通过单位培训和个人学习加以弥补。

单位培训方面，需要明确培训的职能和定位，有计划、有目标的进行。根据不同的岗位制定相符的专业性培训，以实际操作需要为依据，避免培训内容空泛。培训渠道首选内部培训，在内部能力达不到的情况下，增加职工参加外部培训的机会，也可进行轮岗培训和以老带新培训。同时单位可以鼓励职工通过自学提高相关能力，增强综合素质。

（四）加强干部队伍培养，提供个人发展平台

一是通过招聘渠道，做好人才储备，防止出现工作断层。近几年该局招聘高校毕业生的力度严重不足，造成各部门的新生力量匮乏。在"十四五"期间要加大高校毕业生招聘力度，提升干部队伍活力。二是注重青年干部培养，通过举办青年干部培训班加强青年队伍建设。通过岗位设置调整增加青年干部职工在职务和专业技术方面晋升的机会，提升岗位满意度、提高工作积极性。三是在调研中有部分职工认为自己在工作中未能得到完全发挥。说明单位在职工工作方面，还应该提供更多让职工自主发挥才能的机会。比如，部门负责人在一些工作中让职工承担部分工作责任，学会放手，给予职工试炼的机会。另外，让职工们更多参与到部门决策、活动组织中，提供展现自己才能的舞台。

总之，此次调研对了解职工们对单位在岗位设置、岗位管理等方面工作满意度情况，起到了非常重要的参考作用。促进了单位与职工之间的沟通和交流，深入了解了职工们的真实感受。职工们畅所欲言地反映平时管理层面听不到的声音，起到了信息向上和向下沟通的催化剂和安全渠道作用。下一步，将通过政策研究实施改进工作成效、提升职工对单位发展和管理的认同感、归属感，增强干部职工队伍的向心力和凝聚力。

（作者单位：开封黄河河务局／第二黄河河务局）

创新电厂发电人员培训模式研究

郭林鑫　李　康　那志松　黄冉冉　王　露　梅　娟

一、丹江口水力发电厂背景及培训的必要性

丹江口水力发电厂总装机容量为 6×150MW 机组，在职员工 700 多人，是汉江水利水电（集团）有限责任公司核心企业。随着电网对机组非计划停运严格要求，水电机组非计划停运不仅会导致电量损失，增加维护成本，对电网系统造成很大的扰动，甚至破坏电网系统运行稳定，为保证机组各项运行指标正常和安全稳定发电，对发电人员工作能力和素质水平提出了更高要求。与此同时，丹江口水力发电厂还面临着机组在高水头条件下开机困难，新设备、新技术、新管理模式在电厂机组改造升级中探索应用。目前发电人员年龄结构集中在 23-30 岁和 40-50 岁之间，年轻且具备丰富操作经验的员工相对较少，存在人员梯度跟不上的压力和挑战。为保证发电机组甚至电网的安全、稳定及可靠运行，加强发电人员技术水平和综合能力培养显得尤为重要。因此，本文为提升发电人员在面临新设备、新技术、新管理模式下的业务水平和综合能力，考虑了丹江口水力发电厂发电人员现阶段实际工作情况和培训方式，对发电厂创新培训模式展开了相应研究。

二、现阶段发电人员的培训模式

（一）导师带徒

为保证新员工入职后能及时适应工作岗位，电厂安排新员工和师傅签订"一对一"导师带徒协议。导师根据工作需要和实际遇到的问题，将所需学习知识和工作经验讲授给新员工，指导新员工在工作中边干边学。但是很多实际操作经验、技术创新和应急事件处理等很难在导师传授中掌握，需要员工在实践过程中不断进行自我分析、探索和总结。

（二）技术课堂

根据员工入职时间的不同，定期组织员工自选课题进行技术课堂讲授。虽然技术课堂在很大程度上可以促进新员工主动去学习讲授内容和思考研究问题的深度，但是大多数授课人基本采用"照本宣科"，根据自我工作经验进行讲解。而忽略讲授内容的工作实用性和生动性，造成参加课堂学习的成员所获得有效培训知识较少，可能会导致对重点内容把

握不准，授课效果不佳。只有提前对授课内容有所研究的员工才能明白授课人所讲授的内容，而没有接触过相关工作知识和新员工只能根据个人专业能力自我领悟。

（三）事故应急演练

根据发电人员在工作过程中遇到的典型事故案例进行定期演练，提前检验发电人员处理事故全过程的措施和方法，针对演练过程中存在的问题及时给予改进措施和建议，为日常工作中出现的突发事故提前做好应急措施，以保证在事故出现时能够有效预防和处理事故，使事故产生影响、损失尽可能降低到最小。

（四）仿真模拟

通过采用电力仿真模拟平台搭建的典型工况和机组设定数据，可让员工较为直观地感受到参数变化和实际操作对机组运行工况及状态的影响，能大体上实现实际现场操作步骤和操作过程的综合模拟。但仿真系统的搭建一般为典型工况，很难将现场机组实际工况和机组技术改造等动态情境嵌入，致使仿真结果在现场应用仍需结合实际工况进一步研究。

三、目前发电人员培训模式存在的问题

（一）人才培养与企业发展的矛盾

目前发电人员面临着高水头开机运行和机组改造升级过程设备工况改变的挑战，要求发电人员需要认真总结分析不同水头下开机问题和改造升级后设备的实际应用工况。而当前发电队伍中的青年人员逐步向其他分场流动，致使部分青年人员平时很难潜下心来学习，往往只是为了竞岗和调动岗位考试而应付学习。此外，在导师带徒过程中主要以师傅讲授为主，没有仔细去思考讲述内容与实际工作内容联系，导致愿意学习的人员相较于被动接受知识人员的技术水平较高，班组人员之间水平参差不齐，人员队伍中经验丰富、操作能力强的青年人员相对较少，没有形成人员培养梯队，在一定程度上为机组长时间稳定运行带来隐患，长此以往难以适应新形势下电厂发展的需要。

（二）人员培训个性化不足

发电人员需要掌握水轮机、发电机、调速器、变压器等设备运行原理和故障特点，但发电人员的所学专业、年龄及学习研究重点难免有所不同，每个人员都有各自较为熟悉的领域。比如：学习电气工程专业的员工对电能的生产、传输比较清楚，而学习能源与水动专业的学生对水轮机组构成和工作原理较为熟悉。培训过程仅偏重于电气或水动方面知识，没有进行基础理论知识内容的讲解，非本专业的员工理解非常困难，只能通过死记硬背掌握相关知识点，不理解知识点原理和机组之间的联系，时间稍长就很难理解知识点的内容。而且新员工和老员工培训需求有所差异，新员工主要侧重于拓宽自我知识面的广度和深度，

老员工由于工作经验相对丰富，参加培训往往更注重于培训内容能否更好地解决工作中遇到的问题。针对不同的培训需求，采用相同的培训计划，会导致培训效果欠佳。

（三）培训效果评估方式单一

发电人员培训效果的评估方式目前主要由班组、部门采用笔试、面试和培训小结等形式开展，根据人员在笔试、面试及培训过程中的表现来判断人员所掌握的知识水平和工作能力。虽然该评估方式在一定程度上可以及时反映人员知识学习情况，但只能体现员工的理论水平掌握情况，无法根据评价结果反映出员工在实际工作过程中操作能力和应急能力，不能很好地指导培训组织人员根据评估效果进行培训内容增加或删减，从而直接影响到员工在培训过程中的获得感，致使部分员工错误地认为参加培训只是为了获取学时，较自身所预期的实际工作能力提升程度仍有很大的差距。

四、改善发电人员培训模式建议

通过分析发电人员培训模式存在的问题，为提高发电人员培训效果，文章结合作者自身工作实际和其他先进电厂发电人员培训方式，提出了发电人员创新培训模式。

（一）加强人员培训规划管理

电厂应重视发电人员的培训工作，加强发电人员培训规划管理。根据人员成长阶段不同，制定见习期、成长期和成熟期等不同阶段的工作目标和职业晋升通道，保证人员在不同阶段能够快速成长，及时填补发电队伍中高水平人员的空缺。而且在人员参与新岗位的竞聘、评优评先、职业晋升等过程中，优先考虑完成阶段性培训目标人员。对于不能顺利完成培训目标人员，应建立一对一帮扶机制，帮助其进行原因分析并给出相应的改进措施，保证未完成人员既能在思想上和行为上对培训模式的认同，提高参加培训和学习培训知识的积极性，又能及时解决员工在培训过程中存在的问题和困惑。

（二）丰富培训形式

在原有发电人员培训模式上，采取多种培训方式和多样化培训内容，及时听取员工关于培训模式的想法，根据员工培训想法动态调整培训模式，提高发电人员培训效果。

1. 录制典型操作微视频

针对发电人员实际工作过程中遇到的难点、易错点、典型机组开停机和母线切换运行等操作，安排专人录制操作全过程，并按照视频操作类型进行分类收集存档，然后将存档视频发给经验丰富师傅、班值长、分场专责等审核，根据审核意见修订视频中存在的操作问题和安全防护措施，形成能够让培训人员利用课余时间进行自我学习的微视频，提高培训学习过程中实用性、真实性及有效性，让培训人员不仅能快速直观掌握培训内容，还能有效掌握现场实际操作动作要领。

2. 岗位轮换学习制度

根据不同值与值之间特点和差异，定期将班组人员进行轮换学习。针对不同值的先进管理办法、培训模式，鼓励员工在轮岗学习过程中积极汲取他人成功经验和分享自己所在班组学习制度。通过岗位轮换学习，不仅能促进班组人员之间的熟悉程度和工作配合默契度，还可以提高班组人员整体水平。

3. 仿真学习和现场实操并举

根据目前现有电力仿真平台特点，结合电厂设备运行状态，对现有仿真平台进行优化改进，尽可能使仿真平台上设置的母线切换运行、运行突发事故等多种运行工况模拟与实际现场更好贴合，提升仿真模拟与设备实际运行等价性，可锻炼发电人员在实际工作过程中独立思考和分析问题能力。此外，在完成仿真模拟实操学习后，让经验丰富人员有针对性地组织员工在现场实操环境下进一步巩固仿真学习成果，使仿真学习成果能够及时在实际工作过程得到验证，最终形成现场无法操作练习的在仿真中实现，仿真中可以实现的内容在现场中实操。

（三）建立有效培训评估体系

培训学习评价不局限于考试和自我总结，培训评估工作应综合考虑员工日常任务完成情况、学习积极性等内容展开，避免培训走过场，仅满足于学时的获取。充分发挥学习评价的调节作用，针对培训内容本身的可实践性、对员工工作绩效的影响程度进行全面的评价，根据评价结果动态调整培训计划和内容，对知识的难点、盲点进行及时反馈并再学习。此外，员工培训情况应考虑纳入企业年度考核，如员工累计多少次培训不合格，当年不能参与先进员工评选和职位晋升，调动员工在培训过程中积极性和主动性，完善培训工作的反馈作用和约束机制。

五、结束语

电厂对发电人员的技术水平、综合业务能力要求越来越高，加强发电人员培训不仅有助于员工职业发展规划，还可为改造升级后的机组安全、稳定及可靠运行提供强大的人才队伍支撑。因此，电厂应当重视发电人员培训工作，不断创新培训模式，将培训内容同实际工作紧密相结合，在培训过程中应主动发掘人才并对其进行及时、有效的培养，强化电厂人才队伍建设，构建多维度人才队伍培训体系，为提升电厂安全、稳定及可靠运行能力提供可持续发展的人才资源保障。

（作者单位：汉江水利水电（集团）有限责任公司丹江口水力发电厂）

水利科研人才队伍建设的思考与实践

冯　雪　房润南　徐海涛　郭文康

向　前　杨　婉　左　甜

人才是撬动所有资源的首要资源，是最为重要的决定性资源。当前，中国特色社会主义进入新时代，水利改革发展也进入了新时代。党的十八大以来，以习近平同志为核心的党中央确立了人才引领发展的战略地位。习近平总书记指出"新时代是在奋斗中成就伟业、造就人才的时代。"国家战略创新驱动发展，部委陆续出台政策，对创新人才发展也提出了更高要求。国家形势对人才队伍建设具有推动作用，对水利人才队伍建设也提出了更高的要求。

本课题通过对本单位人才队伍现状、存在的问题进行分析，聚焦贯彻"节水优先、空间均衡、系统治理、两手发力"治水思路和水利人才队伍建设需求，坚持问题导向、目标导向，创新人才培养举措，完善工作体制机制，激发人才队伍活力，推动水利人才工作高质量发展，实现人才数量和质量双提升，为新时代水利改革发展提供有力支撑。

一、人才队伍现状

（一）人力资源基本情况

根据统计数据，长江科学院在职职工 800 余人，35 岁及以下职工占比 36.0%，36 岁至 45 岁职工占比 25.1%，45 岁以下职工占比达到 61.1%。专业技术人员 700 余人，占在职职工总数比例为 88.9%，工勤技能人员占在职职工总数比例为 8.1%。全院博士学历人员占在职职工总数比例为 28.6%；硕士学历人员占比 36.9%；本科学历人员占比 21.7%。详见图 1、图 2 和图 3。

近年来，长江科学院高学历人才队伍结构得到优化，博硕士学历人数占比提高到在编

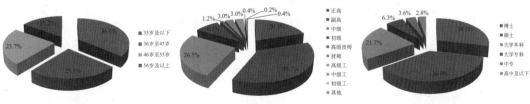

图1　年龄结构图　　　　图2　职称结构图　　　　图3　学历结构图

人员总数的 65.6%，具有副高及以上专业技术职称占比提高到在编人员总数的约 60%。总体而言，高学历和高级职称人员已达到一定规模，年龄结构不断优化。

（二）高层次人才情况

近年来，长科院先后承担了国家高层次人才特殊经费项目、水利部引进境外技术、管理人才项目、中国水利学会青年人才托举工程和助力计划项目、湖北省高端人才引领培养计划项目等人才项目。围绕新时期治水治江新思路，面向水安全保障、水生态文明建设、"四个长江"建设、长江经济带发展等方面的科技新需求，紧跟国家、部委科技改革新动向，大力开展治水治江科学问题研究，承担了国家科技支撑项目、国家重点研发计划项目、国家自然科学基金项目、省部级科技计划项目等，取得了丰硕成果，锻炼塑造出了一支科技治江主力军，在职职工中获得国家、省部级等各类专家称号 80 余人。

二、当前人才队伍建设主要存在的问题

通过问卷调查和座谈调研发现，单位人才培养及人才开发虽取得了一定的成效，但依然存在以下问题。

（一）人才评价激励机制不够完善

调查问卷中，有 71.5% 的人认为"单位很重视人才培养工作，但缺少长远规划及完善的培养机制"，大多数人认为应该设置"有明确导向作用的考核指标"和实施"切实可行的人才分类评价"。

出台行之有效的人才分类、评价及激励措施是当前职工呼声较高的诉求，调查问卷及座谈中，"您最看重以下哪些方面"，排在前四位的选项是"收入待遇""学术成就和声望""个人兴趣／潜力发挥""社会价值／贡献"，潜心专业，发挥个人专长，实现个人价值是大家的共同愿望。"在您成长中困扰您的主要问题"调查中，绝大多数人选择了"产研矛盾突出，潜心科研环境差""专业发展定位不清，没有明确的发展目标"，大多数人呼吁"拥有更多项目资金的支配权""拥有更多自己项目的灵活时间""自己组建或领导项目团队""在工作安排上充分考虑本人专业、专长和兴趣"。57.6% 的参加调查问卷的人认为"项目收益奖励机制，建立项目独立核算评价体系，奖金与效益直接挂钩"是最有效的收益机理模式。总的来看，单位在人才培养、评价、激励机制仍不够完善，人才评价衡量标准仍不够科学，分类评价指标不够健全，相关政策实施不够扎实，激励手段较为单一，营造科研人员潜心研究、埋头苦干工作氛围的力度不够，对人才先进事迹宣传不足，在调动各类人才的积极性和创造性方面的举措不够具体。

以上调查结果表明人才培养开发机制活力不足，一是未实行人才分类培养，人才成长路径不清晰，成长通道不顺畅。二是人才培养开发措施不够明晰，对青年人才系统的传帮

带机制不够健全，对创新性人才的培养措施力度还不够。三是学科带头人和技术骨干从事公益科研和进行市场创收的双重压力较大，人才负担过重，"通才"的培养模式缺乏可持续性；四是人才培养配套的考核、评价、激励等制度活力不足。

（二）高层次领军人才匮乏

"十三五"期间，实施了杰出人才培育工程并加大了引进高层次及急需特殊人才力度，但在院士、国家有突出贡献的中青年专家、杰青获得者、科技创新领军人才方面仍未取得实质性进展，同时国家级、省部级领军人才规模仍总体偏小，培育杰出人才的基础还相对薄弱。"当前单位人才队伍建设方面主要问题"问卷调查结果显示，"高端领军人才匮乏"和"高层次创新人才短缺"占比较高。领军人才及高水平创新团队的缺乏，导致单位在学科发展前沿和治江事业重大战略性问题研究上缺乏有效话语权。

（三）人才结构性矛盾较为突出

一是人员规模呈现萎缩趋势。在人才引进招聘难度加大、退休人数增加的双重因素影响下，单位人员规模已开始出现萎缩趋势。

二是人才队伍年龄结构存在断层现象。20 世纪 60 年代出生的国家级、省部级具有较大影响力专家级人才有一定规模，但 70 年代出生的专家人才出现了断层现象，既表现在数量上的偏少，也表现在行业影响力上的不足。80 年代出生的后起之秀虽初具规模，但在行业和学界的影响力尚未建立。专业领域的优秀人才数量较少，学科带头人缺乏发展后劲。人才梯队的青黄不接，给单位相关专业的可持续发展带来了不利影响。

（四）青年职工流动率较高

据统计，近 10 年人才的流动年龄段主要集中在 30 岁 –50 岁的中青年人才且以 80 后占比最大；从学历来看，人才流动主要为博士、硕士毕业生，合计占比达 91%；从职称来看，处于成长阶段的副高级职称以下人才占 90%；从人才的流向看，主要集中在政府机构（委内参公管理机关单位为主）、国内外高校（含继续深造）、企事业单位和沿海发达城市等。中青年人才的流失量偏大容易导致部分专业方向的学术人才年龄结构不均衡，人才断层现象较严重，后备人才储备不足，合理的人才梯队难以形成，不利于单位的长远发展。

三、人才队伍建设改进方向和建议

按照国家新形势、新目标的总体要求，建议从以下几方面促进水利人才队伍水平整体提升。

（一）内外并举，构建结构合理的人才梯队

立足于治水治江事业专业发展需求，继续做好内部培养和外部引进两个方面的工作，形成有层次、有衔接的人才结构梯队。一是注重加强培养人才队伍梯队，储备人才，培养

后备人才，逐步完善人才队伍，形成有层次的梯队型人才队伍；二是制定科学人才引进计划，包括引进人才的专业、层次、数量等，从而确保引进人才的质量；三是继续通过校园和社会招聘等措施大力引进博、硕士为主的优秀青年人才；四是制定更加积极、更加开放、更加有效人才政策，尝试通过实行协议工资制、项目工资制等，将人才柔性的引才引智相结合，引进紧缺急需人才。

（二）多样包容，构建分类人才培养和精准管理机制

根据专业技术、经营开拓和综合管理人才的不同特点，分类建立人才能力素质评价标准，健全科学的人才分类体系，完善人才单通道、双通道、多通道晋升机制。

一是专业技术人才队伍。按照新时代水利事业发展需要，以提高专业技术人才的专业水平和创新能力为核心，大幅提升专家人才在水利行业乃至国家层面的影响力和竞争力为目标，遵循专业技术人才成长规律，畅通专业技术人才成长通道，健全专业技术人才精准管理机制，不断为中青年科技人才创造独立承担和负责重大科研工作的机会，大力培养其解决科研重点难点问题的能力；不断鼓励中青年科技人才积极开展国际合作交流，拓宽国际学术视野；着力减轻按专业技术人才成长路径发展人员的市场经营负担。

二是高素质经营开拓人才队伍。加强对经营开拓人才的水利政策、专业知识及经营管理知识的持续业务培训，不断提供参与实际工程项目的锻炼机会，促进经营管理人才综合素质的提升。探索设计经营开拓人才成长路径，畅通经营人才发展通道，建立经营开拓人才激励机制。

三是高素质综合管理人才队伍。重点是加强高素质管理干部队伍建设和培养。坚持德才兼备、以德为先的用人标准，以优化干部队伍结构和加大年轻干部培养使用为重点，提高干部队伍的领导能力和管理水平。实现干部队伍的纵向、横向、内部转任（轮岗）等多渠道交流，不断提高综合素质。

四是专业国际化人才队伍。以创建"国际化一流水利科研强院"为引领，围绕国际合作中心工作，加大单位国际化人才培养力度。实施"三大人才计划"，努力建设 "二支人才队伍"，形成国际合作学术带头人、国际合作后备人才、国际合作管理人才相结合的复合型人才结构，为单位国际合作和外事科技交流提供国际人才保障。

（三）改进方式，组建并支持一批创新团队

改进创新团队组建方式，采用"自上而下"指导干预和"自下而上"自由组合相结合的方式组建团队，经专家评审优选产生，分单位统筹和自主负责两种类型。控制团队数量和团队成员规模，团队负责人从承担重大项目、入选国家高层次人才计划或有巨大发展潜力的优秀中青年骨干中产生，鼓励专业融合、学科交叉，核心成员以博士或具有副高级以上职称人员为主体。

加大创新团队资助力度，经费由单位划拨，并从人、财、物上给予团队负责人更多支配权。

加强对创新团队的考核与管理，有效推动多出人才、多出成果、出好成果，优先推荐并支持创新团队的重大成果、创新人才申报国内外奖励和荣誉，助推人才规模化成长。

（四）强化保障，确保各项制度和措施落地见效

一是加强完善组织领导。坚持党管人才原则，建立人才培养的决策协调机制和督促落实机制，进一步加强人才队伍建设的组织领导；分解人才发展规划目标，明确用人单位主体职责，充分调动用人主体在人才培养中的积极性和主动性，改善人才成长环境，畅通人才成长渠道。

二是持续改进人才环境。通过不断改善软硬件条件、创造开展国际、国内高层次学术交流活动学术环境，形成"尊重劳动、尊重知识、尊重人才、尊重创造"良好的文化氛围，开阔视野积极开展国际合作项目，从而进一步打造良好的工作环境、学术环境和生活环境，激发人才成才的内在动力同时，鼓励优秀人才潜心科研攻关、科技创新为治江事业建功立业。

三是增加经费投入。针对不同层级的人才培养的需求特点，建立不同侧重的经费投入模式，在通过基本科研业务费资助人才发展及团队建设形式的基础上，增加单位自筹经费在人才培养激励方面的支持力度，加大科研项目研究过程中对人才培养、奖励等方面的资金投入，使人才队伍建设和科研项目同步增长。设立创新人才发展专项基金，注重年轻人才和后备人才培养资金的投入，为各层次水利人才队伍建设提供强有力的支撑。

通过不断深化改革和管理创新，打造水利行业高水平专业技术人才队伍、高素质管理干部队伍、经营及支撑人才队伍，推进各类人才队伍整体素质持续提升。

（作者单位：长江水利委员会长江科学院）

社会多元主体参与下浙江水利行业公共实训基地开展高技能人才培养的研究

朱兆平 赵 凌 洪 梅 杨玉泉

一、问题提出

所谓高技能人才培养，是指通过融合职业院校、政府以及企业等不同的教育背景与资源，培养适合企业需要、引领行业发展的现代技术型人才。随着近几年来我国现代高等职业教育的超常规发展，（水利）高技能人才的培养也取得了一定成果，但同时也面临着诸多问题，比如制定的培养目标被忽视、培养方式受局限、培养内容缺乏深度等。本研究从水利高技能人才培养的现状入手，结合区域经济背景，探讨以浙江水利行业公共实训基地为平台，政行校企互动所诠释的高技能人才培养的实现方式及路径。

当前，水利职工培训的质量不高，往往出现形式化、走过场式的低效培训现象。一是培训内容不够新，培训教材滞后，水利建设的新知识、新技术、新工艺未能及时提供，出现与生产、社会发展相脱节的现象。二是培训师资不够强，不少培训教师理论和技能水平的提高不能兼顾，有的教师理论知识丰富但无实践经验，有的教师技能水平高但缺乏理论知识，以致降低了高技能水利人才培养的质量。建设开放、共享的水利行业公共实训基地是实现水利高技能人才培养目标不可或缺的重要保障，是我国水利职业教育创新发展的重要内容。为进一步贯彻落实浙江省人民政府《关于深化产教融合的实施意见》等文件精神，建立长效机制，推动产学研融合发展，推动《浙江省水利人才发展"十四五"规划》落地见效，由浙江同济科技职业学院牵头，整合浙江同济科技职业学院、省水文管理中心、中国水利博物馆、省钱塘江流域中心、省水利水电勘测设计院、省水利河口研究院、省水利信息宣传中心、省水利防汛技术中心等8家厅属单位优势资源，联合组建设立浙江水利行业公共实训基地（简称"水利公共实训基地"），搭建共建共用、开放共享的技术资源合作交流平台。

二、关于公共实训基地的述评

目前在国内"公共实训基地"还没有一个权威和完整的定义，在其概念解读中不外乎三个维度，它首先是一个平台，作用是培养技能人才。其次是一个具有一定公益目的而存在的服务性基地，但是其公益性还有待社会经济的进一步发展作为支持，目前仍然不属于彻底的公益性组织。最后它对整个国家的发展具有关键性价值。同时在以往的文献分析中发现"公共性"是其根本特征。在此基础上李静认为还包括"职业性、公益性和开发性"，同时她认为公共实训基地可以由"政府、职业院校、行业企业等单独创办或联合创办"。而吴晓天则认为其建设创办必然由政府牵头，才能保证基地适合当地产业技术结构的特点，其特点还包括"实践性和先进性"。在功能上李静关注的是"提高了职业教育质量和培训在职职工中发挥的示范性良好作用"。吴晓天关注的是"基地不仅是服务全体社会劳动者为其技能提高作出职业实习训练和技能鉴定等活动"，还涉及"新职业和新技术的创新"。目前为止，这些都属于比较完整的表述。

三、水利公共实训基地高技能人才培养方法的主要类别

根据水利公共实训基地承担的高技能人才培养任务的差别，将其培养类别主要可以划分为以下几种：

（一）教学培训

这种高技能人才培养方式虽然最为普通，但也最为重要。一般可以分为短期培训和长期培养两种方式。短期培训是受培训者指定培训工种中的某一项技能，公共实训基地对其进行高强度的反复培训，以备受训者的临时之需。通常基地对于受训者的理论知识无须太多灌输。这种培训多见于企业对某个新技术的紧急需求。而长期培养则多见于高职院校学生培养中的实践教学环节。

（二）技能鉴定

基地通过其拥有的一大批较为先进的高新技术化及技术设备开展中高级工、技师等的技能鉴定。其主要目的不仅只局限于为了确保基地人才高技能水平的扎实性以及基地高技能人才培养方式的有效性。职业技能资格的鉴定更是通过建立一种标准对高技能人才的培养机构以及各环节产生着一种"引逼"机制。众所周知严格先进的实训鉴定标准要求"倒逼"公共实训基地更多地选择技术先进、标准严格、设计规范的培训模式，从而推动高技能人才培养的顺利进行。

（三）联盟研发

这是针对高技能人才培养之"高"的突出手段之一。这种培养方式一般需要在特定的环境下，尤其是企业和政府对于技术研发的迫切需求，例如部分企业为了减轻自身技术研发的各项支出，以合同的方式委托基地，或者与基地共同进行项目研究。基地根据要求整合各项智力资源设立研究创新中心，或者组建区域技术联盟。这些企业的项目落实往往最后都会形成以基地师资为主要负责人的格局，基地学员则得到了更多新技术研发的参与机

会。对高技能人才培养而言反复的既有技术训练远不及新技术研发参与带来的实际实践效果。技术研发是高技能人才可持续发展的重要条件之一。

（四）技术交换

基地作为一个开放的平台，已经不再固守于简单的实践培训，其高技能人才培养的方式更趋于外放。基地更注重打通现实世界，着眼于通过技术交换来达到高技能人才培养的目的。所谓的高技能人才培养的技术交换形式主要是通过举办竞赛平台。竞赛一方面检验了高技能人才培养的质量，总结经验教训，以备作为将来培养模式改进的参考依据；一方面也是通过竞赛这种大型的平台交流拓宽基地高技能人才培养的视野，领悟其中的先进技术及优秀理念。竞赛的项目往往凝结了参与学校及企业单位全部的操作心血和技术优势，竞赛的过程是在体验一种"斗趣"的同时，更是一项有意义的"技术交换"。通过采用技术交换的方式，使基地高技能人才培养方式不再单一，更趋多元化，奠定了基地可持续发展的坚实基础。

四、依托浙江水利行业公共实训基地培养高技能水利人才的具体实践

（一）浙江水利行业公共实训基地组建背景

1. 落实上级部署要求

深入贯彻习近平总书记关于职业教育工作重要指示精神，加快构建现代职业教育体系，培养更多高素质技术技能人才、能工巧匠、大国工匠。对标水利部《新时代水利人才发展创新行动方案（2019—2021年）》、中共中央办公厅、国务院办公厅印发《关于推动现代职业教育高质量发展的意见》、浙江省政府《深化产教融合推进职业教育高质量发展实施方案》，计划组建浙江水利行业公共实训基地，搭建人才联合培养机制，推动产教深度融合，确保相关决策部署落实落地。

2. 适应行业发展需求

着眼水利高质量发展，聚焦主责主业，整合行业资源，建立多形式合作平台。开放实验室、设计科研场所、高技能实习实训场所，共享相关设备信息资源。促进智力、技术、装备、管理集聚融合，推动厅属单位优势互补、资源共享、协同发展。有效推动人才链、创新链与产业链、供应链有效对接，突出公共实训基地的行业特色和区域辐射性。

3. 满足人才培养需要

以水利公共实训基地为基础，深化产教融合。拓宽人才培养的平台载体，推进产教协同育人，强化实践教学，培养更多高素质技术技能人才、水利工匠。

4. 打造创新示范样板

突出水利领域改革争先，创新运行载体，引领技术技能跨界融合。构建人才培养交流

合作共享新渠道，把资源优势转化为高质量发展动能，打造人才支撑行业发展新引擎新样板。

（二）建设内容

1.建设目标

对标高质量发展建设共同富裕示范区，聚焦水利高质量发展、争创水利现代化先行省，围绕我省"十四五"水安全保障重点任务，构建产教融合发展机制。优化水利行业公共服务，构建起纵向贯通、横向融通的水利行业公共实训基地。积极展示浙江水利高质量发展的标志性成果，努力打造省级层面资源开放共享的示范样板。

2.建设原则

坚持共商、共建、共享、共管、共赢原则，公共实训基地共建单位共享场馆和设备。在不影响自身日常业务开展的前提下，可供行业内外企事业单位申请使用。

3.基地功能

坚持水利行业公共服务的目标定位，突出公共性、公益性、先进性和示范性。基地面向全省水利行业提供高素质技术技能人才培养、技能训练、技能鉴定、技能竞赛、师资培训等核心功能，促进厅属单位之间资源要素集聚融通、优势互补、开放共享。

（三）组织构架

聚焦培育新时代水利工匠，基地拟成立水环境测控与工程诊疗实训中心、GIS应用与节水灌溉实训中心、水利工程BIM应用实训中心、水利信息实训中心、水旱灾害防御实训中心、水文勘测实训中心、水情科教示范中心、河湖管护实训中心等8个分中心（图1）。分别为：

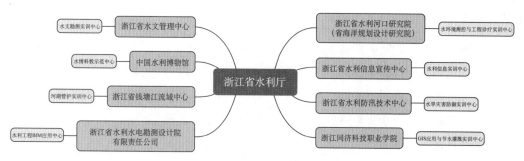

图1 浙江省水利厅组织机构

1.水环境测控与工程诊疗实训中心

利用浙江省水利河口研究院六堡基地及浙江同济科技职业学院水环境实训室等资源，面向农民饮用水相关人员开展水质检测等实训，助力构建"浙江水网"；依托研究院防灾减灾实验室、大坝监测中心、同济学院白蚁防治中心，为防灾减灾、工程管理相关人员教学实习实训提供支撑；依托研究院浙江省水利水电工程质量检验站，面向水利工程建设管

理相关人员开展水利工程安全监测、评估、修复等实训技术服务。（牵头单位：浙江省水利河口研究院）

2. GIS 应用与节水灌溉实训中心

发挥浙江同济科技职业学院测绘信息中心等资源优势，联合承担 GIS 技术培训。提供"无人机驾驶执照"考证服务，联合在水利行业 GIS 技术领域开展技术推广应用。依托同济学院水利工程与设施农业实训基地，开展高效节水技能技术实训，承办相关技术应用大赛。（牵头单位：浙江同济科技职业学院）

3. 水利工程 BIM 应用中心

发挥浙江同济科技职业学院、浙江省水利水电勘测设计院水利工程 BIM 技术优势，开展 BIM 应用技能的推广，联合承担相关课程教学及实训，助力浙江水利工程建设领域数字化转型升级及水利新基建改革。打造高水平水利 BIM 技能团队和 BIM 技能人才培养基地。（牵头单位：浙江省水利水电勘测设计院）

4. 水利信息实训中心

综合应用互联网技术，打造水利智慧化管理实训平台。融合防汛、工程建管、工程运维等业务系统，监测水利工程的运行情况。实现对在建工程远程实时传输教学、已建工程运管虚拟仿真实训提供必要支持。（牵头单位：浙江省水利信息宣传中心）

5. 水旱灾害防御实训中心

面向全省水利行业开展水旱灾害防御培训及科普宣传教育，整合全省水工程调度、抢险技术领域的专家成立水旱灾害防御技术专家团队。开展水旱灾害防御技术培训、抢险技术装备操作、实战演练，为公众提供水旱灾害防御相关科普宣传教育。（牵头单位：浙江省水利防汛技术中心）

6. 水文勘测实训中心

发挥之江水文站、省级技能大师工作室等资源优势，开展水文勘测、预报预警等技能培训、水文新技术设备应用实训、水文技术攻关革新、水文勘测技能鉴定等，打造水文高技能人才培训基地。（牵头单位：浙江省水文管理中心）

7. 水情科教示范中心

发挥水利行业国家级博物馆平台优势，开展国情水情认知、浙江治水历史与成果展览、水科技示范、水科学实验等实训，打造浙江水情科教示范中心，普及水知识，探索水科学，强化水体验，为社会公众和青少年学生提供水情科普教育服务，提高全社会的节水护水与水安全保障意识。（牵头单位：中国水利博物馆）

8. 河湖管护实训中心

利用浙江省钱塘江流域中心资源优势，搭建海塘巡查与维修养护、闸泵运行管理等实训平台，推进河湖管护技术研究、推广、交流，为河湖管理及专业技术人员培训等提供技术支撑。通过网站、微信公众号等为社会公众提供钱塘江水文化、涌潮预报等公共服务。

（牵头单位：浙江省钱塘江流域中心）

（四）运行机制

1.基地管理机构

组建浙江水利行业公共实训基地建设管理领导小组，做好基地的建设与管理工作，负责协调基地运行中重要问题。小组组长由浙江省水利厅副厅长担任，小组副组长由提供实训资源的 8 家厅直属单位主要领导担任。领导小组下设运行管理办公室（以下简称"办公室"），办公室主任由浙江同济科技职业学院校长兼任，副主任由 8 家基地共建单位分管领导担任，办公室主要负责基地运行的日常协调管理工作。下设 8 个实训中心，实训中心主任分别由基地共建牵头单位分管领导担任，负责各实训中心日常具体工作。

2.场馆与设备的管理

根据基地的功能定位与建设目标，在征得共建单位同意的前提下，将基地共建单位的相关场馆和设备列入基地共享资源清单，包括场馆名称、建筑面积、设备数量、设备价值等。场馆和设备的所有权保持不变。

3.基地共享使用原则

基地共建单位具有共享场馆和设备的优先使用权。在不影响自身日常业务开展的前提下，可供全省水利直属企事业单位申请使用，使用单位根据实际使用情况向场馆设备权属单位支付一定的经费补偿。基地的共享使用流程如下：

①提出申请。实训提出单位根据自身需要，向基地办公室或相应的实训中心提出场馆设备使用申请、相关工作建议。

②组织审核。基地办公室或各实训中心统筹安排场馆设备使用时间，根据使用单位的使用计划做好相关准备工作。实训中心研究并审核相关工作建议的可行性，落实开展具体工作。

③落实反馈。基地办公室或各实训中心反馈相关信息给提出实训单位。涉及场馆设备使用量大、一次性耗材成本高的项目，由提出实训单位支付相应的成本补偿。

④商定项目。经双方沟通商定后，实训承担单位和实训提出单位确定实训内容，以书面函告协议等形式通知，约定具体开展实训时间及项目。

⑤组织实施。双方按照事先约定落实有关实训内容，实训承担单位做好相关实施工作。

（五）水利公共实训基地高技能人才培养系统构架

水利公共实训基地高技能人才培养系统是不同的因子相互作用有机结合的一个循环系统（见图 2）。在这个系统中首先必然存在着因系统运作而发生量变或者质变的实体——

培养对象。水利公共实训基地高技能人才培养的对象包括院校学生、企业人员以及社会非就业人员中的部分中上程度的具有一定可塑性的优质技术个体。其次系统还必须具备必要的条件支撑，往往指代各种基础资源，如设备资源、技术资源、人力资源以及软环境资源。软环境资源包括社会环境、文

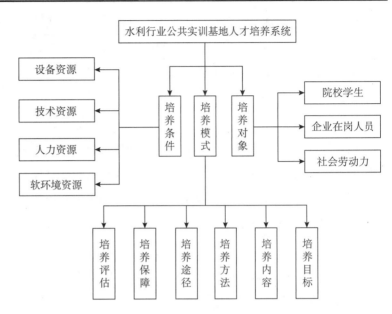

图2 水利行业公共实训基地人才培养系统

化环境以及制度政策环境等。这些基础条件犹如万物生长所必需的空气、水、食物等，是水利公共实训基地高技能人才培养不可或缺的基础支持。作为承担和实施培养过程的培养载体——培养模式，负责培养系统运作的实现，包括培养目标的研究、内容的制定、方法的组织、途径的选择、保障体系的构建以及评估的实施等。如上所述，水利行业公共实训基地高技能人才培养系统是一个综合培养条件、培训模式和培养对象等各组成分，彼此相互联系、相互冲突、同时又相互促进的复杂系统，整个系统具有开放性、动态性，以及科学性等特点。

五、浙江水利行业公共实训基地开展高技能人才培养的发展路径

（一）构建以"政—行—企—校"为多元主体的治理体系

职业教育是一种独特类型的教育，具有一定的学科属性和发展路径。公共实训基地建设存在政府管理过当导致治理过程中内部活力不足等问题。因此，公共实训基地建设积极构建以"政—行—企—校"为多元主体的治理体系，充分发挥政府、行业、企业以及职业院校等利益主体共同参与公共实训基地建设的积极性和主动性，以此激发公共实训基地内生性的发展活力。政府作为治理的主力，要积极发挥经费调配、政策制定等宏观调控的功能，为公共实训基地的建设与发展提供保障；行业是公共实训基地不可或缺的社会资源，作为与产业发展联系紧密的社会组织，行业可以为公共实训基地建设提供技术前沿信息、产业发展动态等行业内的信息资讯；而企业则是公共实训基地建设最主要的服务对象之一，公共实训基地建设能为企业提供员工培训、技术转让、技术研发、职业等级证书考评等社

会服务；职业院校可以依托公共实训基地开展学生实训教学、教师培训、校企合作等，这样不仅可以解决职业院校实训条件短缺的问题，同时还能有效促进公共实训基地高质量发展。在此基础上，构建"政—行—企—校"为结构的治理组织，成立常态化的领导小组，对公共实训基地建设的方向、定位、内容等做好顶层设计与规划，各主体协同推进，可尽量避免出现由政府单一治理型结构导致的治理缺位和失灵的问题。

（二）紧扣培养目标，围绕外延及内涵动态发展

水利高技能人才培养必须从教育培养的最本质特征——培养目标入手，基地高技能人才培养体系的构建与发展必须要紧紧围绕培养目标展开，并在动态的过程中，不断对培养目标进行必要的调整。基地在参与人才培养的时候必须厘清一个观念：高技能人才是一个历史性的、动态发展的概念。它的外延总是会随着时代的发展、产业的不断调整而扩大。其内涵提升无法用简单的职称或者技能等级来划分。同时，会适应当代社会要求，水利高技能人才又必须是一个非常完备的概念，它不仅具备深厚的基础理论和专业实践知识，能够担负技术含量较高的操作任务，还能利用所学灵活解决实际问题，并具有一定的创造力，是一种较高的职业素质和敬业精神的综合体现。如果培养目标不明确，将会对整个培养体系起到很大的障碍作用。不明白需要培养什么样的人，就很容易忽视培养类别的特殊性，照搬其他各种高等级层次人才的培养模式，使整个基地参与高技能人才培养的责任不够明晰，从而培养工作无法顺利开展。因此基地的培养目标应在技术进步的过程中突破传统人才标准化的等级局限，着重将培养目标置于高技能人才的可持续发展能力之上，如学习能力、岗位适应能力、技术迁移能力、新技术的吸收以及传统技术改造能力，从而达到动态发展。

（三）创新培养模式，积极应对技能多元化发展

技术、技能发展演变的过程中，无论是技术、技能本身的学习应用，还是技术、技能存在的环境总是趋向于多元化。因此一种或者几种培养模式在一定程度上都无法完全满足当代水利高技能人才培养需求的趋势。因此创新高技能人才的培养模式，是对技能多元化发展的一种积极应对。创新基地的培养模式并不意味着基地教学将走向一盘散沙。而是在一个中心点的基础上开展多种有益的培养形式尝试，最后不断将最优化经验在基地的培养模式中呈现出来。基地在创新培养模式的过程中不仅要注重因培养对象不同，即学生、企业员工以及再就业人员而引起差异性，更要兼顾技术、技能培训与创新等可持续发展能力的培养。可以尝试开发符合企业岗位要求的，通过策划、组织、委托专家小组开展深入的市场调查，并对岗位技术本身以及技术环境进行调查和研究分析，研制开发出以岗位技术发展为目标的培养模式。每一项总的技术都分解为若干个培养模块。某一个模块与高技能人才培养目标要求中的某一种能力要求挂钩。探索灵活性的评价模式，以完善培养模式。

如能力证书可以通过考核或举证两种方式，也可两者相结合。

（四）搭建以"整体规划、制度保障、持续发展"为核心的运行机制

水利行业公共实训基地的运行机制主要是解决"如何运行"的问题。为应对缺乏整体发展与统一规划、后续建设缺乏供给机制等问题，公共实训基地应该做好发展规划，并做好可持续发展平台的建设，这就需要搭建以整体规划、制度保障、持续发展为核心的运行机制，以保障公共实训基地可以有序、健康、高质量地建设和发展。首先，需要做好水利公共实训基地区域定位和建设目标等内容的整体发展规划，特别是要以公共实训基地的发展现状为立足点，结合当地社会经济、产业发展、企业布局以及职业教育的需求，在设备采购、技术研发、人员聘用、发展定位、建设目标等方面做好规划与设计，避免出现供给侧失调等问题。其次，水利公共实训基地还需要完善运行机制的制度文本，包括实训管理制度、实训规范操作制度、师资配置与管理制度、实训工作规程制度、教师行为规范制度、设备采购规程制度等制度体系，以便公共实训基地可以科学、有序地开展日常工作，提高工作效率和质量。最后，公共实训基地的可持续发展依靠可持续性的、常态性的供给机制。随着水利事业发展的速度加快，行业对于技术类别和技术要求越来越明确和具体，职业院校对于实训教学的要求越来越迫切，这就要求水利公共实训基地建设需要以水利行业需求为导向，加强后续资金的投入和政策的支持，以保障设备升级、日常维护以及零件消耗等问题可以及时得到解决，为水利行业公共实训基地的可持续发展提供保障。

（五）营造"企业文化、职业文化和教育文化"

三位一体的文化场域文化是人类历史长时间积累的精神产物，是在一定的物质基础上形成的稳定性强的精神要素。文化概念是凝聚着物质文化与精神文化双重属性的结合体，不仅体现人们生活、工作等具象化的文化元素，而且是人们精神的一种抽象化寄托的再现，对人们的精神改造与提升具有积极作用和功效。因此，水利行业公共实训基地的建设在重视技术改造与升级的基础上，还需要加强文化氛围和文化精神的营造，将企业文化、职业文化和教育文化等融合为公共实训基地特有的文化内核，进而形成三位一体的文化场域。场域是物理学家库尔特·考夫卡首先提出的学术概念，从本质来说就是关于人类行为的一种概念模式，具体而言就是人的行为普遍受到所发生的场域的深刻影响，这种场域包括物理环境、文化环境以及抽象文化概念或精神。近些年，场域理论越来越受到关注，并且被运用到职业教育学领域。对于公共实训基地而言，这是一个从社会学习、职业发展、个体学习三个维度提炼出企业文化、职业文化和教育文化三种文化，并将其嵌入公共实训基地建设的过程。其中，企业文化关注团队合作、劳动光荣、服从领导等企业价值观的培养；职业文化关注工匠精神、吃苦耐劳、任劳任怨等个体职业价值观的培养；教育文化则关注尊重师长、勇于创新、勤学苦练等个体学习的价值观培养。企业文化、职业文化和教育文

化是三种不同层次价值观的表征形式，在水利公共实训基地中可以通过制度、文化墙、文化节、技能竞赛等形式潜移默化地影响学生，是培训生在技术习得的过程中找回技术的灵魂，超越现有的技术实施观，有利于实现个体"技术—文化"的链接，从而将其纳入自身文化体系和结构。

（六）开展"内培＋外引"的工匠之师提升工程

工匠之师是开展职业教育公共实训基地实训教学与社会服务的中坚力量，但是，缺乏高水平"双师型"教师是职业教育高质量发展普遍面临的问题之一。为了提升公共实训基地师资的整体水平和质量，必须处理好内因（内部发展）与外因（外部环境）的哲学辩证关系。内因是事物发展的内在动力和源泉，而外因影响事物内在的发展。由此可见，内因是事物发展的关键，外因是事物发展的必不可少的条件。因此，水利公共实训基地的建设必须开展"内培＋外引"的工匠之师提升工程。一方面，水利公共实训基地要重视对本基地现有教师的培养，通过顶岗锻炼、挂职学习、培训学习等方式对现有教师进行有针对性、计划性的技术技能培训，提升教师的水平和能力；同时，需要做好现有教师的职业生涯规划，将教师的生涯规划纳入公共实训基地建设的整体规划，实现两者整体与部分的统一，使教师与水利公共实训基地形成发展共同体，以此激发教师的内在积极性和主动性。另一方面，积极开展形式多样的人才引进计划，特别是对行业领军人物、技术能手以及技术大师等高级技术技能型人才，政府应在人才招聘规划中适当降低对其学历学位、职称等方面的要求，采取"一事一议"等灵活的方式，在编制配给、待遇以及家属工作安排、孩子入学等方面给予实实在在的政策支持和保障。

（七）倡导双角度建设，完善保障体系

1.提供软硬兼备的环境条件

基地的软硬条件无外乎教学设备、人才师资以及培养环境等。基地总的建设经费最早起于政府引导支持、校企参与共同筹办解决的。但是一次性投入往往无法顾及基地的长期发展，建议区域内政府每年都要安排一定的经费用于基地软硬条件建设。政府资助的相关经费主要用于购买关键性仪器。而中间的日常运行及设备保养经费等可通过开展各类与政府、企业合作的科研项目、区域技术服务工作等渠道获得。基地的师资发展一方面需要基地依托的学校提供，一方面则需要通过基地运行的区域职业教育联盟来提供，这样才能保证相关智力支持的源源不断。

2.坚持动静结合的教学管理

动静结合，即传统的静态教学管理与新式的动态网络平台两者互补。首先是构建和完善以基地办公室为中心的传统静态教学管理，组织和落实办公室领导下的日常运行机构，通过人员专职化、岗位责任制、工作流程化做到公共实训基地管理平台分工明确，责任到

位，统一协调。在基地的建设与运营中，实施动态的人员流动和合作机制，使得作为核心的科技创新资源的人才得到有效整合和利用。另外基地应重视通过对基地的综合开发利用提高高技能人才培养实效性，以求达到高投入、高效益的效果。因此公共实训基地应坚持精简原则，通过动态的网络平台管理，实现管理机构和人员的精简。同时基地需要进一步探索和改变现有培训资源的管理方式，建立适应基地环境的、基于高技能人才培养的动静结合的培养管理机制。

3. 保证前后有序的质量监控

基地运行质量的好坏恰恰反映在高技能人才培养的教学质量追踪以及评估活动过程中，实践教学质量为重。实践教学质量监控体系应以教学文件、师资、教学条件、毕业生质量调查等为主要的监测点，按照必要的方法程序，在专业的实践教学质量监控实体的组织下有效运行。围绕科学理论将监控体系分成了以下几个子环节：信息收集、处理与反馈系统，评估评价系统，监督、控制与纠偏系统，激励系统等，它们构成一个闭合循环系统，形成一个完整通畅的回路。基地则应从自身的实际情况出发，找到影响基地实践教学质量的核心问题，采取有效的、合适于基地本身的监控措施进行重点监控。

以基地培训生质量监控为例，首先在前期必须建立培训生质量定期调查评价制度，后期则采用多种方式主动听取产业、行业及企业等各方对基地所培养的高技能人才的评价，及时了解受训者、企业及社会对基地具体培养工作的意见、建议等，为提高人才培养质量提供可靠的事实依据。

（作者单位：浙江同济科技职业学院）

职业技能等级认定政策与相关制度研究报告

刘新洲　余奇礼　张　彤　王郁夫　黎冬萍

自 1994 年国家建立职业资格制度以来，历经 15 年的改革发展，为社会培养大批合格的技能人才，为国家经济发展起到巨大的推动作用。2019 年底，国家决定分步取消水平评价类技能人员职业资格，推行社会化职业技能等级认定。政府部门由过去直接鉴定发证转为监管服务，从而形成以市场为导向的技能人才培养使用机制，有利于破除对技能人才成长和使用的瓶颈，弘扬大国工匠精神，促进产业升级和高质量发展，对技能人才队伍，特别是对水利技能人才队伍建设、培养培训、选拔使用、表彰激励都会起到积极作用，也为水利技能人才成长成才提供了更加广阔的天地。

一、职业技能等级认定的背景

我国职业技能鉴定经历了四个阶段。一是初创阶段，自 1950 年至 1977 年，初步建立了考工定级和考工晋级制度；二是恢复阶段，自 1978 年至 1987 年，确立了工人技术等级考核制度；三是调整充实阶段，自 1988 年至 1991 年，实行了国家工人考核制度；四是转轨阶段，自 1992 年至 2020 年底，建立了职业技能鉴定和职业资格证书制度。2021 年，即将展开职业技能等级认定制度。

自 1992 年推行职业技能鉴定社会化管理和 1994 年依法建立实行职业资格制度以来，我国现行的技能人才评价制度对于培育和完善统一、规范的人力资源市场，促进职业教育和培训事业发展，提高广大产业工人特别是技术工人的社会地位，起到了积极的作用。但是，在一定程度也存在行政审批过多、资格许可过滥和质量监管不严等问题，尤其是政府对于市场事务参与过多、限制过泛，不利于人才队伍活力的竞相迸发，不利于市场机制优势的全面参与。随着我国社会主义市场经济机制的逐步完善，产业升级和经济高质量发展对熟练技能人才特别是高技能人才的需求越来越强劲，客观要求对这一制度进行"革命性"的变革。

2007 年 12 月，国务院办公厅印发《关于清理规范各类职业资格相关活动的通知》（国办发〔2007〕73 号）。由此拉开了国家清理规范职业资格工作的序幕。2013 年以来，国务院将减少职业资格许可和认定事项作为推进"放管服"改革的重要内容，由人力资源和社会保障部牵头组织开展，先后分七批取消 434 项职业资格，占部门设置职业资格总数的 70% 以上。2017 年 9 月，人力资源和社会保障部向社会公布了国家职业资格目录，共包括 140 项职业资格。

建立国家职业资格目录是转变政府职能、深化行政审批制度和技能人才发展体制机制改革的重要内容，是推动大众创业、万众创新的重要举措。减少和规范职业资格许可和认定事项，对解决职业资格过多过滥、降低就业创业门槛、激发市场主体创造活力等发挥了积极作用。从此，国家下决心改革职业资格制度，刀刃向内，开始了技能人才评价工作的自我"革命"。

二、新时期国家对职业技能等级认定的做法

（一）总体要求

全面贯彻党的十九大和十九届四中、五中全会精神，以习近平新时代中国特色社会主义思想为指导，认真落实党中央、国务院决策部署，紧紧围绕统筹推进"五位一体"总体布局和协调推进"四个全面"战略布局，牢固树立新发展理念，深入实施人才强国战略、创新驱动发展战略和就业优先战略，明确加大"放管服"改革力度，加快政府职能转变，深化职业资格制度改革，建立职业技能等级制度，健全完善技能人才评价体系，形成科学化、社会化、多元化的技能人才评价机制。坚持深化改革、多元评价、科学公正、以用为本的原则，形成有利于技能人才成长和发挥作用的制度环境和生态系统。

（二）国家改革技能人才评价制度的政策分析

1. 国家对职业技能等级认定制度的顶层设计

国家对职业技能等级认定制度的顶层设计，可以总结为"改进、精简、分类、有序、监管"等五个做法。

一是国家对技能人才评价体系由职业技能鉴定"改进"为职业技能等级认定。技能人才评价是人才发展体制机制的重要组成部分，是人才资源开发管理和使用的前提。建立科学的技能人才分类评价认定机制，对于树立正确用人导向、激励引导技能人才职业发展、调动技能人才创新创业积极性、加快建设人才强国具有重要作用。当前，我国技能人才评价机制仍存在分类评价不足、评价标准单一、评价手段趋同、评价社会化程度不高、用人主体自主权落实不够等突出问题，亟需通过深化改革加以解决。中共中央、国务院印发《新时期产业工人队伍建设改革方案》（以下简称《改革方案》），《改革方案》围绕构建产业工人技能形成体系提出 6 大举措，其中第 4 大举措就是"改进产业工人技能评价方式，优化职业技能等级标准，完善职业技能等级认定政策，引导和支持企业、行业组织和社会组织自主开展技能评价。"改进产业工人技能评价方式，即从原来的职业技能鉴定方式"改

进"为职业技能等级评价认定方式；引导和支持企业、行业组织和社会组织自主开展技能评价，即从原来的由政府开展职业技能鉴定的政府行为改进为由行业、企业、社会组织、职业院校开展职业技能等级认定的社会评价。评价的方式、评价的主体发生了根本性的改进。通过评价方式的改进，政府明确加大"放管服"改革力度，减少政府对市场主体的干预，加快政府职能转变，深化职业资格制度改革力度，指明了职业资格制度改革方向。

二是国家对职业资格目录进行"精简"。职业资格是对劳动者具备实施职业技能的评价，通常分为准入类和水平类两类。职业资格制度实施20多年来，数千万技能人才通过职业技能鉴定获得了职业资格证书，也使他们的技能水平得到提升。但随着人才市场的逐步成熟，许多水平评价类职业资格过多过滥，甚至个别职业资格从标准到鉴定内容有相互重复的现象，已经没有太大存在的必要，反而阻碍了人才的就业和流动。国家高度重视职业资格分类和职业标准的制定与精简工作。自2014年6月以来，国务院已经取消了272项职业资格认证。2016年3月，中共中央印发《关于深化人才发展体制机制改革的意见》，第十六条"改革职称制度和职业资格制度"指出："清理减少准入类职业资格并严格管理，推进水平类职业资格评价市场化、社会化。放宽急需紧缺人才职业资格准入。"为职业资格目录的精简改革定下了总基调。清理和精简职业资格目录并不意味着要废除职业资格制度，而是通过减少就业创业的壁垒，让更多的技能人才参与到行业竞争中，再通过建立科学、规范、社会化的职业技能等级认定体系，用社会化和市场化的竞争来提升从业人员的整体水平。清理和规范后职业资格将更受重视，职业技能等级认定证书也将更有含金量。

三是国家对职业资格采取"分类"评价方式。分类评价的核心是多元化评价，接受市场和用人单位的认可。中共中央印发《关于深化人才发展体制机制改革的意见》第十五条指出：改进人才评价考核方式。发挥政府、市场、专业组织、用人单位等多元评价主体作用，加快建立科学化、社会化、市场化的人才评价制度。强调了政府、市场、专业组织、用人单位等是多元评价主体，各自发挥其主体作用。如政府对职业技能等级认定工作实行目录管理，向社会公开。对关系公共利益、涉及国家安全、公共安全、人身健康、生命财产安全的水平评价类职业资格，要依法依规转为准入类职业资格；对与国家安全、公共安全、人身健康、生命财产安全关系不密切的水平评价类职业资格，要逐步调整退出目录。专业组织、用人单位按照有关规定开展职业技能等级认定。中共中央办公厅、国务院办公厅印发《关于分类推进人才评价机制改革的指导意见》第六条指出：创新多元评价方式。按照社会和业内认可的要求，建立以同行评价为基础的业内评价机制，注重引入市场评价和社会评价，发挥多元评价主体作用。国家支持各级各类企业自主开展技能人才评价工作，发放职业技能等级证书，推动建立以市场为导向、以企业等用人单位为主体、以职业技能等级认定为主要方式的技能人才评价制度。明确企业在开展技能人才评价工作中的自主权，包括自主确定评价范围、自主设置职业技能等级，可综合运用理论知识考试、技能操作考核、业绩评审、竞赛选拔、企校合作等多元化评价方式，提高评价的针对性和有效性。

四是政府退出职业技能鉴定与社会化开展职业技能等级认定"有序"衔接。职业技能鉴定从政府职能"退出"，并不是要摒弃技能人才评价工作，而是需要创立以市场为导向的技能人才评价新制度和新机制。因此，"退出"的同时，有步骤地推行职业技能等级制度，制定发布国家职业标准或评价规范，由相关社会组织或用人单位按标准、依规范开展职业技能等级评价，颁发证书。2018年2月，为贯彻落实中共中央《关于深化人才发展体制机制改革的意见》，中共中央办公厅、国务院办公厅印发《关于分类推进人才评价机制改革的指导意见》，其中第十七条"健全市场化、社会化的管理服务体系"指出：进一步明确政府、市场、用人主体在人才评价中的职能定位，建立权责清晰、管理科学、协调高效的人才评价管理体制。推动人才管理部门转变职能、简政放权，强化政府人才评价宏观管理、政策法规制定、公共服务、监督保障等职能，减少审批事项和微观管理。发挥市场、社会等多元评价主体作用，积极培育发展各类人才评价社会组织和专业机构，逐步有序承接政府转移的人才评价职能。政府的"退出"，并不是摒弃国家职业资格证书制度，而是要改革政府管理职业资格的方式。要从具体实施鉴定和评价转变为主要进行宏观规划及政策、标准、规则制定和监督管理，实现"管办分离"，减少行政许可，将水平评价类职业资格具体认定工作移交给行业协会及有关的社会组织。在移交的过程中，要做到放而不乱，平稳"有序"过渡。

五是加强对职业技能等级认定的"监管"。要健全职业技能等级评价认定体系，首先就是要加强对评价认定工作监管。2019年，国务院印发《关于国家职业教育改革实施方案的通知》第十四条"做优职业教育培训评价组织"指出：政府部门要加强监管，防止出现乱培训、滥发证现象。第十七条"建立健全职业教育质量评价和督导评估制度"指出：建立职业教育质量评价体系。定期对职业技能等级证书有关工作进行"双随机、一公开"的抽查和监督。将技能人员职业资格转为职业技能等级认定，有效监管是关键。为了把监管工作做好，国家加强了对职业技能等级认定工作事前、事中、事后的监管。事前监管是对评价认定组织机构实行备案管理，依托社会公开遴选的方式，选出有影响力、有质量、有公信力的社会培训评价组织和用人单位，符合条件的单位或组织才能入选，并对他们进行监管；事中监管是对开展职业技能等级认定的单位或组织，在事中采取"双随机、一公开"的抽查和监督，采用"互联网＋监管"方式，将监管报告向社会公开；事后监管是对评价认定组织机构采取定期检查、专项督查，辅以信用监管、行业自律、社会监督、公众参与的综合监管体系。依托覆盖行业和地方的职业技能等级评价监管服务平台，建立监管对象数据库、质量督导数据库和随机抽查事项清单，督促评价机构不断完善规章制度，规范工作程序，加强对认定机构的监督管理，确保评价认定质量。

2.人力资源和社会保障部对职业技能等级认定制度的谋划安排

人力资源和社会保障部根据国务院推进"放管服"改革要求，加大"放管服"改革力度，加快政府职能从直接参与到服务监管的转变，主要体现在以下几个方面。

一是以《人力资源和社会保障部关于改革完善技能人才评价制度的意见》（人社部发〔2019〕90号）（以下简称《意见》）为起点，开始了政府在技能人才开发职能上的转变。这个转变秉持的是"坚持深化改革、坚持多元评价、坚持科学公正、坚持以用为本"四个基本原则。围绕"放管服"改革部署要求，进一步简政放权。从完善国家职业资格目录入手，建立职业技能等级制度并做好与职业资格制度的有效衔接。科学制定评价标准，推动评价工作科学、客观、公正进行。推动人才评价与使用激励紧密结合，促进技能人才待遇水平和社会地位提高。

《意见》明确提出对职业资格制度改革分三类进行。第一类是对准入类职业资格，继续保留在目录内。对关系公共利益或涉及国家安全、公共安全、人身健康、生命财产安全的水平评价类职业资格，要依法依规转为准入类职业资格。第二类是对与国家安全、公共安全、人身健康、生命财产安全关系不密切的水平评价类职业资格，要逐步调整退出目录。第三类是对其中社会通用性强、专业性强、技术技能要求高的职业（工种），可根据经济社会发展需要，实行职业技能等级认定。

对于第三类，《意见》指出要建立职业技能等级认定制度。由符合认定条件、遴选成功的用人单位、行业协会和职业院校等社会培训评价组织，按照有关规定开展职业技能等级认定。在评价内容上，《意见》特别提出了突出品德、能力和业绩评价。第一次提出把品德作为技能人才评价的首要内容，全面考察技能人才的工匠精神、职业道德、职业操守和从业行为，强化社会责任。这是以前在职业技能鉴定中未出现的内容。在评价方式上，更是灵活多样。可以综合运用理论知识考试、技能操作考核、业绩评审、竞赛选拔、企校合作等多种评价方式，评价组织可根据实际情况针对性灵活选择，使评价真实有效。

二是人力资源和社会保障部加快了职业技能等级认定的步伐。2020年7月，人力资源和社会保障部办公厅发布《关于做好水平评价类技能人员职业资格退出目录有关工作的通知》（人社厅发〔2020〕80号），提出在今年内，分二批将水平评价类技能人员职业资格退出目录。第一批拟于9月30日退出14项职业资格（涉及29个职业）；第二批拟于12月31日前退出66项职业资格（涉及156个职业）。水利行业的4个水平评价类职业资格水文勘测工、河道修防工、水工闸门运行工、水工监测工，安排在退出目录的第二批，即2020年12月31日前退出；与公共安全、人身健康、生命财产安全等密切相关的职业（工种）拟依法调整为准入类职业资格。上述二批退出工作必须于今年年底前完成，彰显了人力资源和社会保障部加快职业技能等级认定步伐的决心。

三是职业技能等级认定工作有条不紊地展开。中国就业培训技术指导中心（以下简称"中国就业中心"）作为直属事业单位，在人力资源和社会保障部的指导下，负责全国职业技能等级认定的技术指导和组织实施工作。2020 年 2 月，"中国就业中心"出台了《关于持续征集社会培训评价组织的通告》（中就培函〔2020〕16 号），向社会公开征集社会培训评价组织，并通告了社会评价组织的申报条件、申报职业（工种）范围，要求提交基本情况等 6 项材料，鼓励在相关职业领域具有广泛的影响力，曾参与国家职业技能标准、教学大纲、教材的编制，有丰富的考核评价经验的社会评价组织积极申报。

9 月，"中国就业中心"出台《关于做好部门行业职业技能等级认定试点工作的通知》（中就培函〔2020〕41 号），提出政府有关部门可遴选 2 家社会培训评价组织，行业协会也可作为社会评价组织。遴选出的社会培训评价组织和行业协会，制定试点工作方案、确定分支机构，进行属地备案后即可开展评价工作。

11 月，"中国就业中心"出台《关于做好首批部门行业开展职业技能等级认定试点分支机构属地备案工作的函》（中就培函〔2020〕54 号），经过申请、遴选，首批部门推荐的中民民政职业能力建设中心等 3 个单位成为职业技能等级认定试点机构，中国电力企业联合会等 8 家行业组织直接转为职业技能等级认定试点机构。这 11 家职业技能等级认定试点机构的分支机构可向属地进行备案，以便开展职业技能等级认定工作。从此，我国的职业技能等级认定工作迈出了坚实的第一步。

（三）部分行业开展职业技能等级认定的做法

1. 相同的做法

一是成立机构。目前，"中国就业中心"公布的首批行业组织直接转为职业技能等级认定的 8 家试点机构，全是与政府脱钩的行业组织（协会），这 8 家行业组织分别是本行业职业能力水平评价工作领导机构，负责推动和监督行业职业能力水平评价工作。8 家行业组织全部成立了行业职业技能等级认定中心，认定中心是组织本行业职业技能等级评价认定工作的办事机构，负责组织行业职业技能等级评价认定日常工作。认定中心遴选第三方认定机构，由第三方认定机构开展具体的认定工作。

目前"中国就业中心"公布的首批 8 家行业组织试点机构，多数为行业组织－认定中心－认定分支机构三级架构形式。

二是制定方案。制定职业技能等级认定试点工作方案，根据方案，有计划、有步骤地开展第三方认定机构遴选，由第三方认定机构开展认定业务。目前 8 家行业认定机构普遍执行的是初级（技能等级五级）、中级（技能等级四级）、高级（技能等级三级）、技师（技能等级二级）、高级技师（技能等级一级）五个评价等级。

三是建设体系。目前"中国就业中心"公布的首批 8 家行业组织试点机构普遍开展职业技能等级认定体系建设，等级认定体系主要包括：职责任务、标准建立、质量控制、队伍建设、考务管理、证书管理、平台建设等。

2. 不同的做法

关于机构设立方面。轻工行业成立了四级机构（协会、认定中心、总站、基地），其原因为轻工行业有 20 多个单体行业，如家具行业与制酒行业职业技能完全不同，所以成立有单体行业的认定总站，统领单体行业下的认定分支机构（基地）；机械行业、建筑行业因从业人员较多，为方便管理，分别成立有分中心和省级中心，由分中心或省级中心管理各省的认定分支机构，也是四级机构，各具行业特色。

就第三方认定机构名称而言，有色金属行业命名为认定站、轻工行业命名为认定基地，名称各有不同。

关于评价认定进度方面。多数行业正在进行由技能鉴定到等级认定的转换，正在开展分支机构属地备案工作，但进度不一。轻工行业开展了首批职业技能评价认定考评员培训，煤炭行业开展了质量督导员培训；电力行业开始仿真培训指导教师认证考试，2020 年 9 月公布高级技师认证结果。

三、水利行业职业技能等级认定的可行性

（一）目前水利行业职业技能鉴定情况

我国的职业技能鉴定制度是在原工人考核制度的基础上，于 1993 年建立起来的。1994 年，水利行业职业技能鉴定开始起步，经过 20 多年的发展，已探索出一套具有水利行业特点的职业技能鉴定制度与做法，为广大水利行业技术工人成长成才，为全面提高水利职工队伍素质起到了积极作用。

1. 水利行业职业技能鉴定的兴起

1993 年，水利部与原劳动部联合颁布《中华人民共和国工人技术等级标准.水利》，为水利行业职业技能鉴定制度的实施打下了良好的基础。

1994 年 3 月，水利部召开水利部工人技术等级考核座谈会，会议讨论了水利行业工人技术考核实施办法和工人技术培训及考核计划，开启了水利行业职业技能鉴定工作的新征程。

1994 年 11 月，水利部成立职业技能鉴定指导中心，标志着水利行业职业技能鉴定工作步入正规化的轨道。

2. 水利行业职业技能鉴定的发展

水利部职业技能鉴定指导中心成立后，着手进行了各项职业技能鉴定基础建设。首先

颁布了《水利行业特有工种职业技能鉴定实施办法》和《水利行业特有工种职业技能鉴定站管理办法》，办法对鉴定的范围、对象、工作程序、鉴定站的性质与管理、权利与义务进行了规定。这两个"办法"的出台，对保证水利行业职业技能鉴定快速发展起到了积极的促进作用。

1996年，水利部在湖北丹江口召开首次全国水利行业职业技能鉴定工作会议，张春园副部长出席。会议总结了前阶段水利行业职业技能鉴定工作，布置下阶段工作计划。这次会议之后，水利行业职业技能鉴定进入到升级鉴定阶段，各类鉴定考评员培训、督导员培训、技师与高级技师评聘、题库建设、技能竞赛等轰轰烈烈地展开。从1999年开始，水利部在全行业实行"统一命题、统一考试、统一发证"的职业技能鉴定制度。鉴定制度的不断完善，基础建设的不断加强，工作思路的不断创新，使水利行业职业技能鉴定工作走在各行业部委的前列，受到了人力资源和社会保障部的肯定。

3. 水利行业职业技能鉴定工作的成效

经过27年的探索，水利行业职业技能鉴定工作取得了良好的成效，主要表现在以下几个方面。

一是技术工人的整体素质明显提高。近年来，水利技能人才开发工作牢固树立科学人才观，紧紧围绕水利中心工作，不断完善人才开发体系，夯实开发基础，营造人才成长良好环境，技能人才队伍建设取得明显成效。技能人才开发工作的组织领导进一步加强，培养力度进一步加大，评价机制进一步完善，培养体系逐步健全，开发基础进一步夯实。在行业上下共同努力下，水利技能人才队伍建设取得了较好成绩。截至2019年底，全国水利系统共有技能人才31.4万人，占38.0%，其中初级工以下10.3万人，占32.8%；中级工6.4万人，占20.3%；高级工10.2万人，占32.6%；技师4.1万人，占13.1%；高级技师3717人，占1.2%。水利系统技能人才等级结构如图1所示。全行业有3人荣获"中华技能大奖"，90人荣获"全国技术能手"荣誉称号，12人享受国务院政府特殊津贴，92人获"全国水利技能大奖"，589人被授予"全国水利技术能手"称号。

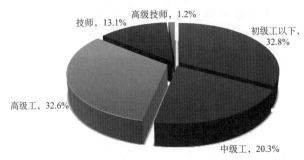

图1　水利系统技能人才等级结构图

二是促进了人才观念的转变。随着水利行业职业技能鉴定工作的不断深化，水利行业对技术工人的认识不断加深，人才观念也发生了转变，"优秀技术工人也是人才"观念深入人心。现在，水利部已把取得高级技术等级证书的工人作为人才统计，并把高技能人才开发作为人才资源开发的重要内容之一。

三是激发了广大技术工人学习技术的热情。经过二十多年的职业技能鉴定工作的推进，水利行业各事业单位、各企业普遍实行了培训、鉴定、使用与待遇相结合的制度，技术工人的正常晋升通道得以打开，不少优秀技术工人还得到了破格晋升，并享受到了相应的工资待遇，形成了正向激励机制，大大激发了广大技术工人学习技术、参加鉴定的热情，技术工人的学习态度由以前的"要他学"变为"他要学"。

四是营造了重视技能、尊重技术工人的良好氛围。自水利行业开展职业技能鉴定工作以来，技术工人的思想素质和技能水平得以提高，受到各级领导的重视。基层各水利单位表彰优秀技能人才，水利部建立了水利行业技能人才评选表彰制度，国家也隆重表彰"全国技术能手"、"中华技能大奖"选手，把重视技能、尊重技术工人的气氛推向高潮。

五是稳定了技术工人队伍。实行了职业技能鉴定制度以来，一方面从制度上限制了技术工人的转岗，另一方面工人得到了应有的待遇，实现了自我价值，安心在技术岗位工作。水利行业技术工人形成了敬业爱岗，岗位成才的良好氛围。

（二）建立水利行业职业技能等级认定体制的必要性和紧迫性

1. 水利行业技能人才特点与发展现状

截至 2019 年底，全国水利系统共有技能人才 31.4 万人，占 38.0%，其中中级工以下 16.7 万人，占 53.1%；技师以上 4.5 万人，占 14.3%；特别是高级技师只有 3717 人，占 1.2%。水利系统技能人才呈现总量不足、基础过大、结构不平衡、高技能人才匮乏等特点。从调研情况来看，广大水利技能人才特别是高技能人才殷切期盼在水利行业提供更多参与国家战略和重大水利工程项目的机会和平台，迫切希望从部级层面进一步完善推动人才成长的工作和激励机制，强烈呼吁推动牢固树立人才意识，加快营造有利于人才潜心研究、大胆创新、干事创业的良好氛围。

而当前水利人才队伍建设工作还存在着很多明显不适应客观要求的现象。具体表现在：一是人才分布不够协调。初级技能人才比例高，高级技能人才偏少，不能满足新阶段水利高质量发展的需要；二是人才结构不够合理。在多次调研过程中发现，技术人才、技能人才学历层次较低，缺乏专业基础理论、基础知识教育，高素质、高技能人才培养培训较少，是适应现代水利和可持续发展水利需要的障碍；三是人才使用不够充分。由于当前就业压力较大，用人机制上仍然存在着一些不合理现象。致使一方面学非所用，一方面无学而用的现象同时存在，造成了技能人才资源的隐形浪费等。水利行业技能人才队伍存在着总量和质量相对不足，结构尚不合理，创新能力亟待提高的现状。

2. 开展水利行业职业技能等级认定是国家技能人才评价改革的需要

2019 年，国家出台《关于分类推进人才评价机制改革的指导意见》文件，人力资源社会保障部根据国务院推进"放管服"改革要求，印发了《关于改革完善技能人才评价制度的意见》（社部发〔2019〕90 号），文件明确提出实行职业技能等级认定。《意见》强调，建立由国家职业技能标准、行业企业评价规范、专项职业能力考核规范等构成的多层次、相互衔接的职业标准体系。同时提出，完善职业标准开发机制。国家职业技能标准由人力资源社会保障部会同有关行业部门组织制定并颁布；行业企业评价规范由行业组织和用人单位参照《国家职业技能标准编制技术规程》开发；专项职业能力考核规范按照有关规定组织开发。推动成熟的行业企业评价规范和专项职业能力考核规范上升为国家职业技能标准。

《意见》明确了认定机构遴选方式，职业技能等级认定工作实行目录管理，向社会公开。职业技能等级认定机构包括用人单位和社会培训评价组织两类。中央企业由人力资源社会保障部进行遴选，所属子公司、分公司等分支机构由所在地省级人力资源社会保障部门给予工作支持、兑现相应待遇并进行监管；其他用人单位由所在地省级人力资源社会保障部门进行遴选。社会培训评价组织由人力资源社会保障部进行遴选。经遴选的用人单位和社会培训评价组织纳入职业技能等级认定目录，按规定开展职业技能等级认定。

根据"中国就业中心"《关于做好首批部门行业开展职业技能等级认定试点分支机构属地备案工作的函》（中就培函〔2020〕54 号）强调，应开展职业技能等级认定试点分支机构属地备案工作。且备案主体为国家职业资格目录内水平评价类技能人员职业资格实施部门推荐或转为社会培训评价组织的分支机构。经咨询有色金属行业职业技能等级认定中心、湖北省职业技能鉴定指导中心，中央在汉大型企业等单位，开展职业技能等级认定工作分支机构应该在人社部和属地实行双备案。

为落实上述文件精神，需尽快按照要求建立水利行业职业技能等级认定标准规范和认定体系。

3. 开展水利行业职业技能等级认定水利事业发展的需要

水是生命之源、生产之要、生态之基，建设社会主义现代化国家离不开水利的保障和支撑。进入新时代，习近平总书记提出了"节水优先、空间均衡、系统治理、两手发力"治水思路，为水利事业发展指明了方向。

水利改革发展需要高素质专业化水利人才。2019 年全国水利工作会议，明确了当前和今后一段时间水利事业发展的具体目标，强调要"实施新时代水利人才发展创新行动计划""为水利事业发展提供人才和智力支持"，并多次对基层人才队伍建设、科技人才队伍建设等提出了明确要求。水利技能人才培养是水利人才队伍建设的重要组部分，要充分发挥技能人才在推动技术创新和实现科技成果转化的重要作用。管好用好水利技能人才，需要落实改革技能人才评价方式，更好地激励调动水利技能人才的积极性，对服务新时代水利人才发展战略，对加快实现我国两个一百年奋斗目标，有着极其重要的意义。

4. 开展水利行业职业技能等级认定是技能人才的期盼和有序衔接职业技能等级认定的需要

在职业资格制度转向职业技能等级认定过程中，从国家出台一系列文件可以看出，政府是有计划、有步骤地从鉴定转向认定。《人力资源社会保障部办公厅关于做好水平评价类技能人员职业资格退出目录有关工作的通知》指出：其他部门（单位）组织实施的 66 项职业资格（涉及 156 个职业）拟于 12 月 31 日前第二批退出。规定了职业技能鉴定退出的最后期限在 2020 年 12 月 31 日。并进一步指出：对已组织完成鉴定考试的，要做好职业资格证书发放等工作。但各地还存在着"一刀切"的现象。有些地方从 2020 年 6 月已经停止了职业资格鉴定及证书的办理，新的第三方认定机构尚在征集之中，使得技能人才开展培训鉴定，提高自身素质存在着闪断现象。地方水利技能人才晋升通道暂时关闭。从水利行业来说，2020 年 12 月 31 日即将停止包括水文勘测工等四个水平评价类职业的鉴定工作，水利行业所有职业（工种）鉴定面临取消，新的职业技能等级认定工作尚未开展，水利行业技能人才晋升通道也即将关闭。技能人才晋升通道不畅，广大技能人才迫切需要尽快打通衔接通道，实现自我价值，为水利事业发展贡献力量。

在水利行业从传统水利向现代水利和可持续发展水利的治水思路的转变过程中，抓好水利技能人才队伍建设，开展水利行业职业技能等级认定工作，调整水利技能人才队伍结构，调动技能人才的积极性、创造性，利用建立水利行业职业技能等级认定体制，充分发挥技能人才在水利经济建设和发展中的作用，是摆在水利行业面前的一项紧迫而必要的任务。

（三）水利行业鉴定转认定存在的问题

水利行业职业技能鉴定工作日趋完善，在鉴定影响力不断提高的同时，也暴露出一些问题。如部分水电工种与电力工种有重合、部分水利工种与建筑工种有重合，存在着俗称"打架"的情况，暴露出职业资格过多、过滥，影响就业创业，阻碍市场主体创造活力发挥等问题。随着经济转型发展、产业优化升级步伐的进一步加快，职业门类大幅增加，以国家职业资格证书为主、专项职业能力为辅的技能人才评价体系，已经不能很好地满足经济社会对技能人才评价使用的客观需求。对此，国家明确提出"研究完善技能人才职业技能等级认定政策，做好职业资格制度与技能人才职业技能等级认定的衔接，畅通技能人才职业发展通道。"为落实国家"放管服"改革的要求，将技能人员职业资格由政府认定改为实行社会化等级认定，接受市场和社会认可与检验，将有利于形成以市场为导向的技能人才培养使用机制，促进产业升级和高质量发展。就在职业资格由鉴定转为认定的当下，还存在着一些问题。

1.职业技能鉴定转职业技能等级认定衔接不顺

近年来，国家先后分七批取消了434项职业资格许可和认定事项。2019年12月30日，李克强总理主持召开国务院常务会议，决定分步取消水平评价类职业资格，推行社会化职业技能等级认定。会议确定，除与公共安全、人身健康等密切相关的消防员、安检员等7个工种依法调整为准入类职业资格外，用一年时间分步有序将其他水平评价类技能人员职业资格全部退出国家职业资格目录，不再由政府或其授权的单位认定发证，同时推行职业技能等级认定制度。对已发放的水平评价类技能人员职业资格证书继续有效。会议要求稳妥推进现有职业资格实施机构职能调整，做好职业技能鉴定转职业技能等级认定工作的衔接。

国家要求在2020年12月31日起停止政府行为的职业技能鉴定，水平评价类职业资格全部转为职业技能等级认定。目前水利行业已经暂停职业技能鉴定工作，在2020年即将过去，2021年如期到来的当下，水利行业尚在遴选一家与政府部门脱钩的协会等行业组织，其培训评价业务可覆盖原有职业（工种），承担水利行业退出职业资格目录的评价认定工作，并在此基础上，持续广泛地开展第三方分支机构遴选。在鉴定转认定的衔接过程中，鉴定即将停止，认定架构尚未立起，认定体系尚未理顺，鉴定转认定衔接工作亟待提速，存在着鉴定转认定衔接不顺的问题。

2.职业技能等级认定管理体制亟待完善

根据国家对职业技能等级认定规划安排，今年年底前技能人员水平评价类职业资格全部转为职业技能等级认定。在这个转换过程中，首先产生二个不同。一是评价主体不同。职业资格评价是由政府认定的，而职业技能等级认定，是由企业等用人单位和社会培训评价组织这两类主体按照有关规定开展的。二是评价方式不同。职业资格制度是由政府部门进行能力鉴定，而职业技能等级认定，企业可以自主选择过程考核、结果鉴定、业绩评审、技能竞赛、校企合作等多种评价方式。

在水利行业，要应对二个不同，其管理体制亟待完善。一是要把水利行业认定组织架构成立起来，遴选出第三方评价机构，出台考务体系、质量督导体系、证书制度及标准体系等相应的管理体制，方便开展职业技能等级认定工作。二是针对评价方式的不同，由过去的理论考试与技能考试，迅速转变到工作过程考核、业绩评审、校企合作等方式上来。这个转变，需要重新梳理出新的管理办法，需要重新理顺新的管理体系，存在着职业技能等级认定管理体制亟待完善的问题。

3.适应市场需求的社会评价机制需要探索改进

1994年国家建立职业资格制度，职业资格评价是由政府部门设置，由政府部门所属的机构具体组织实施，直接面向劳动者鉴定发证，颁发国家职业资格证书。目前要实行的社会化职业技能等级认定和过去的职业资格评价有很大的区别，政府跟市场的关系有了很大的转变，政府由过去直接鉴定发证转为实行社会化的职业技能等级认定，就是将职业资格接受市场和社会的认可和检验。政府职能改为组织制定职业分类，开发新职业，发布国家职业标准或评价规范，同时对鉴定实施机构进行监管服务。

在这个转变过程中，要建立适应市场需求的社会评价机制，还需要我们水利行业不断地进行探索改进。水利行业在探索过程中，要出台职业技能等级认定相关政策，要着眼于合理界定政府和市场的边界，需从两个方面加以研究。一方面要注重培育评价主体，评价的主体既可以是用人单位，又可以是以人才评价服务为主要工作职责的企业，职业院校，也可以是行业协会、学会等社会组织。要发挥评价主体在积极性、专业性、权威性等方面的作用，也要注重培育评价主体的公正性和公益性，要做到公平公正，还应不以营利为目的。另一方面要充分放权给评价机构，在国家职业技能标准和行业企业评价规范框架下，评价方式和评价内容由评价机构自主确定。用人单位面向内部职工开展评价的，可采取考评结合方式，突出生产过程和工作业绩表现等综合素养的评价，考评权重由用人单位结合实际自主确定，促进评价与培养、使用、待遇、激励相衔接。

按照国家有关部门的设想和部署，适应我国经济社会发展和转型升级的新形势，将传统的职业资格制度进行革命性变革，不仅是转变政府职能、深化行政审批制度和人才发展体制机制改革的需要，也是改进和完善各行各业职业资格制度的重大举措。具体到水利行业，就是通过旧的职业资格鉴定的退出和面向技能人才的职业技能等级认定制度的建立，推动水利行业职业资格制度向科学化、社会化、多元化的方向迈进，特别是通过市场化和社会化评定方式的实行，使职业资格制度的公平和公正性得到进一步体现。那么，如何才能使职业技能等级认定新机制在水利行业焕发出新气象，并达到预期的目标呢？

（四）水利行业职业技能等级认定体系架构

根据《关于做好部门行业职业技能等级认定试点工作的通知》（中国就业中心函〔2020〕41号）文件"政府有关部门推荐的社会培训评价组织及其分支机构和行业组织分支机构原则上不得将政府部门与其所属单位，以及未与主管部门脱钩的各类协会、非专业行业协会纳入社会培训评价组织试点范围。"第三方认定机构应是与政府脱钩的行业组织、企业、职业院校。水利行业大多为水利工程管理单位和部分水利工程施工单位。不管是管理单位还是施工单位，都有三个局限性。一是有区域性限制。水利工程管理单位管辖区域有限，不能覆盖全国；在水利行业，没有一家施工建设单位业务范围遍及全国，又在各省都有分公司且有建设项目的单位。职业院校更是有地域性限制。二是有权威性限制。水利行业工程管理单位居多，五大流域机构又各具特色，很难有哪一家管理单位能代表水利行业。水利行业工程施工单位居少，且无一家在全国驰名的特大型企业，权威性不够；三是利益性限制。人力资源和社会保障部"关于印发《职业技能等级认定工作规程（试行）》的通知（人社职司便函〔2020〕17号）"第十二条第四款指出：坚持把社会效益放在首位，不以人才评价为营利目的，能为职业技能等级认定工作提供稳定的经费保障。作为基层企业和职业院校，没有利润就没动机去统领全国水利行业职业技能等级认定工作。

要成为真正意义上的水利行业第三方评价机构，必须具备权威性、全局性和公正性。要做到这三点，从目前水利行业的现状出发，要综合考虑专业资源的整合能力和行业内部的权威性，综合考虑水利行业大型企业和职业院校在评价认定方面的专业性和权威性，第三方认定机构必是在水利行业有影响力的、在水利行业有专业号召力的水利部人才资源开发中心，辅以水利行业特有工种职业技能鉴定站作为专业支撑。

成立水利部人才资源开发中心—水利行业职业技能等级认定中心—水利行业职业技能等级认定站。在企业、职业院校、行业组织中遴选第三方认定站，可以发挥他们在技术队伍、场地设备、技能人才开发上的优势，也可以满足他们在人才队伍培养上的契合点，理顺了管理体系。

（五）水利行业开展职业技能等级认定的可行性

1. 有成熟的鉴定机构

从目前"中国就业中心"公布的首批8家行业试点机构来看，全部将各行业原有的职业技能鉴定中心转为职业技能等级认定中心，机构名称改变而人员、职责不变，立即开展第三方评价认定机构的遴选。而第三方评价认定机构多为以前的鉴定站，转变较为顺利。水利行业有职业技能鉴定中心，可转变为职业技能等级认定中心。50个水利行业职业技能鉴定站可先期遴选为第三方评价认定机构。从建立三级评价认定机构来看，是可行的。

2. 有合理的等级标准

开展职业技能认定必须有统一、科学的国家职业技能标准（表1）。水利行业开展职业技能鉴定二十多年来，特有工种职业资格均有国家统一制订的职业技能标准，均有依据标准制定的培训大纲和培训教材。合理的职业标准、完善的评价规范、完备的规章制度等构成的多层次职业标准体系，为水利职业技能等级认定打下了坚实的基础。

3. 有健全的管理体系

目前水利行业鉴定管理体系为水利部人事司、水利部职业技能鉴定指导中心、水利行业特有工种职业技能鉴定站三级管理体系，建立有健全的考务体系、质量督导体系、证书制度等，这些健全的鉴定工作管理体系对建立职业技能等级认定是不可或缺的。

4. 有众多的专业人员队伍和场地设备

水利行业特有工种职业技能鉴定站拥有众多符合水利职业标准的专家队伍、考评员队

表1 汉江集团公司专业技术人员考核结果等次划分

职业名称	职业编码	工种名称	级别	标准
河道修防工	4-09-01-01		5、4、3、2、1	国家标准
水工监测工	4-09-01-04		5、4、3、2、1	国家标准
水工闸门运行工	4-09-01-05		5、4、3、2、1	国家标准
水文勘测工	4-09-02-01		5、4、3、2、1	国家标准
水土保持员	4-09-03-00	水土保持治理工	5、4、3、2、1	国家标准
水土保持员	4-09-03-00	水土保持监测工	5、4、3、2、1	国家标准
灌区管理工	4-09-04-00	渠道维护工	5、4、3、2、1	国家标准
灌区管理工	4-09-04-00	灌排泵站运行工	5、4、3、2、1	国家标准
灌区管理工	4-09-04-00	灌排工程工	5、4、3、2、1	国家标准
电气值班员	6-28-01-06		5、4、3、2、1	国家标准
变配电运行值班员	6-28-01-14	变电站运行值班员	5、4、3、2、1	国家标准
工程测量员	4-08-03-04		5、4、3、2、1	国家标准

伍、督导员队伍和管理人员队伍，有众多符合条件的考评场地设备，同样适合职业技能等级认定的需要。

四、水利行业做好职业技能等级认定工作的举措

（一）完善评价制度体系建设

1. 理顺行政管理体系

要组织好技能等级认定工作，首先必须理顺行政管理体系，按照"考培分离"原则，建立独立的第三方考核评价机构，区别于业务指导和行政管理指导，从机构管理上保障技能等级认定工作的独立性，为质量管理扎好根基。

2. 建立完备的质量管理运行体系

要从源头上解决技能等级认定机构自我监控、自我约束和自我完善机制不严的问题，牢牢守住质量这一生命线，必须开展质量标准体系建设，进行全生命周期管理职业技能等级认定工作，提高机构内部管理能力，坚持质量第一，提升考评水平。要以质量体系建设为基础，不断完善考评工作制度，让考评工作的每一个环节都能够有法可依，形成标准化、规范化、科学化的质量体系。

3. 建立标准考评工作流程

技能等级认定工作包括理论考试、实操考评以及综合业绩答辩等内容，要分模块建设，针对不同类型考试分别制定不同的标准工作流程，增强考评工作延续性和规范性，实现无差异化对待，确保考评结果科学有效。

（二）加强技能等级评价队伍管理

1. 加强各级管理人员培训

技能等级认定工作管理人员的业务水平高低严重影响着考评工作的质量。不仅要加强技能等级认定专职从业人员的素质培养，还要加强各级人力资源管理工作者对技能等级评定知识的培训管理，实现上下联动，充分发挥合力，才能将技能等级认定工作落到实处。

2. 提升考评人员队伍素养

一是要严把入口选拔关，把真正业务技术精湛、职业操守过硬、工作热情饱满的优秀人员纳入考评队伍中来；二是要配套建立人员轮换制度、回避制度；三是要加强业务知识培训，在每批次考核、年度管理、聘期考核中，都要加强对考评人员的培训考核，促进考评工作者业务知识更替，同时制定完备的考评人员奖惩制度，建立能进能出的动态管理机制。

3. 严把质量督导关

要建立相对独立的、专业化的质量督导管理队伍，努力实现对职业技能等级认定活动全过程的质量督导和质量监控。质量督导员要加强对关键人员的监管，严格资格审核，严格过程监督，实行质量保证承诺和纪律制度，同时配套建立诚信档案和奖励与退出机制。

（三）加强监管和指导

1. 加强行业监管

水利行业要加强对第三方分支机构的监管，通过"双随机、一公开"式监管机制，主动帮助他们建立质量管理体系，并且积极帮助他们所属地方政府备案，接受政府行政部门的监督和指导，接受政府派遣质量督导人员，促进考评质量水平提升。

2. 加强分支机构内部监管

分支机构在完善制度流程的过程中要加强内部监督，畅通投诉渠道，发挥好技能等级认定对象的客体监督作用。同时建立透明的信息公开制度，主动在分支机构公共平台公开相关信息，提高考评机构公信力，提升技能等级认定工作质量。

五、需要着力解决的几个基础性问题

（一）理顺认定体系架构，尽快开展评价认定工作

理顺水利行业职业技能等级认定体系架构，建议成立水利部人才资源开发中心—水利行业职业技能等级认定中心—水利行业职业技能等级认定站三级体系，尽快向人力资源和社会保障部申报水利行业认定机构，尽快确定水利行业职业技能等级认定职业，尽快促使职业技能鉴定向职业技能等级认定无缝转接。

（二）适应评价认定工作的发展，动态调整四支队伍建设

四支队伍是专家队伍、考评人员队伍、督导人员队伍、管理人员队伍。专家队伍要适

应评价认定工作的发展，做好水利行业评价认定工作的认证规划和总体设计。要开展考评员、督导员及管理人员的培训，使他们尽快适应由鉴定向认定的转变。

（三）建立职业技能等级认定质量管理体系

一是加强规范使用国家职业技能标准开展评价认定工作。二是规范认定机构的运行规则。三是指导认定机构建立规范的质量保证体系。四是建立水利行业内监管制度和社会监督机制，采取"双随机、一公开"和"互联网＋监管"等方式，加强认定机构的监督管理。

（四）建立水利职业技能等级认定信息系统

一是统一开展职业技能等级认定业务；二是统一发布职业资格的评价机构和证书信息；三是统一发布经审核的认定机构的备案信息；四是发布水利职业的工作前景报告等；五是落实政策待遇。设定职业技能为五个等级，与国家职业资格一一对应，明确职业技能等级证书效用等同于国家职业资格证书，持有人对应享受同等待遇，纳入人才统计、高技能人才表彰、政府奖励津贴等范围。

开展职业技能等级认定工作是在国家职业资格改革大背景下具有探索性、前瞻性、创新性的重大政策制度安排，充分认识职业资格改革的重要性，按照国家分类推进人才评价机制改革要求，不断认真总结、完善，在制度化建设、多元化评价、智能化服务、统筹监管等方面进行深化和完善，逐步探索建立业绩导向、评价多元、监管有力、过程公正、社会认可的职业技能等级评价认定制度，确保职业技能等级认定工作在水利行业蓬勃开展。

（作者单位：长江水利委员会人才资源开发中心）

科研成果转化教学案例，践行水利创新实践育人

——以长江大保护驻点研究课题为例

王健健　王　洁　于志国

随着高校科研工作的不断推进，高校教师取得的科研成果在促进教师教学能力提升、提高人才培养质量等方面发挥重要作用。将科研成果中的新观点、新技术、新方法及时融入课程大纲与教学案例中。利用科研反哺教学工作，通过科研成果转化为教学案例，不断丰富教学资源，更新教学内容，创新教学方法，从而增强教学的深度，拓展教学的广度，更新完善教师知识结构和体系。对提升教学的学术品味，激发学生学习热情，培养学生的创新意识、创造性思维，提升学生的创新性想象力、判断力、思维能力和实践能力，提高人才培养质量，具有重要的意义。

一、项目背景

科研项目名称：芜湖市水功能区水环境容量及水生态承载力核算

2018年4月27日，生态环境部依托中国环境科学研究院，组建国家长江生态环境保护修复联合研究中心（长江中心），负责联合研究的具体执行与实施。本科研项目依托于生态环境部组织开展的《长江生态环境保护修复驻点跟踪研究工作》，属于长江流域58个城市驻点跟踪研究团队中的芜湖驻点团队。团队由北京师范大学牵头，南京信息工程大学、安徽师范大学、安徽农业大学、中电建华东院、中节能咨询有限公司、安徽水韵环保6家单位参与。南京信息工程大学负责《芜湖市水环境容量及水生态承载力核算》研究。

二、科研成果转化教学案例建设内容

项目紧密围绕《长江保护修复攻坚战行动计划》的科学决策和精准施策需要，以长江芜湖段区域生态环境质量改善为目标，以推动水体污染控制与治理科技重大专项等国家科技计划项目成果转化应用、解决突出生态环境问题为主线，以驻点跟踪研究为抓手，提出科学性、针对性、操作性强的专题解决方案，着力解决科研成果不落地等技术瓶颈，为改善芜湖市的水生态环境、提供强有力的科技支撑。

项目组根据生态环境部及国家长江生态保护修复联合研究中心要求，结合芜湖市实际

情况，开展《芜湖市水功能区水环境容量及水生态承载力核算》专题跟踪研究。主要研究内容包括：

①分析芜湖市市政污水处理厂及重点直排企业排污口主要水环境污染源及其污染负荷，建立概化排口污染物排放与水体水质之间的响应关系。以国控考核断面 2020 年水环境质量持续改善目标为约束，测算 COD、氨氮、总磷污染物水环境容量。②根据提供的芜湖市现状主要水污染物负荷，以及核算的水功能区水环境容量，估算各区县 COD、氨氮、TP 削减量。③建立芜湖市水生态承载力评价指标体系，分析区县水生态承载力动态特征。

项目研究过程中涉及《水环境保护》课程中 7 个方面的内容：

①水功能区划：芜湖市共划分一级水功能区 63 个，其中保护区 2 个，保留区 6 个，开发利用区 55 个。在 55 个开发利用区基础上划分 69 个二级水功能区。其中 10 个饮用水源区、9 个工业用水区、32 个农业用水区、16 个景观娱乐用水区和 2 个过渡区。②水质评价：分析芜湖市河流、湖库国控、省控断面主要水质超标因子及水功能区水质现状，在此基础上确定水功能区的水质目标。③污染源调查评价：分析芜湖市市政污水处理厂及重点直排企业排污口主要水环境污染源及其污染负荷，在调查芜湖市各区县城镇人口、农村人口、经济总量、不同耕地类型、种植业化肥农药施用量、畜禽养殖品种及规模、水产养殖品种及规模基础上估算芜湖市不同污染源负荷，分析芜湖市水体污染主要来源及结构。④水环境数学模型：根据调查的排污口及估算的污染负荷，通过水质模型建立各排污口污染物排放量与控制单元水质之间的响应关系。⑤水环境容量计算：根据调查的河道水系特征、水文、水质现状及目标、水环境相关参数等测算芜湖市 77 个是水功能区的 COD、氨氮、TP 三项指标的水环境容量值，并根据水功能区所属行政区域、得到芜湖市 5 区 1 市 1 县的水环境容量。⑥污染源削减量计算：根据测算的水环境容量，以及现状的点源及面源的排放量，在分析芜湖市相关水环境保护规划、"三线一单"等基础上，分析芜湖市各类污染物的削减潜力及削减量。⑦水生态环境承载力：构建芜湖市水生态环境承载力评价指标体系，及指标值计算及分级量化方法。指标体系包括驱动力/压力/状态/影响/响应 5 种类型共计 30 项指标。依据构建的指标体系，计算芜湖市总体及各区县的水生态环境承载力的变化趋势及主要影响指标，提出相应的建议措施，为芜湖市的经济社会发展及水生态环境保护提供参考。

此 7 方面内容与《水环境保护》课程相关部分的教学大纲、教材的目录完全吻合，作为完整系统的案例很好地融入并贯穿于整个课程的教学。

三、科研成果转化教学案例融入课程教学情况

（一）水功能区划

融入第五周 3.2 节水环境功能区划的教学。介绍水功能区划定义、通过芜湖市 77 个

水功能区的划分情况来详细解读水功能区分级分类体系，一级保护区包含保护区、缓冲区、保留区、开发利用区；开发利用区可以继续划分二级区划，含饮用水源区、工业用水区、农业用水区、渔业用水区、景观娱乐区、过渡区、排污控制区。

（二）水质评价

融入第九周5.1节河流水质评价、第十周5.2节湖泊水质评价的教学。着重讲解河流和湖泊水质的单因子评价法、综合评价法；综合评价法中常用的污染综合指数法、有机污染综合评价法等。选取芜湖市其中某一个国控断面的水质数据，让学生用不同方法进行评价，比较各种方法得出的结论的差异，进而进一步理解各类方法的优缺点以及适用条件。

（三）污染源调查评价

融入第三周2.2节污染源的调查与评价，和第四周2.3节水污染负荷的教学。介绍污染物排放量和入河量的概念及差异，详述污染物估算方法：统计报表法、现场调查法、排污系数法。介绍水体污染负荷及负荷量的概念及其不确定性。重点介绍工业废水以及生活污水负荷预测方法，并通过芜湖项目中城镇生活、种植业、养殖业等污染负荷估算作为算例进行巩固。

（四）水环境数学模型

融入第七周3.4节水环境数学模型的教学。图示并推导均匀混合模型公式及其解析解、一维模型公式及解析解、二维模型公式及解析解，并阐述公式中主要参数、各项参数的含义及参数的取值方法。通过芜湖项目中模型的选取、参数的选取来讲解模型运用过程中注意点，及适用性。

（五）水环境容量计算

融入第六周3.3节水环境容量计算的教学。阐述水环境容量计算的基本方法：总体达标法和控制断面达标法，分析各自优缺点及适用情况；分析影响水环境容量计算结果的主要因素（水域特性、环境功能要求、污染物质、排污方式）、计算步骤以及设计条件的选取（计算单元、控制点、水文条件、边界条件、排污方式）。分别取长江芜湖段、芜湖中小河流的一个功能区布置作业，让学生采用总体达标法和控制断面达标法计算其水环境容量值。

（六）污染源削减量计算

融入第十五周7.3节水环境规划与管理方案综合评价的教学。介绍提高水体自净能力、增加污染物削减潜力的途径与方法，以芜湖市其中某一个区为案例，讲解污染物削减量的计算以及削减量的分配原则及方法，把另外一个区作为作业，加深学生的认识，熟悉计算过程中可能遇的问题解决途径。

（七）水生态环境承载力

融入第十四周7.2节水环境规划与管理技术措施的教学。介绍水环境承载力的概念与内涵、影响因素，水环境承载力的模型；以 2020 年生态环境部颁布的水环境承载力计算指南为基础，介绍在芜湖市构建的水生态承载力指标体系及分级量化计算方法。

四、教学成效

（一）论文

发表论文 6 篇：《基于 DPSIR 模型的芜湖市水生态承载力研究与建议》《不同类型泥炭沼泽湿地无机离子、溶解有机质的变化特征及生态学意义》《利用雨养泥炭沼泽及湖泊沉积物重建多氯联苯污染时空变化趋势》《泥炭沼泽湿地关键元素地球化学特征及其对碳排放的影响机制》《泥炭沼泽湿地土壤分解过程中可溶性有机质氧化还原能力变化特征及其影响机制》《太湖湍流特征及其对表层沉积物起悬机制的影响》。

（二）专利

授权专利 13 项：《一种被动式原位高分辨率孔隙水采样装置及采样方法（CN 111397969 B）》《一种原位采集沉积物和湿地土壤中孔隙水和气体的装置（CN 111397968 B）》《一种测验水流流速对水 – 气界面温室气体排放影响的装置（CN 214096540 U）》《一种分层全自动水样采集器（CN 214373591 U）》《一种水体温室气体自动收集装置（CN 214173905 U）》《一种沉积物无氧保护高分辨率分层收集装置（CN 210090071 U）》《一种沉积物厌氧培养及气液采样装置（CN 210741924 U）》、《一种冒泡甲烷自动收集装置（CN 216386485 U）》《一种小型可聚合组合型生物炭浮床生态浮岛（CN 214612081 U）》《一种水利工程用污水处理装置（CN 216273144 U）》《自动化多功能渗水处理装置（CN 216273590 U）》《一种水陆两栖垃圾收集气垫船（CN 215042713 U）》《一种用于缓解农田面源污染的生态净化系统（CN 215886533 U）》。

（三）软件著作权

申请转件著作权 6 项：《温室气体排放监测及时空变化分析软件 V1.0》（登记号：2022SR0678761）、《蒸散发估算与归因分析软件 V1.0》（登记号：2022SR0678763）、《生态恢复和气候变化对径流影响评估系统 V1.0》（登记号：2022SR0678713）、《土壤侵蚀变化特征分析软件 V1.0》（登记号：2022SR0678762）、《土壤湿度时空变化及归因评估系统 V1.0》（登记号：2022SR0678764）、《山洪动态临界雨量阀值计算模型软件 [简称：动态雨量阀值计算模型软件] V2.0》（登记号：2022SR0688337）。

（四）指导学生创新创业竞赛获奖

指导本科生各级各类竞赛获奖 17 项：大学生实践创新训练计划项目，国家级 2 项；第七届全国大学生水利创新设计大赛，全国一等奖 3 项；江苏省第五届大学生水创意设计大赛，省一等奖 2 项、二等奖 3 项、三等奖 1 项；南京信息工程大学第六届"互联网 +"

大学生创新创业大赛，银奖 1 项、铜奖 4 项；南京信息工程大学第十七届"挑战杯"全国大学生课外学术科技作品竞赛，一等奖 1 项。

（五）其他

获批江苏省省级一流课程 1 门；荣获全国水利专业青年教师讲课竞赛二等奖 1 人次；全国大学生水利创新设计大赛优秀组织奖 1 次；校级教学管理先进个人 1 次；将科研转化为教学案例，获评南京信息工程大学优秀案例 1 次。

（作者单位：南京信息工程大学）

新时代水利职工教育创新路径研究

王　珊　孙博娇

　　水利，承担着国民经济基础设施和基础产业建设的重任，是经济社会发展的重要保障。基层水利是支撑水利事业发展、维护社会稳定、促进国民经济持续健康发展的重要基础，在社会服务与社会管理领域都发挥着不可替代的作用。在新时代加强水利系统管理建设，提高基层水利社会服务水平，归根结底取决于员工素质的高低。水利职工教育培训的质量和效益在一定程度上来说是反映水利人才培养深度、广度和速度的重要因素，因此，加强对水利系统职工的培训十分重要。水利系统人才队伍具有专业性强、知识更新快的特点，应进一步致力于职工教育培训创新。

一、职工培训教育的意义

（一）落实新时代人才强国战略的题中之义

　　国以才立，政以才治，业以才兴。水利人才是我国人才队伍的重要组成部分，实施新时代人才强国战略，水利人才工作必须有新作为。在支撑水利发展的各种要素中，人是最活跃、最基础、最关键的因素。新阶段水利高质量发展，对高素质专业化人才的渴求更加急迫。面对新形势、新挑战、新机遇，要实现水利事业又好又快地发展，关键在于要拥有一支高素质的职工队伍。职工教育培训工作的开展对职工队伍的素质起着决定性的作用，要聚焦水利高质量发展对人才的需求，把职工教育当作水利事业发展的百年大计，加大工作力度，完善措施举措，不断强化职工培训工作，努力建设一支与水利高质量发展要求相匹配的高素质水利人才队伍。充分激发广大水利人才创新创造活力，为推进新阶段水利高质量发展作出更大贡献。

（二）建设学习型水行业的内涵所在

　　所谓"学习型行业"，是充分发挥每个成员的创造能力，在团队和组织内形成浓厚的学习氛围，努力通过学习实现个人价值，提高组织绩效。通过不断学习促进组织发展是其本质特征。以水产业战略发展为目标，引导员工共同奋斗，积极参与培训，提高人的综合素质，促进人的全面发展，促进水产业的现代发展的学习型水行业是现代水行业发展的新模式。在水利单位内打造一支高素质团队，必须保持先进的建设理念，在单位内部形成一套科学有效的体系。通过建立多层次、开放的网络教育体系，更新员工的学习理念和学习行为，培养大量人才，使水行业在未来发展中保持不竭的创造潜力和竞争力。水利单位所处的环境变化得越来越快，要逐步建立健全综合培训网络，把学历教育与非学历教育、正规教育与非正规教育结合起来，实现教育培训体系多元化和社会化，从而提高工作人员素质。进而增强单位整体竞争力，创造良好的经济效益和社会效益。

（三）提升人才团队精神和创新能力的必要手段

建立具有创新能力的人才团队，是水利单位实现高质量发展的最大优势，谁拥有这样的团队，谁就在技术创新、管理创新、服务创新方面具备了竞争优势。做好职工教育培训是开发人才资源的关键环节，只有充分挖掘职工的潜力，将科学技术与水利工作、生产结合起来，才能将知识转化为生产力。随着时代发展，越来越多的组织管理者认识到了提高人才团队精神和创新能力的重要性，并通过各种活动培养员工的团队精神。教育培训是培养团队精神的重要途径，它可以使不同教育背景、不同社会阅历、个性风格迥异的人才各尽其能、人尽其才，形成组织稳定发展的原动力。通过教育培训，逐步纠正在单位制度认识上存在的误区，增强员工的责任感和荣誉感，对于提高单位内部各部门员工对本部门和兄弟部门职责的认识，促进各部门员工之间更好的沟通，以及提高整个组织的凝聚力和向心力发挥着关键作用。

二、水利系统职工教育培训现状及存在的问题

据统计，截至2020年底，全国水利在职人员为77.76万人。其中专业技术人才33.70万人，技能人才27.90万人。部门直属系统6.69万人，地方维修系统71.07万人；基层人才55.79万人。"十三五"期间，水利部直属部门入选国家级人才工程的优秀人才96人。其中，中国工程院院士1人，全国工程勘察设计队8人。高级职称专业技术人才比重提高了4%，技师及以上高技能人才提高了6%，本科及以上学历人员提高了13%，基层专业技术人才中级及以上职称提高了8%。从以上数据来看，水利系统对职工教育培训工作的重要性的认识已具备，但由于长期计划经济体制下形成的"等、靠、要"思想观念在一些单位还没有彻底根除，水利职工教育培训不讲求质量和效益的问题还普遍存在，现剖析如下：

（一）对教育培训工作意识模糊，重视程度不够

职工教育培训是开发智力、培养人才、提高职工素质，以及催发单位发展后劲的重要途径，是加快水利科技进步和水利发展的必要条件。大多数单位都能认识到这一点。在长期的观察和分析基础上，笔者发现，在实际工作中，部分企业管理层对职工教育培训工作不重视，认识比较片面和肤浅。他们普遍觉得水利系统的职工多为科班出身，具有一定工

作经验，在职工培训方面单位没有必要花费大量的时间和财力，不能把职工教育培训和水利事业的可持续发展联系在一起。一些单位响应国家号召，尽管开展了一些常规性的政治理论、水利业务等方面的培训学习，但主要是以会议形式进行思想教育、水利基础知识阐述，形式枯燥。某些部门开展的教育培训缺乏针对性内容。水利系统职工分为不同专业，培训是为了学以致用。如果每个人都接受同样的培训，那么很难真正掌握必要的知识，提高技能水平，更不要说将培训内容运用于实践了。还有些单位虽然制定了培训计划，但具体操作中还存在着"说起来重要，做起来次要，忙起来不要"的现象，这些都影响了职工教育培训的质量和职工队伍整体素质的提高。

（二）培训方案落后，培训方式单一

如今，科学技术不断更新和发展，市场模式不断变化，特别是随着信息化时代的到来，对人们的生活和思想产生了巨大影响。这对水利系统的管理和技术也提出了更高的要求。在这种情况下，员工的教育和培训必须以打破旧框框、实现新突破为目标。然而，由于探索仍在进行中，很多单位大多还是沿用传统方法开展培训。很多培训课程课堂教学多、实践学习少，理论讲授多、经验教授少，传统方法多、现代手段少，培训课程缺乏精细化的培训方案，与当下的强大的媒介手段脱节，员工较为被动，尤其是年轻新员工，难以接受这种"填鸭式"的教育，更别说主动参与其中。经调查，大多数员工仍然愿意接受培训，因为这有助于提高他们的业务技能和质量。不过，当下有些培训活动纯粹是为了执行培训任务，内容与实际工作的衔接不够紧密，不能有效地指导工作，流于形式。这些情况挫伤了职工参加培训的兴趣，对工作实际指导意义不大。

（三）培训经费短缺，培训机制不健全

经费的投入是职工教育培训工作开展的前提和物质基础。由于水利基层单位经济基础比较薄弱，难以承担不菲的培训费用，在职工教育方面投入的资金不能满足实际需要，导致职工教育的基础设施配置不到位，没有足够的培训费用来源，因此，培训仅限于理论知识的学习，实习设施严重缺乏，实践操作技能培训受到了一定的限制。据调查60%以上的水利单位在培训经费上比较短缺，但尚能达到国家对于培训经费支出的额度要求，还有20%左右地处偏远山区、效益差的基层水利单位在培训经费的投入上根本达不到国家水利部的培训经费要求，加之由于交通不便、经费短缺、工学矛盾等各种原因，培训非常匮乏。调研数据显示大概有15%来自偏远地区的职工，工作以来从未参加过培训，但也有5%的职工每年的培训任务非常繁重，这两种极端现象同时并存。

由于传统观念和工作方式的制约，水利系统全员工学习教育机制管理机制尚不健全，因此在员工学习培训过程中组织学习的力度较弱，学习过程和整体控制难以达到预期目标。此外，或多或少存在管理层对培训工作认识不足的现象，有人认为，在繁忙的工作中进行培训是浪费时间、精力和资源。长期以来没有对建立员工培训给予应有的重视，而且教育实践中缺乏有效的监督、奖惩和约束机制，现行制度已不适用，影响了职工的教育质量和实效。

三、水利系统职工教育培训的创新路径

水利人才在我国人才队伍中占较大比重，实施新时代"人才强国"战略，水利人才工作必须有新作为。水利系统教育培训要顺应时代发展要求，与时俱进进行创新，不断丰富内容，从而提高教育培训效率，提高职工的综合素养，真正做到让水利事业激励水利人才，让水利人才成就水利事业。

（一）观念创新，唱响教育培训的"二重奏"

要全面提高水利系统职工的培训效益，必须从培训理念入手，综合性分析多样化的影响因素，及时转变观念，调整思路，以长远眼光来考量职工教育培训的意义所在。构建以人为本的培训核心，积极地运用创新的方式，将培训的内容落实到具体的工作中去，把职工培训教育工作纳入人力资源发展战略规划。在开展职工教育培训过程中，从管理阶层以及基层员工两个方面入手，使他们认识到培训的重要性和必要性，明确人才培养与水利可持续发展的相互促进的联系，全力支持水利职工的教育培训活动，积极参与并确保执行。要深化人事制度改革，完善人力资源培训开发机制，进一步强化终身学习观念。通过营造积极学习的氛围，让广大水利职工自觉树立"终身学习"的理念，强化职工的责任感、目标感、荣誉感，做到内化于心、外化于形。通过组织讲座、书法、文字作品征集、专业技能竞赛等对员工具有吸引力的多样化活动，将竞赛与培训有机结合，寓教于乐，激励员工自觉学习，提高学习效率和质量。

（二）模式创新，转好知识绽放的"万花筒"

创新即是突破，只有不断创新才能确保进步，在水利人才培养方面也一样。单位以往的内部员工培训中，"满堂灌""填鸭式"等教学方法比比皆是。但时代在发展，如果仍沿用传统教育形式，员工的学习效率很难提高，因此亟须发展创新的人才培养模式。从实践上入手，将基础水利理论知识落实到具体的工作中去，通过线上和线下的配合综合运用虚拟现实、3D技术、云计算等高科技工具，丰富教学内容，提高职工培训的广度和深度，有效提高员工解决复杂问题的实践能力。还可把理论运用到实践，采用实地实训的形式，使员工免除冗长的讲座课程，定期开展实战化应用专业训练和技术课，提高外场作业人员的实战能力，为培训注入活力和趣味因素。同时，亦有必要整合培训机构和教学人员，以便全面了解我们所合作的培训机构的师资队伍，开展有选择的合作。近年来，培训实施的重点正在从教授员工具体技能转向强调一种更广泛的目标，即知识和资源的创造与共享，

这就是所谓的高阶培训。这种培训基于将培训与组织的战略目标相连的理念，有助于营造持续学习的工作氛围。例如，与大学或专门研究机构建立合作关系，实现知识和资源共享，不断拓宽教育和培训渠道。

（三）内容创新，教好求真问道的"取经人"

从实践的角度来看，职工的专业技能和知识仍是培训的重点内容。但是，还需要更新观念，拓展培训内容。水利作为专业学科，需要不断地深入、强化和更新培训，更需要结合大事、要事、身边事安排培训内容。党的十八大以来，以习近平同志为核心的党中央高度重视水利工作，习近平总书记亲自谋划推动江河流域生态保护和高质量发展，多次就水旱灾害防御、水资源节约保护、河湖治理保护等作出重要指示批示，明确了"节水优先、空间均衡、系统治理、两手发力"治水思路，为新时代治水工作指明了方向、提供了遵循。因此水利单位需要及时更新培训理念来适应新时代发展的需要。整合一些新概念，包括非技术概念，可能会产生事半功倍的效果。例如，受到高劳动压力和低收入等因素的影响，容易导致职工出现心理偏差，从而影响工作和生活。这时如果增加这方面的培训，提前做好沟通疏导工作，或者传授给员工自我调节的方法，可以让员工感到心情愉悦。此外，应考虑结合行业特点开展文化艺术教育，或者通过漫画、微电影和其他形式进行政策法规、职业道德、安全生产等培训，在增强职工专业能力的同时也陶冶了情操，提高了他们的综合素质。

（四）机制创新，建好成果转化的"淘金池"

所谓培训成果转化，是指受训人将培训中学到的知识和技能应用到工作实践中的情况。要促进水利系统职工教育培训的成果转化，必须充分利用好水利单位培训资源，建立学习教育长效机制，将培训纳入精细化管理的范畴。首先，要切实加强基层水利职工教育培训工作的顶层设计，要把基层水利工作者教育工作和基层水利专业队伍建设纳入水利发展总布局，建立科学的基层水利人才培养体系，明确目标、职责，确保培训真正发挥其效能。其次，必须确保职业培训规范化、制度化和体系化。合理的职工教育制度可以规范和监督人才培养过程，有益于规范整个职业培训过程和建立培训评价反馈机制，进而增强培训效果。再次，水利系统内部职业培训对象是全体干部职工，因此必须激发他们的学习积极性和参与度。建立有效的培训激励机制正是组织上加以制约和控制的有效措施，对提高培训效率很重要。比如，对积极参与培训活动并取得较好成绩的，给予一定的激励和鼓励，使其进一步发展；相反，不积极参加培训活动、不符合要求的，作出相应处罚。此外，亦可将雇员的教育培训成效与个人的职业发展挂钩，并将培训评估结果作为年底工作竞争、晋升及评核的重要指标，从而丰富培训形式，又能使职工具有危机感，切实增强培训效果。

四、结语

对于水利系统来说，职工教育培训是对业务技能和知识架构的培养，是水利事业有效运行的保证。重视该项工作，更新培训手段，从而不断提高职工综合素质，不仅是促进组织发展的不竭动力，亦是水利事业高质量发展的必由之路。然而，要想全方位提升水利系统工作人员的综合能力并不是一蹴而就的，在培训的过程中要充分结合我国相关水利政策，聚焦水利高质量发展对人才的需求，完善教育培训措施，更新培训内容，逐步探寻到最合适的培训方式，进而提升水利系统职工综合素养，努力建设一支适应水利事业高质量发展要求的高素质人才队伍。

（作者单位：东平湖管理局／山东润泰水利工程有限公司）

多措并举打造富有特色的职业培训新模式

吴伟民 张美新 赖锡珠

一、项目开发背景

2000 年，习近平总书记在担任福建省省长时指出：建设数字福建意义重大，实施科教兴省战略，必须抢占科技制高点，建设数字福建，就是最重要的科技制高点之一。他在分析省情时指出，福建信息化的短板在农村，摆脱贫困必须"通信先行"。2001 年，福建启动村村通电话建设，成为电信'政企剥离'后全国最早启动电信普遍服务工作的省份，为数字福建建设打下良好基础，也使福建成为数字中国建设的领先省份。

从数字福建到数字中国，习近平总书记建设信息化中国的战略思想一以贯之，一脉相承，在思想上、理念上高度关联。党的十八大以来，以习近平同志为核心的党中央高度重视网络安全和信息化工作，高瞻远瞩，作出建设网络强国、数字中国的战略部署，信息化顶层设计持续完善，《国家信息化发展战略纲要》《"十三五"国家信息化规划》等相继出台，国家电子政务工作统筹协调更加有力，核心技术创新和突破不断加快，数字经济与实体经济深度融合，新技术新业态新模式不断涌现，"互联网＋"全面推进，人民群众在共享信息化发展成果上有了更多获得感，推动我国信息化发展发生了历史性变革，取得了历史性成就。

《十九大报告》提出："办好继续教育，加快建设学习型社会，大力提高国民素质。"在"互联网＋教育"背景下，非学历教育的各个层面都在不断变化，包括教育对象的变化，需求多元化、教学形态变革等。所以，必须以新型模式来实现系统互动，以混合金课打通线上线下混合教学，以微服务打通关联系统的壁垒，以形成合力，打造富有特色的、一流的培训教育模式。

《中共中央关于制定国民经济和社会发展第十四个五年规划和二〇三五年远景目标的建议》中提出：建设高质量教育体系要对标服务全民的终身学习体系。《建议》强调"发挥在线教育优势，完善终身学习体系，建设学习型社会"，构建方式更加灵活、资源更加丰富、学习更加便捷的终身学习体系。充分体现了建设学习型社会的顶层设计意图，"十四五"时期建设高质量教育体系，必将沿着"实现人人皆学、处处能学、时时可学"方向，我国终身学习体系和学习型社会的建设可望开辟新的境界。

2019 年岁末，新型冠状病毒性肺炎在全球爆发，对经济社会带来巨大影响，工厂停工、超市停业、物流停摆、学校停课……，世贸组织总干事阿泽维多表示："近期的预测显示，（全球）将出现经济下滑和大规模失业，这会比十二年前的金融危机更严重。"一场突如其来的疫情改变了所有人的学习和生活方式，职业培训模式也发生了重大改变，由传统的线下培训向线上线下混合式培训转型发展，"互联网＋培训"将成为后疫情时代的主流模式，这也顺应了教育信息化 2.0 行动计划发展要求。新技术的应用和 5G 时代的到来，将进一步推动培训服务信息化发展，为培训服务模式创新、资源共享、数字管理，以及促进教育公平提供助力。

二、建设内容、思路及方法

构建"培训平台＋师资队伍＋培训模块与教学资源＋智慧教室＋技术服务"五位一体的智慧化管理与教学生态体系，全面解决非学历教育信息化建设，打造富有特色的职业培训模式，实现"人人皆学、处处能学、时时可学"是项目建设的目标。

（一）培训平台建设

一体化培训平台的打造是开展职业培训工作的基础。2018 年 12 月，福建省教育厅与福建省水利厅签署了共建福建水利电力职业技术学院协议，由此，双方开展了全面深入的合作。2019 年，继续教育中心会同水利工程学院与水利厅人事处共同商讨成立了"福建省水利行业专业技术人员继续教育平台"（图 1），平台统筹福建省水利行业专业技术人员继续教育工作，采用线上线下混合式培训模式，极大提升了培训种类与层次、提高了培训效率、扩大了受众面、方便了学员学习、降低了培训成本、实现"人人皆学、处处能学、时时可学"的目标。

图1 福建省水利行业专业技术人员继续教育平台

（二）师资队伍建设

一支高水平的师资队伍是开展职业培训工作的关键，培训模块开发与教学资源建设、培训质量的好坏均取决于师资水平的高低，它既是一个重点、也是一个难点问题。本项目建设的主要做法有：

1. 设立学科负责人与学术带头人双负责制度，把引进和培养学科领军人物摆在首位

将学科带头人学术权威和学科团队组织领导者的两重角色分开来考虑，分为学科负责人和学术带头人，分别承担学科团队组织管理和学术引领的职能。设立学科队伍一个学科负责人、多个学术带头人的模式（一个学科可以有多个研究方向），学科负责人负责整个学科团队的组织，领导，协调和管理，可以是其中一个研究方向的学术带头人或骨干拔尖人才；而学术带头人通常只是在某一个研究方向上发挥学术引领作用，主要负责相关学科领域培训规划、牵头培训模块开发、教学资源建设质量审核，协助做好人才培养工作。

2. 借水养鱼，不求为我所有，但求为我所用

聘请一些在学科领域有名望的专家学者作为学术带头人或培训骨干，兼职指导学院做好相关领域培训的建设和发展工作，参与学院的培训学科规划建设和培训课题、项目开发。例如：近三年，我校通过"柔性引进"方式，从高校、设计院、高新企业和施工企业引进27 名专家教授，对开展技术培训工作提供了强大的人力资源。

3. 加强对学院各学科骨干拔尖人才的培养

以研究国家和省部级课题或实际工程项目为依托，采用"送出去、请进来"的方法，让骨干拔尖人才参与高水平科研团队、管理团队、施工团队的工作，及时掌握行业发展动态和领先技术。例如：2021 年我校有 12 名各学科骨干拔尖人才被选任为福建省个人科技特派员，10 个科技服务团队被选任为 2021 年福建省团队科技特派员。个人科技特派员数量位居全省高职院校第三位，团队科技特派员数量位居全省高职院校第二位。为相关学科培训项目的拓展打下良好基础。

（三）培训模块开发与教学资源建设

培训模块开发与教学资源建设是搞好职业培训工作的重点，它是实现"培训项目模块化、资源制作标准化、管理工作规范化"的重要保障。

1. 培训项目模块化

本培训项目建设分为"国家职业分类大典目录内－职业／工种培训与考评，国家现代产业体系－新职业培训与考评，学院优势特色学科类－专业技能培训与考评，辅导在校生和社会培训学员－完善个人资历档案"4 大模块（图 2）。截至 2021 年，学院可自主开展 18 个类别、24 个职业技能等级证书考核，23 个专业技能培训与考评，四批次 23 个"1+X"试点证书项目认证，10 多个行业及特种作业证书认定。

国家职业分类大典目录内
职业/工种培训与考评

学院优势特色学科群
专业技能培训与考评

国家现代产业体系
新职业的培训与考评

辅导在校生和社会培训学员
完善个人资历档案

图2　打造4大培训模块

2. 资源制作标准化

1个培训项目的教学资源包括：职业标准（或考核标准），培训教材，多媒体课件，复习资料，项目训练（练习）题，试题库及答案，考核（实训）场地与设备，监控、刻录与信息化传输设备等。所有资源制作都按照国家、行业或上级管理部门的要求进行，并通过上级管理部门验收，实现资源制作标准化。

3. 管理工作规范化

严格按照《中华人民共和国高等教育法》、教育部办公厅《普通高等学校举办非学历教育管理规定（试行）》等文件精神规范职业培训工作管理，在"管理体制和职责、立项与招生、合作办学、教学管理、考务管理、财务管理"等方面满足国家法律法规的要求。

三、主要建设成果

截至2021年7月13日，福建省水利电力职业技术学院专业技术人员在线培训平台建设情况（图3）：总计运行在线培训课程5大类，117门线上培训课程。其中，尔雅通识课89门，校园风光1门，其他水利行业课程资源9门。校本专业技能培训的课程中：水利校本培训课程9门，电力校本培训课程14门。

课程分布

14
4
9
1
89

- 尔雅通识课
- 校园风光
- 其它水利行业课程资源
- 水利校本培训课程
- 电力校本培训课程

图3　在线培训平台建设情况

四、项目推广应用成效

2021年学院积极开展面向"行业、企业、社会"的技术培训服务，全年完成全省水利水电专业技术和管理人员继续教育专业培训、泉州市涉水系列单位专业技术人员继续教育专业课网络培训、泉州市专业技术人员继续教育专业课网络培训、全省机关事业单位工勤人员晋级、机关事业单位工勤人员水利电力工、电工进网作业许可证续期注册、电力承装（修、试）企业线路架设工（中级）、变电安装工（中级）、水电站运行人员、阿里巴巴平台培训、BIM 建模、全国 CAD 工业产品类一级等数十个项目 400 多个批次的培训服务。全年累计开展各类培训 40579 人次，线上授课学时数达 26108 学时，线下授课学时数达 16570 学时（详见表 1），线上线下现结合，并且线上授课起到重要的作用。为提高全省水利电力行业技术人员技能水平和综合素质，促进社会经济发展和乡村振兴做出了贡献，同时也提升了学院的社会服务能力、教师的社会服务水平，扩大了学院的社会影响力，赢得了社会和地方政府广泛赞誉。

表1　2021年度培训工作情况统计表

序号	培训项目（班次）名称	是否为免费公益项目1*	是否为政府补贴性培训项目2*	到账经费3（万元）		培训学时5（个）		面向行业6*	培训对象7（人）				承担培训工作教师数（人）	
				财政资金4	非财政资金	线上	线下		企业职工8	农村劳动者11	在校学生12	合计	教师人数16	外聘人员人数18
	(1)	(2)	(3)	(9)	(10)	(11)	(12)	(13)	(14)	(17)	(18)	(23)	(24)	(26)
1	特种作业操作证	否	否		22.62		360	水利、电力、信息、建筑、自动化、经济管理交通	879	1382		2261	60	
2	二元制	否	是	3330	115.2	1468	680		2775			2775	135	
3	"1+X"证书制度试点工作	否	是	79		960	18				1232	1232	60	
4	高职扩招	否	是	1258		680	1000				1048	1048	60	
5	2021年泉州市涉水单位继续教育培训	否	否		7.392	13000			1800			1800	10	
6	2021年福建省水利行业继续教育培训	否	否		15	10000			5000			5000	10	
7	技术培训	否	是	31.37			8512		366			366		
8	职业技能等级鉴定（含免费培训）	否	是	58.72	30.491		1200				1503	1503	120	
9	23种专项培训与鉴定	否	否	3.24	312.9		4800		9375		15219	24594	160	
	合计			4760	503.6	26108	16570		20195	1382	19002	40579	615	

（一）在线培训平台综合使用情况（以 2020 年为例）

截至 2020 年 9 月 8 日，福建省水利电力职业技术学院专业技术人员在线培训平台上线学员人次累计达 1825 人次，集体报名项目 1 个，合格学员 1477 人。

项目类型 1：水利行业专业技术人员继续教育

项目名称：2020 年度泉州市涉水系列单位专业技术人员继续教育专业课网络培训

人数：1331 人

合格学员：1282 人（截止时间 2020.9.8）

项目类型 2：水利行业专业技术人员继续教育

项目名称：2020 年水利水电专业技术与管理人员继续教育专业培训

人数：494 人

合格学员：195 人（截止时间 2020.9.8）

（二）平台访问量情况

自 2020 年 2 月 1 日起截至 2020 年 9 月 1 日，福建省水利电力职业技术学院专业技术人员在线培训平台访问量累计将达到 88 万次。6 月单月访问量达到 40 多万次（图 4）。

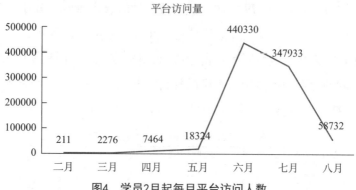

图4　学员2月起每月平台访问人数

（三）整体活跃度分析

1. 整体活跃度分布情况

从图 5 中我们可以看出 2 月到 8 月期间，专业技术人员在线培训平台的整体活跃度是多维而全面的，除了基本的登录之外，也经常会访问课程、完成任务点和测验等。

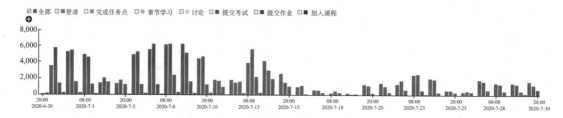

图5　整体活跃度分布情况（7月份）

2. 课程活跃度分布

从图 6 中我们可以看出学员从 6 月到 8 月期间，学员访问课程的活跃情况。

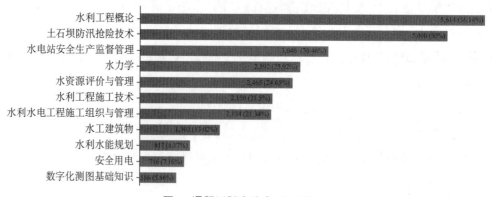

图6　课程活跃度分布（8月份）

3. 学习活动类型活跃度分析

从图 7 中我们可以看出学员学习期间活动类型活跃情况。

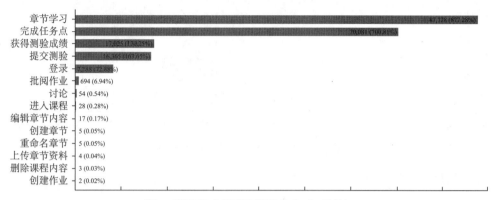

图7 学习活动类型活跃度分布（6月份）

（四）学习情况分析

1. 学习方式分析

根据后台数据显示，学生的终端使用情况如图 8 所示：PC 端的使用情况占比 99.65%，电脑端是学生线上学习的主要方式。

2. 学习访问情况

以 6 月份最高峰为例。

学员上线人数 6 月 18 日最高，人数为：458 人。

平台的访问量 6 月 17 日最高，访问：47076 人次。

走势如图 9 和图 10。

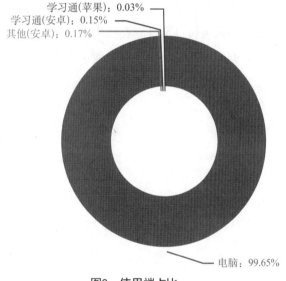

图8 使用端占比

师生上线/访问量趋势

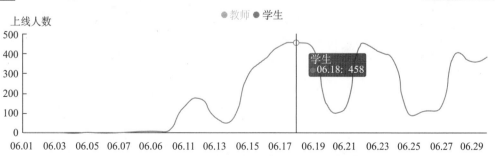

图9 学员每天上线人数走势图（6月份最高峰）

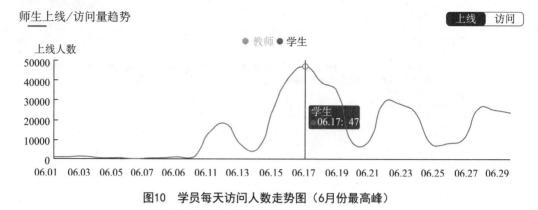

图10　学员每天访问人数走势图（6月份最高峰）

五、结语

通过培训模式的建设与创新，持续增强学院社会服务能力，社会服务成效显著，为行业和区域经济服务的贡献度不断增大，学院的影响力和知名度进一步提高，成为行业和区域内技术技能培训中心、职业技能等级认定点，建成省级示范性职业培训基地，每年开展职业培训人次超过全日制在校生的2倍以上。下一阶段，要继续在平台拓展、师资队伍建设、培训模块开发与数字资源建设上发力，使每年培训人数在现有4万多人的基础上，保持2位数增长，成为行业培训的龙头。

（作者单位：福建水利电力职业技术学院）

岗位复合型水利技术人才的"三核五融六进阶式"培养模式的探索与实践

赖永明　余金凤　刘志枫

习近平总书记提出"节水优先、空间均衡、系统治理、两手发力"治水思路，深刻分析了我国水安全新老问题交织特别是水资源短缺、水生态损害、水环境污染等严峻形势。西南地区工程性缺水问题突出，广西加快水安全保障的防洪体系、调水输水等国家级重大项目建设，投资力度加大，大藤峡水利枢纽、桂中治旱等项目建设需要人才支撑，水利技术人才紧缺明显。水利大中型施工企业急需能施工会管理"下得去、留得住"综合素质高的技术技能人才；很多小型水利企业急需懂规划、会设计、能现场勘测和施工管理的复合型技术技能人才；基层水利工作条件艰苦、人才流失严重，技术综合人才匮乏。水利技术人才缺口大、人才技术技能要求高、人才综合能力要求更高，由此，如何解决人才培养数量不足与质量短缺等问题尤为重要。广西水利电力职业技术学院在水利类专业深化校企合作产教融合，实施岗位复合型水利技术人才的"三核五融六进阶式"培养模式，进行了多年的探索和实践，取得良好的育人成效。

一、创新人才培养模式，"订单式"精准共育水利人才

针对在水利生产第一线施工企业、小型设计企业和基层水利单位的不同岗位能力要求，通过政企校紧密合作，创建岗位复合型水利技术人才的"三核五融六进阶式"培养模式的探索与实践，"订单式"精准共育水利人才，突破了传统人才培养模式与人才能力要求匹配度不高的问题。

（一）搭建政企校协同育人命运共同体，精准对接水利人才新需求

与省内龙头企业等9家单位共建"八桂水利产业学院"，深化产学研合作，共同开展专业人才培养质量调研，确定中小型水利工程设计、施工、管理"三核心"为水利类专业的岗位核心能力，共建"五融"实训育人基地，三阶段（第一学年、二学年、三学年）三层（单项能力、多项能力、综合能力）六阶递进人才培养（即第一学期在校专业知识学习和校外水利工程认知，第二学期在校一体化实训室单项专业基本技能练习，第三和第四学期在校"五真"实训情景和校外实习基地的多项职业能力训练，第五学期到产业学院企业

开展设计、施工和管理等能力的跟岗学习，第六学期到用人单位开展岗位综合能力的顶岗实习、学生毕业在企业以准员工的身份工作），使学生"技能逐级递进，能力渐次提升"，实现水利类专业人才培养目标（图1）。

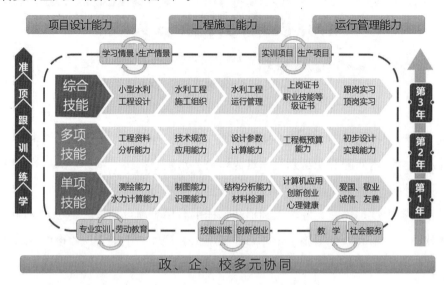

图1 "三核五融六进阶式"人才培养模式

校企共建"海河施工订单班"，解决企业承接国家"172项目"等重大工程急需的施工管理、工程检测岗位人才。联合广西水利厅开展"三定三免"基层水利人才"定向"培养，通过"定向招生、定向培养、定向就业"的"三定"，省级和地方财政实施免除学费、住宿费、教材费的"三免"扶贫政策，"量身定制"人才培养方案。学生"双身份"学习，学校和用人单位"双情景"工学交替、"双导师"教学指导，无缝对接人才岗位培养要求。

（二）校企多元深合作，满足人才培养精要求

针对小型水利设计企业"多能、综合"的人才需求，校企共建"校中厂"共同培养工程检测岗位人才，"校中企"测绘技术技能培养，"厂中校"大坝运行安全监测和管理技术教学，"校中研"水工模型技术科研攻关。校企合作"跟岗班"，"双导师"指导学生进行设计、施工、工程检测等综合岗位能力的学习。通过政企校"多元驱动"，形成了培养专业知识扎实，职业技能高、综合素质高，就业竞争力强、社会适应力强和创新创业力强的岗位复合型水利技术人才培养模式。

二、构建"3+X"模块化专业群课程体系，促进教学方法改革

针对水利类专业课程体系与岗位需求对接不精准、"岗课赛证"融通不深的问题，通过构建"3+X"模块化专业群课程体系，组建"名师名家名匠"结构化教学团队，建设教学资源，改革教学方法，解决学生岗位胜任力不强问题。

（一）构建"3+X"模块化、能力递进式的课程体系，开展分层次教学

对接用人单位的岗位人才需求变化，构建底层共享、中层分立、高层互选和认证课的"3+X"模块化课程体系（图2）。实施分段分层次教学，底层共享模块主要培养职业素质和专业基本技能，学生具有初步识图、测绘、工程材料分析能力的专业基本能力；中层分立模块，项目化任务驱动使学生初步具有小型水利工程初步设计、水利施工管理的核心能力；高层互选 +X 职业资格证书模块，遵从学生个性化发展，根据从事岗位能力要求，强化岗位模块如工程监测技能综合训练。为满足不同学生的学习要求，鼓励有志趣的学生考取"无人机驾驶技术"等X职业资格证书及行业上岗证书1-2个，培养学生岗位综合能力，提高就业能力。

图2 "3+X"水利专业群课程体系

（二）实施岗课对接、证书衔接、大赛链接的"岗课赛证"一体课程教学改革

将承办广西职业技能大赛《工程制图》赛项所涉及的技能点和新技术融入《水利工程制图与 CAD》课程标准及教学内容（图3），编写实训教材，建设在线开放课程资源。项目化整合专业教学内容，增加工程监测能力等认证内容，大量减少力学原理分析等课时，"瘦身"专业课学时，专业群从 1650 平均学时降至 1420 学时左右，突出水安全水保护的专业特色。将证书考核要求、大赛评价标准融入课程评价，并将职业道德、职业素养等融入评价体系，体现对学生素质、知识能力的综合评价要求。通过"以赛促教、以赛促学、以赛促改"，知识、技能与企业岗位需求无缝对接，提升学生岗位胜任能力。

核心岗位	专业课程	专业能力	竞赛项目	主要赛事	1+X证书
水利工程设计员	水利工程制图 水利工程CAD 水工建筑物 水工钢筋混凝土	工程识图能力 工程制图能力 专业软件应用能力 工程结构认知能力	水利工程制图赛项	广西识图技能大赛 全国先进成图技术大赛 全国水利高职院校技能大赛 CATICS网络赛	建筑工程识图(1+X证书试点)
水利工程造价员	水利工程概预算 工程经济 水工建筑物 工程招投标	水利工程概预算能力 水利软件应用能力 标书编写能力	水利工程造价赛项	全国职业院校技能大赛 广西职业院校技能大赛 广西BIM应用技能大赛 全国水利高职院校技能大赛	工程造价数字化应用(1+X证书试点)
水利工程测量员	水利工程测量 现代数字测绘技术	水利工程测量能力 无人机成图能力	水利工程测量赛项	全国职业院校技能大赛 广西职业院校技能大赛 广西高校无人机应用大赛 全国水利高职院校技能大赛	无人机驾驶(1+X证书试点) 测绘地理信息数据获取与处理(1+X证书试点)
水利工程材料员	建筑材料 水利工程施工	材料检测能力 材料施工能力	混凝土检测赛项	全国水利高职院校技能大赛	土木工程混凝土材料检测(1+X证书试点)
水利工程施工员	工程测量 水利工程监测 水文观测 水利工程管理 水利工程施工	河道修防能力 水文勘测能力 水工建筑物运行能力	大坝运行工 河道修防技术赛项 水文勘测工赛项	全国水利高职院校技能大赛	大坝安全智能监测(1+X证书试点)
水利工程管理员	水环境监测 水分析技术 水质监测与评价 水处理工程技术	水质检验能力 污水处理能力 管道安装能力 自动控制能力	水环境监测与治理技术赛项	全国职业院校技能大赛 广西职业院校技能大赛 全国水利高职院校技能大赛	污水处理(1+X证书试点)

图3 "岗课赛证"一体课程教学组织

（三）组建"名师名家名匠"的分工结构化教学团队，提升学生综合能力

由优秀德育工作者引领的公共基础课程组，培养学生职业素养；由名师、名匠引领专业基础课程组，培养学生专业基本技能；名家和优秀教师领衔的专业课程组，培养学生岗位核心能力；由劳模"名匠"组成实训课程组，开展学生X证书、行业资格证书考核（图4）。教学团队分工协作，以学生能力为中心，成立"名师工作室""大师技能工作室"，校企双向流动，通过名师课堂讲授、大师项目带动、名匠竞赛指导等将求实科学态度、敬业精神、优秀品质言传身教给学生。

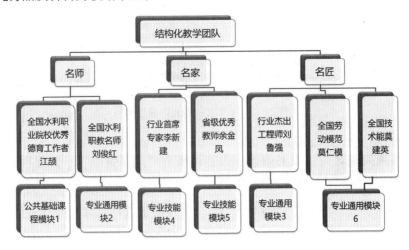

图4 "名师名家名匠"的结构化教学团队

三、打造"五融"实训育人基地，实施 "五真"情景式实训教学

针对岗位技能训练与水利洪涝瞬息多变、工艺流程难重现的实践教学瓶颈问题，通过

校企合作，全力打造"五融"实训育人基地，实施 "五真"情景式实训教学，多情景体验，多项目贯穿，多样化的教学方法改革，提升学生职业技能。

校企共建仿真桂林漓江调水工程小龙江水利枢纽的生产工艺流程的"一部一馆八平台"水利工程施工实训基地；真实呈现泄洪、输水及运行的"四级五库"智能化微缩实体水工建筑实训场；实项目真体验的向日葵节水灌溉区、百香果节水灌溉长廊和无土栽培蔬菜节水灌溉馆的"一区一廊一馆"智慧节水灌溉实训基地；虚拟仿真水利大坝施工技术、水治理监测技术等工程管理过程平台，突破教学重点和难点；"互联网＋"真场景水利智慧中心，将实际水库大坝运行水情监测数据以及在柬埔寨农业节水灌溉基地土壤侵蚀监测数据、现场影像等实时传送到课堂，实现企业导师远程授课、师生互动（图 5）。通过"互联网＋"项目式、"实景真训"工作过程导向等教学方法改革，使学习情景和生产情景、实训项目和生产项目、技能训练和创新创业、专业实训与劳动教育、教学和社会服务的"五融合"，突破传统实践教学的局限性，提高学生岗位综合能力。

图5 "五融五真"实践教学实训基地

四、搭建"滴水穿石"双课堂学生素质拓展平台，提升学生综合素质

针对学生吃苦耐劳不足、体能素质不强较难适应水利工作偏远艰苦岗位要求的问题，通过搭建"滴水穿石"双课堂学生素质拓展平台，创建水利科技协会、水电跑团、水电三下乡等第二课堂活动品牌，"技能培养和素质教育"有机融合，培养"下得去、吃得苦、耐得劳、留得住"高素质技术技能人才。

创新以"水"为主题的 8 个学生素质拓展活动（图 6），提高学生综合素质。"水之动"水电跑团项目，使学生由"坐在电脑前"，转变为"跑在操场上"，强健学生身体素质。创新"水之乐"文化活动，增强学生文学素养。创新"水之韵"心理健康活动，引导同学们"心"向阳光；创新"水之镜"宣讲活动，以"镜照历史，镜照当下，发展未来"培养学生家国情怀；开展"水之尚""水之堂"和"水之行"及"水之智"活动，通过"志愿青春"、水电三下乡、"静湖道德大讲堂"、技能比赛等，助力水利精准扶贫、树立劳动光荣正确的价值观，培养学生科学精神和创新意识。

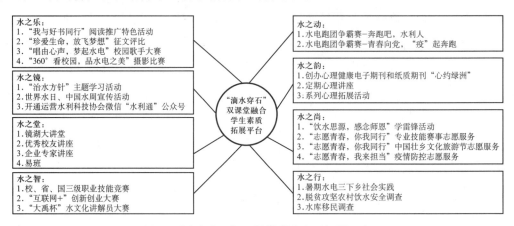

图6　"滴水穿石"双课堂学生素质拓展平台

五、创新和特色

创新了岗位复合型水利技术人才的"三核五融六进阶式"培养模式，解决人才适应度不强的问题。明确"设计、施工、管理"岗位核心能力的"培养指向"。通过举办"施工订单班"，精准共育企业施工管理岗位能力人才；校政联合"三定三免"基层水利人才培养，"量身定制"人才培养方案。实施"学、练、训、跟、顶、准""六步"人才培养，使"技能逐级递进，能力渐次提升"。

创新"课程模块化、能力递进式""3+X"专业群课程体系，"岗课赛证"相融的教学改革，知识、技能与企业岗位需求无缝对接，提升学生岗位胜任力。打造"五融"实训育人基地，解决实训基地建设与生产过程对接不深的问题，提升学职业技能。创新以"水"为主题的双课堂学生素质拓展平台，解决"技能培养和素质教育"耦合度不深的问题，改变了单纯培养专业技能的"工具人"做法，提升学生综合素质。

建立"八桂水利产业学院"政企校命运共同体，探索"校中厂""校中企"等人才共育途径，组建"名师名家名匠"双师型结构化教学创新团队，形成了政企校共建共育共享共荣的水利人才培养有效机制。

六、结语

通过岗位复合型水利技术人才的"三核五融六进阶式"培养模式的探索与实践、构建

"课岗赛证"一体的模块化专业群课程体系、组建名师名家名匠引领的创新教学团队、建设"五融合"的实践教学基地、搭建"水滴穿石"双课堂融合的学生素质拓展实践平台等，逐步形成了精准对接水利企业和基层单位人才岗位需求，形成"岗位复合型"技术人才培养模式。成功解决了水利类专业人才培养的定位问题，找到了政企校融合共育"下得去、吃得苦、耐得劳、留得住"扎根水利生产第一线和基层水利建设的高素质技术技能人才培养的有效路径，显著提升了人才培养质量，在全国同类院校、行业、社会等方面独树一帜。

（作者单位：广西水利电力职业技术学院）

基层水管单位人才队伍建设调查报告

——以濮阳黄河河务局渠村分洪闸管理处和张庄闸管理处两单位为调查对象

段慧如　王利娟　吴海英　张晓楠

人才是经济社会发展的第一资源。近几年，濮阳黄河基层单位坚定不移地走科教兴黄，人才强黄的高质量发展之路。按照水利部、黄委关于人才工作的部署，贯彻落实习近平总书记关于人才工作论述精神，濮阳黄河基层单位充分发挥人才的创新能力，不断引领队伍建设向纵深发展，继续为黄河高质量发展提供坚强的人才支撑和智力保障。本文主要以濮阳黄河河务局渠村分洪闸管理处和张庄闸管理处两单位为调查对象，展现濮阳黄河基层单位人才队伍现状、经验做法，并针对一些突出问题提出建设性建议。

一、当前基层单位人才队伍现状

近些年，随着濮阳黄河基层单位对人才工作的重视，人才队伍逐渐壮大，人才整体水平逐年提升，人才结构得到不断优化，大学专科及以上学历人数逐年增加。渠村分洪闸管理处和张庄闸管理处两单位专业技术人才 47 人，技能人才 89 人，从学历层次上看，大专以上文化程度的人数占大多数，占总数的 80% 左右；从年龄结构上看，30—50 岁人才比重占一半以上；专业技术人才队伍中，初中级职称人数占大多数，高级职称人才所占比例较少；技能人才中，高级技能人才偏少，技能人才队伍整体年龄偏大，文化程度偏低。

二、主要做法和经验

近年来，濮阳黄河基层单位坚持以促进治黄事业发展为首要目标，制定和实施了一系列人才培养、引进和激励政策，有效促进了整体治黄人才队伍的快速有效发展，初步形成了一批有一定质量和规模的治黄人才队伍，主要做法如下。

（一）加大人才引进

近年来，基层水管单位通过每年的公务员招考和事业单位公开招聘等方式，积极引进各类优秀人才，有效促进了单位人才总量的增加。

（二）政策支持

近几年，黄河系统自上而下，出台了一系列促进人才队伍发展的政策措施，很大程度上为各类人才施展自身才能提供了平台，尽可能安排他们参与到重大项目、重点工程中去，帮助他们在实践中得到锻炼，尽快提高自身业务素质和能力。

（三）助力青年人才队伍成长

为促进青年快速长成能担当重任的得力人才，每年至少召开一次青年干部座谈会，及时了解他们的思想情况，解决他们工作上遇到的问题，开展青年大学习大讨论，积极引导青年人才向组织靠拢，助力青年干部成长。

（四）注重技能人才培养

制定技能人才培训方案，提升工人技能水平；开展"师徒金搭档"活动。做好技能技艺传帮带工作，鼓励有技术专长的职工对新入职人员或技术技能等较低的人员进行一对一帮扶，促进技能人才成长。

三、存在的主要问题及原因分析

近年来，基层水管单位人才队伍建设取得了一定程度的发展，但从总体上看，人才队伍整体现状同目前治黄事业的新形势、新发展、新任务的要求还有一定差距，主要体现在以下几个方面：

（一）人才总量欠缺

虽然近几年基层水管单位通过公务员招录及人才招聘等途径，人才队伍得到不断壮大，但人才总量仍不能满足单位的长远发展。

（二）人才队伍存在结构性的突出矛盾

从分布上看，基层单位高层次人才、专业人才稀缺；从年龄分布上看，技能人才中，中青年中高层次人才较短缺，人才队伍呈现比较明显老化现象。

（三）人才存在外流现象

黄委基层单位条件相对艰苦，工资水平相对不高，再加上其他经济发达地区对人才吸引的政策力度明显加大，一些人才通过辞职、自动离职等方式外流情况呈上升趋势。

（四）人才对经济的促进作用没有得到充分发挥

主要表现在一是没有充分为人才服务，对人才的重视程度有待加强，人才潜能发挥不足；二是受经济发展的制约，能为人才提供的物质方面的支持较少，人才能得到的系统有效的继续教育培训比较缺乏，导致人才知识更新较慢，不能更好地适应经济社会发展；三是职称政策有待更新，基层单位人才大多接触不到重大项目，所以目前的职称评审政策对基层人才来说有些不切实际，一些评审条件难以达到，造成基层单位专业技术人员评职称难，人才层次提升较慢。

上述问题的形成是由多方面原因引起的，既有客观因素的作用，又有主观因素的加成，概括来说主要有以下三方面：

一是人才队伍建设与当地经济发展水平的密切相关。基层水管单位多是县（区）级及以下地区，经济基础相对比较薄弱，区域经济总量不大，社会及单位可容纳储备的人才能力有限，人才的作用难以得到有效发挥。另外，由于在工资福利、生活环境、学习进修、发展机遇等方面与经济较发达地区存在不小的差距，导致基层水管单位在人才竞争中不占优势。同时，基层水管单位所处地区较发达地区相比缺少大型的图书馆、博物馆、科技馆等，使高层次人才在查阅资料、学习提升时受到限制。二是政策落实不够。近些年，黄委会也制定下发了一些人才培养方面的有关文件，但是实际来讲，一些好制度没有得到充分落实，人才激励机制没有很好地发挥作用。三是人才的自我提升意识有待加强。一些人还处于以前单方面依赖单位组织的培训的思维定式中，还没有养成主动学习和提高的习惯，自我提升的主动性不高，因此就导致了自身业务素质和能力提高较慢，与当今治黄事业发展不相适应。

四、解决措施

人才工作关系到经济社会的全面发展，是一项大的社会性系统工程。做好人才队伍建设工作，尽快建立健全人才培养、激励和监督约束的相关机制，创新党管人才的方式方法，抓紧抓牢人才培养、吸引、使用等关键环节，使人才队伍整体水平得到切实提高。

（一）尽快拟定人才培养计划

按照"党管人才"要求，根据基层水管单位发展需要，认真做好人才现状摸底调查和人才需求预测，制订比较细致完善的人才发展规划，明确人才发展工作目标，提出符合实际、切实可行的工作措施，以适应基层水管单位治黄事业发展要求。

（二）切实提高人才培养能力

要根据黄河生态保护和高质量发展要求，制定科学有效的人才培养规划，抓紧建成一支德才兼备、敢于担当、攻坚克难、经得起风险考验的高素质人才队伍，尽快培养和造就一批基层治黄单位急需的高层次专业人才；要加强人才教育培训，建立健全职工继续教育制度，鼓励职工积极参加各类继续教育培训，使人才队伍整体素质得到不断提高；同时，要将人才教育培训工作纳入单位整体发展规划，鼓励人才参加各种培训学习，为人才继续教育创造有利条件，提供必要的制度和经费保障；要注意继续教育的针对性，根据需要实施人才的分类培训，确保继续教育取得实效。

（三）做好人才引进工作

要在竞争日益激烈的人才市场占得优势，基层水管单位需要不断更新吸引人才的政策措施。一是通过公开招考招聘，将人才直接吸纳到基层单位人才队伍中来；二是通过项目引进，引进一批基层水管单位急需的、项目需要的、能满足治黄事业发展的高层次人才，为黄河流域生态环境保护和高质量发展提供坚强的人才支持。

（四）健全人才激励机制，积极营造有利于人才发挥最大作用的生产生活环境

要着力建立健全人才激励机制，充分发挥人才的最大效能。一要更新观念、提高认识。各级领导干部要把治黄事业发展与人力资源开发看作是一个相辅相成的整体。治黄事业发展要依靠人才队伍作为支撑，人才队伍的发展能促进治黄事业的长足发展，人才队伍的规模扩大、素质提高、结构与布局调整都要以满足黄河流域生态保护和高质量发展为立足点；二要进一步完善人才奖励政策，激发人才干事创业的积极性，动员社会各方面的力量关爱人才、支持人才工作，在全社会努力营造尊重知识、尊重人才、尊重创造的浓厚氛围；三要鼓励专业技术人才参与到社会政治生活中，注重专业技术人才的组织培养工作，积极吸纳优秀人才加入党组织中；四要采取措施切实留住现有人才。要支持各类人才工作，尊重人才成长的客观规律，鼓励他们大胆探索、积极创新，允许人才发生失误，完善容错纠错机制，不让人才的创造热情和工作激情受到打击；要关心人才的生活情况、思想状况，这样既能吸引外来人才，又能把现有人才留得住，真正做到让人才为黄河流域生态保护和高质量发展充分发挥才能，没有后顾之忧。

（作者单位：濮阳黄河河务局渠村分洪闸管理处）

基层水管单位首席技师工作室人才培养模式初探

杨　杰　贾金成

2019年12月，基层水管单位兰考河务局的杨杰同志荣获"河南河务局第三批首席技师"称号，当月，其工作室被河南省总工会命名为"河南省示范性劳模和工匠人才创新工作室"。2020 年 1 月，杨杰再次荣获"黄委第三批首席技师"称号，根据上级有关首席技师工作室的建设要求，兰考河务局于 2020 年开始工作室的升级改建和强化人才培养工作，现对首席技师工作室的建设和人才培养模式总结如下：

一、工作室场址布置及设施配备

2020 年受疫情影响，自 5 月份开始工作室的建设工作，将原兰考河务局机关一楼"首席技师工作室"改建至堤防西张集管理班，占用空房 5 间，室内面积约 120 平方米。为提升工作室的硬、软件需求，工作室内设置首席技师办公室、创新研发室、模型教学室、会议培训室等场所。工作室将"黄委首席技师工作室""河南省示范性劳模和工匠人才创新工作室""河南河务局首席技师工作室"进行整合，称为"杨杰创新工作室"。同时，西张集管理班将工作室建成为"技能型特色班组"。

工作室改建后，增添了一些必要的设备设施和工器具，首席技师办公室配置有办公桌椅、电脑、打印机、资料柜等办公设备设施，创新研发室配置有加工桌、储物柜、工器具等设施，模型教学室配置有荣誉墙、器具架、模型展示区、埽工区等相应设施，会议培训室配置有会议桌、投影仪、教学白板等设施。另外，室内制作并上墙了工作室简介、成员介绍、规章制度、活动掠影、技能知识等丰富的版面内容。

二、制度建设

为保障首席技师工作室工作正常开展，结合首席技师工作室建设的要求，制定了工作室职责任务、工作计划目标、会议制度、学习制度、工作制度、考核制度、档案管理制度、经费使用与管理制度、团队工作守则等相关制度，做到工作室工作有章可循，保证有序有效运行。

三、团队组织建设

（一）成立领导小组

为加强工作室的领导和管理，切实推进工作室的建设及运行工作，指导和督促工作室认真履行工作职责，圆满完成工作计划和目标任务，工作室成立了以主管副局长为组长的领导小组，负责首席技师工作室工作计划安排，确定年度目标任务，建立有关规章制度，指导和督促首席技师工作室认真履行工作职责，进行年度目标考核，监督有关经费管理与使用，安排首席技师承担技术攻关、技术革新、技术技能培训等任务，为工作室及工作室团队履行职责提供必要的人力、物力、财力支持等工作。

（二）组建技术团队

技术团队由首席技师杨杰为领衔人，以本单位技能人才为主要择选对象，充分考虑到团队成员年龄、技能等级结构合理，择优吸纳高技能人才，重点培养年轻且有上进心的一线职工，组建技术团队，满足工作室各项工作的开展。

工作室改建后，重新调整了团队成员，现有团队成员 14 人，其中高级技师 6 人，高级工 8 人，平均年龄为 38 岁。除首席技师外，工作室成员里有河南省技术能手 2 人，河南河务局技术能手 2 人，开封河务局技术能手 6 人。工作室本着"结合本职岗位与个人特长"的原则进行分工，发挥工作室成员作用，工作室成员除干好本职岗位工作外，在工作室领衔人的带领下，兼职做好工作室的相关工作。

四、技术成果和技术创新革新情况

工作室团队结合日常工作、防汛抢险和工程管理工作中的难点问题，积极开展革新创新，工作室运行期间获各类创新奖项 25 次，2020 年以来，由首席技师和团队成员研制的倾角式水深探测杆、弹力式弧形树木刷白器、编织袋装土辅助支架、黄河通信线缆理线器、液压扶树器、土袋快速装填器、防洪工程排水槽构筑加固技术、兰考黄河防洪工程智能讲解管理系统分别荣获 2020 年和 2021 年河南河务局科技火花一等奖 2 项、二等奖 5 项，2020 年黄委三新成果认定 1 项，共计 8 项创新项目获奖，其中首席技师作为第一完成人的获奖项目有 4 项。研发的创新成果均在本单位黄河防洪安全、工程维修养护、黄河生态环境保护等方面得到应用，产生了良好的经济效益和社会效益，工作室团队在本单位技术创新革新方面发挥出了积极推进作用。

五、人才培养、文化传承

首席技师工作自建立起初，始终把技术技能培训、人才培养和文化传承工作放在首要位置，希望通过工作室作用发挥，引领提升基层一线职工的技术技能水平，营造良好氛围。

2020 年至今，首席技师及工作室团队成员参与各类技术技能培训授课 12 次，共计培训职工和一线群防队伍 925 人次。其中，2020 年与 2021 年群防队伍培训 2 次，通过小鱼易连远程培训群防队伍 700 人次（涵盖 3 个乡镇与县直机关的群防队伍）；2020 年与 2021 年汛前防汛抢险技术培训 2 次，共计培训兰考河务局抢险骨干 50 人次；2020 年河道修防工技能鉴定培训班，培训中级工申报高级工 18 人，初级工申报中级工 5 人，共计培训 23 人；2021 年河道修防工技能竞赛选拔培训 2 次，共培训市、县局参加省局河道修防工技能竞赛选拔选手 52 人次；2021 年 4 月份与 6 月份两次对一线班组进行技术技能培训，培训一线班组职工 20 人次，并于 2021 年 6 月份联合单位工会在一线班组组织开展"师徒金搭档"活动，5 对师徒现场签订了师徒协议；2021 年 9 月，两次对河南河务局竞赛选手进行培训授课，培训竞赛选手 77 人次；2021 年 10 月，首席技师受邀对上海水务局河道修防工进行了授课。2021 年汛期，另外首席技师还参与了 2020 年河南河务局河道修防工技能鉴定、2021 年河南河务局河道修防工技能竞赛第一次和第二次选拔考试、兰考河务局河道修防工考试和防汛抢险技能竞赛考试的命题工作。

2021 年伏秋大汛期间，工作室成员 14 人中，有 11 人全天驻守一线坝垛，另 3 人全程参与职能组防汛值班。首席技师工作室在汛前和汛中都发挥出了技能传授作用，汛前开展一线职工防汛抢险知识培训，汛期中由首席技师和工作室成员向地方民兵和群防队伍传授了铅丝网编制和石笼捆抛等抢险技术，驻守在坝垛上的工作室成员不仅发挥了个人技术技能作用，还承担了专业指导角色，抢险技能的传授在一线坝垛上开花结果。特别是首席技师的两位徒弟，同时也是工作室的成员常世超和李岩两位同志，分别任东坝头控导工程、蔡集控导工程险情抢护组组长，24 小时值守在防汛一线 100 余天，指挥除险加固，抛投铅丝石笼，为兰考段黄河安然度汛发挥了重要作用。

工作室技能人才通过各种措施，促进了一线工人的成长成才，逐渐凸显出工作室在职工技术技能提升和高技能人才培养中的引领带动作用。

六、工作室成员取得的成绩

工作室运行期间，团队人员所荣获省部级荣誉 9 次。其中：2016 年，杨杰荣获黄委首席技师；史东祥荣获河南省技术能手。2018 年，杨杰荣获河南省五一劳动奖章、全国水利技术能手；常世超荣获河南省技术能手。2020 年，杨杰荣获全国水利技能大奖、中原技能大奖、黄委首席技师；李岩荣获河南省五一劳动奖章。

同时，工作室成员技能水平得到大幅提升，工作室 14 名团队成员中，除其中 4 位已为高级技师外，其余 10 名成员技能等级均晋升 1 级，且考核成绩优秀，均为一次性通过鉴定考评。

七、下一步工作展望

通过首席技师工作室的高效运转，基层水管单位人才培养工作取得了突出成绩。今后工作中还需要进一步加强的方面：一是加强工作室建设，进一步发挥工作室的基地教学培训作用，建设齐全完善的堤坝抢险技术实训模型，精心编制适合一线河道修防工学习和应用的技术材料，做好传统技术的传承工作。二是加强团队建设，进一步提升工作室团队的工作能力，更好地发挥首席技师及工作室团队成员的示范引领作用，并结合实际工作需求开展有针对性的技术创新，争取更多的革新和创造一些实用性的技术成果。三是利用好现代信息网络技术，创建首席技师工作室网上交流学习平台，探索信息化培训和教学新模式。

通过工作室的运行，努力把工作室建成为培训一线职工的重要阵地，成为职工技术创新的平台，成为弘扬工匠精神的载体。不断增强工作室的吸引力，激励职工立足本职岗位，引领职工不断加强学习，增强动力和信心，努力提高技术技能素质，激发职工的积极性、主动性和创造性，大力发扬工匠精神，培养新时代黄河工匠，为建设幸福河做出应有的贡献。

（作者单位：开封黄河河务局／兰考黄河河务局）

网络教学平台在培训工作中的应用

——以"黄河干部网络学院"使用情况为例

李国力　苏增玉　樊　迪　王艳军　李智广　高晓慧

河南黄河河务局干部学校（后文简称"干部学校"）成立于 1980 年，位于河南省郑州市金水区，是河南河务局下属的专业培训机构，具有较强的教学管理及培训保障能力。干部学校是"全国水利行业定点培训机构""黄委（郑州）职工教育培训中心""河南黄河防汛抢险技术培训中心"，2018-2020 年，累计承办水利部、黄委、有关省区水利厅 297 期培训班，好评率达到 95% 以上。2019 年 9 月 18 日，习近平总书记在郑州主持召开了座谈会并发表重要讲话，对黄河流域生态保护和高质量发展作出了重要部署，发出了"让黄河成为造福人民的幸福河"的伟大号召。事业要发展，人才是关键，河南黄河河务局干部学校作为黄河流域的教育培训机构，积极响应总书记号召，不断探索教育培训新模式，打造一支适应新时代水利发展需求的治黄队伍，以面向社会讲好黄河故事为己任，并在教育培训领域贡献应有之力。

一、黄河干部网络学院的基本情况

在总结多年培训经验基础之上，干部学校发现黄河职工普遍存在培训难的问题，尤其是一线职工，难以打破"时间"和"空间"限制，无法经常参加集中培训，职工对培训的需求没有得到很好的满足。对此现象，学校组织力量进行了调查研究，撰写了《关于利用软件开展远程培训的可行性报告》《黄委基层水管单位线上教育培训平台开发研究》《河南黄河河务局干部学校线上教育培训工作实施方案》等多篇研究报告，在探索中形成了"打造服务基层的线上教学平台"的工作思路。经过努力，成功打造了"黄河干部网络学院"这一综合教学平台，并在 2021 年的实践中，取得了不俗的成果。

黄河干部网络学院是干部学校专门针对黄河一线职工培训需求，开发建设的集多种功能为一体的职工教育培训考试竞赛一体化平台。平台以"互联网 + 培训"打造治黄教育培训新模式，利用数字化建设弘扬黄河文化，为培养新时代优秀水利人才提供高效、畅通、便捷的线上培训服务。平台设置专题班、考试、竞赛、分类课程学习、知识题库、学员中心等六大功能板块,以及互联网域名电脑端和微信服务号手机端两种媒介方式为学员服务。平台在2021年3月正式使用后,共注册学员2834名,承办专题培训班13个,学习课程视频221个,专题考试10个,试题库试题数量4630道,访问量达27.53万余次。作为学校优秀创新项目获得2021年度河南河务局科学技术进步奖一等奖,获得2021年黄委新技术、新方法、新材料及其推广应用成果认定项目两项。

二、黄河干部网络学院应用的背景

黄河干部网络学院于2021年正式投入使用。2021年是郑州历史上极不平凡、极其艰难、极具挑战的一年,经历了3次疫情的反复,经历了"7·20"暴雨的摧残,经历了一场特大秋汛的考验,干部学校同郑州人民一起、踔厉奋发、顶压前行、难中求成,在教育培训领域出色完成了任务,特别是在线上培训领域的探索,获得了各方的认可。

鉴于驻地郑州的特殊情况,2021年培训工作开展面临困难前所未有。基层职工对于能力素质提升的需求和难以集中开展培训的矛盾凸显出来。在这样的大背景下,干部学校敢于担当作为,敢于改革创新,于2021年3月正式推出"黄河干部网络学院",提出了线上培训、考试竞赛等方案,并在实践应用过程中改进提升,获得了主管部门和一线职工的一致认可。

三、黄河干部网络学院线上培训流程

①明确培训主题,制定培训计划;

②确定培训课程,确定课程学时;

③完成课程录制、课件制作、课后测试题编制;

④正式下发通知,录入学员名单;

⑤学员登录自主学习,在规定时间内完成学习和测试;

⑥学员完成在线评估,获取培训证明。

四、黄河干部网络学院应用案例

(一)"学法守法做黄河卫士"一线职工遵纪守法集中教育活动(培训时间较长、培训内容复杂、学员数量较大)

2021年,干部学校组织承办了河南黄河河务局"学法守法做黄河卫士"一线职工遵纪守法集中教育活动。该活动针对全局一线职工,参训人数达2268人,分布在6个地市14个单位,多数学员工作地点在沿河一线班组。本次活动历时9个月,涵盖了集中培训、线上学习、月月练在线考试、全员综合测试、知识竞赛、线下宣传等内容,主体部分在黄河干部网络学院开展。活动包含学习专题 8 个、制作课件 59 个、举办月月练 8 次，组织线上考试 8 次，期间平台学习访问量达 24 万 6 千余次。在该活动中，干部学校克服了各项不利因素影响，攻克了活动内容复杂、培训量大、学员难以集中、数据统计等难关，圆满完成任务，荣获优秀组织奖。

（二）河南河务局第九期高层次经营管理人员培训班（学员、教师时间无法保障）

2021 年 11 月，干部学校组织承办了河南河务局第九期高层次经营管理人员培训班，来自全局 33 个单位及部门的负责人、主管经济副局长及经管局局长、一级企业主要负责人参加了本次培训。培训举办期间，恰逢疫情防控，全体学员无法集中，且多数授课教师无法到校录制视频课件。在本次培训中，干部学校充分利用在线学习平台特性，提前组织教师开展课件录制工作，部分教师利用网络远程录制课件，汇总整理后制作了"河南河务局第九期高层次经营管理人员培训班学习专题"。在培训规定的 4 天时间内，学员登录平台参加培训，全体完成了 16 个学时的学习，圆满达成了培训要求。

（三）河南黄河河务局机关系列业务培训（多期培训连续举办）

2021 年 11 月 4 日至 11 月 30 日，干部学校承办了河南黄河河务局系列线上业务培训任务，包括了信息技术应用、审计业务知识、工会干部业务、离退休工作业务知识暨离退休党支部书记代表培训和办公室工作培训等 5 个部门的培训，共完成了 207 人次、431 人·天的培训量。这个系列的培训存在着时间紧，内容多的特点。干部学校有针对性地采取了边录制课程、边制作课件、边组织培训的方式，有序地完成了工作。这个系列培训的完成，对于干部学校总结经验，形成标准程序化线上平台培训有较大意义，并发挥出了"黄河干部网络学院"的便利性特点，实证性打破了传统业务培训对于培训时间和范围的限制，满足了基层单位对于业务培训的需求。

（四）河南黄河河务局供水局系列业务培训（多期培训同时举办）

2021 年 12 月 20 日至 12 月 24 日，干部学校承办了河南黄河河务局供水局的系列业务培训，用 5 天时间在"黄河干部网络学院"完成了安全生产、工程管理和项目与督察工作三期培训班。该系列培训共培训学员 116 人次、232 人·天。该系列培训的主要特点包括：基本同时举办、不同培训班在时间上存在交叉重合、干部学校线下培训工作较饱满等。干部学校针对这些特点，提前策划，组织授课教师提前录制课程制作课件，在一周内同时举办线上培训，利用平台学习时间上的灵活性，在没有挤占线下培训资源的情况下，圆满完成了培训任务。

五、线上平台培训特点

与传统培训相比，线上平台培训是充分享用先进网络技术的产物，具有鲜明的特点。

通过分析干部学校 2021 年推广应用"黄河干部网络学院"的案例，不难发现线上平台在现代培训中有其独到的优势。

（一）培训学员数量多

线上培训平台可以容纳的培训人员数量相较于传统培训更多。传统培训容纳学员的数量受制于场地的限制，而场地的增大是有限的，并且随着培训人数的上升，学员培训的质量是逐步下降的。线上培训平台可容纳学员的数量在理论上是没有上限的。"黄河干部网络学院"目前注册的学员人数达到 2836 人，随着进一步的推广应用，这个数字可以有很大的提升。截至 2020 年底，黄河水利委员会在职职工达 22000 人，其中大量的基层一线职工存在着不同程度的培训需求得不到满足的情况，如果仅仅通过传统培训，是无法解决这一问题的。线上培训平台正是解决基层一线职工的培训需求与培训资源缺乏这一矛盾的关键"钥匙"。

（二）培训内容丰富

线上平台培训可以把录制的教师课程、PPT 讲义、文字讲义、视频影片等多种形式的宣讲内容制作成为课件，极大地丰富培训内容。而且，学员在完成培训任务后，仍可以对所学课程多次复习消化，更有利于培训取得实效。可以弥补传统培训存在的"听不懂、记不全、学不会"等缺陷。

（三）培训组织灵活

传统培训在组织实施的过程中容易受到外部因素的影响，而导致培训时间的不确定。不论是疫情防控、极端天气、突发性事件，还是授课教师、主办方、承办方、学员的地区分布、培训任务密集等，都会成为预定培训计划无法如期开展的原因。而采用线上平台培训，可以提前完成课件制作，学员不论身处何处，都可以如期参与培训，受外部因素相对较少，更便于单位或部门对于培训实施的把控。

（四）学员参训障碍少

如前文所述，影响传统培训能否如期实施的因素除了"时间"外，还有"空间"。以 2021 年郑州为例，在疫情防控管理下或突发应急事件影响下，市内各区域的人员尚无法做到自由流通或聚集，市外其他地区，乃至省外地区的集中就更加困难。在常规情况下，"空间"仍然是影响培训惠及基层一线职工的原因之一。在总结近年培训数据的情况下，干部学校发现基层一线职工分布在流域内，坚守在一线岗位上，工作非常繁忙，很少有机会获得几天连续的学习充电机会。一些业务培训组织时，难以统一不同地区的学员集中的时间。通过线上平台培训，更有利于基层一线职工利用碎片化时间参加培训。在网络技术飞速发展的今天，学员可以轻易地通过电脑、手机等终端设备，在任何地点进行学习，"空间"上的障碍正在逐步打破。

（五）课程质量容易把控

因为线上平台培训使用的课件是提前录制或制作的，所以有充分的时间进行审核、加工等工作。并且授课教师可以反复录制课程，或根据培训需求增减内容。总的来说，线上平台培训使用的课件比较传统培训授课而言，课程更具可控性和更高的质量。

（六）培训资源的占用少

线上平台培训几乎完全不占用教室、餐饮、住宿、交通等实体资源，且耗损极低；制作好的课件也可以重复利用，节省教育资源。规模越大的培训，越适合采用线上平台培训，人数越多，性价比越高。

（七）有利于系统化培训实施

因为线上平台培训具有培训内容丰富、覆盖人员多、便于组织、可控性强等特点，所以特别适合系统化培训的开展。例如，可在规划某部门或某单位全年培训计划时采用线上平台培训方式，首先编制全年培训计划，后将培训计划交由干部学校承办实施，提前制作课件、试题，按部就班开展培训即可。在线上培训平台开展全年培训，可以极大地扩充培训容量，能够更好地保证职工接收系统优质的培训内容，且性价比较高。

六、黄河干部网络学院运行存在的问题

（一）人力资源投入

在传统培训的基础上，需要增加课程录制、课件制作、软件系统保障等的专业人才，传统教育培训工作者转型较为困难，不易直接利用现有人力资源，在开展培训的初期要进行人力资源的投入。

（二）设备硬件投入

虽然相较传统培训，线上平台培训的硬件设备投入非常低，但仍需要一定的投入。以"黄河干部网络学院"为例，除了教学平台开发投入外，运行中还投入了包括一个直录播间、一台网络服务器、若干满足视频剪辑制作的高配置计算机等。

（三）课堂交流不足

因为授课教师在直录播间完成课程的录制，所以缺少了与学员直接互动的这个环节。相较传统培训的课堂教学，教师与学员的即时交流方面存在很大的不足。未来随着平台的后续升级，可通过留言、弹幕等方式完成师生间的错时交流，授课效果将更上一层楼。

（四）课堂监督不足

同上文，因为即时沟通较弱，所以相较传统培训的课堂教学，线上平台培训并没有更好的监督学员认真听讲的手段。以"黄河干部网络学院"的应用经验来看，目前可通过课后测试题的方式弥补课堂监督不足的问题，以保障培训实效。

七、线上培训平台的发展前景

随着网络科学技术的不断进步，线上教学将进一步影响教育培训工作的发展。传统培训因为小容量、高成本、不易组织等缺点，会进一步缩小，但不会消失。未来传统的培训方式将主要针对人数规模一定、专门性、综合提升型、考察型的培训，这是线上教学无法完全取代的。而线上平台培训因为其大容量、高性价比、高度灵活和便利性逐渐占据更大的培训份额，在日常性、业务性、突发性、宣讲型的培训上发挥力量。两种培训方式将长期共存、相互配合，线上培训将作为传统培训的延续与提升，将新时代的教育培训工作推向更高的水平。

（作者单位：河南黄河河务局干部学校）

浅谈水利单位与专业院校联合培养人才的创新机制

——以河海大学联合培养基地为例

迟凯歌　祖　蕾　张　敏

一、联合培养的主要内容

(一)联合培养的背景

校政联合培养模式是利用学校与事业单位两种不同的教育环境和教育资源,采取课堂教学与学生参加实践有机结合的方式,着力培养学生的综合能力与就业竞争能力,以满足不同用人单位需要的、具有全面素质与创新能力人才的教育模式。联合培养可以建立基础学科人才培养基地,扩大基础研究的人才供给,调动好高校和事业单位两个积极性,建立以事业单位为主体、市场为导向、多种形式的产学研联合培养体系,实施"人才 + 项目"培养模式,依托国家重大科研项目,通过实践培养创新人才,引导广大科研工作者把论文写在祖国的大地上,把科技成果应用在实现社会主义现代化的伟大事业中。

水利工程专业学位是与水利工程领域任职资格相联系的专业学位,强调工程性、实践性和应用性,服务于水利工程专业学位研究生的职业发展需求和社会的多元化人才需求。所以为更好地适应国家经济社会发展对高层次应用型水利人才的新需求,我委与河海大学进行了全日制工程硕士专业学位研究生联合培养,建立了水利工程专业学位研究生联合培养实习实践基地。

(二)联合培养应用型人才的意义

联合培养是学校进行校政合作,引入水利相关行业的优秀人才参与学校的施教过程。教学过程中引入水利行业实践性内容,增强学生实践能力,帮助学生更快地融入社会,发挥自身的价值。同时,产学结合培养学生对学校和事业单位是互利共赢的选择,具有多重意义。有利于扩展水利院校实训基地,事业单位可以为学校提供实训实习基地,为学生提供更好的更专业的实践实训资源和环境;有利于师资队伍实践能力的提升,教师有更多的机会进入水利行业实践和学习,也有更多的机会和事业单位进行相关研究合作,将所学知识与事业单位技术、实践性活动结合起来,并增强自身对水利发展的认识和实践能力的提升;有利于毕业生实现创业就业,联合培养让学生能及时认识到社会需求的变化,认识到自身努力的方向及今后想从事的工作，提高其自身实践能力，增强其自信心；有利于提高学校声誉，学校的就业率是反映学校教学质量的重要指标，通过产学结合有效增强学生的实践能力，提高学校人才培养质量，提高毕业生的就业率，人才培养质量得到认可，形成良性发展；有利于帮助事业单位解决相关技术难题，提高事业单位知名度，事业单位与学校合作培养学生，让更多人的学生和教师了解相关事业单位，利用学校资源帮助事业单位解决技术难题，优先招揽人才，提高水利事业单位生产效率和知名度。

（三）联合培养基地建设的主要过程

1. 培育与决策阶段

首先明确高校、学生、事业单位的定位与发展目标，以已有承担课题或正在联合申请的课题作为选题基础，确定适合合作培养的研究方向。题目选择与研究计划以共性技术研究和创新研究为导向，增加合作双方单位的紧密联系性。

2. 合作执行阶段

教学管理由高校与事业单位共同开展，教学活动主要由高校导师与事业单位导师共同承担，事业单位和高校为学生提供必要的资源保障，学校面向学生开展实习实践培养模式的宣传与教育。

3. 成果产出阶段

即高校与事业单位科研院所建立稳固的合作研究基础，互通有无，互为补充。高校偏重基础研究，单位偏重工程技术与实践，就行业内前沿方向共同出力，可以以联合申请课题为重要的合作起始点，研究生联合培养作为重要的课题发展支撑；高校以基础研究和原始创新为重要的创新产出模式，事业单位以工程技术突破、技术成果形成与转化作为重要的价值体现形式。

4. 反馈阶段

形成评价激励和约束机制相结合的正反馈良性机制，充分发挥好事业单位、高校的相关培养政策，积极应用评价结果衡量事业单位导师的导学成绩，将导学成绩纳入其职称评审、年终业绩等重要评价制度中，激励其更好地参与和改进研究生联合培养过程中面临的问题与困难，促进正反馈良性机制，持续提高校政联合研究生培养质量。

校政联合培养研究生的模式是对于应用型、创新型水利工程硕士人才培养工作的有益探索，成果借鉴国内外高校关于实习实践培养思路的重要理念，选取影响实践人才培养质量的核心要素——课题、培养单位、导师、培养计划，以创新驱动与成果凝练为重要导向，在研究生早培育、共培养、勤保障上下功夫，最大限度地调动事业单位导师和学生的积极性，通过有效评估与反馈实现联合培养模式的良性互动和长效发展。

二、河海大学水利工程专业学位研究生联合培养基地建管模式的探索

为全面贯彻中央人才会议精神，服务经济社会发展，促进科教融合和产教融合，着力增强水利行业毕业生的实践能力、创新能力，以及职业适应能力等方面的培养成效，2010年，在长春举办揭牌仪式，松辽委—河海大学研究生培养基地正式建成，我委与河海大学签署了《水利部松辽水利委员会——河海大学关于建设研究生培养基地的协议》，双方就联合培养目标、基地建设、学生和导师的选派、研究论文选题、过程管理和考核等进行了详细的规定，并且明确双方在各个培养环节及生活安全等方面的责任与义务，确保专业学位实践实习质量。松辽委大力配合高校培养一批富有创新精神、实践能力和社会责任感的水利类创新型、应用型、复合型人才，积极推进水利工程专业人才培养模式改革，加强应用型高层次人才的培养力度，促进人才培养与社会需求的有效衔接，使得水利工程专业学位研究生培养更加实际地满足社会需求。以水利工程实际应用和职业需求为导向，将专业基础知识、应用技术和分析解决问题的方法和能力培养有机结合，建立针对性强、知识体系完备、课时配置合理、理论学习与实践应用紧密结合的培养体系。根据水利工程硕士专业学位研究生培养方案，学生在完成规定的课程学分后，经过选拔可以进入联合培养基地进行事业单位实践实习。

（一）培养基地的培养目标

依托水利部松辽水利委员会行业资源，发挥行业优势，突出创新思维与工程实践，强调工程性、实践性和应用性，使得被培养者具备坚实的理论基础和系统的专业知识，了解国内外在本领域中的发展方向，重点突出水利专业知识和水利专业应用能力培养的特色，重视和加强学生在科研动手能力方面的训练，以及在实际生产与科研实践中不断积累应用研究的经验，使学生能够掌握水利学科坚实的基础理论和宽广的专业知识，以及水利工程开发建设与运行管理相关问题的先进技术方法和现代技术手段。

（二）联合培养基地的保障制度

根据河海大学制定的《河海大学研究生培养基地建设方案（试行）》，形成了涉及培养方案、实践实训、论文研究等全过程的质量保障与监控体系、明确了研究生培养各环节保障措施，包括我委导师管理、实践环节建设、培养质量保障等。根据方案要求，我委成立培训基地管理委员会，依托单位和学校的主要领导、相关部门和学院的负责人共同组成。我委培养基地负责组织实施基地建设与管理工作；落实基地管理的具体部门和工作人员；负责基地导师队伍的建设，与学校共同进行导师队伍的考核与管理；以及基地研究生在基地期间的日常管理和培养专项经费安排。

（三）"双导师"团队模式

联合培养基地的研究生实行双导师制，分别配备基地导师与学校导师。双方导师每月针对研究生培养、科研活动等事项进行不少于一次的沟通，做到共同提高研究生培养质量。基地办每年需组织基地导师编制本年度培养方向指南。内容包括：在岗导师名单、导师简介、研究方向与在研课题、拟招生计划等。我委基地导师具有高级职称，且在技术岗位上承担一定的科研工作并拥有丰富的松辽流域一线实践经验，负责在实践、研究、论文选题等方面给予研究生指导，在学术道德、思想政治等方面给予教育，并协助研究生就业指导工作。

（四）联合培养成果

自 2010 年以来，我委具备基地导师资格累计 16 人，其中博士生导师 1 人，硕士生导师 15 人，另有 4 人正在申请基地导师资格。基地导师职称均为高级工程师及以上，研究方向为水利工程、土木水利和环境工程等。12 年间，我委合计培养硕士生 13 人，学生通过亲身参与我委防洪影响评价、粮食生态安全、取水水资源论证、水资源调度与水资源配置等相关领域工作，积累了丰富的实践经验。我委与河海大学优势互补，相互协作，利用优质资源联合培养研究生。另外，联合培养工作期间，院所根据硕士研究生参加项目的工作时长，发放了一定的项目劳务补助，这既为研究生带来了切实的经济收入，体现了知识的价值，又激发了研究生参加课题项目的积极性和主动性，形成了联合培养研究生模式的良性循环和可持续运行。

目前，我委河海大学毕业生占比全委职工近 15%，分布在各个部门从事水资源规划、水利工程行政审批、防汛抗旱等专业工作，通过联合培养基地建设，既为我委增添了人才技术力量，又可以利用部分学校资源，加强单位与学校或专业人才之间的联系，有助于树立起社会服务型的事业单位的形象，扩大社会影响力和知名度。

三、关于水利行业校政联合培养未来发展的思考

水利行业产学研联合培养模式若要进一步完善，除了要优化水利专业硕士研究生培养体系和培养方案，还要建立健全水利专业硕士研究生联合培养的切实可行的激励和考核机制，全方位调动参与各方的积极性和主动性，从而真正提高研究生的实践能力，培养更多更好的高层次专业型人才。为达到三方务实合作和可持续发展的效果，确保各方互利共赢良性发展还需加强以下几点。

（一）建立起共同发展机制

首先，需要让发展思想获得统一，确保事业单位和学校双方都能够意识到校政联合的重要性，并且从长远的发展角度来制定发展计划，做到互惠互利，杜绝出现利益一边倒的

情况。其次，需要加强资金和合作渠道的拓展，其中当地教育部门和政府应当对校政联合的重要性引起重视，积极增加教育资金，并且打通校政联合的渠道，确保学校和事业单位的联合能够得到政府的支持。第三，需要完善相关法律和政策，不断摸索校政联合培养研究生的经验，并且根据实际情况来提供法律和政策的支持，确保校政联合能够得到法律政策的支持和保护。

（二）建设利益驱动机制

确保双方能够共同获得利益是校政联合的基础，只有保障双方能够各取所需地进行合作，才能保障校政联合得到稳定的发展。因此，学校首先应当以为事业单位培养高素质的全面型人才为主要目标，充分利用其教育资源来协助事业单位进行人才培养，而学校也可以通过事业单位来精准获取当前社会所需人才类型的信息，制定符合专业市场标准的人才培养方案。同时，学校也可以获得事业单位资源上的支持，确保能够通过事业单位的帮助来解决实训设备以及资源缺乏的问题，并且根据事业单位的需求来设定实践课程的环境，确保研究生的专业实践能力获得有效提升。另外还可以进行双向交流，学校派出教师资源参与到事业单位的研究生产当中，而事业单位则可以派出有经验的专业技术人员投入到学校教育当中，确保能够建设专业技术高且具有超强实践能力的双师型队伍。校政联合能够利用事业单位文化来加强研究生的职业素养，而且还能够确保专业知识的时效性和实用型，确保研究生的专业能力和水平获得有效提升。

（三）建设校政联合管理体系

在校政联合管理体系的建设中，需要确定好学校和事业单位的双方领导作为负责人，并且加强学校研究生教学管理教师以及事业单位人力资源部门工作人员的联系，建设起一个完善的校政联合管理体系。校政联合项目的主要目的以合作培养高质素、创新能力强的全面型人才为主，因此建立起高质量的管理体系和落实机制是非常重要的，其中就包括了校外实践教育项目教学的完善、加强对学生的管理以及确保学生安全保障等制度。而在管理体系落实的过程中，需要对各部门的责任进行明确，并且建立起沟通和交流体系作为纽带，确保校政联合培养模式更加完善。校政双方还应当对校政联合培养项目的具体目标、落实流程、管理体系和运作模式进行合理、科学地规划和考量，完善各方面工作的管理体系。

在未来，水利院校与水利单位通过建设合作基地，进一步达成战略同盟、共享实践平台，做到提早培育水利人才、高效合作水利项目、创新驱动合作机制、凝练共享合作成果，通过交叉创新、实践创新与协同创新，激发学生、高校和单位三方的投入热情，形成良性互促循环，全面构建教育、实践、运用等产学研联合培养模式，做到一加一大于二，形成多方共赢的良好局面。

（作者单位：水利部松辽水利委员会）